U0892522

首都检察案例参阅

（第一辑）

北京市人民检察院法律政策研究室 编

法律出版社
LAW PRESS·CHINA
—北京—

图书在版编目(CIP)数据

首都检察案例参阅. 第一辑 / 北京市人民检察院法律政策研究室编. -- 北京 : 法律出版社, 2022
ISBN 978-7-5197-6294-0

Ⅰ. ①首… Ⅱ. ①北… Ⅲ. ①检察机关—案例—北京 Ⅳ. ①D926.32

中国版本图书馆CIP数据核字(2021)第270302号

首都检察案例参阅(第一辑)
SHOUDU JIANCHA ANLI CANYUE (DI-YI JI)

北京市人民检察院法律政策研究室 编

策划编辑 朱 峰
责任编辑 吕丽丽 苗 婕
装帧设计 汪奇峰

出版发行 法律出版社
编辑统筹 辞书·融出版编辑部
责任校对 王晓萍
责任印制 吕亚莉
经 销 新华书店

开本 710毫米×1000毫米 1/16
印张 29 字数 438千
版本 2022年1月第1版
印次 2022年1月第1次印刷
印刷 三河市龙大印装有限公司

地址:北京市丰台区莲花池西里7号(100073)
网址:www.lawpress.com.cn
投稿邮箱:info@lawpress.com.cn
举报盗版邮箱:jbwq@lawpress.com.cn

销售电话:010-83938349
客服电话:010-83938350
咨询电话:010-63939796
版权所有·侵权必究

书号:ISBN 978-7-5197-6294-0
定价:80.00元
凡购买本社图书,如有印装错误,我社负责退换。电话:010-83938349

前　言

案例是司法办案活动的产品和载体，案例指导是统一司法标准、提高办案质量的重要途径。习近平总书记指出："一个案例胜过一打文件。"好的案例对促进法律适用统一、推动法学理论研究、阐明司法政策、宣传法治观念具有重要意义。最高人民法院、最高人民检察院先后印发有关案例指导工作的规定，发布了一系列指导性案例、典型案例，引发广泛关注，得到充分肯定。该项职责也在《人民法院组织法》《人民检察院组织法》之中予以确认。可以说，案例已经成为不可或缺的法治资源，案例研究成为基本的工作方法和分内的工作要求。

《首都检察案例参阅》是北京市人民检察院法律政策研究室主办的以案例研究为内容的出版物，所编发的案例均为北京市检察机关办结的案件，由承办案件检察院的检察人员供稿，北京市人民检察院法律政策研究室相关同志编写改定。

我们深知，通过不断地积累案例，推动案例的碰撞、融合、承继，使案例进入知识交流的广阔天地，融入案件与知识的网络之中，案例才能发挥更大价值。置身于长远的时空背景下，《首都检察案例参阅》将以其辨法析理摆脱孤立个案的闭境自守，因案例的累积而生成骨骼，衍生出内在的逻辑，为规范解释及类比推理提供参考。案例产品供给是一个行进的过程，《首都检察案例参阅》也将成为一个长期的、发展的项目。我们将着力把《首都检察案例参阅》打造成一个系列产品，定期出版。职是之故，为体现连续性，将本书确定为第一辑。

需要说明的是，《首都检察案例参阅》的供稿者、编辑者人数众多，未能在目录中一一列明，仅在每篇案例最后注明。因时间跨度较长，部分同志因工作调动或岗位调整，所在单位亦有出入。感谢在《首都检察案例参阅》成长过程中所有给予关心支持和辛勤付出的领导、同志，《首都检察案例参阅》是北京市检察机关的作品，也是他们的作品。北京市人民检察院法律政策研究室作为项目执行者，在署上“编者”的名字时，承载的是责任，也是希望。最后，感谢法律出版社对《首都检察案例参阅》出版工作的支持。

北京市人民检察院法律政策研究室

2021年11月

目　录

CONTENTS

一、危害公共安全罪

二、破坏社会主义市场经济秩序罪

四、侵犯财产罪

五、妨害社会管理秩序罪

六、贪污贿赂罪与渎职罪

七、诉讼程序

一、危害公共安全罪

张某某、祁某某以危险方法危害公共安全案

——对明知他人报案而在现场等待型自首中“他人”的理解

基本案情

张某某、祁某某于2015年6月14日15时许，因被同向行驶的冯某某别车，后自北京市密云县〔1〕101国道穆家峪镇荆子峪村路段至羊山桥路段，全程约5公里，祁某某驾驶夏利牌小型轿车（内乘张某某等人），持续追逐冯某某所驾车辆，过程中张某某持弹弓射击冯某某所驾车辆。冯某某听到车后部响声后停车查看，祁某某驾驶夏利牌小型轿车紧急躲闪时，致使夏利牌小型轿车与路旁同向行驶的谭某某驾驶的摩托车相撞，造成夏利牌小型轿车、摩托车损坏，谭某某受伤。后冯某某车上所乘人员报警。张某某到案后称知道现场有人报警，但不知具体是谁报警，后称是孙某某报警。经核实孙某某并未报警，最后辩称是谭某某报警，经核实确系谭某某报警。

北京市密云区法院于2016年1月作出判决，认定张某某和祁某某构成以危险方法危害公共安全罪，同时认为张某某的行为不符合自首的规定。

主要问题

明知他人报案而在现场等待型自首的认定是否需要犯罪嫌疑人知晓具体的报警人？〔2〕

〔1〕 2015年11月，北京市撤销密云县，设立密云区。

〔2〕 最高人民法院《关于处理自首和立功若干具体问题的意见》第一点关于“自动投案”的具体认定：根据《最高人民法院关于处理自首和立功具体应用法律若干问题的解释》第1条第1项的规定，犯罪嫌疑人犯罪后主动报案，虽未表明自己是作案人，但没有逃离现场，在司法机关询问时交代自己罪行的；明知他人报案而在现场等待，抓捕时无拒捕行为，供认犯罪事实的，也应当视为自动投案。

意见分析

意见分歧

第一种意见认为，自动投案是自首的本质要件，对明知他人报案而在现场等待型自首的认定，不需要犯罪嫌疑人知晓具体的报警人，只要其当时在主观上意识到案发现场有人报警即可。该种意识可视为犯罪嫌疑人自己对报案行为的追认，足以体现其投案的自愿性和主动性。实践中，报案人可能在犯罪嫌疑人身边，也可能是距离犯罪嫌疑人较远的其他围观人员，更可能是过路人。如果严格要求犯罪嫌疑人明确具体的报警人不符合刑法谦抑性原则，且超出了对当事人期待可能性的要求。

第二种意见认为，从刑法解释的适用和实践操作层面看，明知他人报案而在现场等待型自首的认定，需要犯罪嫌疑人知晓具体的报警人。从实际角度考虑虽不需要犯罪嫌疑人知晓报警人的姓名等信息，但从考察其“主动投案”的态度看应要求犯罪嫌疑人知晓报警人相关报警信息，报警人的形态（如性别、年龄）等。只有如此，才算是犯罪嫌疑人对报警行为的完全追认，且可以避免实践中因犯罪嫌疑人在无法确定他人报警的情况下进行主观推测，造成司法机关随意扩大适用自首的情形。

意见评析

笔者同意第二种意见，明知他人报案而在现场等待型自首的认定，需要犯罪嫌疑人知晓具体的报警人，理由如下。

第一，刑法分则和相关司法解释对“他人”的界定在内容上具有确定性

根据词义，“他人”是指别人，与本人相对。虽然《中华人民共和国刑法》（以下简称《刑法》）和相关司法解释并没有对“他人”的含义进行具体的定义，但通过其本身的含义来看，《刑法》中的他人应当理解为是和案件相关的且是相对于犯罪嫌疑人本人而言的其他人，可以是被害人、证人，亦可以是对合犯和共同犯。在我国刑法分则中涉及“他人”的规定较多，有的直接在罪名中体现，如组织他人偷越国（边）境罪、强迫他人吸毒罪、为他人提供书号出版淫秽书刊罪。有的则在罪状表述中体现，如侵占罪的规定：将代为保管的他人财物非法占为己有，数额较大，拒不退还；受贿罪规定：国家工作人员利用职务上的便利，索取他人财物，或者非法收受他人财物，为他人谋取利益。同时司法解释中也有对“他人”的运用，如《最高人民法院关于审理挪用公款案件具体应用法律若干问题的解释》第1条第1款规定，《刑法》第384条规定的“挪用公款归个人使用”，包括挪用者本人使用或者给他人使用。以上所规定的“他人”根据内容来看均具有较强的确定性，且和犯罪嫌疑人本人具有较强的关联性。因此，犯罪嫌疑人对他人的具体信息等应是明确知晓的。

相对于以上对“他人”的规定，明知他人报案而在现场等待中的“他人”和案件关联性较弱，犯罪嫌疑人对其所知晓内容少，确定性认识不强。因事故或者案件发生之后，报案人可能是被害人，可能是与案件无关的围观人员，也可能是过路人。因此，如果当时严格要求犯罪嫌疑人知晓报警人的具体身份信息，有悖于实际情况，亦不科学。但不能因此说明犯罪嫌疑人可以对他人没有任何认识，仅以“他人”、“有人”或者“别人”二字描述报案人，甚至是推测报案人。因在案发之后犯罪嫌疑人一直在现场等待，其对现场的情况最为掌握，其对报案人的形态信息应该有一定确定性的认识，可以以听到报案人的声音、看到报案人的形态等方式明确报案人的性别、年龄等信息并进行客观描述，因此该要求并不会超出期待可能性的范围。同时，确认报案人也是犯罪嫌疑人履行追认行为的义务。最高人民法院《关于处理自首和立功若干具体问题的意见》将明知他人报案而在现场等待的行为，同犯罪后主动报案的行为一同规定为自首，实际上是承认犯罪嫌疑人对报案行为的追认，将其视为犯罪嫌疑人自己报案。但该种追认并不等于犯罪嫌疑人对他人以及他人是否报案的放任，只有犯罪嫌疑人履行了一定的作为确认义务才能有自动投案的追认效果。本案中，被告人张某某对报案人的描述经历了从模糊到确定，从虚假到真实的矛盾过程，可见其对具体的报案人没有确定性的认识，且在事故发生后没有履行确认义务，不能认定为对他人报警行为的追认，无法确定其自动投案的主动性和自愿性，因此不能以此矛盾的供述认定张某某的行为符合明知他人报案而在现场等待型自首的规定。

第二，从自首的立法原意和司法解释适用的角度分析，应当要求犯罪嫌疑人对报案人有确定性的认识

自首制度设立的初衷在于鼓励犯罪分子悔过自新，主动投案，降低司法追诉的负担和成本，其实质在于权力的妥协，即司法权力与自首的犯罪嫌疑人在追求矫正正义的平台上达成妥协，实际上是权力与权利之间相互妥协的结果。[1]该种权力的妥协，其目的是达到公正的同时给效率一定的生存空间。但是从刑法预防和惩治犯罪的目的功能看，因明知他人报案在现场等待的自首比犯罪嫌疑人主动报警投案的自首主观证明义务要高，如果不要求犯罪嫌疑人对报案人有确定性的认识，而是随意地扩大对该解释的适用，会因过度追求效率而丧失公平，最终将使自首设立的目的本末倒置。

自首作为刑法处罚的重要依据，其在证据适用标准上应符合刑法的要求。对自首的认定必须和对待犯罪事实一样，应该严格依据客观证据，不能抛开事实仅凭司法人员情感推断。证据是案件的基础，只有证据充分，理论才有其运用的意义。司法机关在办案时不仅要收集犯罪嫌疑人有罪、罪重的证据，也要收集其无罪、罪轻的证据。无疑，对自首的审查与认定也存在收集证据的问题。在实践中，不乏犯罪嫌疑人为减轻处罚在不知他人报警的情况下，谎称有人报警，或者将自己事后主观推测作为现场明知他人报警的行为予以供述。而主观明知的行为本身就是犯罪嫌疑人内心的意思表示，该种主观意识无法用外在证据确切证实。因此从证据角度考虑，为防止犯罪嫌疑人为逃避法律追究随意捏造事实，需要犯罪嫌疑人对报案人有确定性的认识。该种确定性的认识可以在证据收集上作为构建犯罪嫌疑人和报案人的信息链接，司法机关可以依据收集的关联证据认定犯罪嫌疑人是否构成自首，而不是仅凭犯罪嫌疑人供述。在本案中，证实被告人张某某具有自首的证据仅有张某某供述，没有其他在案证据予以证实，因此不能认定其具有自首情节。

第三，明知他人报案而在现场等待型自首中的“明知”体现的是对报案积极追求的态度，要求犯罪嫌疑人主观上明知他人的报警内容、报警对象

该种明知可以是犯罪嫌疑人在现场直接获取的，即亲耳听到、亲眼看到他人报案；也可以是犯罪嫌疑人在现场间接获得的，即在现场有其他人明确告知犯罪嫌疑人有人报案。如果犯罪嫌疑人仅是凭自己的主观推断认为现场会有他人报案，不管他人有无报案都不能视为“明知”，因为此时犯罪嫌疑人对报案行为在主观上并不是积极

---

〔1〕 参见孙万怀:《刑法学基本原理的理论展拓》，北京大学出版社2011年版，第422−423页。

地追求,而是消极地放任,该种消极行为无法充分体现犯罪嫌疑人愿意主动投案的自愿性和主动性,因此不能作为自首的依据。但其在现场等待的行为可以作为量刑的酌定从轻情节予以考虑。

综上所述,在实践中办理此类自首案件,需要公检法三部门对证明自首所需证据材料充分沟通,要求侦查机关在侦查取证时重视对自首证据的收集,对于报案和传唤有较长时间间隔时需要在询问或者讯问时予以连接,以完整地展现案发后侦查的具体内容,同时根据在案证据制作详细的到案经过。

供稿:北京市密云区人民检察院　姜修芳　张艳

案例编辑:北京市人民检察院　孙春雨

李某某放火、曹某某失火案

——失火罪中作为义务的确定

基本案情

李某某、曹某某系男女朋友关系，共同租住在某公寓房1号房间内。2013年12月28日2时许，李某某与曹某某因生活琐事发生争执，期间曹某某对李某某有殴打行为。李某某觉得委屈，为吓唬曹某某，遂持曹某某的打火机将床单点燃，曹某某见状后立即将火苗扑灭，并夺下打火机。后二人继续争吵，李某某多次拿起打火机欲将床单点燃，但都被曹某某有效制止，但二人争吵并未结束。此后，李某某再次将打火机拿起，试图将床单点燃，曹某某看到后与李某某争抢打火机未果，遂放弃制止。此后，李某某将床单点燃。火苗燃起后，曹某某将浴巾等衣物扔向起火处，随即与李某某继续争吵，无视床单正在燃烧的情况。争吵间火势变大，二人意识到火势以后，立即用瓶装矿泉水以及去卫生间接水扑救，但未能将火扑灭，导致10F单元发生火灾，造成居住在该单元9号房间内的岳某（女，殁年26岁）、伊某某（女，殁年24岁）一氧化碳中毒死亡。案发后，李某某称曹某某将浴巾等衣物扔到起火处后，火势立即变大；曹某某则辩称其虽然向起火处扔了浴巾等衣物，但没有扔到起火处，而是掉落地上；二人对扔衣物后继续争吵的事实均认可。

北京市公安局于2014年3月31日以李某某、曹某某涉嫌放火罪移送审查起诉。北京市人民检察院第一分院于2014年10月10日对李某某以犯放火罪、对曹某某以犯失火罪提起公诉。北京市第一中级人民法院于2014年11月28日作出一审判决，判决李某某犯放火罪，判处死刑，缓期二年执行；判处曹某某犯失火罪，判处有期徒刑六年。

主要问题

不作为能否构成失火罪，作为义务来源为何？

意见分析

意见分歧

第一种意见认为，曹某某具有作为义务，来源是其法律行为。理由是：曹某某作为房屋承租人，承担着妥善保管房屋的合同义务，故应当在李某某欲点火时对其有效制止，在李某某点火成功后，亦应当立即扑灭火苗，以尽承租人的管房义务。

第二种意见认为，曹某某具有作为义务，来源是对自己的先前危险行为引起的法益侵害危险的防止义务。理由是：曹某某因琐事与李某某争吵，导致李某某欲点火，曹某某没有有效制止导致火苗燃起，上述一系列作为与不作为相结合导致法益处于紧迫危险中，即构成了先前危险行为，曹某某在火苗燃起后有立即扑灭以避免火灾发生的作为义务。

第三种意见认为，曹某某具有作为义务，来源是其对法益发生危险领域的支配所产生的阻止义务。理由是：李某某放火之地系曹某某与李某某共同承租的房间，对该房间，曹某某与李某某均具有排除他人的支配力。案发当时李某某故意放火，能够阻止李某某的人只有曹某某一人。因此，曹某某具有阻止火灾发生的作为义务。

第四种意见认为，曹某某不具有作为义务。理由是：本案火灾的发生是他人的犯罪行为。有义务阻止犯罪行为之人只有两种：一是职务上、业务上有特定义务之人，如警察；二是对他人具有监护义务之人，如未成年子女的父母。本案中，曹某某既非负有阻止犯罪发生职责之人，又非李某某之监护人，其对于李某某自主实施的犯罪行为，不承担阻止义务。

意见评析

笔者认为，曹某某作为对危险发生领域具有支配力的人，具有阻止火灾发生的作为义务，其在有能力履行作为义务的情况下未尽作为义务，主观上具有疏忽大意的过失，客观上导致他人死亡，其行为构成不作为的失火罪。

第一，具有疏忽大意的过失，不作为同样可以构成过失犯罪

失火罪的主观方面体现为过失，曹某某在本案中存在疏忽大意的过失。首先，曹某某作为承租人，其应当预见自己所居住的群租房空间狭窄、人员密集、通风口较少、房间内衣物等易燃物品较多，一旦点燃可燃物，如不立即扑灭，火势将会在短时间内迅速蔓延，引发火灾，危及不特定多数人的生命及财产安全。其次，曹某某在与李某某争吵过程中，曾经多次制止李某某点火，说明其主观上没有希望或放任火灾发生的意图，不属于故意。最后，在李某某最后一次欲点燃床单时，曹某某没有有效制止，在床单点燃后其又只顾与李某某争吵没有立即扑灭火苗。上述行为反映其当时系因情绪激动而忽略了火灾可能发生的事实，不属于已经预见但轻信能够避免的过于自信的过失，应当以属于疏忽大意的过失予以评价。

失火罪属于不真正不作为犯罪，不作为也可能构成此类犯罪。不真正不作为犯是指刑法分则没有规定保证人（具有作为义务的行为主体）与不作为内容，但行为人以不作为实施了通常由作为实施的构成要件的犯罪。《刑法》第115条第2款对失火罪的表述是"过失犯前款罪的"，其中"前款罪"指的是该条第1款规定的放火罪。可见，失火罪是过失犯放火罪的行为。而放火罪即属于不真正不作为犯罪，其可以由消极地不作为——如有阻止火灾发生义务之人不履行阻止义务构成。因此，失火罪也可以由不作为构成，其与放火罪的区别仅仅在于主观方面。刑法理论上普遍认为，失火罪"是指过失引起火灾，危害公共安全，致人重伤、死亡或者使公司财产遭受重大损失的行为"〔1〕。引起火灾通常是以作为的形式实施，但也完全可能以不作为的形式实施。因此，失火罪属于不真正不作为犯罪，不作为也可以构成失火罪。

第二，行为人对法益危险发生领域具有支配力，导致其具有作为义务

基于对危险发生领域具有支配力进而有作为义务，是因为在此种情况下，行为人对危险发生领域的支配排除了其他人发现并排除危险的可能性，在此种情况下，只能期待行为人作出积极的行为。

本案中，火灾的危险首先发生在曹某某与李某某共同居住的1号房间内。二人基于承租人的身份对房间具有支配力，体现为未经允许他人不得入内，也不可能发现火灾隐患。在李某某已经成为放火人的情况下，知道房间内已经有火情，有条件第一时间实施灭火行为的人只有曹某某，如果曹某某不有效制止李某某点火，或在床单被点燃后立即将火苗扑灭，其他人无法有效制止火灾发生。从这一角度看，曹某某有阻止

---

〔1〕 张明楷：《刑法学》（第四版），法律出版社2011年版，第607页。

火灾发生的作为义务。

当然，这种基于对危险发生领域的支配而产生的作为义务在理论上有争议。其中一个经典的反驳例子就是当一个人行至深山中，发现了一个正在啼哭的婴儿，在周围环境不可能有其他人的情况下，如果该人不对婴儿进行救助，婴儿必死无疑，但在此时，显然不能认为该人具有救助婴儿的作为义务，行为人并非对危险发生领域具有支配力。判断是否对一领域具有支配的标准是看其他人有无可能因为该人的支配而丧失对该领域的支配，这个案例中，周围没有其他人的原因仅仅是偶然原因，而非行为人对空间产生了支配。而在本案中，曹某某对空间的支配是基于承租人的身份，这种支配现实而直接，不具有偶然性。

第三，认定行为人具有作为义务，不得违背罪刑法定原则

认定不真正不作为犯罪的最大理论争议就是是否违反罪刑法定原则。罪刑法定原则中的明晰性原则要求刑法条文必须具有可预测性，为国民所能够理解，所引申出的含义即认定犯罪不能超出刑法条文所应有的含义。但不真正不作为犯并没有明确地写进刑法条文，对这些犯罪进行处理时所引用的刑法条文都是以作为模式表述的。因此，对不真正不作为犯的处理必须谨慎，否则必将扩大保证人范围进而破坏罪刑法定原则。

在不真正不作为犯罪的认定过程中，考虑是否破坏罪刑法定原则的标准是认定行为人具有保证人地位——抑或认定行为人在案发时具有作为义务——不超出国民的预测范畴。在现代社会，人与人之间的物理距离越来越短，多数人在有限空间内居住的情况非常普遍，很小的危险隐患都有可能对公共安全产生严重侵害。在这种情况下，人们期待那些发现危险并对危险发生领域有排他性支配力的人在力所能及的范围内尽举手之劳，以换取大众的安宁，这是一种合理的社会信赖。具体到本案，曹某某不仅是导致危险发生的人之一，更是最早发现危险并对危险领域具有支配的人，其实施微小的努力就可以避免公共安全的巨大损害。在此情况下，要求他承担阻止火灾发生的义务，并不超出国民的合理预测范畴。因此，认定曹某某具有作为义务，不违反罪刑法定原则。

供稿：北京市人民检察院第一分院　赵鹏　孟粉

案例编辑：北京市人民检察院　刘丽娜

侯某某非法制造枪支案

——通过网络购买零部件组装成枪支的行为定性

基本案情

2016年12月底至2017年1月初，侯某某在北京市昌平区回龙观镇二拨子工业园中路19号院其工作地内，通过淘宝网不同卖家先后购买快排气筒、钢管、瞄准镜、胶带等物，并自行组装成枪状物一支。后侯某某明知同事王某某欲自行组装枪支，又以相同购买方式代王某某购买上述物品，并由王某某自行组装成枪状物一支。经鉴定，两支涉案枪支均系以压缩气体为动力的枪支，枪口比动能分别为36.26 J/cm^2和33.90 J/cm^2。2017年10月15日，民警将侯某某查获。涉案枪支被依法起获并扣押。

北京市公安局昌平分局于2017年12月29日以侯某某涉嫌非法制造枪支罪移送审查起诉。北京市昌平区人民检察院于2018年5月22日对侯某某以犯非法制造枪支罪提起公诉，建议判处有期徒刑三年至三年三个月。北京市昌平区人民法院于2018年9月12日判决侯某某犯非法制造枪支罪，免予刑事处罚。昌平区人民检察院于2018年9月19日提出抗诉。北京市第一中级人民法院于2018年11月28日裁定准许北京市人民检察院第一分院撤回抗诉。

主要问题

行为人通过网络分别从不同卖家购买不同的零部件后组装成枪支的行为应当如何定性？

意见分析

意见分歧

我国对枪支实行严格管制。刑法及相关法律、司法解释对非法制造、买卖、运输、邮寄、储存、持有、私藏、走私枪支等行为进行了规制。但行为人通过网络分别从不同卖家购买不同的零部件后组装成枪支的行为应当如何定性，在司法实践中存在一定争议。

第一种意见认为，侯某某通过网络分别购买不同零部件后自行组装成枪支，该行为属于没有经过明显物理加工改变零件特征用途的一般拼装或者组装行为，不宜认定为制造行为，而宜认定为非法持有行为，因而应认定侯某某的行为构成非法持有枪支罪。

第二种意见认为，侯某某通过网络向不同店家先后购买零部件，自行组装成以压缩气体为动力的枪支，其行为应当认定为是一种制造枪支的行为。侯某某的行为构成非法制造枪支罪。

意见评析

笔者同意第二种意见，理由如下。

第一，"制造"的文义中包括了组装行为

《现代汉语词典》对"制造"的解释是："用人工使原材料成为可供使用的物品。"从本质特征判断，其含义就是通过组装或者加工等行为改变原有各个零部件（单品）的用途或者特性，使之成为具有全新用途或者特性的物品。其中，组装是整个机械制造过程的最后一个阶段，是按照规定技术要求，将若干个零件组合成部件的过程，是生产过程的一部分，是最后的主要工序。

非法制造枪支罪中的"非法制造"，指未经国家许可擅自制造（包括改装、配装）枪支。[1]"制造"的外延包括制作、加工、组装、改装、拼装等具体方式。事实上，制造枪支的过程一般包含以下多个环节：枪支及其零件的设计、原材料获取、零部件制造、整体组装、调试等。组装枪支一般被认为是制造枪支的一个分支行为（但单纯组装标准部件，不属于制造行为，如搭乐高积木）。

---

〔1〕 参见张明楷：《刑法学（下）》（第五版），法律出版社2016年版，第710页。

第二,《刑法》虽然没有明确界定“制造”的含义,但参考其他法律法规及司法解释可以得出较为概括的界定

《中华人民共和国枪支管理法》第3条第1款规定:“国家严格管制枪支。禁止任何单位或者个人违反法律规定持有、制造(包括变造、装配)、买卖、运输、出租、出借枪支。”可见,“制造”包括变造与装配两种情况。但《刑法》及相关司法解释对非法制造枪支罪的“制造”一词并无明确界定。《刑法》中包含“制造”的罪名有以下几种:非法制造、买卖、运输、邮寄、储存枪支、弹药、爆炸物罪;违规制造、销售枪支罪;非法制造、出售非法制造的用于骗取出口退税、抵扣税款发票罪;非法制造、出售非法制造的发票罪;非法制造、销售非法制造的注册商标标识罪;走私、贩卖、运输、制造毒品罪。这些涉及“制造”的罪名中,对“制造”的理解应作同一解释。

在非法制造注册商标标识罪的认定中,2002年《国家工商行政管理总局、国家商标局关于加工带有商标标识的包装物是否属于商标印制行为的批复》认为,北京新拓塑料包装制品公司镇江分公司在其生产的塑料光瓶上套上他人印制的商标标识,经热缩紧固,制成带有商标标识的饮料瓶行为,属于“制作带有商标的包装物”的商标印制行为。非法制造注册商标标识罪中的“制造”,其实质就是行为人用人工使原本各自独立的物品重新整合成能达到目标功能的物品。其整合的方法多种多样,如提炼分离、按比例混合、化学方法、冷热加工、组装等。

在制造毒品罪的认定中,最高人民法院《全国部分法院审理毒品犯罪案件工作座谈会纪要》第四部分指出,“鉴于毒品犯罪分子制造毒品的手段复杂多样、不断翻新,采用物理方法加工、配制毒品的情况大量出现,有必要进一步准确界定制造毒品的行为、方法。制造毒品不仅包括非法用毒品原植物直接提炼和用化学方法加工、配制毒品的行为,也包括以改变毒品成分和效用为目的,用混合等物理方法加工、配制毒品的行为,如将甲基苯丙胺或者其他苯丙胺类毒品与其他毒品混合成麻古或者摇头丸”。可见,制造毒品罪中的“制造”包括“用混合等物理方法加工、配制毒品的行为”。

由此可见,“制造”的实质是行为人将原本各自独立的物品重新整合成能达到目标功能的物品,组装、混合等物理方法均包含其中。

第三，"制造"区别于"持有"，在于创设危险物品或升高了物品的危险程度

比较非法制造枪支罪与非法持有枪支罪，可以看出，前者的法定刑比后者要重，法定刑差异的原因在于两种犯罪行为存在不同的社会危害性。非法制造枪支是将不具备枪支使用功能的材料制成枪支，即将无社会危害可能性或者较低社会危害可能性的物品转变成具有社会危害性或者更大社会危害可能性的物品，本质上是在制造或者增大一个危险中心。而非法持有枪支的行为是将枪支这一本来就存在危险的物品置于自己的占有之下，行为人并未制造或者增大该危险中心。如果行为人要使用枪支去实施别的犯罪，系行为人制造了新的法所不容的危险，已经不能被非法持有枪支罪所评价。〔1〕因而，如果行为人通过网络分别从不同卖家购买不同的零部件后组装成枪支，在行为人的涉枪行为过程中，本质上是在制造或者增大一个危险中心，其行为定性为非法制造枪支罪更为适宜。如若不然，则定性为非法持有枪支罪。

第四，"组装"认定为"制造"的关键在于行为的创造性，按照图纸或既定流程对标准件的"组装"不能认定为"制造"

首先，行为人购买的物品不能认定为枪支散件，其购买行为不能单独评价。本案中，行为人所组装的枪支并非制式枪支，零件没有通用标准，行为人通过淘宝网不同店家先后购买快排气筒、钢管、瞄准镜、胶带等物品，这些物品属于具有不同使用功能的一般生活物品。单一来看，可能并无社会危害性，但经过创造性的加工，有机组合起来，便可以成为具有致伤力的枪支的组成部分，融入了新的目标功能之中。

其次，行为人的购买及组装行为并非无智力输出的简单行为。本案中，行为人需要搜索"快排"结构图，需要经过琢磨，搜索多家店铺购买排气筒、钢管、瞄准镜、胶带等物品，需要对照结构图进行组装。可见，该行为过程需要对于枪支结构进行特别学习并有针对性地选购物品，再根据相关结构图进行组装制造。这显然已经超出一般人的认知水平，是一种体现智力成果的制造行为。

最后，行为人通过组装行为赋予了基础原料以新的形式、新的功能，升高了基础原料的危险程度。行为人通过组装行为将通下水道的工具、一般的钢管等生产生活通

---

〔1〕 参见北京市海淀区人民检察院刑事判决书，(2018)京0108刑初448号。

用器具变成以压缩气体为动力的枪支，从根本上改变了上述物品的物理属性和使用功能，将其最终变成具有致伤力的枪支，使一般生活物品变异为被严格管控、禁止交易的物品。这种对承载目标功能的物品的创设以及赋能，正是“制造”的核心要义。

第五，目前的司法实践中已有相当数量的判决支持

在中国裁判文书网上，如以时间范围为2018年、法院名称包含北京市、法院层级为基层法院、文书类型为判决、案由为非法制造枪支罪进行检索，可检索到相关判决27份。从枪支种类看，火药枪案件数为9件、气枪案件数为16件、火药枪和气枪均有的为2件。从犯罪事实看，有23件案件为从不同网上店铺购买零件后自行组装成枪支，2件为网上购买枪状物零部件后进行组装，1件为从网上直接购买气枪零部件进行组装，1件为非法改装气枪为火药枪。从认定罪名看，有8件在公检法之间存在“非法制造”还是“非法持有”的争议，其余19件三机关均认定为“非法制造”。从判决法院看，在北京市16个基层法院中，除东城、延庆、门头沟3个法院外，其余13个法院均有此种裁判，其中，丰台有5件、昌平有4件，大兴和海淀均有3件。可见，在多数基层法院中，对于通过网络分别从不同卖家购买不同的零部件后组装成枪支的行为，均有判决认定为构成非法制造枪支罪。

综上所述，将通过网络分别从不同卖家购买不同的零部件后组装成枪支的行为认定为非法制造枪支罪，取决于“制造”的创造性（通过学习创设新的目标功能）、非标准性（将非标准的原料形成新的作品）。概言之，在于创设具有新的目标功能的物品或者对其赋予具有相当危险的功能。但是，如果行为人在非法持有枪支的过程中，出于养护、携带、修理等目的，又将该枪支拆解，随后又进行组装，该组装行为可能多次发生，但该枪支仍旧属于同一枪支，同一枪支的确无法被多次重复制造，这些行为可以一并评价为持有行为。如果行为人非法购买已经制造好的枪支零部件，按照图纸将这些零件简单组装成枪支并持有，属于非法买卖枪支散件的行为，可能构成非法买卖枪支罪。

供稿：北京市昌平区人民检察院　史焱　王雪鹏　侯建暄

案例编辑：北京市人民检察院　王志坤

张某某交通肇事案

——将受害人带离事故现场后遗弃的行为定性

基本案情

2018年12月17日23时48分许，张某某驾驶“福特蒙迪欧”牌小型轿车，由西向东行驶至北京市昌平区府学路宁馨苑小区北门人行横道处时，将由北向南步行在人行横道内的泰某（男，殁年61岁）撞倒。张某某下车查看，于2018年12月18日0时5分将泰某扶到车上驾车离开。张某某于2018年12月18日0时50分，将泰某放至北京市昌平东关沃尔玛超市停车场出口外，后驾车离开。泰某于2018年12月18日1时许给其领导王某打电话，称其被撞他的车主放在北京市昌平东关沃尔玛超市。王某赶到后，于2018年12月18日1时35分报警，并于2018年12月18日1时55分将泰某送至北京市昌平区中医医院。北京市昌平区中医医院因泰某受伤严重，于2018年12月18日4时37分将其转至“999”。2018年12月21日13时20分，泰某及其家属放弃治疗，泰某于2018年12月21日14时52分死亡，死亡原因为颅脑损伤。经北京市公安局公安交通管理局昌平交通支队事故责任认定，张某某承担本次事故全部责任。

北京市公安局昌平分局于2019年1月28日以张某某涉嫌交通肇事罪移送审查起诉。北京市昌平区人民检察院于2019年4月18日对张某某以犯交通肇事罪提起公诉。北京市昌平区人民法院于2019年7月18日判决张某某犯交通肇事罪，判处有期徒刑四年六个月。

主要问题

交通肇事后，将被害人带离事故现场后又遗弃的行为应当如何定性？

意见分析

意见分歧

实践中，交通肇事后，肇事者将被害人带离现场，又将被害人弃置的情形时有发生，对此类行为的定性，鉴于不同案件有不同的情节，实践中一直存在分歧。

第一种意见认为，该行为构成故意杀人罪。理由是：肇事者带被害人离开交通事故现场后，又将被害人弃置在超市停车场出口，符合《最高人民法院关于审理交通肇事刑事案件具体应用法律若干问题的解释》（以下简称《解释》）第6条的规定，即“行为人在交通肇事后为逃避法律追究，将被害人带离事故现场后隐藏或者遗弃，致使被害人无法得到救助而死亡或者严重残疾的，应当分别依照刑法第二百三十二条、第二百三十四条第二款的规定，以故意杀人罪或者故意伤害罪定罪处罚”。若之前的交通肇事行为符合交通肇事罪的行为，还应与交通肇事罪数罪并罚。

第二种意见认为，该行为构成交通肇事因逃逸致人死亡。理由是：肇事者将被害人带离了事故现场并弃置在超市停车场出口，由于停车场出口属于人流量较大的位置，与被害人被撞的事故现场相比，实质上并不会降低被害人获救的可能性。所以肇事者将被害人弃置在人流量较大的地方，客观上并没有支配被害人的生命，因此不应评价为杀人行为，而应将其评价为逃逸情节，与之前的交通肇事行为合并评价为交通肇事因逃逸致人死亡。

第三种意见认为，该行为构成交通肇事后逃逸。理由是：综合考虑被害人的受伤程度、被遗弃地的现场环境、延误救助时间、因果关系等各方面的因素判断，肇事者将被害人带离事故现场后弃置在另一场所后离开，虽然行为外观上符合《解释》第6条的规定，但在本质上并没有到达《解释》第6条“致使被害人无法得到救助而死亡”的程度。具体而言，首先，被遗弃的场所属于人流量较大的公共场所。其次，被害人当时的意识清醒，还通过自己的手机联系过其领导，直至到达医院救治，也依然处于清醒状态。所以，肇事者将被害人带离事故现场后又遗弃在另一场所，与直接遗弃在事故现场相比，并没有在本质上降低被害人获救的可能性。因而，本案中肇事者带被害人离开事故现场的行为评价为逃逸情节更为恰当。最后，由于本案中无法证实被害人的死亡是由于肇事者逃逸导致的，所以不应评价为因逃逸致人死亡，而应评价为交通肇事后逃逸。

意见评析

笔者同意第三种意见，理由如下。

第一，本案肇事者的行为并非典型意义上的“交通运输肇事后逃逸”

根据《解释》第3条规定，“交通运输肇事后逃逸”，是指行为人具有本解释第2条第1款规定和第2款第1至5项规定的情形之一，在发生交通事故后，为逃避法律追究而逃跑的行为。根据该条规定，认定“交通运输肇事后逃逸”必须同时具备如下要件：(1)行为人必须具备交通肇事罪的基本犯罪构成要件，这是认定“交通运输肇事后逃逸”情节的基础条件。(2)行为人主观上具有“逃避法律追究”的目的，这是认定“交通运输肇事后逃逸”情节的主观条件。逃避法律追究，包括逃避刑事责任、民事责任、行政责任追究。(3)客观上有逃离的行为，且逃离行为可能影响对被害人的救助、导致事故损失的扩大、妨害民警对事故的查处。[1]具体而言，是指行为人交通肇事后，在接受事故处理机关首次处理前，故意逃离现场或相关场所，使自身不受被害人、群众或事故处理人员控制的行为。可见，“交通运输肇事后逃逸”的客观行为表现就是指肇事者本人单独实施了逃离现场的行为。

如果肇事者的客观表现是将被害人带离事故现场后予以遗弃，此种遗弃行为与逃逸行为存在区别：首先，就行为的客观表现而言，肇事者在交通肇事后将被害人带离事故现场后予以遗弃的行为，包括三个方面：一是肇事者本人逃离现场；二是将被害人带离事故现场；三是将被害人遗弃。遗弃，是指将被害人转移到其他非隐蔽、非秘密的场所抛弃。没有将被害人带离事故现场，只是将被害人留在现场听之任之而自己逃逸的，不是这里所讲的遗弃。其次，在行为性质的认定上，肇事者先前构成交通肇事罪的行为使他人生命处于危险状态，因而产生了救助他人的作为义务；而且《中

---

〔1〕 参见“龚某交通肇事案”，载中华人民共和国最高人民法院刑事审判第一、二、三、四、五庭主办：《中国刑事审判指导案例》(第2卷)，法律出版社2017年版，第171页。

华人民共和国道路交通安全法》(以下简称《道路交通安全法》)也将保护现场、抢救伤员、等候处理作为行为人的法定义务，肇事者逃离现场的逃逸行为是其违反法定义务、不履行作为义务的表现。进而，肇事者不仅自身逃离现场，而且将被害人带离事故现场予以遗弃，是在不履行作为义务的基础上实施的一种积极作为。最后，在危害后果上，肇事者自身逃离现场的逃逸行为有可能使被害人不能得到及时救助。且肇事者遗弃被害人的行为进一步降低了被害人的生存可能性，使被害人不能及时得到救助的可能性增大。可见，肇事者的此种遗弃行为并非典型意义上的“交通肇事后逃逸”。

本案中，张某某在北京市昌平区府学路宁馨苑小区北门人行横道处将被害人撞倒后，将其扶到车上驾车离开，后放至北京市昌平东关沃尔玛超市停车场出口外，属于本人逃离现场，并将被害人带离事故现场将其遗弃的行为，不属于典型意义上的“交通运输肇事后逃逸”。

第二，本案肇事者的遗弃行为也并非故意杀人罪的加害行为，但应评价为逃逸情节

《解释》第6条规定：“行为人在交通肇事后为逃避法律追究，将被害人带离事故现场后隐藏或者遗弃，致使被害人无法得到救助而死亡或者严重残疾的，应当分别依照刑法第二百三十二条、第二百三十四条第二款的规定，以故意杀人罪或者故意伤害罪定罪处罚。”根据该规定，以故意杀人罪或故意伤害罪追究刑事责任的交通肇事案件需要符合三个条件：一是行为人必须有在交通肇事后将被害人带离事故现场后予以隐藏或者遗弃的行为。二是行为人实施上述行为的主观目的是逃避法律追究，至于该目的能否得逞不影响定罪。三是被害人最终死亡或者严重残疾，且该结果系因被害人被隐藏或者被遗弃而无法得到救助所致。

在讨论该条规定的适用时，需要注意两点：一是基于本案的具体情节，本文仅讨论交通肇事后将被害人带离事故现场后遗弃致使被害人无法得到救助而死亡的情形。二是《解释》第6条规定是对故意伤害罪、故意杀人罪构成要件的重申，系注意性规定，并非法律拟制，应从行为本身判断其是否符合故意杀人罪的构成要件。因而，在判断遗弃行为是否构成故意杀人的加害行为时，要综合考虑被遗弃地的现场环境、被害人的受伤程度、延误救助时间等各方面的因素。细言之，如果肇事者将被害人遗弃于相比事故现场更偏僻、隐蔽的地方，被害人的伤情很重无法及时寻求救助，肇事者拖延较长时间后遗弃延误了救助时机，则可以得出结论：该遗弃行为应视为故意杀人的加害行为。反之，如果肇事者将被害人遗弃到人流量较大、更利于被人发现的地方，被害人的伤情并不阻碍其及时寻求救助，肇事者的遗弃并未延误救助时机，则可以得出判断：虽然遗弃行为在客观表现上、行为性质上、所致后果上与逃逸行为有所区别，但其本质上与逃逸行为并无不同，并未升高被害人得不到及时救助的风险。此时，不能将遗弃行为视为故意杀人的加害行为，而更宜将其评价为逃逸情节。

本案中，肇事者将被害人带离现场后遗弃在超市停车场出口，该出口并不是一个封闭的空间，来往人流量较大，并没有降低被害人获救的可能。同时，被害人被撞之后仍然意识清醒，仍可通过其随身携带的手机向亲友求救。可见，本案中被告人的遗弃行为并没有创设危险或增加危险。所以，其遗弃行为本质上与肇事者肇事后逃逸没有区别，不应该被评价为加害行为，评价为逃逸情节更加适宜。

第三，是否得到救助是死亡结果与行为之间的介入因素，本案肇事者的遗弃行为并未使被害人无法得到有效救助，被害人死亡结果与遗弃行为的因果关系不能确认，故不构成“逃逸致人死亡”或“故意杀人”

在认定本案肇事者的行为系逃逸情节后，是否可以继而认定其行为构成“逃逸致人死亡”，答案是否定的：在因果关系认定上，本案肇事者的行为不能认定与被害人死亡结果之间存在刑法上的因果关系。具体如下：《解释》第5条规定“因逃逸致人死亡”，是指行为人在交通肇事后为逃避法律追究而逃跑，致使被害人因得不到救助而死亡的情形。可见，“因逃逸致人死亡”的认定必须满足以下两个条件：一是必须以逃逸行为的存在为前提。在认定逃逸行为时，行为人主观上需具有逃避法律追究，一般而言，包括逃避抢救和肇事责任归结的动机，特殊情况下仅逃避肇事责任归结。行为人客观上表现为逃脱、躲避。二是客观上逃逸行为与死亡结果之间应当具有因果关系。即逃逸行为“致使被害人因得不到救助而死亡”。被害人若得到及时救治，本可以避免死亡的后果，但由于肇事者逃避自己的抢救义务致使被害人死亡结果的发生。因此，需要考察救助行为是否能够阻止死亡结果的发生，此时的救助行为是确定逃逸与死亡之间是否存在刑法上的因果关系的一个中介。而且，这里的救助没有特定的指向，既可以是肇事者的救助，也可以是其他人的救助。在分析是否得到救助这一中介时，需要注意：如果从被害人的伤情看，及时送往医院也不能避免被害人死亡的，或者被害人死亡结果的最终发生并非肇事者逃逸行为所致，那么，不能认定肇事者的逃逸行为与被害人死亡结果之间具有因果关系，不能认定为“因逃逸致人死亡”，只能认定为“交通运输肇事后逃逸”。同样，在时间上，死亡必然发生在逃逸行为过程中或者逃逸之后，如果先前的交通肇事行为发生时已经致被害人死亡的，即使肇事者实施逃逸行为，仍然属于“交通运输肇事后逃逸”，而不能认定为“因逃逸致人死亡”。〔1〕

同样，除客观行为表现外，在因果关系上，也不能认定本案肇事者的行为与被害人死亡结果之间存在刑法上的因果关系。具体如下：如前所述，以故意杀人罪追究刑事责任的交通肇事案件需要满足三个条件，其中一个条件就是死亡与遗弃行为之间应当具有因果关系。这也包括两层意思：一是从被害人伤情看，如果被害人虽被遗弃，但因有他力救助或其他原因而没有发生死亡的后果，对肇事者就不能以故意杀人罪定罪处罚。二是从时间上看，被害人死亡的后果在没有带离现场遗弃之前发生，不是由于被遗弃而无法得到救助所致，如事故当场即死亡，被遗弃前后不可避免地要发生死亡的，也同样不能对肇事者以故意杀人罪定罪处罚。可见，是否无法得到救助，是确定死亡结果与遗弃行为之间是否存在刑法上因果关系的一个中介。同样，这里的救助没有特定的指向，既可以是肇事者的救助，也可以是其他人的救助。

本案中，张某某将被害人遗弃于来往人流量较大的超市停车场出口，且被害人意识清醒并用手机联系亲友。可见，肇事者的遗弃行为并未达到《解释》中“使被害人无法得到有效救助的情节”，也就是说该遗弃行为并没有达到“排除其他救助的可能性的条件”。因而，本案现有证据无法证实被害人的死亡是肇事者的遗弃行为导致的，无法认定被害人的死亡后果与肇事者的遗弃行为之间存在刑法上的因果关系，不应将被害人死亡结果的原因归结于肇事者的逃逸情节。基于此种因果关系的缺失，肇事者的行为既不能认定为构成“逃逸致人死亡”，也不能认定为构成“故意杀人”，仅单纯评价为交通肇事后逃逸更为适宜。

---

〔1〕 参见“钱某平交通肇事案”，载最高人民法院刑事审判第一、二、三、四、五庭主办：《中国刑事审判指导案例》（增订第3版）第2卷，法律出版社2017年版，第148页。

综上所述，对于交通肇事后肇事者将被害人带离事故现场后遗弃的案件，应注意《解释》第6条是注意性规定，并对行为进行详尽的犯罪构成要件分析，不能只看到《解释》第6条的表面，而忽略了其本质。在案件办理中，应具体情况具体分析，结合案件中被遗弃地的现场环境、被害人的受伤程度、延误救助时间等各方面的因素考虑，分析判断遗弃行为的性质，进而分析遗弃行为与死亡结果之间的因果关系，从而更加恰当地对行为人进行定罪量刑。

供稿：北京市昌平区人民检察院　史焱　王丹丹　张泗柯

案例编辑：北京市人民检察院　孙利国

高某某、刘某某交通肇事案

——不明知发生交通事故时离开现场的不宜认定为交通肇事后逃逸

基本案情

案例一：高某某交通肇事案

高某某于2014年12月1日7时许，驾驶“豪泺”牌重型自卸货车行驶至北京市昌平区昌盛路与超前路交叉路口由南向东右转弯时，重型自卸货车前部左侧将骑自行车的张某一（男，53岁）刮倒并碾压，造成张某一当场死亡。高某某在事故发生后未停车而驶离现场，之后在民警勘察事故现场时，高某某驾车返回，向民警承认是自己驾车，发生交通事故。北京市公安交通管理局昌平交通支队认定，高某某在发生交通事故后驶离现场，承担事故全部责任。

北京市昌平区人民法院于2015年6月16日作出一审判决，认为高某某违反交通运输管理法规，驾驶机动车发生交通事故，致一人死亡，负事故全部责任，其行为构成交通肇事罪，判处高某某有期徒刑一年二个月。

案例二：刘某某交通肇事案

刘某某2014年11月15日15时45分许，驾驶“金杯”牌小型普通客车由南向北行驶至北京市昌平区京藏高速公路东辅路二拨子过街天桥以南处时，车前部左侧将横过道路的行人姚某某撞出，姚某某随后被同向驶来张某乙驾驶的“丰田”牌小型普通客车撞倒，造成姚某某受伤，经抢救无效于当日死亡。事故发生后，刘某某帮助张某乙报警，并留下联系电话后驾车驶离现场。当日，民警拨打刘某某留下的联系电话后，刘某某到公安机关接受调查。北京市公安交通管理局昌平交通支队认定，刘某某交通肇事后逃逸，负事故主要责任，张某乙、姚某某承担事故的次要责任。事故发生后，刘某某、张某乙已赔偿姚某某家属损失，取得谅解。

北京市昌平区人民法院于2015年6月3日作出一审判决，认为刘某某犯交通肇事罪，判处有期徒刑十个月，缓刑一年。

主要问题

发生交通事故后，肇事者驾车驶离现场，是否应认定为“交通运输肇事后逃逸”？

意见分析

意见分歧

第一种意见认为，驾驶人员在行车的过程中，应当严格遵守交通法规，同时，应当尽到安全注意义务，在发现可能发生交通事故后，应当立即查看，并配合做好调查等工作。在事故没有完全查清之前，肇事者擅自离开现场的，应当认定为“交通运输肇事后逃逸”，按照相关规定依法处理。

第二种意见认为，道路交通情况复杂，对于是否发生交通事故，肇事者可能存在完全不知情或者错误认识，因此而驾离事故现场，不能一概认定为“交通运输肇事后逃逸”，而应当根据主客观相统一的原则，准确适用法律。

意见评析

笔者认为，“交通运输肇事后逃逸”是交通肇事罪的加重处罚情节。对于发生交通事故后肇事者驾车驶离现场的案件，不能一概认定为“交通运输肇事后逃逸”，而应重点审查肇事者驶离现场是否属于为逃避法律追究而逃跑，从而准确适用法律，做到不枉不纵。具体分析如下。

第一，依照相关司法解释，在发生交通事故后，为逃避法律追究而逃跑，是认定“交通运输肇事后逃逸”的前提条件

发生交通事故后，肇事者驶离现场，应当承担相应的责任，但只有是“为逃避法律追究而逃跑”的，才可以认定为“交通运输肇事后逃逸”。《最高人民法院关于审理交通肇事刑事案件具体应用法律若干问题的解释》第3条规定，“‘交通运输肇事后逃逸’，是指行为人具有本解释第二条第一款规定和第二款第（一）至（五）项规定的情形之一，在发生交通事故后，为逃避法律追究而逃跑的行为”。司法解释将“为逃避法律追究”作为认定“交通运输肇事后逃逸”的前提条件。

发生交通事故后，车辆驾驶人（肇事者）具有立即停车、保护现场、抢救受伤人员、报警的义务。《道路交通安全法》第70条第1款规定：“在道路上发生交通事故，车辆驾驶人应当立即停车，保护现场；造成人身伤亡的，车辆驾驶人应当立即抢救受伤人员，并迅速报告执勤的交通警察或者公安机关交通管理部门。因抢救受伤人员变动现场的，应当标明位置。乘车人、过往车辆驾驶人、过往行人应当予以协助。”这是对车辆驾驶人发生交通事故后义务的规定，但车辆驾驶人违反上述义务，与构成“交通运输肇事后逃逸”之间并没有必然关系。在司法实践中，如果发生交通事故后，肇事者由于种种原因未能履行立即停车、保护现场、抢救受伤人员、报警的义务，而是驾车离开现场，在认定是否构成“交通运输肇事后逃逸”时要具体问题具体分析，要侧重考察肇事者离开事故现场的行为是否是为了逃避法律追究，然后结合其他证据予以认定。

第二，在无法确定肇事者明知发生交通事故的情形下，肇事者驾车驶离事故现场，之后返回事故现场如实供述，不应认定为“交通运输肇事后逃逸”

在案例一中，高某某供述，在转弯过程中，感觉车颠簸了一下，看两侧后视镜也未发现情况，在继续前行过程中有点不放心，之后给车队打电话，然后驾车返回事发地点查看，之后主动向勘查现场的民警供述犯罪事实。办案民警也针对其驾驶的重型自卸货车进行侦查实验，结果能够与供述相印证。

笔者认为，高某某是该车的驾驶员，应当熟悉该车情况，对于反光镜存在的盲点应当了解，知道通过查看反光镜不可能看清路面情况，在感觉车辆颠簸、查看反光镜未果的情况下，应当停车查看。但高某某未停车而继续行驶，结合其随后驾车返回如实供述的行为，可以得出，高某某驶离现场时对是否发生事故并不确定。因此，要求高某某履行《道路交通安全法》第70条第1款规定的义务并不合理。高某某有主动驾车返回核实有关情况并如实供述自己的行为，综合考虑高某某的行为和本案中的其他证据，认为高某某不是出于逃避法律追究而离开事故现场具有合理性。因此，不宜认定其属于交通肇事后逃逸。

第三，肇事者基于认识错误，留下真实联系电话后驾车驶离现场，不应认定为“交通运输肇事后逃逸”

案例二中，首先，发生事故后，刘某某认为虽然和被害人有过接触，但人不是自己撞倒的，且是直行，没有违反交通规则，是行人横过马路，而且所驾驶的车辆是全险，所以觉得不是大事，没有多想，就走了。其次，刘某某和张某乙说，“我躲过去你没躲过去”，其主观上认为人是张某乙撞的，和自己没有责任。最后，刘某某将电话号码留给张某乙，说可以做目击证人。民警给刘某某打电话后，刘某某即返回现场，并如实供述事情发生的经过。

通过刘某某的上述表现，明显可以看出刘某某虽然明知交通事故的发生，但其主观上认为此次事故并不是自己造成的，而主要是张某乙造成的，刘某某认为自己在本案中仅属于证人，且车辆是全险，无须惧怕承担责任。此外，刘某某提供的手机号码是真实的，能佐证其没有逃避法律追究的意图。

笔者认为，案例二中刘某某驾车驶离现场，属于其对于交通事故责任的错误认识，不属于为逃避法律追究而逃跑，不宜认定其属于交通肇事后逃逸。

供稿：北京市昌平区人民检察院　尹文涛

案例编辑：北京市人民检察院　孙利国

闵某交通肇事案

——保外就医期间又犯罪的应如何计算前罪未执行的刑罚

基本案情

2010年4月9日，闵某因犯盗窃罪，被北京市大兴区人民法院判处有期徒刑十二年（刑期自2008年11月6日至2020年11月5日）。2013年4月17日，北京市第二中级人民法院对其裁定减去有期徒刑十个月（刑期自2008年11月6日至2020年1月5日），剥夺政治权利三年，并处罚金人民币12,000元。2013年9月6日起，闵某因患病被保外就医一年，因疾病未愈，2014年9月5日起继续保外就医一年。

2014年11月15日8时许，闵某驾驶小汽车与驾驶电动三轮车的刘某某发生碰撞，造成两车损坏，刘某某经医院抢救无效死亡。北京市公安局大兴分局交通支队认定闵某负此事故主要责任，刘某某负次要责任。2015年1月6日，闵某因涉嫌交通肇事罪被刑事拘留，同年2月11日被逮捕。

2015年4月3日，北京市大兴区人民检察院以闵某犯交通肇事罪提起公诉。2015年6月3日，大兴区人民法院作出（2015）大刑初字第573号刑事判决书，判决闵某犯交通肇事罪，判处有期徒刑一年六个月，与前罪所犯盗窃罪并罚，决定执行有期徒刑十三年，剥夺政治权利三年，并处罚金人民币12,000元（刑期自2008年11月6日起至2021年11月5日止）。2015年6月12日，大兴区人民检察院提出抗诉。理由是：第一，原审判决的判决日期为2015年6月3日，却将闵某的刑期起算日确定为2008年11月6日，该刑期起算日期错误。《刑法》第47条规定，有期徒刑的刑期，从判决执行之日起计算；判决执行以前先行羁押的，羁押一日折抵刑期一日。因此，闵某此次刑期起算日期应该是2015年6月3日的判决执行之日，而非2010年4月9日的判决其前罪时确定的2008年11月6日。第二，依据一审判决确定的日期和刑期来计算，将闵某前罪刑罚已执行日期计算到了闵某被采取强制措施之日，此计算方法亦存在不当。因闵某在保外就医期间又犯新罪，其已经丧失了继续保外就医的法定条件，其前罪已执行刑期应计算到交通肇事犯罪之日，即2014年11月15日。截至该日，闵某刑期已经执行了六年十天，剩余刑期为五年十一个月二十天。应当将闵某交通肇事罪判处的一年半有期徒刑与前罪剩余的五年十一个月二十天刑期进行数罪并罚。

2015年9月17日，北京市第二中级人民法院撤销原审判决对闵某确定的刑罚，并依法改判闵某犯交通肇事罪，判处有期徒刑一年六个月，与前犯盗窃罪没有执行的刑罚并罚，决定执行有期徒刑七年，剥夺政治权利三年，并处罚金人民币12,000元（刑期自2015年1月6日起至2022年1月5日）。

主要问题

保外就医期间又犯罪的，应当如何计算前罪未执行的刑罚？

意见分析

意见分歧

第一种意见认为，应当将前罪已执行刑罚计算至后罪被采取强制措施之日，即闵某从交通肇事之日起至其被拘留之日止的这段时间亦应被计算到服刑期间内。理由是：目前法律没有明文规定对于在保外就医期间又犯罪的如何计算前罪已执行刑期的问题。在有多种不同解释的情况下，应当选择最有利于被告的解释。一审法院持该观点。

第二种意见认为，前罪已经执行的刑罚应计算至后罪行为实施之日，即闵某交通肇事的2014年11月15日。闵某从交通肇事之日起至其被拘留之日止的这段时间不应计算在服刑期间内。理由是：罪犯在暂予监外执行期间又犯新罪的，其行为违反了法律、行政法规和监督管理的相关规定，且已经达到了现实紧迫的社会危险程度，符合法律规定应当予以收监的情形；同时执行期间又犯新罪也正体现了行为人自身具有较强的人身危险性，已不满足“适用暂于监外执行不致危害社会”这一条件。检察院及二审法院持该观点。

意见评析

笔者同意第二种意见，理由如下。

第一，虽然目前我国缺乏相关明确规定，但是按照体系解释，应当认定前罪已经执行的刑罚计算至后罪行为实施之日

从体系解释出发，为了保证法秩序的统一，保证刑法范围内解释结论的协调性、正义性和合理性，将闵某前罪刑罚执行期间计算到后罪行为实施之日更为妥当。体系解释是根据刑法条文在整个刑法规范中的地位、与相关法之间的关联关系而作出的刑法解释。这种解释方法可以发挥体系的整体性优势，联系体系内明确性的规范和条文，有效解释相关带有不确定性的刑法规定和刑法概念。同时，在对个别条文和规定进行解释时，通过参考其他相关规定，可以起到证明和确认的效果，以加强解释结果的说服力。

《中华人民共和国刑事诉讼法》（以下简称《刑事诉讼法》）第268条规定，对于发现不符合暂予监外执行条件的罪犯，应当及时收监。这说明，在保外就医期间又犯罪的，罪犯已丧失了继续暂予监外执行的法定条件，不应再享有监外执行的优待。同时，根据2021年《最高人民法院关于适用〈中华人民共和国刑事诉讼法〉的解释》第518条的规定，被收监执行的罪犯有不计入执行刑期情形的，人民法院应当在作出收监决定时，确定不计入执行刑期的具体时间。综合上述规定，对于在保外就医期间犯新罪的罪犯，应当立即收监执行，对于犯新罪后未收监执行的期间不应计入前罪已经执行的刑期，亦即犯新罪之日即应确定为前罪刑罚已执行的截止之日。所以本案中，保外就医期间，闵某的人身危险性和其行为的社会危险性已经在其交通肇事之时显露出来，与后续的司法程序的启动时间间隔长短并无干系。针对这段时间差，法院在作出收监决定时，应当排除出执行刑罚期间。

第二，根据目的解释，将前罪已经执行刑罚计算至后罪行为实施之日，符合暂予监外执行制度设计的目的，能更好地惩罚和预防犯罪，亦无悖于保障人权的基本要求

目的解释是指根据刑法规范的目的，阐明刑法条文真实含义的解释方法。正确的解释，必须永远同时符合刑法的文义与刑法的目的。符合刑法的文义，是实现刑法的人权保障机能的要求；符合刑法的目的，是实现刑法的法益保护机能的要求。换言之，为了保障人权，不能超出刑法用语可能具有的含义得出解释的结论，为了保护法益，必须穷尽法条含义，防止罪刑法定原则成为无力解释和懒得解释的借口。

《刑事诉讼法》之所以设定暂予监外执行制度，其目的在于对服刑罪犯的人道关怀，彰显行刑的个别化和社会化，保障罪犯的合法权利，给予其合理的处理。对于没有人身危险性的患有严重疾病需要就医的人、怀孕或正在哺乳自己婴儿的妇女、生活不能自理的人变更刑罚执行的方式和地点，采取暂予监外执行，以保障他们基本的生存权利。但如果罪犯在暂予监外执行期间又犯新罪，该行为属于违反法律、行政法规和监督管理规定等应当予以收监的情形，已经达到了现实紧迫的社会危险程度，同时也表明了行为人本身具有较强的人身危险性，已不符合“适用暂于监外执行不致危害社会”这一条件。因此，罪犯从犯新罪之时至司法机关采取强制措施之日这一期间，已不再享有监外执行的优待，应排除在刑罚已执行期间之外。

从犯新罪之日起停止前罪刑罚执行的计算，能更好地起到刑法的威慑作用，发挥刑法严惩犯罪的功能。罪犯在刑罚执行期间再次犯罪，证明该次刑罚未能达成改造和预防目的。针对此类具有较高人身危险性的罪犯，有加大惩治和改造的必要。

第三，按照客观公正原则，将前罪已经执行刑罚计算至后罪行为实施之日，能够避免晚到案、逃避追诉的罪犯“钻法律空子”而将未到案期间计算为刑罚执行时间，不会对于主动到案的罪犯产生不公

公正价值是刑事诉讼诸价值的核心，公正价值包括实体公正和程序公正，法谚有云“正义不仅应得到实现，而且要以人们看得见的方式加以实现”，而程序正义正是“看得见的正义”。刑罚执行程序作为司法公正、社会正义的最后防线，要求刑罚执行活动应严格按照既定规则和程序运行，以程序正当为前提，实现刑罚目的，保障当事人的合法权益。如果暂予监外执行的罪犯在实施新犯罪行为之后及时隐藏自己的犯罪事实，则其在犯罪事实未被发现前的时间将全部被视为刑罚执行期间。也就是说，如果越晚案发、越晚被抓，则罪犯应当被收监执行的时间越短，这无疑是鼓励罪犯在再犯新罪时尽力躲避国家机关的追诉。同时从犯新罪后主动到案的罪犯角度考虑，积极投案反而需要承担比隐藏罪行更为不利的后果，实在是有违客观公正之举。公正的司法是社会秩序和权威构建的基础，如果公正的刑事裁判得不到有效的执行，司法公正也就成为停留在刑事裁判上的一纸空文。因此，将前罪刑罚执行之日计算到后罪的行为之日更能体现客观公正原则。

综上所述，对于在保外就医期间犯新罪的罪犯，应当立即收监执行，对于犯新罪后未收监执行的期间不应计入前罪已经执行的刑期，亦即犯新罪之日即应确定为前罪刑罚已执行的截止之日。

供稿：北京市人民检察院第二分院　姚彩云

案例编辑：北京市人民检察院　刘丽娜　张艳青

李某某交通肇事案

——交通肇事犯罪中逃逸情节的重复评价问题

基本案情

2011年10月10日21时30分许，李某某驾驶中联牌重型特殊结构货车，由东向西行驶至北京市朝阳区朝阳北路金榆路口西内侧车道，适逢樊某某骑普通二轮摩托车由东南方向驶来，李某某所驾车辆碾轧樊某某，造成樊某某当场死亡。事发后，李某某继续驾车向前行驶六七十米后停车，后驾车驶回公司。经公安机关交通管理部门认定：李某某肇事后逃逸，应承担此次事故主要责任，樊某某承担此次事故次要责任。当日23时许，李某某被公安机关查获。2011年11月25日，李某某接电话通知后到公安机关接受处理。

北京市朝阳区人民法院经依法审理后认为，李某某法治观念淡薄，违反交通运输管理法规，造成一人死亡的后果，承担事故主要责任，其行为触犯了刑法，已构成交通肇事罪，依法应予惩处。北京市朝阳区人民检察院指控李某某犯交通肇事罪的事实清楚，证据确实、充分，指控罪名成立，判决李某某犯交通肇事罪，判处有期徒刑一年。

主要问题

公安机关交通管理部门以肇事后逃逸为依据作出事故责任认定，逃逸情节已被作为定罪情节评价，能否再作为量刑情节进行二次评价？

意见分析

意见分歧

第一种意见认为，李某某违反交通管理法规，发生交通事故造成一人死亡，且公安机关认定其负事故主要责任，肇事后逃逸，按照刑法规定，应当以交通肇事后逃逸进行处罚，在三年以上七年以下有期徒刑幅度内判处刑罚。

第二种意见认为，李某某交通肇事后逃逸，公安机关据此认定其负事故主要责任，在认定李某某的行为构成交通肇事罪时，已将逃逸行为作为入罪情节，不能再将该行为作为量刑情节评价，否则违反禁止重复评价原则。故应在三年以下有期徒刑或者拘役幅度内判处刑罚。

意见评析

笔者同意第二种意见，同一逃逸行为不能既作为定罪情节，又作为量刑情节，否则有违禁止重复评价原则。理由如下。

第一，交通肇事罪中的逃逸情节具有不同功能

《最高人民法院关于审理交通肇事刑事案件具体应用法律若干问题的解释》（以下简称《解释》）中根据行为人伤亡后果及财产损失后果的严重程度及行为人对事故应负责任的大小，结合肇事者是否具有逃逸等情节，区别规定了不同的定罪与量刑标准。根据《解释》第2条、第3条、第5条的规定，逃逸情节具有两种功能：

一是作为定罪情节，决定犯罪嫌疑人是否构成交通肇事罪。具体可分为两种情形：其一，逃逸行为作为事故责任认定的依据。交通肇事罪的认定是以事故责任为基础的，要求行为人承担同等以上责任，包括同等、主要和全部责任。而逃逸行为与事故责任认定密切相关。《道路交通安全法实施条例》第92条第1款规定："发生交通事故后当事人逃逸的，逃逸的当事人承担全部责任。但是，有证据证明对方当事人也有过错的，可以减轻责任。"也就是说交通事故发生后行为人逃逸的，逃逸行为就作为认定行为人承担主要或者全部责任的依据，继而作为交通肇事罪的定罪情节。其二，逃逸行为与其他情节相结合作为定罪情节。《解释》第2条第2款第6项规定："交通肇事致一人以上重伤，负事故全部或者主要责任，并具有下列情形之一的，以交通肇事罪定罪处罚……（六）为逃避法律追究逃离事故现场的。"在交通肇事致一人重伤的情况下，如果逃逸者负事故全部或主要责任，并且逃离现场，则认定其为交通肇事罪，此处的交通肇事逃逸行为也是作为定罪情节的。

二是作为量刑情节，即作为加重处罚情节而使用。根据《刑法》第133条规定，

"交通运输肇事后逃逸或者有其他特别恶劣情节的，处三年以上七年以下有期徒刑"。此种情况下，在已构成交通肇事罪的基本犯的前提下，另有逃逸情节，则可升档量刑。

第二，根据禁止重复评价原则，同一逃逸情节作为定罪情节使用后，便不得再作为量刑情节

所谓禁止重复评价，是指在定罪量刑时，禁止对同一犯罪构成事实予以二次或二次以上的法律评价。这一原则既约束定罪的过程，又约束量刑的过程。在定罪过程中，禁止重复评价要求一个行为只能在构成要件中使用一次，不能重复使用。在量刑过程中，禁止重复评价原则的要求体现在两个方面：一是同一情节不能重复作为量刑情节使用。如强奸妇女多人已经作为法定的加重处罚情节使用后不能再作为酌定的从重情节使用。二是同一情节已经作为定罪情节使用后就不能再在量刑情节使用。这是因为基本犯所对应的刑罚本身就包含对定罪情节的评价，如果再将该情节作为量刑情节考虑，必将不适当地加重被告人的刑罚。

本案中，逃逸情节已经被作为定罪情节使用了。根据《解释》的规定，构成交通肇事罪基本犯的情形之一是致一人死亡，负事故全部或主要责任。本案中，公安机关交通管理部门认定李某某负事故主要责任的依据是其肇事后的逃逸行为。根据事故责任认定书，如果不考虑逃逸情节很难判断李某某是否仍对事故负主要责任。也就是说，逃逸情节已经被评价在负事故主要责任这一构成要件之中了，即被作为定罪情节使用了。此时被告人构成的是交通肇事罪的基本犯，刑罚是三年以下有期徒刑或者拘役。如果再将该逃逸情节作为量刑情节考虑，则会得出被告人交通肇事逃逸的结论，相应的刑罚就上升为三年以上七年以下有期徒刑，结果就是不适当地加重了被告人的刑罚。

禁止重复评价原则在我国刑法条文中没有明文规定，但是在实务界遵循禁止重复评价原则是共识。本案在认定李某某构成交通肇事罪时，逃逸情节已经以"负事故主要责任"的形式作为入罪的要件，依照禁止重复评价的原则，不能再作为量刑情节予以考虑。即应当依照《刑法》第133条和《解释》第2条第1款第1项之规定，对被告人李某某所犯交通肇事罪在三年以下有期徒刑或者拘役幅度内处刑。因此，法院的判刑并无不当。

第三，判断逃逸情节应作为定罪情节还是量刑情节，关键看该情节在定罪过程中是否具有不可替代性

实践中，对于行为人逃逸的交通肇事案件，公安机关往往直接依据《道路交通安全法实施条例》第92条第1款的规定，认定行为人因交通肇事后逃逸负事故的全部或主要责任，而有意或无意地忽略调查事故中当事人是否还有其他违章行为，以及该违章行为在交通事故中原因力和作用力的大小。如果行为人在实施逃逸行为之前没有其他交通违章行为；或者即便有违章行为，但该违章行为与交通事故的发生之间没有因果关系；或者经公安机关现场勘查作出被害人有交通违章行为，且该违章行为与交通事故的发生之间具有因果关系的结论，那么按照法律规定，肇事人可能不承担事故全部或者主要责任。如此一来，肇事人之前的行为并不构成交通肇事的基本犯罪，但仅因其肇事后逃逸而被公安机关认定承担事故的全部责任，此时逃逸情节在定罪过程中具有不可替代性。因此，逃逸情节应当作为认定构成交通肇事罪的定罪情节。如果行为人在实施逃逸行为之前已有其他违章行为，且该违章行为与交通事故的发生之间具有因果关系，那么行为人很可能被公安机关认定为承担事故的主要责任甚至全部责任，如此一来，行为人在实施逃逸行为之前已经构成了交通肇事的基本犯罪，其事后的逃逸行为就应当作为量刑情节进行评价。但无论如何，行为人交通肇事后逃逸的行为要么认定为入罪情节，要么认定为行为人已经构成交通肇事罪基础上的量刑情节，二者不可能同时适用。

本案的启示是：要注意区分逃逸情节的定罪功能和量刑功能，把握的关键是看逃逸情节在定罪过程中是否不可替代。具体到致人死亡的交通肇事案件中，看逃逸情节在事故责任认定中是否具有不可替代性。如果被告人是因其他交通违章行为负事故全部或主要责任，逃逸行为应当作为量刑情节进行评价；如果是仅因逃逸行为负事故全部或主要责任，逃逸行为则应当作为定罪情节进行评价，而不能再次作为量刑情节评价。

供稿：北京市朝阳区人民检察院　蒋家棣　黄敏

案例编辑：北京市人民检察院　刘丽娜

万某某危险驾驶案

——行为人存在“二次投案”行为时能否认定为“自动投案”

基本案情

2018年11月17日4时许，万某某酒后驾驶农用运输车由东向西行驶至北京市顺义区白马路马坡桥西侧红绿灯路口时，未按交通信号灯指示行驶，与由北向南行驶的五菱牌小型普通客车相撞，致两车损坏，客车内乘客受伤。经认定，万某某负事故全部责任。案发当日，万某某明知他人报警而在现场等待，后被民警查获，呼气酒精检测结果为36 mg/100ml。经检验，万某某血液中酒精含量为99.2 mg/100ml。

2018年11月20日，本案立案侦查。2018年11月21日，民警对万某某制作笔录一份，后将其带至看守所办理刑事拘留手续，看守所因血检结果与呼气结果相差较大暂未收押。民警带万某某再次抽血进行血型比对，后告知万某某在京等待，随传随到。2018年11月23日，万某某因父亲生病需要照顾离开北京，手机处于关机状态。后民警多次联系万某某未果，遂对其上网抓逃。2018年11月29日，万某某经亲友联系回京投案，在返京途中被民警查获。2018年12月8日，万某某被北京市公安局顺义分局刑事拘留。

北京市公安局顺义分局于2018年12月18日以万某某涉嫌危险驾驶罪移送审查起诉。北京市顺义区人民检察院于2018年12月24日对万某某以犯危险驾驶罪提起公诉。鉴于万某某犯罪后自动投案，到案后如实供述自己的罪行，系自首，依法可以从轻处罚，建议判处万某某拘役一个月，并处罚金。北京市顺义区人民法院于2018年12月27日判决万某某犯危险驾驶罪，判处拘役一个月，并处罚金人民币2000元。依据《刑法》第67条第1款，认定万某某具有自首情节。

主要问题

行为人存在“二次投案”行为时(投案—违反口头指令脱离控制—再次投案),能否被认定为自首中的“自动投案”?

意见分析

意见分歧

第一种意见认为,“二次投案”不能再认定为自动投案。理由是:首先,《最高人民法院关于处理自首和立功具体应用法律若干问题的解释》(以下简称《解释》)第1条第1款明确规定:“自动投案后又逃跑的,不能认定为自首。”从行为人悔罪的角度讲,行为人主动将自己置于公安机关控制之下,证明其有主动归案的悔罪态度,若其在被控制后又逃跑,则表明其否定了先前的悔罪态度,不再具备认定自首的条件。其次,从投案行为的阶段性看,“二次投案”的主动性与首次投案在查明事实层面的作用存在本质差别,把投案后逃跑的状态等同于一直未归案的原始状态,实际上是忽视了对每次投案对应行为的甄别。“二次投案”的行为主动性实际上是对其逃跑行为来说的,而非针对前一犯罪行为。再次,自首制度设置的初衷和价值在于通过从轻处罚鼓励行为人主动归案,减少刑事诉讼过程的司法资源投入。虽然“二次投案”也节约了该次抓捕过程中的司法资源,但行为人到案后逃跑再抓捕,从整个过程看,相关抓捕程序的启动和实施必然涉及人、财、物的投入,一定程度上削弱了自首制度在节约司法资源、提升诉讼效率层面的价值。最后,如果肯定逃跑后再次投案仍能认定为自首,则会产生“先逃后投”不影响自首认定的侥幸心理,形成与坦白从宽刑事政策相悖的实践引导,容易引发强制措施被虚化的不利局面。

第二种意见认为,“二次投案”不影响自首的认定。理由是:首先,首次到案应当视为自动投案。因其符合最高人民法院《关于处理自首和立功若干具体问题的意见》(以下简称《意见》)第1条第1款第2项的规定,即明知他人报案而在现场等待,抓捕时无拒捕行为,供认犯罪事实的,应当视为自动投案。其次,行为人离开北京、关机行为不宜认定为逃跑行为。虽然《解释》规定了自动投案后又逃跑的不能认定为自首，但结合本案事实从整体上分析，脱离控制事出有因，离京、关机等行为不宜简单认定为行为人逃避侦查，结合再次投案情况，应视为悔罪态度的延续，可认定为自动投案。最后，自首制度的设置既有节约司法资源的价值，又可以鼓励犯罪分子悔过自新，二者在制度价值层面并非追求绝对的并列或等价，更多地应向悔罪这一价值倾斜。从本质上讲，“二次投案”行为能够体现行为人在主动接受刑事处罚或是法律上的不利评价的态度仍是积极的，否定“二次投案”的悔罪态度在自首情节中的正面评价，自首制度的效率价值亦难以实现。故在行为人“二次投案”的案件中，应视情况作出是否属于“自动投案”的认定，向鼓励行为人主动、自愿投案的价值引导上倾斜。

意见评析

笔者同意第二种意见。根据《刑法》第67条的规定，犯罪以后自动投案，如实供述自己的罪行的行为，是自首。“二次投案”行为能否被认定为自首要件中的“自动投案”，不能一概而论，需要结合具体案件情形，审查判断是否对犯罪嫌疑人的人身进行控制，是否符合犯罪人主动到办案机关投案接受依法处理的实质要求，是否符合自首制度的立法意旨。

第一，前后两次投案行为在主动、自愿的主观态度上存在延续和贯通

本案中，万某某在案发后明知他人报警而在现场等待，抓捕时无拒捕行为，供认犯罪事实，根据《意见》的规定，首次投案行为应当视为自动投案。万某某经亲友联系回京投案，在返京途中被民警查获，符合《解释》规定的经查实正在投案途中被公安机关捕获的情形。综合全案来看，万某某前后两次投案行为都表明，其是主动到办案机关投案接受依法处理，在主动、自愿的主观态度上是延续的、贯通的，具备认定为自动投案的基础。

第二，投案之前行为人未被采取强制措施

针对被采取强制措施后逃跑再向办案机关投案的情形，再次投案的行为只针对新犯之罪可以成立自动投案，而对前一犯罪不能认定为自动投案。本案情形与此不同。办案机关在刑事立案后，虽带万某某去看守所办理入看手续，但基于特殊原因未及时将万某某收押，亦未进一步对其采取取保候审等刑事强制措施。从“二次投案”后万某某被北京市公安局顺义分局刑事拘留来看，万某某之前的状态也应视为未被采取拘留措施。而当万某某出现离京、失联行为，违反民警口头告知其在京等待、随传随到的要求时，应当如何评价？笔者认为，民警的口头告知属于一种口头指令，亦不属于《刑事诉讼法》《中华人民共和国行政强制法》等规定的强制措施。究其起因，是基于危险驾驶案件办案期限短、不得取保候审等考虑，而采取的一种保障诉讼程序顺利进行的临时性措施，并不具有限制人身自由的强制力。因此，万某某在这期间的人身并未受到控制，在客观上仍处于自由状态，其“二次投案”不同于被采取强制措施后逃跑再向办案机关投案的情形。

第三，不属于自动投案后又逃跑的情形

自首旨在一方面通过鼓励犯罪人自动投案，促使犯罪人悔过自新，另一方面使案件得以及时侦破与审判，节约有限的司法资源。自动投案后逃跑，否定了犯罪人的悔罪意愿，消耗了更多的司法资源。《解释》第1条第1款明确规定，“自动投案后又逃跑的，不能认定为自首”。万某某离京、失联的行为虽给办案机关造成了阻滞刑事诉讼进程的影响，但结合万某某的供述及亲友的证言，万某某中途离京的原因确系家中老人生病需要照顾，其在老家得知消息后也及时购买了车票返京投案，万某某离京的客观原因及后期供述具有真实性，其违反民警口头指令行为，与故意逃避侦查、故意逃避法律责任的逃跑情形并不相同，不宜苛责认定为自动投案后又逃跑的行为。

第四，“二次投案”的主动性、自愿性反映了行为人悔罪态度且未影响实体上定罪证据的取证，符合自首的价值追求

自首是量刑层面的法律评价，意在鼓励行为人主动到案并配合办案机关还原犯罪事实。若要认定“二次投案”构成自首中的自动投案，则第二次投案前的行为不能使办案机关陷于丧失固定关键定罪、量刑证据的不利局面，如脱控后毁灭、伪造证据或与他人串供等。本案中，据以定罪的关键证据是血液酒精含量，需要在案发后即时检测进行固定。万某某在首次投案后，积极配合办案机关进行呼气检测并抽取血样，对酒驾行为供认不讳，使查明犯罪事实的关键证据及时得到固定。其后期因案外原因离京、失联行为并未影响取证的实质进程，亦未造成无法定罪的严重后果，再次投案后始终认罪、悔罪，符合自首的价值追求。

综上所述，万某某前后两次投案行为本质上是一种主动投案并配合办案机关顺利开展侦查活动、接受办案机关依法处理的行为，在主动、自愿的主观态度上存在延续和贯通，符合促使犯罪人悔过自新且及时侦破与审判案件的自首制度立法意旨，应当认定为自动投案。

供稿：北京市顺义区人民检察院　康云

案例编辑：北京市人民检察院　葛路

陈某危险驾驶案

——对“驾驶”行为的理解与认定

基本案情

2017年6月30日23时40分许，陈某喝完酒在回家的路上接到王某某电话，称自己的电动三轮摩托车没有电了，让陈某去接他。陈某便骑着王某某的电动二轮摩托车，到北京市昌平区立水桥和滨河路交界的桥上找到王某某。后王某某让陈某骑着没电的电动三轮摩托车在前边扶着车，王某某自己在后边骑着电动二轮摩托车，用右脚蹬着陈某骑着的电动三轮摩托车前行。

次日0时10分许，陈某、王某某二人由南向北行驶至昌平区太歇路青年汽车维修厂门口以北处时，迎面驶来三辆大货车，邵某某驾驶其中一辆重型半挂牵引车。由于车灯晃眼，道路上没有路灯，而且电动三轮摩托车没电无法开启照明灯，陈某看不清楚前方路况后刹车。陈某驾驶的电动三轮摩托车颠了一下后车身向左侧翻，撞到王某某驾驶的电动二轮摩托车，该电动二轮摩托车倒向邵某某驾驶车辆的左侧车轮下。后王某某经抢救无效死亡。

经鉴定，陈某的血液中酒精含量为83.1 mg/100ml；陈某驾驶的电动三轮摩托车为机动车，王某某驾驶的电动二轮摩托车为机动车（北京中机车辆司法鉴定中心出具的司法鉴定意见书）；对于事故的发生，陈某、王某某均承担同等责任，邵某某承担次要责任。

北京市公安局昌平分局于2017年8月22日以陈某涉嫌危险驾驶罪移送北京市昌平区人民检察院审查起诉。北京市昌平区人民检察院于2017年11月24日对陈某作出存疑不起诉处理。

主要问题

一人骑着电动三轮摩托车在前方扶车，一人在后方骑另一电动二轮摩托车用脚蹬推使前车前行的情形中，前方扶车把的行为是否可以评价为驾驶行为？

意见分析

意见分歧

本案的行为可以分为两个阶段：第一阶段是陈某喝酒之后骑着王某某的电动二轮摩托车，到昌平区立水桥和滨河路交界的桥上找王某某；第二阶段是陈某骑着没电的电动三轮摩托车在前面扶着车，王某某在后面骑着电动二轮摩托车蹬着前车前行，遇到邵某某驾驶的重型半挂牵引车，车辆侧翻，最终导致王某某的死亡。由于第一阶段的行为没有（因酿成事故而）被当场抓获，只能依据第二阶段的行为倒推其酒后驾驶，如果能够证实，则有可能因酒后驾驶轻便摩托车（机动车），而构成危险驾驶罪。更值得注意的是其第二阶段的行为，对其认定存在以下分歧意见：

第一种意见认为，陈某虽然驾驶没电的电动三轮摩托车，但陈某在前方驾驶电动摩托车时不仅掌握前进方向，还可以通过踩刹车控制前进，同时又有后方电动摩托车提供动力，满足了驾驶机动车在道路上通行的基本要件。因此，陈某的行为完全可以视为“驾驶行为”。

第二种意见认为，驾驶是指操纵车船或飞机等行驶，而操纵是指对机动车的运行具有实质意义的操作和控制行为。陈某行驶的是一辆没有动力的电动三轮摩托车，行驶动力源于王某某驾驶的电动二轮摩托车，陈某对于摩托车的控制范围仅限于刹车等简单的机械操作，并未达到对摩托车有全部的控制能力这一状态。没有驾驶行为，故不构成危险驾驶罪。

第三种意见在第一种意见的基础上，认为陈某的行为构成危险驾驶罪，理由是：

即使不考虑第一阶段的行为，陈某与王某某属于驾驶的共同体，王某某提供动力，陈某掌控方向，且陈某血液中的酒精含量超标，属于醉酒驾驶。事故发生时道路情况复杂，陈某和王某某的共同驾驶行为本身比较危险，应以危险驾驶罪处罚。

第四种意见在第一种意见的基础上，将陈某的行为认定为驾驶机动车，其违反了交通运输管理法规，达到刑法定罪量刑所要求的责任标准。由于交通事故造成一人死亡的后果，本案经鉴定，陈某、王某某承担同等责任，邵某某承担次要责任。故陈某构成交通肇事罪。

此外，亦有意见认为陈某的行为可能构成过失致人死亡罪，该观点将交通运输这一特殊领域中的过失行为与一般交往中的过失行为混为一谈，兹不赘述。

意见评析

笔者同意第二种意见，理由如下。

第一，驾驶行为的关键是实质操纵动力装置，类似于工具的联动操控不得评价为驾驶行为

根据《现代汉语词典》的解释，驾驶是指“操纵（车、船、飞机、拖拉机等）使行驶”〔1〕。危险驾驶罪中“驾驶行为”指的是操纵机动车并使之运行的行为。〔2〕一般来说，驾驶行为可以概括为三步：“上车”“打火”“轮子动”，〔3〕机动车离开停车位置在道路上产生位移。这与机动车定义中的“以动力装置驱动或牵引”相契合。换言之，操纵是驾驶的方式，运行是驾驶的目的。据此，从一般的社会生活经验判断，操纵是指对机动车的运行具有实质意义的操作和控制行为。驾驶行为既包括发动机动车引擎的行为，还包括对机动车进行了其他实质性操作的行为，如启动机动车、加速、减速、转向、停止等行为。

本案中，判断陈某的行为是否为驾驶行为，重点在于判断该行为是否符合实质意义上的操纵机动车使其行驶。首先，陈某行驶的电动三轮摩托车，行驶动力源于王某

〔1〕 中国社会科学院语言研究所词典编辑室编：《现代汉语词典》（第6版），商务印书馆2014年版，第626页。
〔2〕 参见高贵君主编：《危险驾驶刑事案件办案指南》，人民法院出版社2014年版，第21页。
〔3〕 参见高贵君主编：《危险驾驶刑事案件办案指南》，人民法院出版社2014年版，第21页。

某驾驶的电动二轮摩托车，通过王某某的脚对接传导而来，并非源自机动车本身的动力装置驱动或者牵引。其次，陈某对没电的电动三轮车并没有实质意义上的操作和控制行为。陈某对于摩托车的控制范围仅限于操控方向、刹车等简单的机械操作，并未达到对摩托车有全部的控制能力这一状态，行车的快慢主要取决于王某某的动力传导。当晚深夜12点，在看不清前方道路的情况下，王某某骑着二轮电动摩托车，还要伸出一只右脚发力，为保持平衡性和稳定性，前进车速远低于二轮电动摩托车的最高时速，而陈某也只能在这个车速内行驶，冲击动能有限。最后，陈某与王某某的行车组合共同驱动电动三轮车与二轮电动摩托车行进，在这个组合中，陈某所骑的没电的电动三轮车系缺少动力装置驱动或者牵引的机动车，有机动车之名、无机动车之实，陈某类似于一个控制电动三轮车的行为工具，对行车组合没有提供动力。如果将其纳入整个行车组合之中，认为陈某对二轮摩托车也有（共同的）驾驶行为，显然高估了陈某的"行为贡献"。陈某只是配合平衡无动力装置机动车的行为工具，而对整个行车组合负责的驾驶者应是王某某。王某某违规用二轮电动摩托车为其他"机动车"提供动力，陈某连同其骑乘的没电的电动三轮车相当于被承载之物，由二轮电动摩托车驱动前行（前蹬传送动力与后拖传送动力性质一样）。从生活经验可知，即使是被承载之人也往往要自身维系平衡，但该维系平衡的行为不得视为驾驶。所以，不能将陈某骑乘电动三轮车的行为理解为驾驶行为，也不能将其整合进行车组合之中，认为存在共同驾驶行为。

第二，轻便摩托车属于机动车的范围（超标电动车依情形有所不同）

《道路交通安全法》第119条规定，车辆，是指机动车和非机动车；机动车，是指以动力装置驱动或者牵引，上道路行驶的供人员乘用或者用于运送物品以及进行工程专项作业的轮式车辆。非机动车，是指以人力或者畜力驱动，上道路行驶的交通工具，以及虽有动力装置驱动但设计最高时速、空车质量、外形尺寸符合有关国家标准的残疾人机动轮椅车、电动自行车等交通工具。根据《机动车运行安全技术条件》（GB7258—2017）[1]第3.6款规定，摩托车指由动力装置驱动的，具有两个或三个车轮的

〔1〕 本规定于2017年9月27日发布，自2018年1月1日起实施。2012年的《机动车运行安全技术条件》（GB7258—2012）将合格电动车［具有良好的脚踏骑行功能、最高时速不大于20 km/h、整车质量（重量）不大于40 kg、电动机额定连续输出功率不大于240 W］作为非机动车。为突出现时的参考价值，本文引用现行有效的规定。

道路车辆，但不包括符合电动自行车国家标准规定的车辆。其中普通摩托车不再考察何种驱动方式，而以最大设计车速大于50 km/h为准，包括了轻便摩托车、两轮轻便摩托车、正三轮轻便摩托车。根据《电动自行车安全技术规范》(GB17761—2018)，电动自行车指以车载蓄电池为辅助能源，具有脚踏骑行能力，能实现电助动或和电驱动动能的两轮自行车。最高时速不超过25 km/h，无须驾驶证。[1]

实践中，对于有动力装置驱动且设计最高时速、空车质量、外形尺寸接近或等同于机动车的电动自行车等交通工具（超标车）是否属于机动车存在争议。最高人民法院研究室、最高人民法院刑法修改工作小组办公室编著的《〈刑法修正案（九）〉条文及配套司法解释理解与适用》中指出，针对超过国家限速和自重的“超标”电动自行车是否属于“机动车”，在相关行政法规明确将“超标”电动自行车规定为机动车并按照机动车的要求进行管理之前，不宜认定“超标”电动自行车属于“机动车”。《北京市实施〈中华人民共和国道路交通安全法〉办法》第19条规定，电动自行车、人力三轮车、残疾人机动轮椅车和其他应当登记的非机动车，经公安机关交通管理部门登记并领取牌证后，方可上道路行驶。[2]《北京市非机动车管理条例》第7条规定，“本市对符合国家标准的电动自行车实行产品目录制度”“没有纳入产品目录的电动自行车，不得在本市销售和登记上牌”。第13条第1款、第2款规定：“本条例施行之前购买的电动自行车未经登记的，应当在规定期限内向公安机关交通管理部门申请登记。符合本条例第十二条规定的，发放行驶证、号牌；不符合本条例第十二条规定的，发放临时标识。本市对发放临时标识的电动自行车设置3年过渡期，自本条例施行之日起计算。过渡期内上道路行驶的，应当悬挂临时标识，并遵守非机动车通行管理的有关规定。过渡期满后，不得上道路行驶。”目前北京市掌握的标准为在《北京市非机动车管理条例》规定的3年过渡期内，依法登记并取得临时标识的超标电动自行车按照非机动车管理，发生交通肇事或醉酒驾驶的，不作为刑事案件处理。关于电动三轮车、四轮车

---

〔1〕 相比《机动车运行安全技术条件》(GB7258—2012)，《电动自行车安全技术规范》(GB 17761—2018)提高了最高时速，从20 km/h提高到25 km/h。

〔2〕 本案案发时，公安机关交通管理部门未颁发过超标电动自行车驾驶证，交管部门也没有将超标电动自行车作为机动车管理。

的车辆属性应委托专业鉴定机构进行鉴定，符合机动车国家安全技术标准的，认定为机动车。

本案中的二轮电动摩托车和电动三轮车均由北京中机车辆司法鉴定中心认定为机动车，但认定为机动车只是构成危险驾驶罪或交通肇事罪的一个要素。比如，如果要认定为危险驾驶，还要求“在道路上驾驶机动车”以及危险驾驶的其他情形，本案显然不符合“驾驶”的条件。如果要认定为交通肇事，除了死亡的后果，还要求行为达到入罪的事故责任标准。根据《最高人民法院关于审理交通肇事刑事案件具体应用法律若干问题的解释》第2条规定，交通肇事造成死亡一人或者重伤三人以上的法定危害结果，行为人负事故全部或者主要责任的，处三年以下有期徒刑或者拘役。本案中，由于交通事故造成一人死亡的后果，故要求行为人负事故的全部或主要责任，才能认定行为人构成交通肇事罪。而陈某、王某某承担同等责任，邵某某承担次要责任，因而陈某并未达到刑法规定的事故责任标准，不构成交通肇事罪。不构成过失致人死亡罪的理由在于，该罪并非“过失”与“死亡后果”的简单相加，实质要考察行为人对死亡结果发生的预见可能性以及行为人的行为与死亡结果之间的因果关系。本案的行车组合由王某某主导，陈某发挥掌握平衡的工具性作用，二轮电动摩托车提供动力驱动，兼之以脚对接传导动力，行车组合行进速度很慢，且当时为深夜12点，行人稀少，致害概率较低，即便发生碰撞，也往往是受损伤的一方。所以，这种特殊的行车组合所具有的危险，更多是对王某某、陈某二人的危险。对于王某某而言，他创设了危险并自行陷入危险，属于自我答责的范畴。在被害人答责范围内发生的死亡后果，无法归责于发挥工具性作用的陈某。故本案无法认定为危险驾驶罪、交通肇事罪或过失致人死亡罪。

供稿：北京市昌平区人民检察院　史焱

案例编辑：北京市人民检察院　王志坤

庞某某危险驾驶案

——危险驾驶罪中追逐竞驶的认定

基本案情

庞某某自幼喜爱驾驶摩托车，受汽车版“二环十三郎”驾驶机动车用时13分钟绕行二环路一周的影响，想尝试驾驶摩托车快速骑行二环一周。2015年5月至7月，其陆续从网上购买雅马哈牌R1型摩托车及赛车服、运动摄像头等装备，通过物流托运的方式将摩托车邮寄至北京。该摩托车因购买手续不全无法上牌照。同年8月19日，其乘坐高铁到京，8月22日3时许，其驾驶未悬挂机动车号牌的雅马哈牌R1型摩托车，违反禁令标志指示，由北京市东城区玉蜓桥驶入禁止二轮摩托车行驶的二环主路，仅用时13分43秒绕行二环路一周，并将行驶过程拍摄视频。在行驶过程中超过规定时速50%，且多次违反禁止标线指示变道超车。经鉴定，其中部分路段的平均行驶速度为151 km/h，摩托车脉速表显示其驾驶摩托车的最高时速达237 km/h。为引起关注，其于同月22日5时许，将视频剪辑上传至优酷网，标题为“北京二环13郎再现！13分跑完，最高速237，大排重机机车摩托”，该视频引发网友热议。9月25日，其通过QQ语音方式接受《北京青年报》的采访，称想做“北京公路最快传说”。

2015年9月27日，北京市公安局东城分局以庞某某涉嫌危险驾驶罪立案侦查，同年10月1日庞某某在住处被抓获。2015年10月9日，北京市公安局东城分局将案件移送审查起诉，同年10月22日，北京市东城区人民检察院以危险驾驶罪对庞某某提起公诉。10月30日，北京市东城区人民法院经依法审理后认为，庞某某犯危险驾驶罪，判处拘役三个月，并处罚金人民币3000元。

主要问题

危险驾驶罪中的追逐竞驶行为应当如何认定？

意见分析

意见分歧

第一种意见认为，庞某某的行为不能认定为追逐竞驶行为。理由是：从词义上理解，“追逐竞驶”是指两辆或两辆以上的车辆竞赛行驶。据此，若是只有一人超速驾驶，因不存在互相竞争情形，不能受到危险驾驶罪的惩罚和规范。

第二种意见认为，庞某某的行为可以认定为追逐竞驶。理由是：追逐竞驶要求至少有一个对象，至于驾驶者之间是否有意思联络在所不问。只要行为人意图使自己的车辆超过其他车辆或者行人，违反交通运输管理法规且情节恶劣的即可构成本罪。这种超越其他车辆的行为可能是两人以上基于意思联络而实施，也可能是单个人实施。也就是说，追逐竞驶行为的本质是要求以产生抽象的交通危险的方式驾驶，如在道路上高速、超速行驶，随意追逐、超越其他车辆，频繁、突然并线，近距离驶入其他车辆之前的危险驾驶行为，达到情节恶劣程度的，都可以认定为追逐竞驶行为。

意见评析

笔者认为，庞某某的行为可以认定为追逐竞驶行为，对追逐竞驶的界定，不应当以两车或者两车以上的参与者为必要，理由如下。

第一，刑法条文并未规定本罪以共同犯罪为准，一人超速驾车并伴随着多项交通违法行为的情况也应纳入评价范围

追逐竞驶类危险驾驶罪打击的不是追逐竞驶行为本身，而是在驾驶中所体现的交通违法行为，追逐竞驶型危险驾驶罪不是必要的共同犯罪，可以由一个人实施，也可以由两个及两个以上的人基于意思联络而实施。只要该行为表现出追逐竞驶行为中典型的违法驾驶行为，行为人具备刑事责任能力，并故意实施了超速行驶、强行超车、突然并线、闯红灯、越界逆行等危险驾驶行为，就可构成本罪。

第二，犯罪动机不适宜作为本罪的定罪要件，只适宜作为量刑情节考虑

危险驾驶罪处罚的是一系列危险行为，行为人与他人竞驶，还是未与他人竞驶但实施危险驾驶行为，属于犯罪动机的范畴。行为人主观心态的查证是很困难的，事后所能查证的主要是驾驶者所实施的超速、违法驾驶的一系列客观危险行为。要求行为人主观上必须具备比、赶、超的心理态度，打击“追逐竞驶”的危险驾驶行为将变得非常困难。

第三，从危险程度和危害后果的角度看，两车互相追逐的违章行驶与一车超速、任意变线驾驶等行为，所体现的客观危害可能是一样的，没有理由将前者作为犯罪处理，而将后者排除在犯罪之外

《刑法修正案（九）》增设了两种危险驾驶罪的行为方式，包括从事校车业务或者旅客运输，严重超载或者超速，或者违反危险化学品安全管理规定运输危险化学品，危及公共安全的。这表明危险驾驶罪的立法本意和入罪标准更着重考量行为对公共安全的危害。在办理追逐竞驶类危险驾驶罪时，不能局限于其字面含义对行为进行过多地限制。只要行为人实施了超速、不顾交通规则行驶、任意变线超车等危险驾驶行为，实际上就是在与周围车辆竞驶，给公共安全造成危害，可以本罪打击。具体到本案，庞某某为了寻求刺激，选择在北京市二环路这一具有地标性的路段实施危险驾驶行为，尽管时间选择了凌晨3点，但该路段依旧有众多车辆在正常行驶，其一系列的违法超车、超速行驶，给其他车辆造成了极大的现实危险，当属情节恶劣。虽然庞某某没有选择某一特定车辆进行追逐竞驶，但二环路限速为80 km/h，其驾驶的摩托车平均时速为151 km/h，瞬间时速甚至高达237 km/h，这种严重超过限速的驾驶行为，实际上是将道路上不特定多数的车辆作为追逐的对象。而且监控录像显示庞某某驾驶的车辆不会在其他车辆后排队顺序行驶，在驾车行驶中其超越了路上所有车辆。除超速外，庞某某的驾驶行为还伴随着一系列的交通违法行为，包括驾驶的摩托车没有悬挂机动车号牌、驶入不允许两轮摩托车行驶的道路，在超车过程中罔顾交通规则和指示标线，任意、频繁、近距离超越道路上正常行驶的车辆。这样的行为既体现追逐竞驶的内涵，也符合危险驾驶罪所要求的对公共安全的危害程度，与两车间的追逐竞驶型行为没有本质区别。

追逐竞驶的认定可参照如下标准：一是行为发生于道路上；二是行为人驾驶机动车实施了随意追逐、超越其他车辆，频繁、突然变线，近距离超车等违法驾驶行为；三是上述违法驾驶行为对其他正常行驶的车辆产生了现实危险。以上述标准来认定危险驾驶罪，不会造成打击范围过大，因为构成危险驾驶罪，不仅要求有追逐竞驶行为，还要求该行为达到情节恶劣标准。而情节恶劣的基本判断标准，是追逐竞驶行为的公共危险性，应以道路上车辆与行人的多少、驾驶的路段与时间、驾驶的速度与方式、驾驶的次数、驾驶的违章情况等进行综合判断。

供稿：北京市东城区人民检察院 祝宇娇

案例编辑：北京市人民检察院 刘丽娜 张艳青

二、破坏社会主义市场经济秩序罪

马某某非国家工作人员受贿案

——犯罪所得财产收益追缴范围的界定

基本案情

马某某自2007年11月开始在百度在线网络技术（北京）有限公司（以下简称百度公司）联盟发展部工作。2012年1月升任百度公司联盟发展部总经理，负责联盟发展部全面工作，其中包括审核决定“百度联盟”合作公司的分成比例。2012年1月至2013年6月，北京春庭月文化传媒有限公司（以下简称传媒公司）以加入“百度联盟”的形式与百度公司进行合作。在此期间，马某某利用其在百度公司担任联盟发展部总经理的职务便利，为传媒公司谋取提高利润分成比例的利益，并收受传媒公司关某、张某（均已存疑不起诉）以转账形式给予的钱款共计人民币3,953,951.28元。

2015年8月10日，北京市海淀区人民检察院以马某某构成非国家工作人员受贿罪向北京市海淀区人民法院提起公诉。2015年12月30日，海淀区人民法院作出（2015）海刑初字第1953号刑事判决，认定马某某构成非国家工作人员受贿罪，判处有期徒刑七年，向马某某追缴人民币3,953,951.21元，并查封马某某位于北京市朝阳区某房产。马某某不服，提起上诉。二审期间，马某某称委托亲属退缴了用于购买北京市朝阳区某房产的受贿款项804,541.96元，该房屋其余购房款为自己合法收入。2016年9月20日，北京市第一中级人民法院作出终审判决，撤销一审刑事判决主文第一项、第二项，改判马某某犯非国家工作人员受贿罪，判处有期徒刑五年，并对马某某名下的位于北京市朝阳区的房产解除查封，予以发还。北京市人民检察院第一分院经审查，认为北京市第一中级人民法院（2016）京01刑终109号刑事判决书对马某某的判决有误，于2016年12月8日向北京市人民检察院提请抗诉。北京市人民检察院提起抗诉后，北京市高级人民法院以（2017）京刑再12号刑事裁定书及（2017）京刑再12号指定管辖决定书裁定发回东城区人民法院重审。

主要问题

犯罪所得财产收益的追缴范围应如何界定？

意见分析

意见分歧

第一种意见认为，马某某利用受贿款购买的北京市朝阳区某房产现升值空间巨大，与原犯罪所得差距显著，并且该房屋并非完全用受贿款购买，其中混同着被告人的合法收入款项，具有属于被告人合法财产的部分。被告人委托亲属退缴了用于购买该房产的受贿款项，出于对合法财产的保护，不应再追缴增值部分（法定孳息除外），只需继续追缴其他犯罪所得。

第二种意见认为，马某某购买的房产现已获得巨大增值，根据最高人民法院《关于刑事裁判涉财产部分执行的若干规定》第10条第3款的规定，被执行人将赃款赃物与其他合法财产共同投资或者置业，对因此形成的财产中与赃款赃物对应的份额及其收益，人民法院应予追缴。所以，除原受贿款之外，还应追缴利用受贿款购买房产所产生增值部分的直接财产收益。

第三种意见认为，马某某购买该房产所用受贿款数额难以确定，不能仅凭其供述认定所用受贿款的数额。根据民法中金钱“占有即所有”的原理，难以认定受贿款项中只有少部分用于购买该房屋，所以除原受贿款与受贿款产生的直接收益外，还应对整个房产增值部分及其他间接收益予以追缴。

意见评析

我们同意第二种意见。根据《最高人民法院、最高人民检察院关于适用犯罪嫌疑人、被告人逃匿、死亡案件违法所得没收程序若干问题的规定》第6条第3款的规定，“来自违法所得转变、转化后的财产收益，或者来自已经与违法所得相混合财产中违法所得相应部分的收益”，应当视为违法所得。所以本案中对于被告人房产的查封，属于对犯罪所得财产收益的追缴。对于犯罪所得财产收益的追缴，理论上一直存在两种争议，一种是基于“不因犯罪而获益”理论产生的违法所得说，即将所有与犯罪行为相关联的利益纳入违法所得的范畴，应对这些利益都予以追缴。〔1〕另一种则是基于“维护社会经济秩序和保护合法劳动成果”的合法财产说，即追缴不能任意扩展至与犯罪所得有事实牵连的所有利益，对于利用违法所得通过经营手段产生的“纯粹收益”，一般不得没收。〔2〕笔者认为，上述两种理论都各有道理，但是在实务应用中有失偏颇，实践中应根据个案情况，具体分析“犯罪所得财产收益”的产生原因与影响因素，在此基础上再作追缴与否、如何追缴的判断。具体需要考虑的因素有以下几点：

第一，需考虑财产收益产生的方式

实践中，根据财产收益产生的方式，可以分为“纯粹资本”主导的投机收益与“资本+生产要素”共同产生的组合收益。对于资本主导的投机收益，原则上应当全部予以追缴。在投机收益中，一般包括以下三种情形：其一，利息、租金等自然或法定孳息收益；其二，投资房地产等置业行为产生的可期待收益；其三，投资企业债券、股票甚至彩票等带有风险属性的射幸收益。〔3〕对于第一种投机收益的追缴目前并没有太多异议，主要是其他两种情形是否仍要对增值部分进行追缴还存在争议。〔4〕笔者认为，其他两种虽有行为人进行选择、甄辨等所谓“智力因素”的介入，但是该投入并不产生其他实际价值，其增值主要是由于市场规律的作用，并且具有极强的不稳定性。若是升值则可以追缴足额的财产，而一旦投机失败则可能直接导致被害人遭受的各项财产损失无法弥补，所以法律对这种通过投机行为获得财产收益的情形，不应进行过多地保护。〔5〕对于组合收益，笔者认为应当慎重追缴，原则上不予追缴。因为对于组合收益而言，犯罪所得获取的资金只是后续财产收益的一个影响因素，甚至不是最主要的因

---

〔1〕 参见万志鹏：《论犯罪所得之没收》，载《法商研究》2018年第3期。

〔2〕 参见韩忠谟：《刑法原理》，北京大学出版社2009年版，第375页。

〔3〕 参见庄绪龙：《“犯罪所得投资收益”追缴的影响因素与判断规则》，载《中国法学》2019年第5期。

〔4〕 如有学者指出，经营获得的财产性利益往往成为一个“孳息口袋”，伸缩性极强，各地办案机关认识、做法不一。参见刘清生：《论刑事违法所得的认定与追缴》，载《湖南社会科学》2009年第2期。

〔5〕 检索中国裁判文书网，对于房产置业产生的投机财产收益，一般都是判决全部追缴。如王某受贿案，宁夏回族自治区高级人民法院（2017）宁刑终69号；索某某受贿案，北京市第三中级人民法院（2019）京03刑终31号；田某某诈骗案，湖北省宜昌市中级人民法院（2020）鄂05刑终317号。

素，犯罪分子往往会利用犯罪所得的初始资金再通过合法的手段从事正当的生产经营活动。若要从事生产经营活动，除资本要素之外，行为人还需要技术要素、劳动力要素、营销管理要素等诸多生产要素的投入，在这期间行为人确实付出了大量诚实合法的劳动，对于此种劳动成果法律不应作消极评价，否定行为人创造的社会价值。[1]

第二，需考虑现有社会经济秩序的稳定，进行利益衡量

前文所述从财产收益的产生方式考虑追缴的范围，是一个原则性的标准，实践中还需进行例外的考虑。这种例外的考虑就是依据社会经济秩序的稳定，对追缴范围进行利益衡量，确定追与不追以及如何去追。一方面，需对犯罪所得与财产收益之间的比例进行利益衡量。张明楷教授认为，追缴违法所得收益应限于"直接收益"，[2]对于后续"间接收益"则不应再继续追缴。也有学者提出，间接利得理论上似应仍有限制，不宜无限扩张至间接再间接的所有辗转利得。[3]此种说法是对"利滚利"这种投机收益追缴范围的限制，若投机收益甚巨，远远超过当初犯罪所得，如购买房产之后利用房产升值所得继续不断购置新的房产，那么对于二次投资之后的收益还应否追缴则需持谨慎态度。此外，对于股票、公司债券等投机收益，若无限制追缴也会影响公司的正常经营，损害公司其他股东等善意第三人的利益，那么出于维护社会经济秩序稳定的考虑，也不应无限追缴下去。另一方面，还需对行为人利用违法所得作出的社会经济贡献进行利益衡量。如我国对黑恶势力犯罪与一般民营企业经济犯罪的财产收益，追缴态度就有明显区别。例如，很多黑恶势力犯罪组织也会开设公司，其中违法与合法的经营并存，产生了与多种生产要素结合的组合收益，但根据最高人民法院、最高人民检察院、公安部、司法部印发的《关于办理黑恶势力犯罪案件若干问题的指导意见》第27条规定，对于黑恶势力所涉犯罪基本采取的是应缴尽缴的态度，究其原因应是考虑此种公司虽有一定的社会经济贡献，但是其对于市场秩序的破坏甚于发挥的作用，故采取了毫不姑息纵容的态度。而对于一般民营企业所涉经济犯罪，中共中央、

---

〔1〕 如在庞某某、汪某某、张某某等非法吸收公众存款案中，对于利用违法所得购置的仍有房地产开发项目正在经营的四宗土地，考虑土地是必不可少的生产资料，对于该土地不再列入涉案财物处置范围。参见四川省成都市中级人民法院（2016）川01刑初22号刑事判决书。

〔2〕 参见张明楷：《论刑法中的没收》，载《法学家》2012年第3期。

〔3〕 参见林钰雄：《没收新论》，台北，元照出版有限公司2009年版，第110页。

国务院发布的《关于完善产权保护制度依法保护产权的意见》第4条则明确了应采取严格遵循法不溯及既往、罪刑法定、在新旧法之间从旧兼从轻等原则，以发展的眼光客观看待和依法妥善处理。考虑民营企业的经济犯罪多受当时制度等因素的影响，其在原始积累时期出现了大量经营不规范的问题，而这些民营企业后续又确实为推动经济特别是实业的发展、解决社会就业问题等做出了重要的贡献，随着制度的完善也不断向合规化经营的方向发展，且对经济社会秩序的破坏并不大。那么对于此种情形，是否追缴就应慎重处理，即使追缴也应限缩追缴范围。

本案中，行为人利用受贿款所购房产产生的增值部分按照财产收益的产生方式区分，属于投机收益，其并没有投入其他成本，甚至连“智力投入”的成分都没有，难以说存在值得保护的诚实合法的劳动成果，故不能只追缴原受贿款数额。若能查明该房产受贿款与其他合法财产共同购置的相应比例或份额，那么也应按照相应比例或份额对增值部分进行追缴。此外，本案中也没有例外情形的适用空间：一是本套房产仍然是一手投资获得，其虽有增值部分，但增值数额与受贿款项数额相比没有达到特别巨大的比例；二是投资房产也并没有对社会经济作出何种贡献，追缴也并不会破坏社会经济秩序的稳定，不会损害他人或社会公共利益。所以，本案中应对受贿款所购房屋款项及其增值部分进行追缴，不应解封发还。但是，在本案重审过程中，难以根据现有证据确定其购房款中合法出资与受贿款项的份额与比例，故追缴出现了实操中的困难，只能要求其退赔原全部受贿款项及可计算的财产收益。[1]若根据证据可以查明因果关系，明确合法财产与赃款赃物对应的份额，则应对其产生的财产收益进行追缴。同时从保护被告人合法财产的角度出发，也不应将其追缴范围无限扩大到所有间接收益。

供稿：北京市人民检察院　田志鹏　石聪正

案例编辑：北京市人民检察院　石聪正

---

〔1〕 事实上，不仅是我国，其他国家对于合法与违法财产混同所获得的财产收益的追缴份额的确定也是非常困难的，涉及证据证明与采信的问题。如日本对于药物犯罪收益追缴程序专门设立了一项推定规定，即检察机关能证明收益金额明显高于犯罪人在此期间的劳动收入或依法受领的给付状况，即可推定为涉及该罪的药物犯罪收益。同时也有学者对此提出了反对意见。参见［日］金光旭：《日本刑法中的不法收益之剥夺——以没收、追缴制度为中心》，钱叶六译，载《中外法学》2009年第5期。

郑某某非国家工作人员受贿案

——如何准确界定亲属间正常的经济往来和权钱交易事实

基本案情

2002年6月至2007年，郑某某任中国石油某分公司（以下简称某分公司）采购员，负责包装物等物的采购。2003年年初，郑某某向采购一部部长欧阳某某、供应商管理部主任杨某某等人推荐杨某公司（该公司法定代表人系郑某某丈夫张某宏之姐张某华），使该公司顺利成为某分公司的乙腈供应商。

2007年3月至2013年1月，郑某某负责包括乙腈在内的炼油三剂和化工三剂的采购管理工作。期间，郑某某利用上述职务便利，在某分公司向杨某公司采购乙腈的过程中为杨某公司谋取利益，为此分三次收受张某华给予的钱款共计人民币24万元。

2014年10月20日，郑某某被北京市房山区人民检察院传唤到案，涉案钱款被冻结在案。同日，郑某某因涉嫌受贿罪被羁押，10月22日被取保候审。

2016年12月19日，北京市房山区人民法院审理房山区人民检察院指控郑某某犯受贿罪一案，以犯为亲友非法牟利罪判处有期徒刑二年。房山区人民检察院提出抗诉，郑某某提出上诉。北京市第二中级人民法院经审理认为，郑某某身为公司、企业的工作人员，利用职务上的便利，非法收受他人财物，为他人谋取利益，数额较大，其行为已构成非国家工作人员受贿罪。故依法改判郑某某犯非国家工作人员受贿罪，处有期徒刑二年。

主要问题

1.在受贿、行贿双方同时翻供、翻证的情况下，言词证据的采信标准如何判断？

2.如何准确界定亲属间的正常经济往来和权钱交易事实？

意见分析

意见分歧

关于第一个焦点问题的观点争鸣：

第一种意见认为，受贿、行贿双方系亲属关系，在侦查期间翻供、翻证，不能排除亲属间存在正常经济往来的合理怀疑，无法采信有罪供述，权钱交易事实无法认定。

第二种意见认为，受贿、行贿双方的供述及证言均系侦查机关依照法定程序取得，双方否认侦查机关存在诱供、逼供及非法获取证言的行为。被告人郑某某在被取保候审后，与行贿人张某华同时翻供、翻证，且不能说明翻供、翻证的理由。供述与证言发生数次明显变化，也不能合理说明言词证据不断发生变化的原因。据此，依法不能采信翻供、翻证后的言词证据，应当采信被告人的有罪供述。

关于第二个焦点问题的观点争鸣：

第一种意见认为，被告人郑某某没有利用职务上的便利索取或非法收受他人财物，郑某某与张某华之间的款项往来均系亲属间的正常经济往来。

第二种意见认为，被告人郑某某利用职务便利，在杨某公司向某分公司供应乙腈的过程中为杨某公司在乙腈销售价格等事项中谋取了利益。在被告人郑某某与张某华经济往来中，有部分款项属于权钱交易性质的受贿款。

意见评析

第一，翻供、翻证后数次供述和证言发生明显变化且具有对应性，不能合理说明原因的，依法不能采信。翻供、翻证后受贿、行贿双方承认在侦查机关并不存在诱供、逼供等违法取证行为，仅以当时身体不适、心情紧张、记忆不清等作为翻供、翻证的理由，不具有合理性

本案证据中，被告人郑某某有6次系统供述，张某华有4次系统证言，期间，被告人郑某某的有罪供述、亲笔供词与张某华在同时期所做的证言、亲笔证词内容相互印证，证实被告人郑某某基于乙腈采购事项收受张某华部分钱款的事实。待被告人郑某某被取保候审后，其供述与张某华的证言同时发生数次变化，否认双方基于乙腈采购事宜存在权钱交易事实，并对双方部分经济往来的言词证据发生数次变化，言词证据变化的时间和内容具有对应性。被告人郑某某和证人张某华翻供、翻证的言词证据依法不能采信。理由是：首先，被告人郑某某的供述及张某华的证言均系侦查机关依照法定程序取得（结合对同步录音录像的审查）。郑某某和张某华均系具有完全刑事责任能力的成年人，对自己在侦查机关所做供述及证言的法律效力均具有明确认识，二人翻供、翻证后承认侦查机关并不存在诱供、逼供及非法取证的行为，仅以当时身体不适、心情紧张、记忆不清等作为翻供、翻证理由，不具有合理性。其次，被告人郑某某取保候审后，其供述和证人张某华的证言发生数次明显变化，且二人言词证据发生变化的时间、细节具有对应性。例如，二人翻供、翻证后对部分受贿款项先是称“暂存在郑某某处用于给张某华的儿子使用”，后又称“是双方的借款”，再后又称“因张某华家庭关系紧张暂存在郑某某处”等。双方对于上述翻供、翻证细节描述极其一致，且不能合理说明言词证据不断发生变化的原因。最后，被告人郑某某的有罪供述、亲笔供词与证人张某华的翻证前的证言、亲笔证词与在案其他证据能够相互印证。因此，被告人郑某某和证人张某华翻供、翻证后的言词证据可信度极低，真实性存疑，应当依法采信双方所做的存在权钱交易事实的供述和证言。

第二，准确界定行为是受贿还是亲属间的正常经济往来，关键还是要把握“权钱交易”这个本质特征。首先要判断行为人是否利用了职务上的便利为对方谋取了利益，其次要判断正常经济往来的数额和理由是否符合亲属间正常经济往来的特征。对于明显以亲情往来为名行贿赂犯罪之实的要依法打击

本案的难点是行、受贿双方具有亲属关系，且存在不同性质的经济往来，需要对每笔钱款往来的性质进行仔细甄别，精准定性。本案证据证明，郑某某与张某华于2004年至2012年共有14笔经济往来，共计人民币167.5万元。经审查，其中既有亲情往来的钱款，也有资金拆借的情形，同时也存在明显基于权钱交易的款项。具体分析如下：一是被告人郑某某利用职务便利，为杨某公司谋取了利益。在案证据证明被告人郑某某担任三剂组组长期间，对乙腈采购业务具有管理监督的职责。相关证人证言及书证等证明，采购乙腈业务中，被告人郑某某没有依照规定调整乙腈采购价格，存在乙腈协议价高于市场价应当召开小组会调低价格而仍让采购员按照协议价采购，而采购协议价低于市场价时参加小组讨论及时提高采购协议价等情况，使杨某公司在供应乙腈过程中谋取巨额利益。二是在被告人郑某某与证人张某华往来钱款中有部分款项系受贿款。郑某某与张某华虽具有亲属关系，但在案书证证明张某华向郑某某汇款的时间均集中于杨某公司与某分公司存在业务关系期间，且郑某某的有罪供述与张某华的相关证言证明二人均明知张某华给予郑某某的部分钱款与杨某公司向某分公司供应乙腈一事有关，故部分款项系受贿款。三是被告人郑某某利用职务便利，非法收受贿赂款为24万元。经审查，双方在2004年至2012年共有14笔经济往来，共计人民币167.5万元。其中，有书证予以证明的120万元系双方基于资金拆借产生的经济往来，依法不能认定为受贿数额；有言词证据证明的5000元随礼钱和郑某某丈夫张某宏帮助张某华的儿子找工作的10万元的人情往来，依法不能认定为受贿数额；有书证予以证明的13万元，系郑某某担任三剂组组长之前帮助杨某公司成为某分公司供应商，非法收受的钱款，鉴于郑某某当时没有对应的职务便利，属于违纪行为，依法不能认定为受贿数额。其余24万元，有书证及郑某某有罪供述、亲笔供词及张某华的证言、亲笔证词予以证实。二人虽翻供、翻证，但经审查翻供、翻证后言词证据依法不能采信，因此，上述24万元属于受贿款。经对双方经济往来的款项进行综合审查，认定被告人郑某某受贿数额为24万元已能排除所有合理怀疑，且均具有相应经法定程序查证属实的证据予以证明。

综上所述，在贿赂犯罪中，行为人为了逃避侦查，往往将贿赂行为伪装成合法的债权债务关系，使贿赂行为难以被发现。当行、受贿双方具有亲属关系时，亲属间的正常人情往来和经济往来往往会与双方的权钱交易事实交织在一起，进一步加大了贿赂犯罪的查处难度。对此，应当结合具体案情，对涉案行为进行实质审查，符合权钱交易本质的，应当依法认定为受贿。亲属关系并非打击贿赂犯罪的法外之地，作为追诉机关，在履行客观公正义务的前提下，应以证据为中心，仔细甄别证据，确保精准定罪，严厉打击亲属之间以亲情往来为由行受贿之实的贿赂犯罪行为。

供稿：北京市房山区人民检察院　刘炳坤　潘笑菲　刘菲

案例编辑：北京市人民检察院　梁景明

宋某某、毛某某骗取贷款案
——银行工作人员明知造假贷款的，贷款人是否构成骗取贷款罪

基本案情

广发银行于2013年推出“市场贷”业务，即由若干小企业自愿组成一个联盟体，联盟体内每个借款企业均为其他借款企业在该行的授信提供连带责任保证担保，并缴纳一定比例的保证金。2013年9月，广发银行对福安市北京石材业商会授信贷款，该商会出具推荐函后，北京永盛发达商贸有限公司（实际控制人宋某某）、北京中福安商贸有限公司（实际控制人毛某某）、北京高飞园商贸有限公司（实际控制人高某某）、北京坤升宏利商贸有限公司（实际控制人占某某）组成联保体向广发银行申请贷款，并提交了营业执照、组织机构代码证、公司章程、银行流水、验资报告、身份证明、上下游合同等材料。广发银行经核定向四家企业发放1600万元人民币流动资金贷款，发放时每家企业现行扣除了80万元保证金。贷款发放后，上述四家企业按月还息，后因石材市场拆迁等政策性原因，上述企业经营受影响，资金链断裂，无法正常还息及到期归还本金。

2013年贷款到期日前，广发银行北京海淀支行（以下简称海淀支行）为降低不良贷款率，在与上述四家企业经协商后，海淀支行行长王某提议先由“过桥公司”〔1〕归还贷款本金及逾期利息，再由上述企业继续向本行申请续贷，放贷后将所得贷款归还“过桥公司”，宋某某、毛某某等人均同意。在办理续贷过程中，因企业征信原因，宋某某使用北京卡莱隆达商贸有限公司、毛某某使用北京柏昌达商贸有限公司、高某某使用北京亿佳智博商贸有限公司、占某某继续使用北京坤升宏利商贸有限公司办理续贷。因广发银行授信额度下降，所得贷款不足以归还“过桥公司”垫付款，故在海淀

〔1〕 过桥公司：是指以自有资金向客户发放贷款，用于为客户还清企业名下原贷款的公司。

支行的建议下，宋某某等人找到高某，与高某的北京宇海盛通商贸有限公司一并组成联保体申请贷款。2014年9月28日，广发银行北京分行（以下简称北京分行）批复同意海淀支行上报的对北京柏昌达商贸有限公司、北京卡莱隆达商贸有限公司、北京亿佳智博商贸有限公司、北京宇海盛通商贸有限公司、北京坤升宏利商贸有限公司组成的联保体核定1950万元人民币流动资金贷款额度。在该份批复文件中，北京分行明确要求“贷款限定用于向上游供货商（非关联）采购石材”。上述企业取得贷款后即归还了“过桥公司”的垫付款。但因经营状况没有明显改善，上述企业再次发生逾期还息情况，并在贷款到期后无法归还本金。

截至案发，宋某某所在北京卡莱隆达商贸有限公司拖欠银行款项共计人民币4,170,500元，其中本金为3,120,000元。毛某某所在北京柏昌达商贸有限公司拖欠银行款项共计人民币4,200,500元，其中本金为3,120,000元。

本案由北京市公安局侦查终结，于2018年8月28日以宋某某、毛某某涉嫌骗取贷款罪移送北京市人民检察院第一分院审查起诉，北京市人民检察院第一分院将本案交北京市海淀区人民检察院办理。后经审查，海淀区人民检察院认为北京市公安局认定宋某某、毛某某构成骗取贷款罪的证据不足，于2020年3月17日分别决定对宋某某、毛某某不起诉。

主要问题

行为人是否构成骗取贷款罪？

意见分析

意见分歧

第一种意见认为，广发银行作为一个机构整体，其意志就是通过内部批复文件予以体现。分行系批复的发布方，本案的被害单位应为北京分行。行为人在申请贷款过程中，捏造了石材购销合同等虚假文件，属于“以欺骗手段取得银行贷款”。北京分行在批复贷款文件中明确写道“贷款限定用于向上游供货商（非关联）采购石材”，因此行为人捏造假手续的行为，使北京分行陷入了错误认识，其行为构成骗取贷款罪。

第二种意见认为，被害单位的认定应以实际审核并发放贷款的单位为准。本案的贷款是由海淀支行全程办理，包括审核材料、发放贷款等，被害单位应为海淀支行。行为人第一次联名贷因政策变更等原因无法还本付息，系普通民事纠纷。第二次申请贷款时，海淀支行行长及相关工作人员知情并授意行为人提交了虚假材料，海淀支行作为本次贷款的审核、发放单位，没有陷入错误认识，行为人不构成骗取贷款罪。

意见评析

笔者同意第二种意见。骗取贷款罪是指自然人或者单位以欺骗手段取得银行或者其他金融机构贷款，给银行或者其他金融机构造成重大损失或者有其他严重情节的行为。行为人是否构成骗取贷款罪，关键是判断行为人是否以欺骗手段使金融机构工作人员陷入错误认识而发放贷款。

第一，实质掌握财产处分权、发放贷款的单位是谁

骗取贷款罪的构造与普通诈骗罪的构造相同，即“行为人实施欺骗行为（采取欺骗手段）”“（金融机构工作人员）产生认识错误”“基于认识错误作出处分财产行为（发放贷款）”“行为人或者第三人取得财产（取得贷款）”。这就决定了骗取贷款罪的被害方必须具有处分财产的权限或者处于可以处分财产的地位。实践中，银行往往存在层级划分，同一笔贷款经常会由不同层级的银行经手。如何认定被害单位，是掌握最终批复权的上级单位，还是具体审核、发放贷款的下级单位，直接影响行为人是否构成骗取贷款罪。笔者认为，需要辨析上级金融机构对贷款的审批权，究竟是实质审查后的审批，还是仅为程序性的形式批复。如果是实质审批，财产处分权在上级金融机构，下级仅为办事机构，被害单位应为上级金融机构；如果仅为程序性的批复，实际的处分权是在下级金融机构，被害单位就应该是下级金融机构。本案中，被害单位应为海淀支行，而非其上级机构北京分行。虽然最终批复的是北京分行，但审批只是一种形式审核，而实质审查工作是在海淀支行，实际掌握财产处分权并发放贷款的单位是海淀支行，而且贷款合同签订主体也是海淀支行。因此，海淀支行才是真正的被害单位。

第二，明知甚至授意造假的银行工作人员是否陷入错误认识

银行工作人员明知造假贷款行为，甚至授意、推动造假行为，应当认定银行工作人员没有陷入错误认识。行为人继而办理相关贷款手续并取得贷款，不能认定行为人采取了欺骗手段，其行为也不能认定为欺骗行为。本案中，正是被害单位海淀支行行长王某与该行经手的主要业务员巩某为控制银行的不良贷款率，与行为人协商，建议其第二次贷款中更换贷款主体、增加新的贷款人等，帮助其解决贷款审批问题。王某和巩某对于行为人在第二次贷款中提供虚假石材购销合同等材料全程知情。在其二人授意并知情的情况下，尽管行为人使用了虚假购销合同申请贷款，虚构了贷款用途，但被害单位银行负责人及其工作人员未陷入错误认识。

第三，银行工作人员对于贷款人造假手段的明知，能否等同于银行对于贷款人造假手段的明知

笔者认为，一般考察三个方面：是否以单位名义做出？是否集体或者负责人决定？是否为了单位利益？结合本案来看，是否以单位名义做出？结论没有疑问。是否是集体或者负责人决定？取决于银行工作人员是否具有决定权。若银行工作人员是具有决定权的银行领导层或者被授权的中层管理人员，则发放贷款的主观意思原则上视为银行自身的意思；若明知该情况的仅为银行普通工作人员，则应当区分其是否向银行领导层做了报告，其是否在领导指示、命令、授权下发放贷款。本案中，王某作为海淀支行行长，对支行业务有决策权；巩某作为主要业务员，对于贷款的办理掌握实际操作权。在其二人授意并知情的情况下，签订合同并发放了贷款，其二人行为应视为银行行为。是否为了单位利益？如果银行工作人员知情造假，但仅是为了私利发放贷款，因违背了银行的意志，贷款人仍然成立骗取贷款罪，银行工作人员根据案情可考虑评价为骗取贷款罪的共犯或者违法发放贷款罪等。如果是为了本单位利益发放贷款，在银行工作人员没有陷入错误认识的情况下，银行对于贷款人造假手段的明知，构成被害方自我担责，不应对行为人追究骗取贷款罪的刑事责任。本案中，银行工作人员的行为虽有职位奖金、工作评价等个人考虑，但出发点考虑的是降低银行不良贷款率，属于“为了单位利益”。可见，第二次贷款其实就是海淀支行主导，为了降低不良贷款率等银行自身利益，提议贷款人通过引入“过桥公司”的变通方式，并在知情贷款人因征信问题续贷额度不够、贷款人提交虚假材料的情况下，审核同意放贷，贷款人得以续贷。

综上所述，行为人向银行申请贷款过程中造假，具有发放贷款权限的银行工作人员对此明知，因银行工作人员没有陷入错误认识而放贷，行为人的行为不符合骗取贷款罪的构成要件，不构成骗取贷款罪。

供稿：北京市海淀区人民检察院　付强　霍晨雪　白磊

案例编辑：北京市人民检察院　葛路　何祎

崔某某非法吸收公众存款案

——以私募基金的名义非法吸收公众存款行为的认定

基本案情

叁某某投资基金(北京)有限公司(以下简称叁某某基金公司)成立于2014年1月21日,经营范围为非证券业务的投资、投资管理、咨询,2015年1月29日取得私募投资基金管理人登记证明。公司法定代表人为刘某(另案处理),股东为崔某甲(持股95%)、刘某(持股5%),董事长、实际控制人为崔某某。

2014年1月至12月,崔某某先后成立北京中某某资本运营中心、北京叁某某创富资产管理中心、北京信某某资本运营中心、北京信诚某某资本运营中心、北京中基某某资本运营中心等多家有限合伙企业,用于投资制药、环保、光电子等项目,每个有限合伙企业对应一个投资项目。2014年5月至2015年6月,崔某某伙同刘某、毕某某(另案处理)等人,以叁某某基金公司的名义发起设立基金,由投资人认购,投资人委托叁某某基金公司对所认购的全部基金份额进行管理和运作,并收取年化收益率7.2%至14%不等的投资回报。崔某某以上述有限合伙企业的名义与投资人、叁某某基金公司签订三方合伙协议,同时签订有限合伙份额收购书、承诺函。承诺如果投资人的项目投资(包括本金和收益)在到期之日未能达到预期最低收益,叁某某基金公司同意收购其初始入资金额所对应的有限合伙份额,价格为被收购方取得有限合伙份额所支付的溢价。且叁某某基金公司为投资风险提供担保,保证有限合伙能够按照合伙协议约定支付收益和退回本金,叁某某基金公司为投资人本金及收益承担无限连带责任。

崔某某以投资上述项目为由,采取散发宣传材料、拨打邀约电话等方式,承诺保本付息,吸引投资人入伙上述合伙企业或者购买相关债权,以私募基金的名义和形式,利用上述有限合伙企业向74名投资人募集资金5222万元,多数投资人购买的单只私募基金金额并未达到100万元。投资人主要通过POS机刷卡等方式将款项支付给了项目对应的有限合伙企业。崔某某将这些资金通过王某、尹某某、崔某甲、刘某、陈某等人账户转入其名下账户，除部分用于项目、日常支出和工资提成外，其他资金被崔某某挥霍。

崔某某因涉嫌非法吸收公众存款罪于2017年4月5日被北京市公安局朝阳分局刑事拘留；同年5月9日被北京市朝阳区人民检察院批准逮捕。2018年3月5日，朝阳区人民检察院以崔某某犯非法吸收公众存款罪向北京市朝阳区人民法院提起公诉。同年6月1日，朝阳区人民法院作出判决，以犯非法吸收公众存款罪判处崔某某有期徒刑六年，并处罚金人民币30万元。

主要问题

如何认定以私募基金的名义非法吸收公众存款的行为?

意见分析

意见分歧

私募基金法律关系复杂，金融专业性较强，一些不法分子有意规避法律，以金融创新为噱头，打着私募的旗号募集资金，募集过程游走于合法私募和非法集资的边缘，变相吸收资金，犯罪手段隐蔽，具有较大欺骗性。对于本案，被告人崔某某行为是否构成非法吸收公众存款罪，目前主要有两种意见：

第一种意见认为，被告人崔某某的行为不构成犯罪。理由是：叁某某基金公司已按照规定在中国证券投资基金业协会登记，具有私募投资基金管理人登记证明，具备募集资金的主体资格，开展的私募业务在其经营范围内，采取合规的合伙企业组织形式且每个合伙企业的投资者不超过50人，投资人数在法律规定的范围内，项目端的实体业务真实存在，一部分资金确实按照约定投入了项目端。因此，被告人崔某某的行为是合法的私募基金行为。

第二种意见认为，被告人崔某某的行为构成非法吸收公众存款罪。理由是：叁某某基金公司及其成立的有限合伙企业均非国家金融机构，不具备吸收公众存款的职能。被告人崔某某在未进行私募基金备案的情况下募集资金，使用发传单、打电话等方式公开联系投资人，不符合国家金融管理法律法规的要求，扰乱金融秩序，应认定构成非法吸收公众存款罪。

意见评析

笔者同意第二种意见，认为被告人崔某某的行为构成非法吸收公众存款罪，理由如下。

2010年发布的《最高人民法院关于审理非法集资刑事案件具体应用法律若干问题的解释》（以下简称《解释》）第1条第1款就规定了构成非法吸收公众存款罪应当同时具备的四个条件[1]，即非法性、公开性、利诱性、社会性。2014年8月21日，中国证券监督管理委员会发布实施的《私募投资基金监督管理暂行办法》（以下简称《办法》）就私募投资基金登记备案、合格投资者要求、资金募集方式、投资运作等作出详细的规定。因私募基金在募集操作上具有特殊的规范要求，就此，笔者从私募基金的募集主体、募集对象、募集方式等方面，对以私募基金的名义进行吸收公众存款行为是否同时符合上述“四性”的条件进行审查。

第一，审查私募主体是否已完成私募基金管理人登记且募集基金完毕后，是否按照中国证券投资基金业协会的规定办理基金备案手续

我国法律法规对私募基金实施的是私募基金管理人登记+私募基金备案制度。《办法》规定，对私募基金管理机构和发行私募基金不设行政审批，允许各类发行主体在依法合规的基础上，向累计不超过法律规定数量的投资者发行私募基金；各类私募基金管理人应当根据中国证券投资基金业协会的规定，向中国证券投资基金业协会申请登记，报送相关信息；各类私募基金募集完毕，私募基金管理人应当根据中国证券

〔1〕《解释》第1条第1款规定：“违反国家金融管理法律规定，向社会公众（包括单位和个人）吸收资金的行为，同时具备下列四个条件的，除刑法另有规定的以外，应当认定为刑法第一百七十六条规定的‘非法吸收公众存款或者变相吸收公众存款’：（一）未经有关部门依法批准或者借用合法经营的形式吸收资金；（二）通过媒体、推介会、传单、手机短信等途径向社会公开宣传；（三）承诺在一定期限内以货币、实物、股权等方式还本付息或者给付回报；（四）向社会公众即社会不特定对象吸收资金。”

投资基金业协会的规定，办理基金备案手续。当然，中国证券投资基金业协会为私募基金管理人和私募基金办理登记备案不构成对私募基金管理人投资能力、持续合规情况的认可，不作为对基金财产安全的保证。[1]可以说，私募基金管理人没有严格的市场准入限制，只需向中国证券投资基金业协会登记，发行的私募基金仅进行备案。虽然我国对于私募基金管理人设置的门槛较低，私募基金也是审批豁免，但如果涉案公司没有进行私募基金管理人登记且没有办理基金备案手续，或是仅进行了登记或者基金备案，就具备非法吸收公众存款的“非法性”特征，也就是说，即使私募基金管理人进行了登记备案也不一定都合法。本案中，被告人崔某某所利用的叁某某基金公司虽然具有私募投资基金管理人登记证明，进行了私募基金管理人登记，设立合法，但是并未对其发行的基金进行过备案，显然不是合规的私募基金，违反了《办法》的规定，具备非法吸收公众存款的“非法性”特征。

第二，审查募集对象是否属于特定的合格投资者

私募基金的合格投资者是指具备相应风险识别能力和风险承担能力，投资单只私募基金的金额不低于100万元且符合一定标准的单位和个人。除了投资单只私募基金的金额不低于100万元这个要求，针对投资人是单位的，还要求净资产不低于1000万元；针对投资人是个人的，还要求个人金融资产不低于300万元或者最近三年个人年均收入不低于50万元。[2]因此，投资的单只私募基金金额若低于100万元，则多具有非法性。对于本案，大多数的投资人投资金额在100万元以下，多数投资人并不符合合格投资人的条件，且该公司采用公开募集的方式面向社会招募投资人，募集对象多数已不属于特定的合格投资者，行为已经具备了非法吸收公众存款的“社会性”特征。

值得注意的是，合法的私募还需要限定投资者人数。《办法》规定单只私募基金的投资者人数累计不得超过《中华人民共和国证券投资基金法》《中华人民共和国公

---

〔1〕 参见《办法》第5条、第7条、第8条、第9条规定。

〔2〕 《办法》第12条规定：“私募基金的合格投资者是指具备相应风险识别能力和风险承担能力，投资于单只私募基金的金额不低于100万元且符合下列相关标准的单位和个人：(一)净资产不低于1000万元的单位；(二)金融资产不低于300万元或者最近三年个人年均收入不低于50万元的个人。前款所称金融资产包括银行存款、股票、债券、基金份额、资产管理计划、银行理财产品、信托计划、保险产品、期货权益等。”

司法》《中华人民共和国合伙企业法》等法律规定的特定数量。根据上述法律规定，如果投资者直接申购私募基金，该私募基金发行的投资者不能超过200人；采用有限责任公司及合伙企业组织形式的私募基金，投资者人数不能超过50人；采用股份有限公司组织形式的私募基金，投资者人数不能超过200人。同时，根据《办法》第13条第2款的规定，以合伙企业、契约等非法人形式，通过汇集多数投资者的资金直接或者间接投资于私募基金的，私募基金管理人或者私募基金销售机构应当穿透核查最终投资者是否为合格投资者，并合并计算投资者人数。

第三，审查是否采取公开宣传的募集手段向社会公众吸收存款

根据《办法》第14条规定，私募基金管理人、私募基金销售机构不得向合格投资者之外的单位和个人募集资金，不得通过报刊、电台、电视、互联网等公众传播媒体或者讲座、报告会、分析会和布告、传单、手机短信、微信、博客和电子邮件等方式，向不特定对象宣传推介。本案中，叁某某基金公司业务员通过拨打电话、散发宣传材料、在住宅小区发放易拉宝等方式向社会公开宣传，已经具备了非法吸收公众存款的“公开性”特征。

第四，审查是否对投资人承诺保本付息

非法集资中的利诱性是指集资者向投资者承诺在一定期限内以货币、实物、股权等方式还本付息或者给予回报。私募基金投资实为风险投资，未来收益具有不确定性，投资人按照私募基金持有份额享受投资收益，而非固定收益。根据《办法》第15条、第16条的规定，私募基金管理人、私募基金销售机构不得向投资者承诺投资本金不受损失或者承诺最低收益。对于私募基金管理人自行销售私募基金的，应当采取问卷调查等方式，对投资者的风险识别能力和风险承担能力进行评估，由投资者书面承诺符合合格投资者条件，并由投资者签订风险揭示书。本案中，叁某某基金公司不但没有对投资人进行风险提示，反而通过与投资人签订合伙协议、收购协议、承诺函等，承诺到期支付收益及本金，让投资人确信投资没有风险，与金融机构吸收存款定期返本并支付固定的回报具有相同的性质，其经营方式已经具备了非法吸收公众存款的“利诱性”特征。

综上所述，对于以私募基金名义吸收公众存款的行为，要重点审查私募主体是否已完成私募基金管理人登记且募集基金完毕后是否按照中国证券投资基金业协会的规定办理基金备案手续，审查募集对象是否属于特定的合格投资者，审查是否采取公开宣传的募集手段向社会吸收公众存款，以及审查是否对投资人承诺保本付息，进而判断是否同时具备非法吸收公众存款的非法性、公开性、利诱性、社会性四个条件。

供稿：北京市朝阳区人民检察院　叶萍　逯文芳

案例编辑：北京市人民检察院　张艳青

解某某伪造金融票证案

——为哄骗搪塞近亲属而伪造其名下银行存单行为如何认定

基本案情

解某某欲用家中存款做生意，因担心妻子王某某不同意，遂产生伪造假存单放于家中，“调包”取出银行存款的想法。2018年11月19日，解某某持王某某在中国邮政储蓄银行的10万元存单及王某某身份证，从该银行取走本息人民币10余万元。此后，解某某通过网络委托他人按照王某某在中国邮政储蓄银行存单样式，伪造了1张10万元假存单，放于家中。2019年3月4日，王某某在不知情的情况下持假存单到中国邮政储蓄银行某营业所办理取款业务时，银行工作人员发现该存单系伪造并报警。

2019年9月9日，北京市延庆区人民检察院以解某某犯伪造金融票证罪向北京市延庆区人民法院提起公诉，同年11月27日，延庆区人民法院认定解某某如实供述犯罪事实，判决解某某犯伪造金融票证罪，判处拘役三个月，并处罚金人民币2万元。解某某以犯罪情节轻微不需要判处刑罚、可以免予刑事处罚为由提出上诉。2020年7月27日，北京市第一中级人民法院认定解某某构成伪造金融票证罪，鉴于解某某系自首，且自愿认罪认罚，依法对其予以从轻处罚，改判解某某单处罚金人民币2万元。

主要问题

为哄骗搪塞近亲属而伪造其名下银行存单行为的情节及社会危害性如何认定，是否构成伪造金融票证罪？

意见分析

意见分歧

第一种意见认为，解某某的行为不构成犯罪。理由是：一是解某某伪造银行存单的目的是放于家中，欺骗妻子，并非到银行支取钱款或作为支付、担保的财产，其妻子到银行取钱是因妻妹买房借款这一偶然事件，其主观上不具有扰乱金融管理秩序的故意。二是解某某伪造的配偶名下的银行存单系夫妻共有财产，其实际是将自己的钱取走，主观上并不具备骗取财物的非法目的。三是真实银行存单中的钱款已被解某某取出，解某某伪造的存单不可能取出钱款，也就不可能造成银行或者他人的损失。因此，本案系家庭内部矛盾，解某某的行为不具有社会危害性。

第二种意见认为，解某某虽然实施了伪造金融票证的行为，但情节显著轻微，不认为是犯罪。理由是：一是如前所述，解某某伪造银行存单，其目的是向妻子隐瞒其使用了存单中钱款的事实，避免家庭矛盾，家庭成员之间的该类行为不应当作为犯罪科以刑罚。二是解某某伪造的存单颜色与真实存单明显不同，真假易辨，不会让银行工作人员陷入错误认识。因此，解某某伪造金融票证的情节显著轻微，社会危害性不大。

第三种意见认为，解某某的行为构成伪造金融票证罪。理由是：伪造金融票证罪是行为犯，只要行为人实施了伪造金融票证的行为，即构成犯罪。解某某伪造其配偶王某某名下银行存单，采取调包方式将真实存单拿到银行取款的行为，虽不构成票据诈骗罪，但构成伪造金融票证罪。鉴于解某某犯罪情节较轻，且具有自首情节，应当判处较为轻缓的刑罚或者免予刑事处罚。

意见评析

笔者同意第三种意见。根据罪刑法定要求，检察机关不应在法律明确规定了犯罪界限、标准的情况下，去适用“犯罪情节显著轻微危害不大的，不认为是犯罪”的规定。科处刑罚应以行为人具有责任为基础，由责任划定刑罚的上限，而不是预防必要性的增大以及单纯的心理状态或者主观恶性。符合犯罪情节轻微不需要判处刑罚或免除刑罚的“情节”，应是法定情节而非酌定情节。具体到本案，理由如下。

第一，符合伪造金融票证罪的构成要件

伪造金融票证罪，是指伪造汇票、本票、支票、委托收款凭证、汇款凭证、银行存单及其他银行结算凭证、信用证或者附随的单据、文件以及伪造信用卡的行为。从伪造金融票证的构成要件来看：(1)实施伪造金融票证的行为。伪造金融票证罪是行为犯,不要求发生获利或造成财产损失的犯罪结果,只要行为人将金融票证制造出来,从整体上符合金融票证的基本特征,就可以认定伪造金融票证的行为已完成。(2)具有使用或行使的主观故意。刑法关于伪造金融票证罪的条文虽未规定具体的目的,但将使用或者行使的目的作为本罪的责任要素,是比较合适的。〔1〕仅限于个人欣赏或者教学目的而制作虚假银行存单等金融票证的,行为人单纯伪造金融票证,而主观上不具有使用或者行使的目的,不构成伪造金融票证罪。(3)行为侵害金融交易安全和信用,扰乱金融票证管理秩序。(4)达到伪造金融票证罪的立案追诉标准。〔2〕本案中,解某某委托他人按照其妻名下银行存单样式,擅自制作面额10万元的银行存单一张,致使其妻误认为系之前真实银行存单,拿到银行取款,解某某的行为系伪造金融票证行为。解某某明知其妻可能使用虚假银行存单进行取款,仍然放任其妻使用银行存单,具有使用虚假银行存单的主观故意。银行存单作为银行进行结算业务的信用凭证,存单内容须由银行授权储蓄人员签章并加盖储蓄业务公章方为有效,其他主体均无权填写、涂改,亦无权制作存单。因此,即便解某某伪造的目的存在哄骗他人的因素,其行为客观上侵害了国家金融票证管理秩序,且伪造的银行存单已由其妻拿至银行,虽然被银行工作人员识破没有造成损失,但已经形成扰乱金融票证管理秩序的现实性、紧迫性,具有相应的社会危害性。综合来看,解某某的行为符合伪造金融票证罪的构成要件。根据罪刑法定要求,刑法采用了规定情节、数额、后果以及其他具体条件的方式对定罪标准做出规定,应当遵照适用。因此,不应在法律明确规定了犯罪界限、标准的情况下,再去适用“犯罪情节显著轻微危害不大的,不认为是犯罪”的规定。

第二,实质判断责任大小轻重

责任是成立犯罪的条件,也是刑罚的基础。科处刑罚应以行为人具有责任为基础,由责任划定刑罚的上限,而不是预防必要性的增大。而责任是对不法的责任,不是单纯的心理状态或者主观恶性。因此,行为目的、行为手段和不法程度的不同,影

---

〔1〕 参见张明楷:《刑法学(下)》(第五版),法律出版社2016年版,第783页。

〔2〕 2010年《最高人民检察院、公安部关于公安机关管辖的刑事案件立案追诉标准的规定(二)》第29条规定,“伪造、变造金融票证,涉嫌下列情形之一的,应予立案追诉:(一)伪造、变造汇票、本票、支票,或者伪造、变造委托收款凭证、汇款凭证、银行存单等其他银行结算凭证,或者伪造、变造信用证或者附随的单据、文件,总面额在一万元以上或者数量在十张以上的;(二)伪造信用卡一张以上,或者伪造空白信用卡十张以上的”。

响责任大小轻重的认定。为哄骗搪塞近亲属而伪造银行存单这类行为，在社会危害程度上与自己伪造并使用金融票证行为存在一定差异，刑罚裁量时应当综合评估社会危害性，确保罪责刑相适应。本案中，伪造银行存单的金额虽为10万元，达到立案追诉标准的10倍，但综合考虑全案的情节，不属于“情节严重”。首先，仅是达到立案追诉标准。《最高人民检察院、公安部关于公安机关管辖的刑事案件立案追诉标准的规定（二）》第29条仅对立案追诉标准作了规定，而对于如何界定该罪的“情节严重”和“情节特别严重”，目前仅在2018年修正后的《关于办理妨害信用卡管理刑事案件具体应用法律若干问题的解释》中规定了伪造信用卡“情节严重”“情节特别严重”的具体情形，即以伪造信用卡数量和卡内存款余额、透支数额为标准，而对伪造银行存单等银行结算凭证的“情节严重”“情节特别严重”的标准并未作出规定。对于解某某伪造银行存单但没有骗取银行财物意图这类行为，不能完全以伪造数额作为法定刑升格条件，而应综合考虑伪造次数、非法获利、危害结果、行为人主观恶性等情节，全面评价行为的社会危害性。其次，一般性伪造银行存单行为。解某某属于一般性的伪造金融票证行为的特类，其伪造银行存单并非为套取金融部门的钱款或者骗取钱财，只是向妻子隐瞒其使用银行存款的事实；自己也未主动使用伪造的银行存单去银行追求不法获利，并非恶意破坏金融交易安全和金融票证管理秩序，与常见的伪造金融票证行为相比，社会危害性较小，主观恶性较低。最后，作案手段简单、不法程度较低。解某某仅通过网络委托他人按照其妻银行存单样式伪造银行存单一张，与多次伪造、伪造多份等较为恶劣的伪造金融票证的行为相比，不法危害明显更轻。

第三，是否符合情节轻微不需要判处刑罚或免于处罚的规定

量刑既要考虑行为人所犯罪行的轻重，又要考虑行为人应负刑事责任的大小，做到罪责刑相适应，实现惩罚和预防犯罪的目的。《刑法》第37条规定，“对于犯罪情节轻微不需要判处刑罚的，可以免予刑事处罚”。《刑事诉讼法》第177条第2款规定，“对于犯罪情节轻微，依照刑法规定不需要判处刑罚或者免除刑罚的，人民检察院可以作出不起诉决定”。通常来说，判断情节轻微不需要判处刑罚或者免于刑罚，在综合考虑犯罪事实、非法获利、危害结果、行为人主观恶性等情节的基础上，还需要考虑以下方面：（1）实施的犯罪不能是重罪；（2）具有法定的免除刑罚情节，非酌定情节；（3）拒不认罪的不能适用。结合本案来看，首先伪造金融票证罪最低刑拘役（主刑）或者单处罚金（附加刑），并非重罪。其次具有自首等“免除刑罚”的法定情节，根据《刑法》第67条规定，对于自首的犯罪分子，犯罪较轻的，可以免除处罚，自首显然属于可以免予刑事处罚的法定情节。考虑本案具有认罪认罚因素，具备适用较为轻缓的刑罚或者免予刑事处罚的条件。值得注意的是，法律没有明文规定免予刑事处罚的，检察机关不能以主观标准对行为人适用该规定，如仅是坦白，非法定情节，不符合相关规定。综合2015年以来，北京地区与本案相类似的发生在近亲属之间，偷拿或骗取近亲属财物后，为掩饰、隐瞒相关事实而伪造金融票证的案件〔1〕来看：伪造的对象主要是银行存单或存折；行为方式多是通过网络委托他人制作假存单、假存折或找街头巷尾做假证的人购买，并交由他人持有，而非自己伪造，涉案金额从几万元到几百万元不等；事情起因多是由于当事人背着家人花了钱且无力偿还（如做生意、投资理财、个人消费等），是为避免家庭纷争哄骗搪塞家人，其主观目的并非恶意破坏金融票证管理秩序；案发主要是由不明真相的家人持假存单或假存折到银行取款时，被银行工作人员识破并报警。因此，此类行为相较自己伪造并使用金融票证行为，社会危害性较小，犯罪情节轻微。综合犯罪的事实、性质、情节和对于社会的危害程度，应当适用较为轻缓的刑罚或者免予刑事处罚。

综上所述，为哄骗搪塞近亲属而伪造金融票证的行为，构成伪造金融票证罪。鉴于此类行为不同于一般伪造金融票证行为，应综合案件具体情况，适用较为轻缓的刑罚或者免予刑事处罚。

供稿：北京市人民检察院第一分院　杨林　于连池

案例编辑：北京市人民检察院　葛路

---

〔1〕 经查询，2015年以来，北京市此类案件共计9件，其中3件不起诉（1件存疑不诉、2件相对不诉），6件起诉（1件上诉，即本案）。

曾某利用未公开信息交易案

——利用未公开信息交易罪的量刑问题

基本案情

曾某于2008年5月至2010年6月，历任人寿资产公司养老金及机构业务部投资团队经理、高级经理；2010年6月至2013年12月，历任人寿养老公司投资部高级投资经理、投资管理中心权益投资部高级经理、总经理、高级权益投资经理（一级）、投资团队总监。曾某作为投资团队总监，对投资团队成员进行日常管理，对账户投资业绩负责，是投资风险管理的第一责任人。对所管理账户的投资业绩负责，管理日照港企业年金等41个账户，单一计划资金规模为134亿元；作为权益投资部总经理，在分管权益的中心负责人领导下，制定股票、基金等权益类投资的管理制度和操作规则，并开展权益类投资的相关研究工作，负责制定各账户下阶段权益投资操作策略，根据投资决策委员会确定的投资原则，进行权益类投资，负责下达权益类品种投资指令，由交易员按公平原则执行交易。曾某管理的企业年金账户股票交易所有指令均由曾某发出。

曾某利用其妻子刘某的舅舅王某某股票账户实施利用未公开信息交易行为。在案书证显示，王某某证券账户于2007年10月16日在中信建投证券股份有限公司北京南大红门路证券营业部开立，2013年5月13日王某某以不使用为由对该户申请销户，5月24日办理撤指定，5月27日资金账户销户。该账户于2007年10月17日开通第三方存管，开户银行为交通银行。

案发期间，曾某及其妻子刘某共向王某某账户存入人民币7,433,457元，共支出人民币5,129,749元。曾某于2009年至2013年5月，使用王某某股票账户，利用其在人寿资产公司和人寿养老公司任职所获得的未公开信息，先于或同步于曾某管理的企业年金账户组5个交易日同方向交易同种股票，交易“百视通”“北京利尔”等股票79只，买入成交金额人民币203,165,600.94元，买入成交笔数1954笔，卖出成交金额人民币

204,963,860.08元，卖出成交笔数11,870笔，累计成交金额人民币408,129,460.02元，盈利金额人民币372,302.6元。

北京市人民检察院第二分院指控认为，曾某作为保险公司工作人员，无视国家法律，为获取不正当利益，利用因职务便利获取的内幕信息以外的其他未公开的信息，违反规定，从事与该信息相关的证券交易活动，情节特别严重，其行为触犯了《刑法》第180条第1款、第4款之规定，应当以利用未公开信息交易罪追究曾某的刑事责任。北京市第二中级人民法院判决认为：曾某作为保险公司的从业人员，利用因职务便利获取的内幕信息以外的其他未公开的信息，违反规定，从事与该信息相关的证券交易活动，情节特别严重，其行为已构成利用未公开信息交易罪，依法应予惩处，判决曾某犯利用未公开信息交易罪，判处有期徒刑五年，罚金人民币120万元。

曾某对起诉书指控的犯罪事实不持异议。曾某的辩护人对起诉指控的罪名不持异议，但提出以下辩护意见：利用未公开信息交易罪只有"情节严重"的量刑标准，起诉书认定"情节特别严重"缺乏法律依据，司法实践中的案例也只有"情节严重"的量刑情节。

主要问题

《刑法》第180条第4款规定的利用未公开信息交易罪是否有"情节特别严重"的量刑档次，是否可以参照第1款内幕交易犯罪的标准认定"情节特别严重"？

意见分析

意见分歧

第一种意见认为，《刑法》第180条第4款利用未公开信息交易罪规定的法定刑只有"情节严重"一个档次。理由是：第4款只明确规定了"情节严重"一种情形，对"情节特别严重"没有涉及，按照罪刑法定原则，法无明文规定不处罚。因"未公开信息"

的商业价值、危害性在立法者看来达不到“内幕信息”的程度，所以在量刑档上做了不同于第1款的收缩，如果有类似第1款规定的“情节特别严重”的情形，纳入“情节严重”的处罚标准顶格处罚就可以了.何况对经济犯罪而言，罚金刑更管用，处五倍的罚金刑可以做到罪刑相适应。

第二种意见认为，《刑法》第180第4款涵括“情节严重”和“情节特别严重”两个量刑档次，且应参照适用2012年最高人民法院、最高人民检察院《关于办理内幕交易、泄露内幕信息刑事案件具体应用法律若干问题的解释》（以下简称《解释》）来认定。理由是：利用未公开信息交易罪与内幕交易罪本质相同，交易金额及获利金额巨大，对证券市场均具有极大危害，如将利用未公开信息交易罪法定刑幅度限定在五年以内，会影响对“老鼠仓”案件的打击力度，有违罪刑相适应原则。《刑法》第180条第4款规定的“情节严重”，系定罪情节，而非量刑情节，故不影响依照《刑法》第180条第1款的两个量刑幅度进行处罚。

意见评析

笔者认为《刑法》第180条第4款规定的利用未公开信息交易罪，应当参照第1款内幕交易罪的标准，具有“情节特别严重”量刑档次，理由如下。

第一，根据刑法罪责刑相适应原则，本案中曾某实施利用未公开信息交易行为，社会危害性严重，理应判处较重刑罚

犯罪对公共利益的危害越大，制止犯罪的手段就应该越强有力，这就需要刑罚与犯罪相对称。利用未公开信息交易罪，交易金额动辄上千万元或者过亿元，获利金额一般高达几百万元或者上千万元，利用未公开信息交易行为对基金、保险等行业的信誉造成了无法估量的恶劣影响，对我国构建现代化、法治化的资本市场危害极大，如将法定刑幅度限定在五年以内，罪刑明显不相适应。

从侵犯的法益角度分析，利用未公开信息交易罪，侵犯了证券市场秩序，破坏了证券市场公平竞争的环境，进而阻碍实体经济的增长；侵犯基金持有人或者保险客户的直接利益，犯罪行为人利用未公开信息交易股票的获利，实质上绝大部分源于基金持有人或者保险客户的损失（或者减少的盈利）；利用未公开信息交易行为严重背离从业人员的职业操守，侵犯了金融行业工作人员职务忠诚性。

从犯罪手段和侵犯法益的角度，利用未公开信息交易罪与内幕交易罪，存在一定的相似之处。利用未公开信息交易犯罪通常持续时间较长，多数案件涉案金额较高，如“马乐利用未公开信息交易案”，交易金额达10.5亿元，非法获利1883万元，其他已经判决的案件交易金额大都在几千万元以上，获利几百万元甚至上千万元。根据2012年《解释》的规定，内幕交易罪和泄露内幕信息罪，成交额在250万元以上，或者获利在75万元以上，即构成情节特别严重。如果将利用未公开信息交易罪在五年以内处刑，对情节特别严重的犯罪处罚不仅显失公平，也不利于净化资本市场，打击“老鼠仓”的犯罪行为。

通常情况下，未公开信息属于商业秘密的范畴，利用未公开信息交易罪属于特殊领域的侵犯商业秘密的犯罪，而侵犯商业秘密造成权利人损失250万元以上，即属于造成特别严重的后果，可处三年以上七年以下有期徒刑，并处罚金。如果认为利用未公开信息交易罪只有一个量刑幅度，与侵犯商业秘密罪的量刑也严重失衡。

如果说，立法时并未考虑利用未公开信息交易罪成交金额及获利金额特别巨大的情况，《刑法修正案（七）》颁布以后发生的几个利用未公开信息交易案的犯罪金额之高令人惊叹，加大本罪的处罚力度不仅是合理的，也是必要的。

第二，根据刑法解释方法，《刑法》第180条第4款具有两个量刑幅度符合条文本意

《刑法》第180条第4款规定，犯利用未公开信息交易罪，“情节严重的，依照第一款的规定处罚”。依据刑法用语的文义，解释为“犯利用未公开信息交易罪，只有情节严重的，才依据第1款的规定处罚”，引证为第1款的第一个量刑幅度，还是解释为“利用未公开信息交易情节严重的，构成利用未公开信息交易罪，依据第1款的规定处罚”，引证为第1款规定的所有量刑幅度，需要考虑每一部分刑法用语的含义。

1.“……的，”表示罪状的表述完结。刑法规范由罪状和处刑两部分组成，“刑法分则各条文中的‘……的，’是罪状的标志，即只要分则条文所规定的是具体犯罪与法定刑，那么，‘处……’之前的‘……的，’所规定的必然是罪状或假设条件”。[1]

---

〔1〕 张明楷：《刑法学（下）》（第五版），法律出版社2016年版，第665页。

《刑法》第180条第2款的“依据第一款的规定处罚”属于法定刑，在此之前的“……情节严重的”，均属于罪状表述。也就是说，“情节严重的”，是属于利用未公开信息罪罪状表示的范畴，而不是量刑条件。可以当然地得出结论：利用未公开信息交易罪，未达到情节严重的，不构成利用未公开信息交易罪。

认为利用未公开信息交易罪只有一个量刑幅度的，是未将“情节严重的”作为罪状理解，想当然地排除了第一款“情节特别严重的”的适用。刑法用语有一定规律，对刑法用语的解读应遵循刑法规范的规律，脱离规律的解读得出的结论是错误的。将“情节严重的”之前作为罪状表述，而将“情节严重的，依据第一款的规定处罚”作为处刑条件，是违背刑法用语规律的，据此推导出的两个结论——利用未公开信息交易罪不需情节严重即可构成犯罪的结论和利用未公开信息交易罪只有情节严重一个量刑幅度，都是错误的结论。

2.《刑法》第180条第4款规定“情节严重的”，属定罪情节而非量刑情节。刑法用语中多有“情节严重”的表述，但其性质并不相同，有定罪情节与量刑情节之分。“定罪情节是指直接说明犯罪构成事实的情状或深度，从而影响犯罪的社会危害程度，影响定罪的各种事实情况。”“量刑情节，是在某种行为已经构成犯罪的前提下，法院对犯罪人裁量刑罚时应当考虑的，据以决定刑罚轻重或者免除刑罚处罚的各种情况。”〔1〕定罪情节属于犯罪构成要素，是区分罪与非罪，此罪与彼罪的条件；而量刑情节不属于犯罪构成要素，是在已符合犯罪构成的情况之下，具有量刑意义的情节。

如《刑法》第234条之一第1款规定：“组织他人出卖人体器官的，处五年以下有期徒刑，并处罚金；情节严重的，处五年以上有期徒刑，并处罚金或者没收财产。”这里的“情节严重”对组织出卖人体器官罪并没有定罪功能，属于量刑情节。但是无论是利用未公开信息交易罪还是内幕交易罪、泄露内幕信息罪的“情节严重”，均属于定罪情节，属于犯罪的构成要件要素，不具备“情节严重”这一条件，不能依各自的犯罪处理。《最高人民检察院、公安部关于公安机关管辖的刑事案件立案追诉标准的规定（二）》第35条、第36条关于内幕交易罪、泄露内幕信息罪、利用未公开信息交易罪的立

〔1〕 张明楷：《刑法学（上）》（第五版），法律出版社2016年版，第553页。

案标准的规定，即是对“情节严重”的进一步规定。

利用未公开信息交易罪的“情节严重”，虽然也具有量刑意义，但属于定罪情节，属于犯罪构成要件范畴。对于《刑法》第180条第4款中“证券交易所……情节严重的”这段表述，可以替换为“犯利用未公开信息交易罪的”，即犯利用未公开信息交易罪的，依照第1款犯内幕交易罪、泄露内幕信息罪的规定处罚，可以得出三种证券犯罪量刑幅度相同的结论。

3.“依据……处罚”在无特别强调的情况下，引证该条款全部刑罚幅度。《刑法》中存在大量的“依据……处罚”的引证其他条款的处刑条件的规定，在刑法无特别规定的情况下，引证该条款的全部量刑幅度。纵观刑法全文，对法定刑的援引，包括以下几种情况：

（1）单位犯罪引证自然人犯罪的处刑条件。如《刑法》第164条第3款对非国家工作人员行贿罪的单位犯罪的规定，“单位犯前两款罪的，对单位判处罚金，并对其直接负责的主管人员和其他直接责任人员，依照第一款的规定处罚”。对单位犯罪可以适用第1款规定的两个刑罚幅度。如果不是引证全部刑罚幅度，则需单独规定。如《刑法》第175条第1款规定的高利转贷罪的自然人犯罪有两个量刑幅度，第2款规定，“单位犯前款罪的，对单位判处罚金，并对其直接负责的主管人员和其他直接责任人员，处三年以下有期徒刑或者拘役”，没有规定为“单位犯前款罪，数额较大的，依据第一款的规定处罚”。

（2）同一犯罪构成要件范畴内对某一犯罪主体或行为进行强调而引证处刑条件。在同一犯罪构成要件的体系内，对某一犯罪主体或行为的单独规定，应当具有本罪的全部量刑幅度，否则应当特别规定。《刑法》第201条逃税罪的规定与利用未公开信息交易罪最为类似，第1款纳税人逃税规定有两个量刑幅度，第201条第2款规定，“扣缴义务人采取前款所列手段，不缴或者少缴已扣、已收税款，数额较大的，依照前款的规定处罚”。如果按照对利用未公开信息交易罪一个量刑幅度的理解方式，扣押义务人所实施的逃税行为，应当只有一个量刑幅度，那么在犯罪主体和处刑幅度均存在明显区别的情况下，扣缴义务人的逃税行为应当单独设立罪名，不应从属于逃税罪。而最高人民法院和最高人民检察院并没有单独就扣缴义务人逃税设立单独的罪名。

（3）不同犯罪构成甲罪对乙罪量刑幅度的引证。《刑法》第125条第2款对非法制造、买卖、运输、储存危险物质罪规定："……危害公共安全的，依照前款的规定处罚。"而第1款非法制造、买卖、运输、邮寄、储存枪支、弹药、爆炸物罪有两个量刑幅度，甚至有死刑的规定。显然第2款是引证第1款的全部刑罚幅度。

综上所述，不仅从刑法条文的语义和体系分析可以得出利用未公开信息交易罪应当具有两个量刑幅度的结论，从实质上分析，同样能够得出对本罪规定较重法定刑的必要。

供稿：北京市人民检察院第二分院　宋伟

案例编辑：北京市人民检察院　王然

陈某等人违法运用资金案

——如何认定违法运用资金案的定罪量刑情节

基本案情

陈某、王某某、胡某某系中融人寿保险股份有限公司（以下简称中融人寿）从业人员，陈某任董事长、总经理，王某某任副总经理、财务负责人，胡某某任风控信评部副部长。2011年至2013年，陈某、王某某、胡某某违反国家规定，利用中融人寿与上海润科科技有限公司（以下简称上海润科）签订灾备系统一体化建设合同、投资顾问协议和借款协议，约定由上海润科向中融人寿提供灾备系统方案设计、投资顾问等服务及借款，以“购买灾备系统”“支付投资预付款”等名目，中融人寿先后13次将共计人民币5.24亿元资金拆借给关联公司，但未造成资金损失。

一审认定三人犯违法运用资金罪，情节轻微，免予刑事处罚。检察机关以一审适用法律错误、量刑畸轻为由提出抗诉。陈某、王某某、胡某某均以不构成犯罪为由提出上诉。二审检察机关支持抗诉，认为本案犯罪情节特别严重，要求法院对陈某、王某某依法改判。二审法院部分采纳抗诉意见，同时考虑本案系全国首例违法运用资金案，在现有司法解释尚未对违法运用资金罪定罪量刑情节作出明确规定前，认定本案属于“情节严重”并从轻量刑较为稳妥，判决陈某、王某某、胡某某犯违法运用资金罪，判处陈某有期徒刑一年六个月，判处王某某有期徒刑一年缓期执行一年，维持对胡某某定罪免刑的判决。

主要问题

如何认定违法运用资金罪中的“情节严重”“情节特别严重”等定罪量刑情节？

意见分析

意见分歧

第一种意见认为，本案犯罪情节轻微，理由是：没有造成资金损失，危害后果和社会危害性不严重。

第二种意见认为，本案犯罪情节严重，理由是：犯罪数额特别巨大、违法运用资金次数多，以资金损失作为核心的社会危害性评价标准，系对本案社会危险性评价不当。

第三种意见认为，本案犯罪情节特别严重，理由是：违法运用资金时间长、次数多、涉案资金特别巨大，且从被告人特定身份、主观故意、客观手段、社会危害性等诸多犯罪情节综合判断，其行为严重破坏了国家金融管理秩序，性质恶劣，具有严重社会危害性，有无造成资金损失不是衡量犯罪危害后果唯一标准。本案不仅符合情节严重标准，且已经达到情节特别严重程度。

意见评析

笔者同意第三种意见，理由如下。

第一，"情节严重"是违法运用资金罪的入罪条件

首先，从立法本意角度看，根据全国人大法工委在第十届全国人大常委会第十九次会议上所作的关于《刑法修正案（六）（草案）》的说明，对于保险公司、保险资产管理公司，证券投资基金管理公司、社会保障及基金管理机构，住房公积金管理机构等公众资金经营、管理机构，违反国家规定运用资金，只有情节严重的，才应当追究刑事责任。其次，从追诉标准角度看，《最高人民检察院、公安部关于公安机关管辖的刑事案件立案追诉标准的规定（二）》第41条规定，"涉嫌下列情形之一的，应予立案追诉：（一）违反国家规定运用资金数额在三十万元以上的；（二）虽未达到上述数额标准，但多次违反国家规定运用资金的；（三）其他情节严重的情形"。前两项从犯罪数额、犯罪次数角度表述了何为情节严重，第3项是以并列性质的语句从其他影响定罪量刑的角度表述应予立案的情形。最后，从法律解释角度看，《刑法》第185条之一第2款规定，"社会保障基金管理机构、住房公积金管理机构等公众资金管理机构，以及保险公司、保险资产管理公司、证券投资基金管理公司，违反国家规定运用资金的，对其直接负责的主管人员和其他直接责任人员，依照前款的规定处罚”。“前款的规定”即《刑法》第185条之一“背信运用受托财产罪”，该罪以情节严重为构成要件，并根据情节严重和情节特别严重确定了两档法定刑。本罪系援引法定刑情形，应当是对第1款的全部援引，说明本罪的成立也应以情节严重为构成要件，否则便无法按照情节严重和情节特别严重区分两个刑档量刑。因此，以情节严重作为本罪构成要件符合立法和追诉标准精神，符合法律解释原意。

第二，应全面认定本案的危害后果和社会危害性

首先，资金损失的危害后果不是评判犯罪情节严重程度的唯一标准。犯罪情节是犯罪行为的社会危害性和犯罪行为人的人身危险性的综合反映，包括犯罪手段、犯罪数额、犯罪次数、危害后果等多种情形，危害后果只是其中的一个因素。违法运用资金罪不以造成资金损失为构成要件，说明只要违法运用资金的实行行为达到一定程度，即使没有造成资金损失甚至获得收益也可能构成犯罪。进一步讲，在存在资金损失的情况下，该危害后果也只是认定犯罪情节的一个因素。因此，认定本案犯罪情节，应将犯罪手段、犯罪数额、犯罪次数、危害后果等多种情形综合考量。其次，不应将危害后果片面理解为资金损失。我国对于保险资金的运用处于不断拓展的过程中，但始终秉持用途法定原则，并将保险资金安全性摆在十分重要的地位，以确保保险资金在绝对安全的前提下实现保值增值。“违法运用资金罪”与“背信运用受托财产罪”列在同一法条，体现出该罪名不仅具有挪用性质，也具有背信性质，即违背了对投保人所负有的忠实和诚信地使用保险资金义务。而且，违法运用资金行为扩大了资金使用风险，背离了运用资金的合规范围，降低了保险资金应变全社会共同风险的能力，对金融市场的良性发展造成了严重破坏，从这一层面认识本案危害后果和社会危害性才是全面的。

第三，本案属于违法运用资金“情节特别严重”

本案中，陈某等人作为保险公司从业人员，出于为关联公司提供资金目的，明知保险资金不能用于拆借，故意违反国家规定中关于保险资金合规使用要求，说明行为人具有明显违法运用保险资金的主观故意；通过虚构投资设备采购合同、借款合同等手段，逃避原保监会的监管，说明行为人采取了隐蔽的犯罪手段；在两年时间内，13次将保险资金拆借给个人控制的关联公司使用，犯罪数额5.24亿元已经超过立案追诉标准30万元的1700余倍，说明犯罪次数多、犯罪金额特别巨大；犯罪既遂后，保监会进行调查时，行为人有意隐瞒真相，意图逃避处罚，在接受刑事司法审查过程中，也无任何认罪悔罪表现，说明其没有可以减轻或免除处罚的情节；本案虽然没有造成实际经济损失，但违法运用资金的行为使巨额保险资金处于极大的风险之中，给金融管理秩序和投资人的利益造成的严重侵害，社会危害性极大。综上所述，从行为人的特定身份、主观故意、客观手段、社会危害性等诸多犯罪情节综合判断，犯罪行为不仅符合情节严重的标准，而且已经达到情节特别严重的程度。

最后需要提出的是，法律和司法解释对于违法运用资金罪“情节严重”和“情节特别严重”没有明确规定，给执法造成了一定的困惑，有必要对其具体表现通过司法解释予以明确，提高司法办案的可操作性，以适应当前和今后打击犯罪的需要。同时，立法上的欠缺给司法工作者提供了自由裁量的空间，但在适用该法条时，还是应当审慎适用。

供稿：北京市人民检察院第二分院　马迎辉

案例编辑：北京市人民检察院　孙利国

万某违法发放贷款案

——小额贷款公司是否属于刑法意义上的其他金融机构

基本案情

2013年9月29日和10月14日，万某在任北京某投小额贷款股份有限公司总经理期间，伙同李某某、丁某、郭某在明知张某某、刘某不具备借款主体资质的情况下，违反规定违法向二人发放贷款共计人民币600万元，至案发无法追回，给公司造成了重大经济损失。

本案由北京市延庆区人民检察院于2016年4月7日以万某涉嫌违法发放贷款罪向北京市延庆区人民法院提起公诉。2016年7月6日，延庆区人民法院作出判决，认定万某的行为构成违法发放贷款罪，判处有期徒刑一年，并处罚金人民币2万元，判处作出后，万某未上诉，判决生效。

主要问题

小额贷款公司是否属于刑法意义上的其他金融机构？

意见分析

意见分歧

第一种意见认为，小额贷款公司是一般的工商企业，不是其他金融机构。理由是：(1)小额贷款公司不是经中国人民银行（以下简称人民银行）或中国银行业监督管理委员会（以下简称银监会）[1]批准成立的。(2)在《关于小额贷款公司试点的指导意

〔1〕 2018年十三届全国人大一次会议批准国务院机构改革方案，将中国银行业监督管理委员会和中国保险监督管理委员会的职责整合，组建中国银行保险监督管理委员会。

见》(以下简称《试点意见》)中，人民银行以及银监会仅将小额贷款公司定义为有限责任公司或股份有限公司，并未将其定义为金融机构。(3)小额贷款公司经营的贷款属于民间借贷性质。(4)小额贷款公司没有获得国家金融许可证。

第二种意见认为：小额贷款公司属于刑法意义上的其他金融机构。

意见评析

笔者同意第二种意见，理由如下。

第一，小额贷款公司是经银监会以及人民银行授权的省级政府主管部门批准依法成立的

最早提出建立“小额贷款组织”的文件见于2006年2月发布的《国务院办公厅关于落实中共中央国务院关于推进社会主义新农村建设若干意见有关政策措施的通知》，该通知指出大力培育由自然人、企业法人或社团法人发起的小额贷款组织，并授权由银监会牵头，会同人民银行等部门抓紧研究制定管理办法。此后，银监会与人民银行于2008年共同发布了《试点意见》，该意见将小额贷款公司定义为“由自然人、企业法人与其他社会组织投资设立，不吸收公众存款，经营小额贷款业务的有限责任公司或股份有限公司”；其主要资金源于“股东缴纳的资本金、捐赠资金，以及来自不超过两个银行业金融机构的融入资金”；小额贷款公司设立时不仅需要向工商部门申请办理注册登记手续并领取营业执照，还需向银监会派出机构和人民银行分支机构报送相关资料，同时须接受省级政府金融办等部门对其日常经营的监督管理。《试点意见》是银监会、人民银行共同制定的，所以可以认为小额贷款公司是经银监会以及人民银行授权的省级政府主管部门批准设立的。本案中的小额贷款公司是经北京市金融工作局批准成立的，所以可以认定为是经银监会以及人民银行批准成立的。

第二，公司性质不影响小额贷款公司金融机构性质的认定

《中华人民共和国商业银行法》(以下简称《商业银行法》)第2条规定，“商业银行是指依照本法和《中华人民共和国公司法》设立的吸收公众存款、发放贷款、办理结算等业务的企业法人”，而当前的商业银行绝大多数都是股份有限公司，但是这个公司的法人性质并不影响商业银行作为金融机构性质的认定。公司的法人性质和金融机构的性质是从不同侧面进行的评价，二者不是排斥关系。根据《试点意见》，小额贷款公司分为有限责任公司和股份有限公司两种形式，小额贷款公司企业法人的性质并不影响其作为其他金融机构性质的认定。

第三，小额贷款公司依法从事金融业务而非民间借贷业务

《商业银行法》第3条规定了商业银行可以经营的业务范围，其中第2项为发放短期、中期和长期贷款。贷款是银行或其他金融机构通过一定的程序将资金附条件借给单位和个人使用的一种金融活动。商业银行作为典型的银行业金融机构，其所经营的发放贷款的业务是金融业务毋庸置疑。而根据《试点意见》中“小额贷款公司是由自然人、企业法人与其他社会组织投资设立，不吸收公众存款，经营小额贷款业务的有限责任公司或股份有限公司”的规定，可见小额贷款公司的业务是经营小额贷款，而民间借贷与小额贷款公司贷款虽然同属于民间资本活动，但是二者有明显区别，主要包括：一是行为主体不同。民间借贷主要发生在自然人以及自然人与法人、其他组织之间，法人之间的借贷行为可能被认定为无效；而小额贷款公司既可对自然人发放贷款，也可对企业发放贷款。二是行为性质不同。民间借贷是当事人之间偶发的民事行为；而小额贷款公司以发放贷款为主营业务甚至是唯一业务。三是合同生效条件不同。民间借贷属于实践性合同，自贷款人提供借款时合同生效[1]；小额贷款属于诺成性合同，一般情况下双方意思表示达成一致即可生效。

另外，2015年8月6日公布的《最高人民法院关于审理民间借贷案件适用法律若干问题的规定》第1条规定：“本规定所称的民间借贷，是指自然人、法人和非法人组织之间进行资金融通的行为。经金融监管部门批准设立的从事贷款业务的金融机构及其分支机构，因发放贷款等相关金融业务引发的纠纷，不适用本规定。”其中“金融监管部门”是个广泛的概念，并非特指银监会。小额贷款公司的成立也需向银监会派出机构及人民银行分支机构送审，并接受省级金融办的监管，从这个角度上来讲，小额贷款公司如若发生贷款纠纷是会被排除于《关于审理民间借贷案件适用法律若干问题的规定》的适用

---

〔1〕《民法典》修改了《合同法》第210条的规定，《民法典》第679条规定：“自然人之间的借款合同，自贷款人提供借款时成立。”

范围之外的。因此，小额贷款公司依法从事的是金融业务而非民间借贷业务。

第四，中国人民银行对小额贷款公司的地位予以明确

《中国人民银行关于印发〈金融机构编码规范〉的通知》中明确，“本规范规定了金融机构的编码对象、编码结构和表示形式，使每个编码对象获得一个唯一的代码，以适应金融机构信息系统建设和数据交换的需求”。同时，《金融机构编码规范》中规定，“Z-其他1-小额贷款公司”。《关于2010年中资金融机构金融统计制度有关事项的通知》明确规定：“境内其他金融机构：除上述机构之外的其他金融机构。包括小额贷款公司等金融机构。”《关于2010年中资金融机构金融统计制度有关事项的通知》还明确要求小额贷款公司适用金融机构的金融统计制度。本案中，延庆县[1]发展与改革委员会出具的证明以及金融业机构信息年度验证合格通知书证实北京某投小额贷款股份有限公司机构代码Z1270××××00016，可以证实该公司获得了人民银行的认可，是其他金融机构。

第五，是否取得金融许可证并不影响对小额贷款公司金融机构性质的认定

《金融许可证管理办法》颁发于2003年，2007年修订，小额贷款公司的概念最早产生于2006年，2008年人民银行、银监会发布部委规章对小额贷款公司实行试点。《金融许可证管理办法》规定在先，小额贷款公司试点在后，因此小额贷款公司并没有获得银监会颁发的金融许可证资格，但是2009年人民银行通过《金融机构编码规范》对小额贷款公司的地位予以认可。银监会颁发的《金融许可证管理办法》与人民银行颁发的《金融机构编码规范》同属部委规章，二者法律效力相同，且人民银行颁发的部委规章在银监会的部委规章之后，根据新法优于旧法的原则，应优先适用人民银行的规章。且在《金融许可证管理办法》修订时，小额贷款公司并没有试点操作，故该办法亦不可能提前将未发生的事情纳入规章。而作为《金融许可证管理办法》和《试点意见》的共同发布者，银监会也没有规定《金融许可证管理办法》适用于小额贷款公司，事实上小额贷款公司是经银监会批准的且从事的是金融业务，所以是否取得金融许可证不影响小额贷款公司金融机构性质的认定。

---

〔1〕 2015年11月，北京市撤销延庆县，设立延庆区。

第六,北京市金融工作局出具的函证实小额贷款公司的功能和作用

本案中,北京市金融工作局出具的关于说明北京某投小额贷款股份有限公司有关情况的函,证实根据《试点意见》,本市小额贷款公司是指“在北京市由自然人、企业法人或其他社会组织依法设立,不吸收公众存款,经营小额贷款业务的有限责任公司或股份有限公司”,“应执行国家金融方针和政策”。根据北京市小额贷款公司试点运行情况来看,小额贷款公司具有金融机构的功能和作用,监管机构也参照金融机构对其监管。虽然该份函并没有对其是否是金融机构予以明确,但是小额贷款公司既然具有金融机构的功能和作用,监管机构参照金融机构对其监管,就应认定为实质意义上的金融机构,即认定为刑法意义上的其他金融机构。

综上所述,小额贷款公司虽然没有取得金融许可证,但其从事的贷款业务是经过人民银行和银监会批准进行的,且需接受国家金融监管机构的监管,涉及小额贷款公司的骗取、诈骗贷款和违法发放贷款的行为,侵犯了小额贷款公司对贷款的所有权和国家金融管理制度,社会危害严重,对该类问题应以刑罚手段予以严厉打击。

供稿:北京市延庆区人民检察院 潘霞

案例编辑:北京市人民检察院 王志国

姚某某骗购外汇案

——行为人利用多个银行账户将大额人民币资金拆分后兑换成美元再汇往境外的行为如何定性

基本案情

2013年3月到8月，多名外国人、中国人多次向姚某某本人账户汇入大额人民币，姚某某将大额人民币拆分成等额5万美元的人民币数额（约人民币31万元），存入其掌握的不同个人的银行账户中（我国规定：每个公民每年换汇额度为5万美元），再将该笔钱兑换成5万美元，后在银行柜台将所兑换成的数笔5万美元汇往境外账户，每汇5万美元收取客户好处费人民币350元。经核实，其采用上述手段先后共计汇出超过500万美元，违法所得约人民币3.5万元，其中部分行为系姚某某指示其朋友温某某（另案处理）所为。北京市朝阳区人民检察院经审查认为，姚某某的行为触犯了《全国人民代表大会常务委员会关于惩治骗购外汇、逃汇和非法买卖外汇犯罪的决定》（以下简称《决定》）第1条之规定，应以骗购外汇罪追究其刑事责任。

北京市朝阳区人民法院经审理认为，国家对于境内个人购汇实行年度总额管理，每人每年等值5万美元，在年度总额内凭个人有效身份证件在银行办理，同时规定不得以分拆等方式逃避限额监管。姚某某利用自己所掌握的多人身份证件开设的账户，在同日、隔日或者连续多日内分别购汇后汇往境外，造成国家外汇资金流失，符合骗购外汇罪的构成要件，姚某某骗购外汇的行为侵犯了国家外汇管理秩序，其行为已构成骗购外汇罪，且数额巨大，依法应予惩处，判处有期徒刑六年，罚金人民币180万元。

主要问题

本案中被告人实施的将大额人民币等额拆分后汇入其掌握的他人账户内，兑换成等额美元汇往境外的行为是否属于“以其他方式骗购外汇”的行为，而构成骗购外汇罪？

意见分析

意见分歧

第一种意见认为，被告人姚某某的行为构成非法经营罪。理由是：其行为实质是其个人以营利为目的，将大量人民币换汇成美元并汇至境外账户，每天多次违反国家外汇规定进行换汇、付汇操作，涉及金额多达500多万美元，已形成一定规模，是一种非法“炒汇”的行为，扰乱了金融管理秩序，符合1998年《最高人民法院关于审理骗购外汇、非法买卖外汇刑事案件具体应用法律若干问题的解释》第3条的规定，“在外汇指定银行和中国外汇交易中心及其分中心以外买卖外汇，扰乱金融市场秩序，具有下列情形之一的，按照刑法第二百二十五条第（三）项的规定定罪处罚：（一）非法买卖外汇二十万美元以上的；（二）违法所得五万元人民币以上的”。本案涉案金额为500多万美元，构成非法经营罪。

第二种意见认为，被告人姚某某的行为构成骗购外汇罪。理由是：本案中，姚某某及其同案是在银行柜台办理转账、转汇的业务，是在外汇指定银行进行的换汇和付汇操作，不符合《最高人民法院关于审理骗购外汇、非法买卖外汇刑事案件具体应用法律若干问题的解释》第3条、第4条中非法经营罪的犯罪构成要件，其行为实质是以非法目的（个人是牟利，资金来源可能是不正当），采取了非法使用他人的账户多次购买外汇并汇至境外的手段，并非满足普通公民个人正常换汇需求，而是为了规避我国外汇管理部门关于每人每年换汇不得超过5万美元的规定，从而获取非法利益。其手段是借用他人身份证件办理多个账户，达到骗取外汇的目的，对我国外汇管理秩序造成了扰乱和破坏，其行为触犯了《决定》第1条第3项的规定，构成骗购外汇罪。

第三种意见认为，被告人姚某某的行为不构成犯罪。理由是：如第二种意见所述，该行为明显不符合非法经营罪的构成要件。根据《决定》的规定，骗购外汇的行为方式包括以下三种情形，“（一）使用伪造、变造的海关签发的报关单、进口证明、外汇管理部门核准件等凭证和单据的；（二）重复使用海关签发的报关单、进口证明、外汇管理部门核准件等凭证和单据的；（三）以其他方式骗购外汇的”。本案被告人姚某某的行为不符合前两项，只能归入兜底条款，如何认定“其他方式”并没有相关司法解释，也没有相应的已决案例可供参考。经征询北京市外汇管理局意见，实践中采取“蚂蚁搬家”手段骗取外汇的行为方式虽然较为常见，但追究刑事法律责任的在北京市尚属首例。姚某某的行为实际是钻了外汇管理的“空子”，并利用了银行之间不严密的规定。虽然实质上对外汇管理秩序造成了侵害，但有其合法之形式。故根据罪刑法定原则，姚某某的行为虽具有社会危害性，但不宜认定为骗购外汇罪。

意见评析

笔者同意第二种意见，理由如下。

第一，从客观行为来看，被告人姚某某使用多个银行账户拆分大额人民币资金换取外汇的行为符合“骗购”的行为特征

姚某某为规避我国外汇管理之规定而牟取私利，以他人名义开具多个银行账户，将人民币拆分为等额的人民币打入多个由其控制的他人银行账户，并分别购买5万美元的外汇，再分别汇往境外。上述行为实质是为掩饰其非法目的，向银行虚构了购汇理由，让银行误认该人购汇是为了满足旅游、购物等合法需求，导致不明来由的钱款被“洗白”后换汇流出，应认定为“骗购外汇”的行为。

第二，从立法原意来看，“以其他方式骗购外汇”的理解应当符合骗购外汇的本质特征，以是否侵犯国家外汇管理秩序为基本依据

《决定》第1条第3项规定了骗购外汇的其他行为方式，作为无法列举的骗购外汇的兜底性条款，是为应对复杂的社会经济生活所作的灵活性规定。对于刑法分则条文中兜底性条款的理解，应当对其作实质性解释，将列举条款中所列各项行为的本质特征进行归纳总结，凡是符合上述本质特征的均应涵盖在兜底性条款中。根据《决定》第1条规定，骗购外汇行为的前两项本质上均是使用欺骗的方式换取外汇，而本案中被告人的行为即是将大额人民币资金以小额分散的方式，虚构换汇理由，最终实现大额人民币资金换取外汇的目的。若因没有追诉先例而认为追究姚某某的刑事责任是“无法可依”，则违背了该罪立法原意和刑法惩戒严重犯罪的目的。本案中，被告人姚某某虽拒绝供述其采用此种手段进行换汇、付汇的目的，但可以从其资金来源、钱款走向等情况判定其在数家银行之间几经倒手，虚构其为个人正常使用而购买外汇的假象，从而使银行等外汇买卖指定机构陷入错误认识，本质上是骗取的行为，可以认定是“以其他方式骗购外汇”的行为。将骗购外汇罪行为方式的兜底性条款作上述解释，方能实现刑法立法目的，整顿外汇管理秩序，打击频发的代换、代汇的乱象。

第三，从行为后果看，被告人姚某某的行为严重扰乱了我国外汇管理制度

本案涉及的犯罪金额仅在案证据显示的就多达500多万美元，已远远超出该罪追诉标准50万美元，意味着该行为具有较大的社会危害性。根据《最高人民检察院关于认真贯彻执行〈全国人大常委会关于惩治骗购外汇、逃汇和非法买卖外汇犯罪的决定〉的通知》，司法机关应依法严厉打击骗购外汇、逃汇和非法买卖外汇的犯罪活动。故被告人姚某某的行为具有刑罚可罚性。

综上所述，被告人姚某某掩饰其真实目的，多次拆分人民币汇入其掌握的账户并换汇成等额美元后汇往境外的行为，严重扰乱了我国外汇管理秩序，理应受到严厉处罚；其行为具有骗购行为的特征，将姚某某的行为手段认定为“其他方式”符合此罪的文义解释和立法精神，不可因目前没有相应的判例予以参考从而放纵新型手段的犯罪。故被告人姚某某的行为构成骗购外汇罪，其类似的手段行为均应被追诉处罚。

供稿：北京市朝阳区人民检察院　韩昊　林芝

案例编辑：北京市人民检察院　王然

徐某某集资诈骗案

——非法吸收公众存款罪与集资诈骗罪如何界定

基本案情

甲投资管理有限公司（以下简称甲公司）成立于2014年，2015年9月法人变更为徐某某，由徐某某实际控制。2015年10月至2017年9月，徐某某组织人员通过散发传单等方式向社会公开宣传，夸大甚至虚构还款能力，吸引集资参与人投资位于河北省承德市宽城满族自治县的养猪场、内蒙古滦河源国家森林公园项目建设第一期、泰福再生资源回收利用基地等项目，以甲公司等的名义，与集资参与人签订借款协议，承诺24%左右的年化收益，集资参与人不承担任何经营风险，到期返本付息。徐某某利用甲公司共吸收170余人共计人民币3000余万元资金，返款共计人民币250余万元，造成经济损失约人民币2700余万元。涉案账户仅有10万元用于项目支出，其余全部在个人账户之间的流转，所募集的资金大部分用于支付员工工资、提成（业务员提成高达36%）、兑付集资参与人本息及归还徐某某在进行非法集资活动之前在承德市宽城县所欠的巨额债务。经查，徐某某在进行非法集资活动之前在承德市宽城县已经涉及民事纠纷40余起共计人民币6000余万元。徐某某所宣传的养猪场于2013年底已不再经营，2016年1月1日出租给宽城天利养殖有限公司，由才某某经营，且才某某已于2015年6月进驻养猪场进行改造、经营。才某某证实，徐某某曾带过很多退休的老人坐大巴车到养猪场参观。徐某某供认内蒙古滦河源国家森林公园项目、泰福再生资源回收利用基地等项目实际上并没有开展，以该项目募集的资金实际也是借新还旧。

2016年9月，甲公司已出现兑付困难，徐某某在北京市朝阳区东方梅地亚中心C座504等地，组织人员以乙投资管理有限公司（以下简称乙公司）名义，通过发放传单等方式向社会公开宣传投资河北燕泉啤酒厂项目，承诺返还年化24%-36%的收益，与集资参与人签订借款合同，所募集的资金主要用于以新还旧、支付业务提成、场地租赁费等，实际打入啤酒厂的资金只有10万元。经审计，乙公司共吸收50余名集资参与人共计人民币800余万元资金，返款共计人民币140万元，造成经济损失人民币670余万元。另根据徐某某供述，其为偿还集资款曾与内蒙古自治区多伦县政府洽谈过滦河源项目，曾向其朋友借款用于偿还集资参与人，徐某某用于向集资参与人返利的账户中存在非集资参与人大额汇款的情况，徐某某供述上述汇款为向朋友所借，均被用于向集资参与人返利。

徐某某因涉嫌非法吸收公众存款罪于2017年10月12日被北京市公安局朝阳分局刑事拘留，同年11月2日被北京市朝阳区人民检察院以涉嫌集资诈骗罪批准逮捕。2018年2月1日，朝阳区人民检察院报送北京市人民检察院第三分院审查起诉，北京市人民检察院第三分院经审查，以徐某某涉嫌非法吸收公众存款罪交办朝阳区人民检察院审查起诉。同年7月26日，朝阳区人民检察院以徐某某涉嫌非法吸收公众存款罪向北京市朝阳区人民法院提起公诉。同年12月26日，朝阳区人民法院作出判决，以集资诈骗罪判处徐某某有期徒刑十三年，并处罚金人民币40万元。同年12月29日，徐某某提起上诉，2019年1月23日北京市第三中级人民法院准许徐某某撤回上诉。

主要问题

非法吸收公众存款罪与集资诈骗罪如何界定？

意见分析

意见分歧

非法吸收公众存款罪、集资诈骗罪作为非法集资犯罪的主要两种犯罪类型，从现有的法律规定来看，两罪的界限在于客观上是否采取了诈骗方法及主观上是否以非法占有为目的。但因现实情况的多样性及复杂性，司法实务中仍面临诸多桎梏。具体到本案，徐某某的行为如何定性主要有两种不同意见：

第一种意见认为，徐某某的行为构成非法吸收公众存款罪。理由是：徐某某对于集资款没有挥霍行为，且徐某某有积极偿还集资款的意图。根据徐某某供述，其为偿还集资款曾与多伦县政府洽谈过滦河源项目，曾向其朋友借款用于偿还集资参与人，徐某某用于向集资参与人返利的账户中存在非集资参与人大额汇款的情况，徐某某供述上述汇款为向朋友所借，均被用于向集资参与人返利。因此，现有证据无法否定徐某某具有还款意图和归还投资款的行为，故不能认定徐某某具有非法占有集资款的主观故意。因此，徐某某行为构成非法吸收公众存款罪而非集资诈骗罪。

第二种意见认为，徐某某的行为构成集资诈骗罪。理由是：其一，徐某某所宣传的项目均为虚假项目，并非自己实际经营，徐某某谎称他人养猪场为自己经营的项目，还组织集资参与人参观，属虚构事实隐瞒真相欺骗集资参与人投资的行为，系使用诈骗的方法集资。其二，徐某某采取的模式从根本上不存在到期返还投资款项的可能性。借款期多为三个月，承诺的返利基本在年化24%以上，业务员的提成高达36%，用资成本畸高，项目却是投资周期长、收益相对不稳定、风险较大的养猪项目等，即使项目真实也不可能如期返还投资本息。其三，集资款主要用于偿还徐某某之前个人债务、支付业务员提成及集资参与人本息，仅有10万元进入项目，用于生产经营活动与筹集资金规模明显不成比例。对于徐某某以虚假宣传手段募集资金，所得资金主要用于借新还旧和偿还个人债务的行为，应认定其具有非法占有目的，其行为构成集资诈骗罪。

意见评析

笔者同意第二种意见，理由如下。

第一，非法吸收公众存款罪与集资诈骗罪同属于非法集资类犯罪，非法吸收公众存款罪与集资诈骗罪在客观罪行上具有一致性，实行行为均系非法集资行为，即要满足非法性、公开性、利诱性、社会性四要件

《最高人民法院关于审理非法集资刑事案件具体应用法律若干问题的解释》（以下简称《解释》）第1条规定，违反国家金融管理法律规定，向社会公众（包括单位和个人）吸收资金的行为，应同时具备下列四个条件：一是未经有关部门依法批准或者借用合法经营的形式吸收资金;[1]二是通过媒体、推介会、传单、手机短信等途径向社会公开宣传;三是承诺在一定期限内以货币、实物、股权等方式还本付息或者给付回报;四是向社会公众即社会不特定对象吸收资金。即非法性、公开性、利诱性和社会性。

同时,对于满足以上条件的具有下列情形的行为可以认定为构成非法集资:(1)不具有房产销售的真实内容或者不以房产销售为主要目的,以返本销售、售后包租、约定回购、销售房产份额等方式非法吸收资金的;(2)以转让林权并代为管护等方式非法吸收资金的;(3)以代种植(养殖)、租种植(养殖)、联合种植(养殖)等方式非法吸收资金的;(4)不具有销售商品、提供服务的真实内容或者不以销售商品、提供服务为主要目的,以商品回购、寄存代售等方式非法吸收资金的;(5)不具有发行股票、债券的真实内容,以虚假转让股权、发售虚构债券等方式非法吸收资金的;(6)不具有募集基金的真实内容,以假借境外基金、发售虚构基金等方式非法吸收资金的;(7)不具有销售保险的真实内容,以假冒保险公司、伪造保险单据等方式非法吸收资金的;(8)以投资入股的方式非法吸收资金的;(9)以委托理财的方式非法吸收资金的;(10)利用民间"会""社"等组织非法吸收资金的;(11)其他非法吸收资金的行为。此外,上海市高级人民法院、上海市人民检察院、上海市公安局联合下发的《关于办理涉众型非法集资犯罪案件的指导意见》具有一定的参考意义,该意见规定,认定非法吸收公众存款、集资诈骗等非法集资犯罪,必须坚持主客观相统一原则。具有下列情形之一的,应当认定为非法集资犯罪:(1)虚构经营业务或者故意作夸大宣传的;(2)明知集资参与人返利过高,或者招揽业务提成比例过高,不符合一般市场行情的;(3)明知单位业务亏损,仍通过高息揽存等方式归还单位债务的;(4)曾在其他公司从事非法集资活动被查处或取缔,之后又从事相同业务的;(5)曾在银行、证券、保险等金融机构工作,具有一定的金融专业知识,参与实施非法集资活动的;(6)其他应当认定非法集资犯罪的情形。

---

〔1〕《最高人民法院、最高人民检察院、公安部关于办理非法集资刑事案件若干问题的意见》第1条规定,关于非法集资的"非法性"认定依据问题:人民法院、人民检察院、公安机关认定非法集资的"非法性",应当以国家金融管理法律法规作为依据。对于国家金融管理法律法规仅作原则性规定的,可以根据法律规定的精神并参考中国人民银行、中国银行保险监督管理委员会、中国证券监督管理委员会等行政主管部门依照国家金融管理法律法规制定的部门规章或者国家有关金融管理的规定、办法、实施细则等规范性文件的规定予以认定。

第二，主观上是否具有非法占有目的是区分集资诈骗罪与非法吸收公众存款罪的关键。对于非法占有目的的认定，应当围绕融资项目真实性、资金取向、归还能力等事实、证据进行综合判断

行为人将所吸收资金大部分未用于生产经营活动，或名义上投入生产经营，但又通过各种方式抽逃转移资金，或供其个人肆意挥霍，归还本息主要通过借新还旧来实现，造成数额巨大的募集资金无法归还的，可以认定具有非法占有的目的。需要说明的是，集资诈骗罪中的非法占有目的，应当区分情形进行具体认定。行为人部分非法集资行为具有非法占有目的的，对该部分非法集资行为所涉集资款以集资诈骗罪定罪处罚；非法集资共同犯罪中部分行为人具有非法占有目的，其他行为人没有非法占有集资款的共同故意和行为的，对具有非法占有目的的行为人以集资诈骗罪定罪处罚。对于先行非法吸收公众存款从事经营活动，后因严重亏损而采用欺骗方法吸收资金用于还债或挥霍的，因行为人的主观故意内容和客观上的犯罪对象不同（所涉及的资金应当分别计算和认定），应当分别认定非法吸收公众存款罪和集资诈骗罪，实行数罪并罚。关于如何认定“将集资款主要用于生产经营”，应当结合是否存在真实项目、项目的实际运行情况、集资款的实际用途、去向等综合判定。当出现用于生产经营活动与个人占有混同情形时，应当根据其各自所占比例综合考虑进行认定。

《解释》第4条第1款规定：“以非法占有为目的，使用诈骗方法实施本解释第二条规定所列行为的，应当依照刑法第一百九十二条的规定，以集资诈骗罪定罪处罚。”第2款规定，使用诈骗方法非法集资，具有下列情形之一的，可以认定为“以非法占有为目的”：(1)集资后不用于生产经营活动或者用于生产经营活动与筹集资金规模明显不成比例，致使集资款不能返还的；(2)肆意挥霍集资款，致使集资款不能返还的；(3)携带集资款逃匿的；(4)将集资款用于违法犯罪活动的；(5)抽逃、转移资金、隐匿财产，逃避返还资金的；(6)隐匿、销毁账目，或者搞假破产、假倒闭，逃避返还资金的；(7)拒不交代资金去向，逃避返还资金的；(8)其他可以认定非法占有目的的情形。《全国法院审理金融犯罪案件工作座谈会纪要》(以下简称《纪要》)也有相类似的认定。

虽然《解释》和《纪要》结合各地的办案实践进行了罗列，但由于犯罪手段和方式的不断翻新，且更加隐蔽和复杂的犯罪层出不穷，这种列举式的规定显然无法穷尽花样百出的犯罪方式。办案机关在办理非法集资刑事案件中，要注意根据案件具体情况收集运用涉及犯罪嫌疑人、被告人的证据，如是否使用虚假身份信息对外开展业务；是否虚假订立合同、协议；是否虚假宣传，明显超出经营范围或者夸大经营、投资、服务项目及营利能力；是否吸收资金后隐匿、销毁合同、协议、账目；是否传授或者接受规避法律、逃避监管的方法等。

第三，本案徐某某构成集资诈骗罪

徐某某的行为满足非法集资行为的四要件。甲公司、乙公司是非国家金融机构不具备集资职能，在未经过国家有关部门依法批准的情况下，以投资养猪场、啤酒厂为由，通过与集资参与人签订借款协议募集资金，具有非法性；公司业务员通过打电话、发传单等方式，向社会公开宣传，具有公开性；徐某某承诺以货币方式返还本金并支付高额利息具有利诱性；吸收资金的对象为社会不特定对象，具有社会性。因此，徐某某的行为是非法集资行为。通过前述可知，徐某某行为定性的关键是能否认定徐某某主观上具有非法占有的目的，如果徐某某具有非法占有的目的则构成集资诈骗罪，反之则构成非法吸收公众存款罪。徐某某对外宣称的养猪场并非自己经营，其虚构自己的还款能力，宣称自己名下几家公司的资产共计几亿元，属于虚构事实隐瞒真相的诈骗行为，且徐某某在进行非法集资活动之前在承德市宽城县已经涉及民事纠纷40余起人民币6000余万元。徐某某在没有任何资金实力、负债累累的情况下，在北京成立多家吸资公司，以虚假的项目骗取资金。根据《纪要》的规定，明知没有归还能力而大量骗取资金的可以认定主观上具有非法占有的目的。徐某某吸收的资金除部分用来支付提成、返利等活动以维持非法集资持续进行，大量资金用于偿还之前的债务，吸资3800余万元，仅有10万元投入到项目中去。属于《解释》中“集资后不用于生产经营活动或者用于生产经营活动与筹集资金规模明显不成比例”的情形，应认定具有非法占有的目的。出现兑付困难之后，徐某某成立乙公司进行吸资，目的就是以新还旧，“拆东墙补西墙”，其行为不具有生产经营性质，无经济回报可能。徐某某对集资款具有非法占有的目的，构成集资诈骗罪。

供稿：北京市朝阳区人民检察院 叶萍 李莹莹 逯文芳

案例编辑：北京市人民检察院 张艳青

殷某甲信用卡诈骗案

——窃取他人银行卡卡号及身份信息后，绑定微信并使用的行为如何定性

基本案情

2017年10月，殷某甲进京务工，并与其姐姐殷某乙、姐夫赵某某共同居住。

2018年2月，殷某甲因到期无力偿还对外欠款，故趁殷某乙、赵某某外出工作时，进入二人居住的卧室找到二人银行卡，记住银行卡号及开卡所用身份证号码，后趁二人将手机放在客厅无人看管之时，通过二人的手机获取验证码，将二人名下4张银行卡绑定在自己所注册使用的微信上，并于2018年2月至4月，通过微信支付、微信转账等方式消费支出人民币4万余元。案发后，殷某甲对上述事实供认不讳，并将涉案钱款退还，后殷某乙、赵某某出具谅解书。

2018年9月21日，北京市公安局丰台分局以殷某甲涉嫌信用卡诈骗罪移送审查起诉。北京市丰台区人民检察院经审查认定殷某甲的行为构成信用卡诈骗罪，但犯罪情节轻微，于2018年10月31日对其作出相对不起诉决定。

主要问题

窃取他人银行卡卡号及身份信息后，绑定微信并使用的行为如何定性？

意见分析

意见分歧

第一种意见认为，殷某甲的行为属于“盗窃信用卡并使用”。理由是：《刑法》第196条第3款规定，“盗窃信用卡并使用的，依照本法第二百六十四条的规定定罪处

罚”。此处，应对“信用卡”含义作扩大解释，不仅包括实体信用卡，也包括信用卡信息资料。本案中，殷某甲在窃得实物卡之后，实际上同时占有了信用卡和卡上的信息资料，此时无论是通过刷卡消费、ATM机取款等有卡操作，还是通过支付宝、微信等支付方式进行无卡操作，都是对所窃得的信用卡的具体使用。因此，“盗窃信用卡并使用”属于法定的一罪，殷某甲的行为构成盗窃罪。

第二种意见认为，殷某甲的行为应认定为信用卡诈骗罪。理由是：根据最高人民法院、最高人民检察院《关于办理妨害信用卡管理刑事案件具体应用法律若干问题的解释》（以下简称《解释》）第5条第2款规定，“窃取、收买、骗取或者以其他非法方式获取他人信用卡信息资料，并通过互联网、通讯终端等使用的”属于冒用他人信用卡，应当认定为信用卡诈骗罪。本案中，殷某甲潜入被害人的卧室窃取信用卡的目的就是为了获取信用卡信息资料，进而绑定其注册并使用的微信账户取得他人财物，且其在微信上绑定信用卡资料后，又将信用卡放置于原处，其使用的是窃得的信用卡信息而非信用卡本身。因此，殷某甲的行为构成信用卡诈骗罪。

意见评析

笔者同意第二种意见，理由如下。

第一，根据体系解释，刑法中的“信用卡”不包括“信用卡信息资料”

从刑法罪名设置上看，《刑法》第177条之一针对信用卡犯罪中的不同犯罪对象，区别设立了妨害信用卡管理罪和窃取、收买、非法提供信用卡信息罪。此外，根据《解释》第5条规定，“骗取他人信用卡并使用的”与“窃取、收买、骗取或者以其他非法方式获取他人信用卡信息资料，并通过互联网、通讯终端等使用的”是“冒用他人信用卡”的两个不同情形。从中可以看出，法律、司法解释明确区分了信用卡和信用卡信息资料的犯罪类型，不应等同视之。

第二，《刑法》第196条第3款规定仅适用于刑法所限定的情形，不宜将“信用卡”扩大解释为“信用卡信息资料”

盗窃信用卡并使用，是指行为人秘密窃取他人信用卡后假冒该卡的合法持有人，以能够实现该卡功能、用途的方式使用该信用卡的行为。从行为本身来看，“盗窃信用卡并使用”实质上是一个复合行为，可以被分解为“盗窃信用卡”和“使用所窃取的信用卡”两个行为。由于信用卡只是记载数字化财物的载体，其本身并非财物。因此，单纯盗窃信用卡的行为不构成犯罪，真正可归责的是“使用所窃取的信用卡”的行为，即“冒用他人信用卡”的行为。也就是说，盗窃他人信用卡后并冒用的，本属于信用卡诈骗行为，应认定为信用卡诈骗罪，只是由于立法者将盗窃信用卡并使用的情形通过《刑法》第196条第3款的特殊规定，而将其拟制为盗窃罪。在信用卡与信用卡信息资料存在明显区别的情况下，若将“窃取信用卡信息资料并在通讯终端使用”扩大解释为“窃取信用卡并使用”，则有类推解释之嫌，违背了罪刑法定原则。

第三，窃取他人信用卡信息资料后绑定微信使用的行为，属于冒用型信用卡诈骗罪的一种行为类型

刑法将“冒用他人信用卡”规定为信用卡诈骗罪的行为方式之一，其主要原因在于金融机构只能识别信用卡账户与所输入的密码是否吻合，而不能识别信用卡上所记载的持卡人与实际持有信用卡的人是否为同一人。且当信用卡账户与所输入的密码吻合时，金融机构会默认为实际持有信用卡的人就是信用卡上所记载的持卡人，进而“自愿”付款给持卡人。随着第三方交易平台的发展，单纯的信用卡资料也可以脱离物质卡的载体，实现支付价值，如常见的支付宝支付、微信支付。微信支付是财付通支付科技有限公司依托微信及微信公众平台为收、付款人之间提供的货币资金转移服务，包括余额支付和快捷支付两种类型。其中，快捷支付是客户委托财付通直接对本人的银行账户进行资金扣划和归集操作的一种支付方式，具有消费、转账等功能。一般情况下，只需要在添加银行卡页面输入本人的真实姓名、身份证号、银行卡卡号、有效期、银行预留手机号等信息，待财付通公司和开户银行校验通过后即可使用。本案中，殷某甲利用与被害人共同居住的便利条件，在窃得被害人银行卡号及身份证号后，将被害人的信用卡信息绑定在自己注册的微信支付平台上，冒用被害人的名义向支付行发出指令，导致支付行误认为是持卡人本人的意思表示而做出支付、转账操作，进而使殷某甲非法取得银行卡内的资金。其行为应认定为窃取他人信用卡信息资料并通过通信终端进行使用，应当适用《解释》第5条之规定，认定为“冒用他人信用卡”。

第四，冒用型信用卡诈骗罪不仅侵犯了公私财物的所有权，更扰乱了信用卡管理制度

银行卡必须由持卡人本人使用，是银行卡管理的一项基本制度。微信支付作为第三方支付平台，本质上是为用户和银行在互联网领域搭建支付的桥梁。行为人冒充持卡人身份通过网络使用信用卡，并转移银行卡内资金的行为扰乱了正常的金融秩序，威胁银行业金融交易的安全与稳定，其对法益的侵害远非公私财产所能涵盖，故应当认定为信用卡诈骗罪。

鉴于犯罪嫌疑人殷某甲与被害人之间系亲属关系，且在案发后自愿认罪悔罪，并归还被害人钱款，被害人已对其行为表示谅解，依据宽严相济刑事政策，决定对殷某甲作出不起诉决定。

供稿：北京市丰台区人民检察院　辛欣　冯晓婷　秦杏鸽

案例编辑：北京市人民检察院　何祎

王某某信用卡诈骗案

——捡拾他人身份证明骗领信用卡并使用的行为如何认定

基本案情

王某某于2013年在湖北省老河口捡拾毕某身份证一张。2016年9月5日，王某某因生活困难，利用其捡拾的毕某身份证件，并伪造毕某工作证明，冒充毕某申领招商银行信用卡一张，申领时预留的联系方式及地址均为王某某本人真实信息。2016年9月24日至12月28日（最后一次消费日），王某某持该卡在北京市朝阳区等地消费、套现，合计人民币123,069元，还款合计人民币86,074元。截至2018年1月16日，致使银行损失本金人民币36,995元。据查，该账户共有5笔10,000元以上的大额消费记录，合计人民币117,644元。根据王某某的供述，上述大额消费记录均为套现。2017年2月9日至8月3日，招商银行北京分行信用卡中心采用短信、微信、邮件、电话等多种方式向王某某催收，其均拒绝还款，并丢弃预留的电话号码，致使银行无法联系其本人。2018年3月，王某某因生活困难，无力偿还信用卡遂将该卡丢弃。同年9月4日，王某某被查获归案，到案后如实供述，同月14日，其朋友代为偿还人民币4万元。

北京市公安局朝阳分局于2018年11月13日以王某某涉嫌信用卡诈骗罪向北京市朝阳区人民检察院移送审查起诉。朝阳区人民检察院于2018年12月28日认定王某某的行为构成信用卡诈骗罪，但犯罪情节轻微，遂对其作出相对不起诉决定。

主要问题

区别于拾得他人信用卡并使用的行为，对于“捡拾他人身份证件骗领信用卡并使用的行为”如何认定？犯罪金额又如何计算？

意见分析

意见分歧

本案中，王某某使用捡拾的毕某身份证件骗领信用卡，正常使用三个月后，透支3万余元，经银行多次催收拒不偿还的行为，具体来说包含三种行为：一是使用虚假身份证明骗领信用卡的行为；二是使用以虚假的身份证明骗领的信用卡的行为；三是恶意透支的行为。根据《最高人民法院、最高人民检察院关于修改〈关于办理妨害信用卡管理刑事案件具体应用法律若干问题的解释〉的决定》的规定，恶意透支的“数额较大”的标准从过去的1万元至10万元，调整至5万元至50万元。王某某恶意透支3万余元，在新修改的司法解释实施后，其所透支的金额尚未达到《刑法》第196条规定的信用卡诈骗恶意透支“数额较大”的入罪标准。故在审查起诉过程中，基于法律规定发生变化，本案的分歧意见主要集中在王某某使用虚假身份证明骗领信用卡并使用的行为。

第一种意见认为，犯罪嫌疑人王某某同时构成妨害信用卡管理罪和信用卡诈骗罪，属于牵连犯，从一重罪论处，故应以信用卡诈骗罪论处。理由是：其一，根据《刑法》第196条第1款“使用伪造的信用卡，或者使用以虚假的身份证明骗领的信用卡的，进行信用卡诈骗活动，数额较大”的规定，构成了信用卡诈骗罪。王某某的行为正属于上述行为，且犯罪数额达到最高人民法院、最高人民检察院《关于办理妨害信用卡管理刑事案件具体应用法律若干问题的解释》（以下简称《解释》）所规定的“数额较大”5000元的入罪标准。其二，王某某主观上具有信用卡诈骗的非法占有目的，其在捡拾毕某身份证件后，因为生活困难，遂萌生了骗领信用卡的想法，且其使用该卡三个月内消费12万余元，其中套现金额高达11万余元，并在反复套现还款之后仍透支3万余元，也正说明其在骗领信用卡时并不具备还款能力，透支后经银行多次催缴，仍拒不还款。后将该信用卡丢弃，并更换联系方式，其对骗领信用卡并使用存在主观上放任的故意。

第二种意见认为，犯罪嫌疑人王某某构成妨害信用卡管理罪。理由是：王某某有使用虚假身份证明骗领信用卡的行为，已构成了妨害信用卡管理罪；同时，现有证据难以证明王某某主观上具有信用卡诈骗的非法占有目的。其一，办卡时虽然使用他人的身份证明，但是留的地址和联系方式均为自己真实的信息，且银行前期是联系上王某某本人的；其二，虽然使用他人的身份证明骗领信用卡，但持有该卡共消费12万余元，还款8万余元，说明其在办卡的时候是缺少还款能力的，且难以证明其即具有非法占有的目的和诈骗的主观故意；其三，不能因为行为人在后续的使用中存在恶意透支的行为就推定其在申领信用卡时即具有非法占有的目的。

意见评析

笔者同意第一种意见，理由如下。

第一，刑法所规定的信用卡诈骗罪的几种情形均应满足“以非法占有为目的”的主观要件

虽然《刑法》第196条只针对恶意透支行为明确规定了“以非法占有为目的”的主观要件，但信用卡诈骗罪作为诈骗罪的特殊罪名，其适用应当以普通法条诈骗罪为前提。诈骗罪的责任要素除故意外，还要求具有非法占有目的。[1]所以，在信用卡诈骗罪中除了恶意透支行为以外，对于“使用伪造的信用卡，或者使用以虚假的身份证明骗领的信用卡的”“使用作废的信用卡的”“冒用他人信用卡”这几种情形均要满足“以非法占有为目的”的主观要件。在认定时宜参考《解释》第6条关于“恶意透支”的“以非法占有为目的”的认定，如针对信用卡诈骗罪“使用以虚假的身份证明骗领的信用卡进行信用卡诈骗活动”的主观占有目的可以综合考虑持卡人申领信用卡的目的、申领时的还款能力和意愿、消费情况（是否正常消费、正常消费的使用期限等）、所欠资金的用途、欠款后的表现及未按规定还款的原因等情节作出判断。对于本案，在案证据可以证明王某某主观上对使用以虚假的身份证明骗领的信用卡进行信用卡诈骗活动具有非法占有的目的和放任的故意：其一，根据其本人的供述，其在捡拾毕某身份证件后，因为生活困难，遂萌生了骗领信用卡的想法，并制作虚假的毕某工作证明，

---

〔1〕 参见张明楷：《刑法学（下）》（第五版），法律出版社2016年版，第1006页。

假冒毕某的身份办理并激活该信用卡，其骗领的主观目的明显；其二，虽然其使用该卡消费了12万余元，后续还款8万余元，有还款的行为，但使用的时间集中在办卡后的三个月，且其中的消费方式多是大额套现，套现金额高达11万余元，并在反复套现还款之后仍透支3万余元，也正说明其在骗领信用卡时并不具备还款能力；其三，透支了3万多元后，经银行多次催缴，仍无法偿还，后将该信用卡丢弃，并更换联系方式，可以认定行为人对使用以虚假的身份证明骗领的信用卡的主观放任的故意。

第二，要注意区分信用卡诈骗活动中行为人使用的是虚假身份证明还是虚假资信证明

《最高人民法院、最高人民检察院关于修改〈关于办理妨害信用卡管理刑事案件具体应用法律若干问题的解释〉的决定》对《解释》第6条关于“恶意透支”“非法占有为目的”的认定情形作出了修改，新增“使用虚假资信证明申领信用卡后透支，无法归还的”的情形。需要注意的是，此处使用的是虚假的资信证明，并非虚假的身份证明。同时，《解释》第2条第3款规定，“违背他人意愿，使用其居民身份证、军官证、士兵证、港澳居民往来内地通行证、台湾居民来往大陆通行证、护照等身份证明申领信用卡的，或者使用伪造、变造的身份证明申领信用卡的，应当认定为刑法第一百七十七条之一第一款第三项规定的‘使用虚假的身份证明骗领信用卡’”。同理，对于《刑法》第196条的规定，进行信用卡诈骗活动中的虚假身份证明，也应当适用该款规定。如果行为人使用虚假身份证明骗领信用卡并恶意透支，相当于该行为同时触犯了《刑法》第196条第1款第1项与第4项两种信用卡诈骗罪情形，属于信用卡诈骗罪中两种犯罪情形中的想象竞合。回归到本案，王某某使用了他人的身份证明申领的信用卡，应当认定为使用虚假的身份证明骗领信用卡，其使用该卡并进行信用卡诈骗活动，数额超过5000元，未满5万元，应当可以直接适用《刑法》第196条第1款第1项“使用以虚假的身份证明骗领的信用卡的”规定。

第三，《刑法》第196条第1款“使用以虚假的身份证明骗领的信用卡的”，进行信用卡诈骗活动，数额较大这一规定中的“数额”宜以实际尚未归还的本金为计算标准，对于已经归还的部分不计算在内

本案中，王某某使用毕某身份证明骗领的信用卡在北京市朝阳区等地消费、套现，合计金额人民币123,069元，还款金额合计人民币86,074元，致使银行损失本金人民币36,995元。那么在认定其使用以虚假的身份证明骗领的信用卡进行信用卡诈骗活动的犯罪数额时，如果按照消费总额计算，则犯罪金额已经上升到“数额巨大”行列，如果按照银行实际损失的本金计算，则属于“数额较大”行列。因此，明确犯罪数额认定标准对于量刑至关重要。笔者认为，使用以虚假的身份证明骗领的信用卡的，进行信用卡诈骗活动的数额宜以实际尚未归还的本金为计算标准，主要理由有：其一，如前所述，信用卡诈骗罪属于诈骗罪的特别法条，特殊法条的适用以行为符合普通法条为前提。[1]根据1991年4月23日《最高人民法院研究室关于申付强诈骗案如何认定诈骗数额问题的电话答复》在具体认定诈骗犯罪数额时，应把案发前已被追回的被骗款额扣除，按最后实际诈骗所得数额计算，但在处罚时，对于这种情况应当作为从重情节予以考虑。其二，《解释》第9条第1款规定，“恶意透支的数额，是指公安机关刑事立案时尚未归还的实际透支的本金数额，不包括利息、复利、滞纳金、手续费等发卡银行收取的费用。归还或者支付的数额，应当认定为归还实际透支的本金”。出于刑法谦抑性原则和罪责刑相适应原则，信用卡诈骗罪的其他几种情形可以参考恶意透支的金额认定。其三，对于已经偿还的消费金额，因已经偿还，难以认定行为人主观上对该部分金额具有非法占有的目的。

第四，对于使用以虚假身份证明骗领的信用卡的，如果使用行为构成信用卡诈骗罪或其他犯罪的，则与妨害信用卡管理罪构成牵连犯，应从一重罪论处

按照《刑法》第196条第1款之规定，使用伪造的信用卡，或者使用以虚假的身份证明骗领的信用卡的，进行信用卡诈骗活动，数额较大，构成信用卡诈骗罪，应处五年以下有期徒刑或拘役，并处2万元以上20万元以下罚金。根据《刑法》第177条之一第1款第3项之规定，使用虚假的身份证明骗领信用卡的，妨害信用卡管理的，处三年以下有期徒刑或者拘役，并处或者单处1万元以上10万元以下罚金。故从一重处罚应当以信用卡诈骗罪论处。

---

〔1〕 参见张明楷：《刑法学（上）》（第五版），法律出版社2016年版，第471页。

第五，对于恶意透支型信用卡诈骗的认定，要注意新规定对“犯罪金额”和“有效催收”的认定

根据《最高人民法院、最高人民检察院关于修改〈关于办理妨害信用卡管理刑事案件具体应用法律若干问题的解释〉的决定》的规定，恶意透支的数额以公安机关刑事立案时尚未归还的实际透支的本金数额为准，不包括利息、复利、滞纳金、手续费等发卡银行收取的费用。对于恶意透支数额的认定，将“数额较大”的区间调整为“五万元以上不满五十万元的”；“数额巨大”的区间调整为“五十万元以上不满五百万元的”；“数额特别巨大”的区间调整为“五百万元以上的”。对于有效催收，必须符合下列条件：（1）在透支超过规定限额或者规定期限后进行；（2）催收应当采用能够确认持卡人收悉的方式，但持卡人故意逃避催收的除外；（3）两次催收至少间隔30日；（4）符合催收的有关规定或者约定。对于是否属于有效催收，应当根据发卡银行提供的电话录音、信息送达记录、信函送达回执、电子邮件送达记录、持卡人或者其家属签字以及其他催收原始证据材料作出判断。发卡银行提供的相关证据材料，应当有银行工作人员签名和银行公章。

综上所述，对于捡拾他人身份证件骗领信用卡并使用的行为的具体认定上，主要考虑以下几种情形：（1）行为人使用以虚假的身份证明骗领的信用卡后一直能够正常消费还款的，因消费款项已还，难以证明对已还款项存在非法占有的目的，不宜认定为信用卡诈骗罪，宜以妨害信用卡管理罪定罪处罚。（2）行为人使用以虚假的身份证明骗领的信用卡，采取套现等手段，短时间内欠款后拒不还款的，数额超过5000元的，构成信用卡诈骗罪与妨害信用卡管理罪，成立牵连犯，应从一重罪论处，以信用卡诈骗罪处罚。（3）行为人使用以虚假的身份证明骗领的信用卡，采取套现等手段，短时间内欠款后拒不还款的，数额未超过5000元的，以妨害信用卡管理罪定罪处罚。（4）行为人使用以虚假的身份证明骗领信用卡的，在较长的时间内能够保证正常使用，但后期有欠款且金额尚未达到5万元的，仍宜以妨害信用卡管理罪定罪处罚。

供稿：北京市人民检察院　张艳青

案例编辑：北京市人民检察院　张艳青

翟某某、李某某保险诈骗案

——无身份者冒用他人身份向保险公司骗赔的行为如何定性

基本案情

2015年11月26日，李某某驾驶奥迪汽车与他人车辆发生碰撞。翟某某得知后，向刘某借用其名下的三菱牌小轿车，翟某某事前已知刘某三菱牌小轿车在甲保险股份有限公司北京分公司（以下简称保险公司）投过保，后与李某某商议，用刘某的三菱车撞李某某的奥迪车制造虚假交通事故骗取保费，李某某同意并将第一次事故的车辆修理发票交给翟某某。2015年11月28日11时许，在北京市房山区阎村镇阎村桥附近，翟某某驾驶三菱车以倒车的方式，故意撞向奥迪车，制造三菱车右后部与奥迪车左前部受损的事故现场，并经交通事故快速处理程序，认定三菱车负全责。事后，翟某某告知刘某车辆发生了剐蹭，后刘某将身份证、银行卡、行驶证、保险单等证件交给翟某某办理理赔手续。同日，翟某某以刘某的名义向保险公司申请保险理赔，保险公司为该案办理了理赔手续，并以网银转账方式于2015年12月1日将理赔款17,884元汇至刘某账户，翟某某将理赔款用刘某的银行卡取现后挥霍。后保险公司在例行稽查中发现翟某某骗保行为，遂报警。

北京市公安局房山分局于2016年11月14日以翟某某、李某某涉嫌保险诈骗罪移送北京市房山区人民检察院审查起诉，房山区人民检察院受理后改变定性，以两人涉嫌诈骗罪向北京市房山区人民法院提起公诉。房山区人民法院于2017年3月2日作出判决，以诈骗罪判处翟某某有期徒刑七个月缓刑一年，并处罚金4000元，以诈骗罪判处李某某拘役四个月缓刑六个月，并处罚金2000元。

主要问题

无身份者冒用他人身份向保险公司骗赔的行为如何定性？

意见分析

意见分歧

根据《刑法》第198条第1款第4项的规定，投保人、被保险人故意造成财产损失的保险事故，骗取保险金数额较大的，构成保险诈骗罪。在日常理赔活动中，冒名骗赔行为一般均需要被冒名者的帮助方能成功，行为人很难单独实施有关骗赔行为。那么冒名者与被冒名者即具有共同骗赔的意图，对冒名者也可以按照保险诈骗罪的共犯予以处罚。如果冒名者与被冒名者之间没有共同犯罪故意，如本案，因证据无法认定投保人刘某具有诈骗保险金的故意，翟、李并不属于特定的保险合同主体，仍以欺骗的手段骗得被冒名者刘某的有关文件、证明等，单独去保险公司实施骗赔的行为。由于该种行为并未列入《刑法》第198条规定之中，对该行为的定性在刑法理论和司法实践中颇有争议。对于本案，主要有以下四种意见：

第一种意见认为，翟、李二人构成保险诈骗罪。理由是：虽然《刑法》中没有将冒名骗保的行为明确列入保险诈骗几种情形中，但是这种冒名骗赔行为与《刑法》第198条第1款所列举的几种情形在性质上是相同的，所以完全可以按照保险诈骗罪定罪处罚。本案翟、李二人以非法获取保险金为目的，利用保险进行诈骗活动，向保险人骗取保险金，数额较大，符合保险诈骗罪的特征。

第二种意见认为，翟、李二人构成保险诈骗罪的间接正犯。理由是：保险公司财产损失是因为翟、李二人利用不知情的刘某的身份实施的保险诈骗活动，属于间接实施保险诈骗活动，应当以保险诈骗罪间接正犯论处。

第三种意见认为，翟、李二人构成保险诈骗罪的教唆犯与诈骗罪的间接正犯的竞合。理由是：虽然保险诈骗罪是身份犯，但身份是针对正犯而言，教唆犯与帮助犯不需要身份，教唆犯的成立仅需要引起被教唆者实施符合客观构成要件的违法行为。因此，两人制造虚假事故并利用刘某的车辆及身份证件等骗取保险金的行为，成立保险诈骗罪的教唆犯，同时两人客观上支配了不知情的刘某的行为，符合诈骗罪的客观构成要件，成立诈骗罪的间接正犯。

第四种意见认为，翟、李二人构成诈骗罪且为诈骗罪的直接正犯。理由是:根据《刑法》第198条第1款第2项，保险诈骗罪的主体是特殊主体，即投保人、被保险人和受益人[1]，这就说明构成保险诈骗罪就必须以行为人与被诈骗的保险人之间存在保险合同关系为前提，否则就不能产生保险诈骗犯罪行为。本案中，翟、李二人事实上并未与保险人存在保险合同，主体上与刑法规定构成保险诈骗罪的主体要求完全不相符合，所以不宜以保险诈骗罪处罚。且由于行为人实施了诈骗行为，完全符合诈骗罪的构成要件，因此对冒名骗赔的翟、李以诈骗罪定罪处罚更为适宜。

意见评析

笔者同意第四种意见，理由如下。

第一，保险诈骗罪必须以行为人与被诈骗的保险人之间存在保险合同关系为前提

利用保险合同进行诈骗是保险诈骗罪最本质的特征，也是保险诈骗罪区别于其他诈骗犯罪的一个关键点，如果不存在这种保险合同，就不可能产生所谓的保险诈骗行为。冒名骗赔行为中，被冒名者并没有参与骗赔活动，冒名者与保险公司并不存在保险合同关系，对冒名骗赔者直接以保险诈骗罪定性缺乏事实和法律上的依据。所以，即便是冒名骗赔者主观上具有骗取保险金的意图，客观上又实施了虚构事实、隐瞒真相的骗保行为，但不符合保险诈骗罪的主体特征。

第二，无身份者不能成为身份犯的间接正犯，保险诈骗罪属于身份犯，所以不具有投保人、被保险人与受益人等身份的人，不能成为保险诈骗罪的间接正犯

间接正犯是正犯，正犯必须具有身份，利用他人的特殊身份，并不等于冒名者就有了特殊身份。在间接正犯的场合，事实上冒名者的行为或身体动作直接造成了侵害结果，被冒用者实际上没有实施任何的骗保行为，只不过结果归属于被冒用者。如果由行为人的行为直接造成的侵害结果，那么该行为人就不是间接正犯，而是直接正犯。本案中，翟、李二人并不符合上述任一主体身份。翟某某是犯意提起者、具体实施者

[1] 根据《中华人民共和国保险法》的规定，投保人是指与保险人订立保险合同，并按照保险合同负有支付保险费义务的人。被保险人是指其财产或者人身受保险合同保障，享有保险金请求权的人，投保人可以为被保险人。受益人是指人身保险合同中由被保险人或者投保人指定的享有保险金请求权的人，投保人、被保险人可以为受益人。

及非法利益获得者。翟某某通过制造虚假的交通事故，并隐瞒真相骗取投保人刘某的信任，利用刘某的身份证、保险单等材料以及李某某的车辆维修发票，诈骗保险公司保险金。李某某在共同犯罪中系从犯，只是提供了自己之前车辆维修发票和车辆，并没有非法占有保险金。刘某身为投保人和被保险人，现有证据无法证实其有骗取保险金的行为，也无法证实其主观明知翟某某保险诈骗而提供帮助的行为。可以看出，保险公司受骗的直接侵害结果系由翟某某直接造成的而非刘某，翟某某只是利用了刘某的身份证件和车辆，刘某并没有实施保险诈骗行为。从翟、李二人的具体行为及证据情况看，不能认定二人是保险诈骗的间接正犯。

第三，保险诈骗罪与诈骗罪系特别法条与普通法条的关系，对不符合特别法条却符合普通法条的行为，应按普通法条即诈骗罪处理

特别法条与普通法条系种属关系，后者是上位概念，前者是下位概念，符合特别法条构成要件的，必须符合普通法条的构成要件。本案中，翟、李二人实施了符合保险诈骗罪客观构成要件的违法行为，主观上有非法占有目的及诈骗故意，但因不符合主体构成要件，不构成保险诈骗罪。但保险诈骗罪的构成要件包含诈骗罪的客观构成要件，翟、李二人完全符合诈骗罪的构成要件，两人亲手实施了骗取保险金的行为，且该行为直接造成保险公司的财产损失，因此翟、李二人完全构成诈骗罪的直接正犯。

第四，如果行为人以欺骗的方式让保险合同主体实施保险诈骗行为，但保险合同主体并无骗保故意的，则行为人成立保险诈骗罪的教唆犯与诈骗罪的间接正犯的竞合

例如，甲投保的车辆交由乙使用，乙向甲谎称其车辆已丢，甲遂向保险公司索赔，并取得理赔款。因为甲具体实施申请理赔的行为，甲为实际操作者，那么乙的教唆行为就可以构成保险诈骗罪的教唆犯。因为甲是无犯罪故意的善意实施者，乙亦可构成诈骗罪的间接正犯，行为构成竞合关系。具体到本案，主要考虑以下几点：其一，虽然保险诈骗罪是身份犯，但身份犯是针对正犯而言的，教唆犯与帮助犯不需要身份，而且教唆犯的成立仅需要引起被教唆者实施符合客观构成要件的违法行为，而不要求被教唆者产生犯罪故意。其二，诈骗罪不是身份犯，一般主体不仅可以成立本罪的教唆犯与帮助犯，还可以成立正犯。其三，因行为人只实施了一个行为，由于一个行为可能同时触犯两个以上罪名，所以在有身份与无身份成立不同犯罪时，行为人存在身份犯的教唆犯和非身份犯的间接正犯的竞合关系。

综上所述，保险诈骗罪属于真正身份犯，在办理涉及特殊身份的保险诈骗案件时，首先要考察有身份的人主观上是否有保险诈骗的故意，客观上是否实施了制造保险事故、向保险公司索赔等诈骗行为。如有身份者（被冒名者）主观无保险诈骗故意、没有实施直接诈骗行为，诈骗行为系冒名者亲自所为，那么冒名骗保者直接认定为诈骗罪的直接正犯。若有身份者无主观故意，但在利用者教唆下实施索赔行为的，利用者构成保险诈骗罪的教唆犯与诈骗罪的间接正犯的竞合。若有身份者伙同无身份者共同实施保险诈骗行为，则以保险诈骗的共犯论处。

供稿：北京市房山区人民检察院　王金茹　张晋霞

案例编辑：北京市人民检察院　张艳青

陈某某逃税案

——在纳税申报过程中的“瞒报”行为属于“虚假申报”，还是“不申报”

基本案情

2011年11月，陈某某与王某、梁某某共同出资注册成立了北京甲有限公司（以下简称甲公司），并任该公司法定代表人。同年12月，甲公司办理了税务登记。公司成立后，陈某某委托会计公司进行记账和纳税申报，2012年3月，在委托会计公司进行记账的同时，陈某某又雇佣会计人员对实际收支情况单独记账。

2012年1月，甲公司与乙有限公司签订了房屋租赁合同，租赁该公司位于北京市门头沟区双峪路35号5层整层房产。陈某某与王某、梁某某共同约定王某仅负责5层房产装修材料的供应，梁某某仅负责5层房产的装修施工，公司的招商、财务、员工培训等事宜均由陈某某一人负责。在公司运营过程中，王某和梁某某因与陈某某发生矛盾，认为陈某某一人独断公司事宜，遂于2012年10月前先后退出公司运营，但并没有及时到工商局办理工商变更登记。

在装修期间，甲公司便以公司名义对外招商，与商户签订摊位租赁合同，将上述房产租给其他商户用于经营服装。2012年3月至2013年5月，甲公司共收取商户租金人民币309万余元，但陈某某隐瞒了公司的租金收入，未向税务机关进行营业税的纳税申报。2013年9月29日北京市门头沟区地方税务局稽查局对甲公司下发税收缴款书，限其于2013年10月16日前缴纳所欠税款，陈某某到期未缴纳所欠税款，逃避缴纳营业税税款154,955.53 元、城市维护建设税税款10,846.90元，共计逃避缴纳税款165,802.43元，占应纳税额的77.42%。2013年1月，公司召开股东会变更经营范围即公司章程，并到北京市工商管理局门头沟分局办理了变更手续。2013年6月28日，公司召开股东会，经全体股东同意，王某和梁某某将所持有股份转让给陈某某，三人签订股权转让协议并到北京市工商管理局门头沟分局办理了股权变更。至此，甲公司变更为一人公司。

2014年7月25日，北京市门头沟区人民检察院以陈某某犯逃税罪向北京市门头沟区人民法院提起公诉。2014年8月12日，门头沟区人民法院判决陈某某犯逃税罪，判处其有期徒刑一年六个月，罚金人民币2000元。一审判决作出后，陈某某提出上诉。二审法院以事实不清、适用法律错误裁定发回重审。2014年12月18日，门头沟区人民法院以陈某某作为单位犯罪中单位直接负责的主管人员，判决陈某某犯逃税罪，判处其有期徒刑一年六个月，罚金人民币2000元。现判决已生效。

主要问题

在纳税申报过程中“瞒报”行为属于“虚假申报”还是“不申报”？

意见分析

意见分歧

根据《刑法》第201条的规定，逃税罪的行为方式为“采用欺骗、隐瞒手段进行虚假纳税申报或者不申报”。实践中，针对行为人已经履行纳税申报程序，但在申报过程中隐瞒营业收入等应纳税额的“瞒报”行为属于“虚假申报”还是“不申报”存在不同意见：

第一种意见认为，行为人隐瞒营业收入，没有向税务机关申报应缴纳的营业税，属于刑法规定的“不申报”。

第二种意见认为，行为人按照法律规定履行了申报程序，只是在申报过程中隐瞒营业收入，没有如实申报，属于刑法规定的“虚假申报”。

意见评析

该分歧意见涉及对刑法规定的“虚假申报”和“不申报”含义的规范理解，而理解的前提是必须对税务机关纳税申报含义和实践操作流程的准确把握。笔者同意第二种意见，理由如下。

第一，从法律规定来看，申报行为属于纳税行为的第一层次，申报内容的真假则属于纳税行为的第二层次

从法秩序统一性的角度出发，关于逃税罪违法性的判断必须依托于国家有关税收方面的法律法规。1979年《刑法》规定的偷税罪中明确规定了偷税罪的前提必须是“违反税收法规”，虽然经过1997年《刑法》和《刑法修正案（七）》的两次修改，在逃税罪的法律条文中取消了“违反税收法规”的表述，但是作为典型的“先行后刑”的犯罪行为，认定犯罪时与行政行为依托的法律规定保持一致是应有之义，司法者不得擅自作出解释。

《中华人民共和国税收征收管理法》将纳税申报在第二章中单设一节，其中第25条规定：纳税人必须依照法律、行政法规规定或者税务机关依照法律、行政法规的规定确定的申报期限、申报内容如实办理纳税申报，报送纳税申报表、财务会计报表以及税务机关根据实际需要要求纳税人报送的其他纳税资料。根据上述规定，纳税申报首先是申报的行为，其次才涉及申报的内容。纳税人的义务也是分层次并且有先后顺序，首先是申报义务，即纳税人要按照法律、法规的规定到税务机关进行纳税申报；其次是如实申报义务，即要在申报的过程中按照实际情况申报。因此，“申报”与“不申报”是同一层次的问题，虚假申报是在确定了履行“申报”行为后需要判断的第二层次的问题。据此，“不申报”的含义是指纳税人不按照法律、法规的规定办理纳税申报的行为，处罚的是纳税人没有履行第一层次的纳税申报的义务从而引发逃税的行为。“虚假申报”是指纳税人在纳税申报过程中，制造虚假情况，处罚的是纳税人在履行申报程序后，违反了如实申报义务从而引发逃税的行为。隐瞒不报的行为如果发生在虚假申报的过程中，就应当归类于不如实申报，属于“虚假申报”。如果发生在申报行为之外，即没有到税务机关履行申报程序，应当属于“不申报”。

第二，从纳税申报的实践操作来看，在纳税申报过程中“瞒报”的行为属于纳税行为第二层次的虚假申报，而不是第一层次的申报行为

根据税收征收管理的法律、法规规定，纳税人在取得税收登记证后，应当定时向税务机关进行纳税申报。根据所缴纳税种的不同，申报可能是按月申报，也可能是按季申报等。无论是否存在应缴纳的税款项目，都应当按照时间规定进行申报，如果有需要缴纳税款的项目，就应当进行有税申报。如果没有需要缴纳税款的项目，也应当进行申报，在税务领域，将此情形称为“零申报”。

根据逃税行为方式的不同，税务检查的措施也有所不同。针对履行了纳税申报程序，但不如实申报的逃税人，税务机关可以通过责令限期改正、检查账簿凭证等方式进行检查、督查，进而将其行为认定为偷税。而针对不申报的个人和单位，税务机关的首要做法是通知其申报，在拒不申报的前提下，才涉及其他检查方式。故隐瞒不报的行为如果发生在纳税申报的过程中，由于已经履行了纳税申报的程序，税务机关不必再对其进行申报通知，其行为应属于“虚假申报”而非“不申报”。

第三，以欺骗、隐瞒手段“虚假申报”与不以欺骗和隐瞒为必要手段的“不申报”共同构成逃税罪的行为样态

需要注意的是，针对《刑法》第201条“采取欺骗、隐瞒手段进行虚假纳税申报或者不申报”的规定，虚假申报采取的是欺骗、隐瞒等方式，但不申报的行为方式是不是以“欺骗和隐瞒”为必要，理论中也存在争议。有学者认为因不申报而成立逃税罪的，不需要采取欺骗、隐瞒手段。也有学者认为不申报是指纳税人采取欺骗和隐瞒的手段，不履行法律、行政法规规定的义务，办理纳税申报的行为。

笔者认为，不申报并不以采用欺骗和隐瞒的手段为必要。其一，从税务机关纳税申报的实践操作来看，不申报的行为既可能是采用欺骗、隐瞒等手段不申报，也可能是不采用任何方式的拒不申报。但只要不申报，税务机关一般都会履行申报通知程序，如果仍不申报就有可能面临刑事处罚。两种行为支配下的不申报所产生的社会危害性是等同的，同样危害了税收征管秩序，因此都应当受到处罚。其二，从法律变革来看，《刑法修正案（七）》取消了关于逃税罪行为方式的列举规定，仅概括描述了逃税中惯常使用的欺骗和隐瞒手段，旨意就在于能够对经济发展中出现的各种逃税方式予以囊括，避免执法实践引起分歧，导致打击逃税行为出现刑罚“失灵”。因此，针对不申报的行为如果附加欺骗和隐瞒的手段可能会缩小打击范围，也会与法律精神不符。

供稿：北京市人民检察院第一分院　金鑫

案例编辑：北京市人民检察院　王新

于某销售假冒注册商标的商品案

——如何认定对假冒注册商标的商品的明知

基本案情

2018年1月5日，北京市公安局顺义分局民警从于某商店及商店外的三辆车内查获标有“贵州茅台”“五粮液”“剑南春”“红星”“牛栏山”“国窖”“海之蓝”注册商标的白酒共1239瓶，经相关注册商标所有人鉴定，均系假冒注册商标的产品。查获“中华”“玉溪”及“Marlboro”品牌香烟共83条，经中国烟草总公司北京市公司烟草质量监督检验站认定，均为假冒注册商标且质量伪劣的卷烟。涉案产品的货值金额总计人民币17万余元。

于某辩解，称被查获的香烟是从正规市场进货，查获的假酒是“窜货”〔1〕的产品，价格略低于正常售价，自己并不知道是假烟假酒，其未查验供货商的资质，也未确认商品的真假，且尚未销售上述烟酒。

2018年9月21日，北京市顺义区人民检察院对于某以销售假冒注册商标的商品罪提起公诉。2019年4月30日，北京市顺义区人民法院以犯销售假冒注册商标的商品罪判处于某有期徒刑九个月，并处罚金人民币10万元。

主要问题

如何认定明知被查获的商品为假冒注册商标的商品？

---

〔1〕 窜货，是指经销商置经销协议和制造商长期利益于不顾，进行产品跨地区降价销售。窜货是商业行为，其目的是营利。经销商跨过自身覆盖的销售区域而进行的有意识的销售就是窜货。

意见分析

意见分歧

第一种意见认为，于某的辩解具有一定合理性，不能排除其主观上不明知被查获烟酒为假冒注册商标的商品的可能。理由是：作为以牟利为目的的经营者，在经营中有可能贪图便宜从非正常的渠道进货，进货价略低而销售价又没有明显低于市场价。虽然从于某处查获的部分烟酒为假冒注册商标的商品，但是于某对其将不同进货渠道的商品分开存放作出了合理的解释（单独存放是怕被烟草公司或者酒厂的经销商发现）。因此，不能仅根据进货价格、销售价格、存放地点等推定其主观上明知所销售的商品为假冒注册商标的商品。

第二种意见认为，于某对其被查获的烟酒系假冒注册商标的商品具有主观明知。理由是：于某作为长期经营烟酒等商品的从业人员，对于所售商品的真伪可以从其职业习惯、一贯的进货渠道、进货价格、货物存放地点等方面进行判断。其辩解因贪图便宜而购进货物，且在被查获时不能提供被认定为假冒注册商标的商品的正规来源，据此可以推定其主观上明知上述商品为假冒注册商标的商品。

意见评析

笔者同意第二种意见，理由如下。

根据《刑法》第214条的规定，构成销售假冒注册商标的商品罪，需要销售者知道或者应当知道是假冒注册商标的商品仍予销售。该条中“明知”的判断方法有二：一是直接认定，即销售者供认自己销售明知是假冒注册商标的商品；二是推定，即根据进货价格、销售价格及其他客观行为予以推定，具体的推定方法由司法解释明确。在司法解释规定情形的基础上可以参照商业习惯、商业惯例及法律规定综合判断。

根据《关于办理假冒伪劣烟草制品等刑事案件适用法律问题座谈会纪要》第2条和《关于办理侵犯知识产权刑事案件具体应用法律若干问题的解释》第9条规定，从进货价格、销售价格、销售行为等角度进行分析，明确了六种可以认定为知道或者应当知道是假冒注册商标的商品的情形。但在实践中，有些进货商对于订购的明显低于市场价格的货物并不建立经销台账，而且在销售时真、伪产品同价，被查获后往往辩解称其不明知所销售的产品是假冒注册商标的商品，所销售的商品是“窜货”或者“尾货”[1]等。当前，随着源头制假水平的提高，产品以假乱真的程度也越来越高，各种名目繁多的“尾货”“窜货”“调货”充斥市场。对于司法解释和有关司法指导文件规定的“其他可以认定为明知的情形”，可以参照商业习惯、商业惯例及法律规定进行综合判断，主要考虑以下几个方面：

第一，销售者是否守法经营

《中华人民共和国产品质量法》《中华人民共和国消费者权益保护法》《流通领域商品质量监督管理办法》等法律、部门规章规定了经营者的商品质量义务，在有明确规定的情形下，销售者应当承担举证责任，即提供进货台账以及供货商的信息，对无法提供的应视为所销售的产品来源不明。

第二，销售者的经营规模、从业经历

经营规模及从业年限能够反映从业经验是否丰富，对特定商品销售领域的一贯做法、商业惯例是否熟悉。较长的从业经历也会积累相对稳定的供货商，对于长期销售商品的生产地、经销商、销售渠道和商品的特点均比较熟悉。在长期销售某种商品且有稳定供货商的情况下，如果销售者贪图便宜而从其他渠道进货，且未对不同渠道的商品进行比较，可视为未履行应尽的注意义务。比如，长期从事烟酒产品销售的人员，虽其本人不抽烟、不饮酒，但通过长期与供货商、同业人员乃至消费者的交流，亦可对所销售商品的真伪有一定的了解。

第三，进货渠道是否明确、固定

进货渠道不仅关系到销售者的利润高低，也与其销售行为的持续性、商品的口碑以及售后服务相关，销售者对所售商品应有明确的进货渠道，何况烟草制品等专营专卖品。在销售假冒注册商标的烟草制品案件中，如果销售者无法提供明确的进货渠

---

〔1〕尾货，是指在生产和流通环节中产生的，在功能、安全性等方面符合国家相关标准的库存积压产品，尾货通常为过季、断码甚至是残次的产品，但并不是假冒伪劣产品。

道，可以推定其主观上明知所销售的商品为假冒注册商标的商品。

第四，货物的存放地点、保管方式

商品销售者通过“低进高出”的经营策略获取利润，货物的存放地点、保管方式与其销售行为紧密相关。对于价值高的商品，一般会采取妥善的保管方式和安全可靠的存放地点，从而保持产品外观、保证产品质量。对于存放在不同地点的同种商品（如妥善保管的为真，随意存放的为假），能否作出合理解释，亦可作为判断销售者主观明知的依据。

综上所述，销售者销售无法提供正规来源的商品，且有将同种商品分别存放、隐蔽存放等行为的，可以认定为《刑法》第214条规定的“明知”。

供稿：北京市顺义区人民检察院　程传华

案例编辑：北京市人民检察院　梁景明

杨某某等销售非法制造的注册商标标识案

——对“件”的理解与认定

基本案情

杨某某伙同陈某、毛某某于2019年10月至2020年1月，在北京市朝阳区金盏乡等地销售非法制造的“贵州茅台”“五粮液”注册商标标识，后被民警查获。民警在杨某某等承租的北京市朝阳区金盏乡东苇路甲68号院内两个库房、北京市朝阳区金盏乡东窑村工业区2号仓库内起获茅台酒瓶盖30,000个、茅台酒手提袋10,000个、五粮液厂徽20,000个、五粮液瓶袋50,000个等带有注册商标标识的包装材料共计55.1万余个，以及50年茅台酒包装材料500套、30年茅台酒包装材料500套等成套的茅台酒包装共计3.6万余套。经鉴定，前述物品上的商标标识均系非法制造的注册商标标识。

杨某某、陈某、毛某某于2020年1月3日被北京市公安局朝阳分局查获归案。2020年5月25日，北京市朝阳区人民检察院以杨某某、陈某、毛某某犯销售非法制造的注册商标标识罪提起公诉。2020年8月7日，北京市朝阳区人民法院以杨某某犯销售非法制造的注册商标标识罪，判处有期徒刑四年，罚金人民币10万元；以陈某犯销售非法制造的注册商标标识罪，判处有期徒刑二年，罚金人民币5万元；以毛某某犯销售非法制造的注册商标标识罪，判处有期徒刑二年，罚金人民币5万元。

主要问题

根据《最高人民法院、最高人民检察院关于办理侵犯知识产权刑事案件具体应用法律若干问题的解释》（以下简称《解释》）第3条规定，伪造、擅自制造他人注册商标标识或者销售伪造、擅自制造的注册商标标识达到一定“件”数就构成情节严重或情节特别严重。第12条第3款规定，本解释第3条所规定的“件”，是指“标有完整商标图样的一份标识”。实践中，查获的侵权注册商标标识多种多样，有的是成套的包装，上面有多个注册商标标识；有的是散落的标识。“件”究竟如何认定？

意见分析

意见分歧

第一种意见认为，应当以一个完整的经国家商标主管机关核准的注册商标图样为标准来计算件数。具体到本案，认定注册商标标识的件数，应以包装材料上实际印制的注册商标标识数量来计算，即一份包装材料上同时印制了多个注册商标标识，应当将所有能够评价为一个完整的注册商标的标识累加计算，也就是说一套包装可能被计为“多件”。

第二种意见认为，应当以一个完整的包装材料或拼装成套的商品为标准进行计算，每个商品物体或包装上印制的多个注册商标标识不应进行重复计算。具体到本案，酒瓶包装上若干个注册商标标识，其共同作用是代表一瓶茅台酒，只能计为“一件”。如果不考虑商标的代表作用而单独考虑注册商标标识的数量，会造成重复评价、罪刑不相适应的结果。

第三种意见认为，在计算注册商标标识的件数时不能简单地认为标有一个完整商标图样的标识即为一件，也不能认为所有带有商标标识的包装材料组合成一套完整的商品才算一件，应当以数个可以独立使用的组成部分来计算。具体到本案，涉案假冒茅台酒的包装物上可能含有一个以上的注册商标标识，对此应以一个独立的组成部分，如前标、背标、瓶盖各计算为一件，而前标上含有数个注册商标标识的，不再累计计算。

意见评析

笔者同意第三种意见，理由如下。

非法经营数额对于销售伪造、擅自制造的注册商标标识的定罪量刑具有重要意义。《解释》在确定非法经营数额时，从三个方面作了规定：一是货值；二是违法所得数额；三是件数。由于实践中经常大批量查获伪造、擅自制造的注册商标标识，确定何种计算方式自然决定了法定刑是否升格。比如，如果认为一套包装上有多个商标标识应计为多件，就会产生乘数效应，从而越过情节严重（2万件），轻易达致情节特别严重（10万件）。

《解释》所称的“标有完整商标图样的一份标识”涉及两个概念：一个是商标标识，另一个是商标图样。商标标识是商标专用权的物质载体，通常表现为商标图样，[1]但二者有质的区别。商标标识是指在商品本身或者在商品包装上使用的附有文字、图形或其组合所构成的商标图案的物质实体，如商标纸、商标的包装、装潢、服装上的商标织带等。[2]商标图样以文字、图形、颜色组合来呈现商标的内容，一般在申请注册商标时以纸质或照片的形式提交。根据《商标法实施条例》第13条第1款规定，申请商标注册应当向商标局提交商标注册申请书1份、商标图样1份。商标图样系申请人提出的、待核准的商标样式，它可能是正式的商标标识，也可能不是（如没有通过核准），本身不是商标专用权的物质载体，但商标标识是已经通过核准审批的商标图样，体现了商标专用权。笔者认为，“标有完整商标图样的一份标识”应理解为“一个完整的商标标识”。其中的“标有完整商标图样的”是对“一份标识”的修饰、限定。[3]重点在于强调商标标识的完整性，即排除了残缺不全的商标图样。

一个商品包装可能有多个商标标识，每个商标标识均是完整的，是否意味着一个商品包装应按商标标识的数量计为“多件”？这就要回到对于“标有完整商标图样的一份标识”中的“份”的理解上来。显然，以“份”来解释“件”并不是十分清晰的表述。但综合起来看，其潜台词为不能用商标标识的“个”数来指称“件”或“份”。销售伪造、擅自制造的注册商标标识主要目的在于使用或应用，以此满足用户的需求。而伪造或擅自制造注册商标标识经常批量定做，一个版型上很可能有多个商标标识，由此弱化了商标标识的数量与行为不法的联系。一个包装上具有多个商标标识，核心不是多次侵犯商标专用权，而是使包装在外观上更“逼真”。即无论在行为人的不法意识

---

〔1〕 参见周道鸾、张军主编：《刑法罪名精释》（第二版），人民法院出版社2003年版，第315页。

〔2〕 参见郎胜主编：《中华人民共和国刑法释义》（第六版），法律出版社2015年版，第352页。

〔3〕 参见张伟：《注册商标标识件数的司法认定》，载《人民法院报》2014年6月12日，第7版。

中，还是在社会交往的意义上，均指称背后的同一物，如“这是真茅台（五粮液）”；其他的商标标识更多起装饰作用。此时的商标标识跟包装盒上的花纹、字体、颜色并无多大的区别。（2018）苏刑终105号指出，每个包装盒上相同商标标识系对同一商品起识别作用，对印制在同一包装盒上不同位置的涉案注册商标标识按一件计算。

笔者认为，对于一个包装上有多个注册商标来说，重要的不是累计注册商标标识的个数，而是附有注册商标标识的独立载体的数量。不具有独立使用价值的物质载体，不得评价为“件”或“份”。所以，单独的附有商标标识的瓶盖可以是一件，成套的附有多个商标标识的包装盒也可以是一件。其中没有一个标准参照物，当然也就不涉及折算（如以成套包装为一件，其他的散件按比例折算）的问题；如果硬要折算，可能出现“几分之一件”。被评为2019年度检察机关保护知识产权典型案例的李某某非法制造注册商标标识抗诉案，就确立了如下原则：“可独立使用的物质载体上印制有数个相同或不同的商标标识的应认定为一件”。只要标有完整的商标图样，无论标有的完整商标图样是只有一个还是更多，[1]均应评价为一件。

具体到本案，判断“件”的关键看商标标识所附的物质载体是否具有独立性。如果商标标识的物质载体是一个不可分割的完整整体，在该物质载体上印制有数个相同或者不同的商标标识，则无论商标标识的数量有多少个，均只算一件。如果有数个独立的物质载体，每一个物质载体上面都印制有商标标识，则标识的份数即为独立物质载体的个数。如被查获的“茅台”和“五粮液”瓶盖、说明书、包装盒等，均具有独立性，有独立使用功能，应当各计算为一件，而不应以完整的包装盒为标准的一件，将其他散件折算累加；或者反过来，以独立的商标标识为一件，每个物质载体上有多个商标标识的累计计算为多件。在检察机关的相关文书上宜采取描述的方式，采用不同的计量单位，分别列举附有商标标识的物质载体的数量。

供稿：北京市朝阳区人民检察院　郑明克

案例编辑：北京市人民检察院　王志坤

〔1〕 参见张伟：《注册商标标识件数的司法认定》，载《人民法院报》2014年6月12日，第7版。

王某某非法经营案

——有证经营走私烟是否属于超范围和地域经营的情形

基本案情

王某某在北京市石景山区某地底商销售香烟，其持有的烟草专卖零售许可证范围为卷烟零售、雪茄烟零售、罚没烟草制品零售。2016年9月11日7时30分许，王某某在其位于北京市房山区的家门外，指使邓某某（另案处理）[1]驾驶汽车向外运输香烟时，被北京市公安局房山分局和北京市房山区烟草专卖局联合执法人员当场查获。在车内和其家中查获卷烟若干。经北京市烟草专卖局认定，涉案卷烟中，无标志外国卷烟和专供出口卷烟共计30,488条，价值人民币4,176,856元。

北京市房山区人民检察院于2017年9月22日以非法经营罪提起公诉。北京市房山区人民法院于2017年12月22日以王某某犯非法经营罪，判处有期徒刑六年，并处罚金10万元。

主要问题

持有烟草专卖零售许可证，经营走私烟的行为是否属于“超范围和地域经营”的情形？

意见分析

意见分歧

第一种意见认为，在有证的情况下，超范围经营和不按照规定的进货渠道进货的

〔1〕 无法查清其是否明知是走私烟而实施的运输行为，作存疑不起诉处理。

行为仅处以行政处罚的前提，是该烟草是合法的、允许在中国国内流通的。走私烟本身是违法的，无法在中国境内合法销售，非法经营走私烟的行为严重扰乱市场秩序，不适用“不按照规定的进货渠道进货”[1]的相关规定，应根据《刑法》第225条第1款的规定直接入罪。

第二种意见认为，外国烟草需要从烟草专卖企业统一购进，走私渠道获得的外国烟草也属于“不按照规定的进货渠道进货”，既然司法解释并没有规定“不按照规定的进货渠道进货”针对的对象是合法卷烟，也未明确将走私烟排除在外，司法者不应对法律规范作扩大解读。因此，根据法无明文规定不为罪的原则，有证经营走私烟的行为不构成非法经营罪。

意见评析

2015年4月24日《中华人民共和国烟草专卖法》(以下简称《烟草专卖法》)修订前，烟草许可证包括烟草专卖生产企业许可证、烟草专卖批发企业许可证、特种烟草专卖经营企业许可证、烟草专卖零售许可证四种。其中，特种烟草专卖经营企业许可证针对的主体仅是经营烟草专卖品进出口业务、经营外国烟草制品寄售业务、在免税店经营外国烟草制品的企业，与普通的零售客户、企业并无关系。换言之，在2015年4月24日之前，所有商户和普通烟草专卖企业无法经营外国烟草。修订后的《烟草专卖法》删除了特种烟草专卖经营企业许可证的相关规定，放开了对外国烟草的管控力度，普通烟草专卖企业可以经营外国烟，持有烟草专卖零售许可证的商户可以从其所在辖区的烟草专卖公司购买外国烟草用于销售。随着外国烟草经营权的下放，有证商户可以经营外国烟草，市场上的外国烟草越来越多，而有证商户超范围经营或从走私渠道获得外国烟草的行为定性问题成为实务工作的新难题。

走私烟包括“无标志外国卷烟”和“专供出口卷烟”两种。外国卷烟须经烟草专卖公司统一进口、统一分配[2]，允许有证销售；专供出口卷烟不允许回购，禁止在国内

[1] 因“超范围经营”和“不按照规定的进货渠道进货”两种违法方式有一定重合且处理结论一致，为讨论方便，笔者侧重分析走私渠道是否属于“不按照规定的进货渠道进货”。

[2] 由中国烟草国际有限公司和国外的烟草公司签订供货协议，按照双方约定的数量及日期生产，并且在生产时就让生产商在外包装上印上“由中国烟草总公司专卖”的字样，后入关转入国内进行销售。

市场销售。可以看出,"无标志外国卷烟"和"专供出口卷烟"都不是通过正规渠道获得,也都在正常烟品销售范围之外,那么有证经营走私烟该如何定性?

笔者同意第一种意见,理由如下。

第一,经营走私烟具有相当的法益侵害性

最高人民法院2011年5月6日作出的(2011)刑他字第21号《关于被告人李明华非法经营请示一案的批复》规定,持有烟草专卖零售许可证,但多次实施批发业务,而且从非指定烟草专卖部门进货的行为,属于超范围和地域经营的情形,不宜按照非法经营罪处理,应由主管部门进行处理。最高法研究室对《最高人民法院、最高人民检察院关于办理非法生产、销售烟草专卖品等刑事案件具体应用法律若干问题的解释》(以下简称《烟草解释》)的理解与适用亦予以明确,"有证超范围经营或违反进货渠道进货的行为,违反有关行政法规但社会危害性不大,不宜按照犯罪处理"。[1]因此,除了判断有证经营走私烟是否具备"违反进货渠道进货"的行为表征,还需要采用实质的判断标准,即判断经营走私烟是否具有相当的法益侵害性。

国家设立非法经营罪在于管控特殊商品的经营秩序,超范围经营和未按规定渠道进货不能按照非法经营罪定罪的原因在于,这两种行为并没有破坏市场上流通烟草的生产总量和供销关系,其破坏的只是烟草职权部门对于烟草"由谁卖、卖多少"的内部流转秩序。国家对于烟草的管理和监管仍然是动态可控的,其既没有妨害烟草专营专卖的市场秩序,也没影响国家的财政税收,处以行政处罚即可。事实上,这部分烟在被烟草局查获后,可以"罚没烟"的形式二次销售,亦证明了这点。但走私烟未经国家批准擅自入境,未经烟草管理部门检验登记,"一经查获,一律销毁",[2]不存在任何再次合法化的途径。经营走私烟的行为使得相当数量的烟草脱离了国家控制,排挤了合法香烟的市场份额,直接破坏了市场上烟草的生产总量、专卖经营的计划性和进出口专卖管理秩序,严重扰乱国家对烟草行业的管控秩序,造成国家税收的严重流失,具

---

〔1〕 李晓:《〈关于办理非法生产、销售烟草专卖品等刑事案件具体应用法律若干问题的解释〉的理解与适用》,载《人民司法》2010年第11期。

〔2〕 参见《海关总署、财政部、国家烟草专卖局关于进一步加强海关罚没走私卷烟管理的通知》第1条;《北京海关 北京市烟草专卖局进一步加强罚没走私卷烟管理的实施办法》第3条。

有极大的社会危害性。

第二，“超范围和地域经营”的情形适用于合法进货渠道和允许销售的范围

《烟草解释》颁布实施时，由于特种烟草专卖经营企业许可证的存在，所有个体商户甚至普通烟草专卖企业都不可能获得此许可证，个体商户或企业若“经营外国烟”属于无证经营而不是超范围经营，可直接认定为非法经营罪。显然，在司法解释制定之初，商户经营外国烟不在考虑之列，更不可能涉及从走私渠道获得外国烟是不是“不按照规定的进货渠道进货”的问题。因此，商户的哪些行为应被排除在该罪之外的讨论也是在烟草是国内合法烟草的大前提下展开论述的。从司法解释及理解与适用的出台背景来看，该解释针对的经营对象应该是我国法律允许进入市场流通、交易的烟草。因行为人的经营手段和方式仅违反烟草管理相关法律的规定，无刑事处罚必要，司法解释才特意对“不按照规定的进货渠道进货”和“超范围经营”的行为定性进行了列举说明。

“不按照规定的进货渠道进货”中的“渠道”，指的是合法的进货渠道，即烟草公司配货，不应包括走私等非法渠道，其隐喻的是烟草本身都是合法取得、国家认可的，主要规制的是零售商之间相关串货的行为；“超范围经营”中的“范围”，指的是国家或地区允许香烟销售的地域范围和种类范围，可以涵盖数量范围〔1〕，但不应包括走私烟、假冒注册商标且伪劣烟〔2〕（以下简称假烟）等违法烟，其规制的是合法烟草的跨区域（国内）流动及跨种类经营行为。〔3〕

第三，经营走私烟具有明显的主观故意

假烟和走私烟一样存在天然的违法性，同样不应适用“超范围经营和非渠道进

---

〔1〕 如果认为数量范围也属于“超范围经营”，自然能推导出“有证进行烟草批发业务不构成犯罪”，而这符合2011年5月6日最高人民法院作出的《关于被告人李明华非法经营请示一案的批复》的精神，也与实务中的无罪结论一致。

〔2〕 实际上应细分为假冒烟、伪劣烟和假冒伪劣烟，因实践中假冒烟和伪劣烟多一并出现，而且定罪量刑的方式差不多，故不再单独讨论。

〔3〕 从当时的背景看，应该只包括国内香烟的种类范围，不包括目前可能存在的这种不应当经营国外（某种）合法香烟却超范围经营（某种）外国烟的情况，因为无论是国内烟还是国外烟都是由烟草公司统一配送到经营店，若存在超范围经营（某种）外国烟的情况只能是商户之间串货导致，直接适用“不按规定的进货渠道进货”的相关规定出罪即可。

货”的规定，已具有非法经营罪的法益侵害性。只要经营的烟不是国内真品卷烟，都应当构成非法经营罪。实务中，“有证经营假烟”鲜有以非法经营罪论处的，虽然结论上与以往以有无许可证作为认定非法经营罪唯一依据的审查思路不谋而合，却不能据此认为“有证经营走私烟”也不应该定罪处罚，原因在于假烟和走私烟在有责性层面认定故意的难度不尽相同。

这种差异性的评价主要源于烟草外观标识的差别：国内真品卷烟外包装印有各零售商独特的烟草专卖码；假冒注册商标且伪劣烟外观上与真烟基本无异，若无专业知识较难区分。而两类走私烟，按规定，凡正常进口的卷烟在条包、箱包和盒包上应印有“由中国烟草总公司专卖”字样，〔1〕否则即为“无标志外国卷烟”；专供出口卷烟应印有“专供出口”字样。

虽然假烟和走私烟都是串货所得，但因假烟与非渠道真烟在外观上较难识别，存在不知情被掺假的可能性，客观证据只能推定出行为人具有与经营非渠道真烟一样的行政违法故意，很难认定具有非法经营罪的故意〔2〕，无法对该行为进行非难和谴责。而走私烟在外观上与国内烟（包括假烟）极易区分，认定行为人明知是走私烟而经营不存在障碍。

综上所述，虽然“有证经营走私烟”是2015年《烟草专卖法》修订后才逐渐进入实务视野，但如果仅从字面上机械地认为走私渠道也是“不按照规定的进货渠道进货”，简单地唯许可证有无定罪，会忽略了该行为的社会危害性，纵容犯罪。综合考虑法益侵害性、立法背景及主观判断，有证经营走私烟的行为具有刑事可罚性，应以非法经营罪定罪处罚。

供稿：北京市房山区人民检察院　黄河　张晋霞

案例编辑：北京市人民检察院　关宁

〔1〕 参见《国务院关于严厉打击卷烟走私整顿卷烟市场通告的批复》第二点。

〔2〕 经与烟草行业工作人员了解，事实上，虽然同样是串货所得，但商户间会就烟品提前沟通，所以行为人对“假烟”和“真烟”还是心知肚明的。但笔者认为，这种行业内部的潜规则、商业诚信和商业默契却不能作为推定主观故意的依据。

韩某某非法经营案

——包装散装药的行为构成生产假药罪还是非法经营罪

基本案情

2017年2月至6月，韩某某在未取得药品生产、经营许可证的情况下，通过微信群联系客户，在北京市丰台区等地收购药品后，采取快递方式对外销售。期间，韩某某将收购的部分“波立维®硫酸氢氯吡格雷片”散药、包装盒、说明书等材料进行了包装。2017年6月9日，民警在其暂住地及库房查获药品102种，13,427盒药品（价值人民币40余万元）。经药品监督部门鉴定，其中“波立维®硫酸氢氯吡格雷片”“消渴丸”等7种药品系假药，其他药品及部分已销售药品价值共计人民币20余万元。

2017年9月11日，北京市公安局昌平分局以韩某某涉嫌生产假药罪、非法经营罪移送审查起诉。同年12月29日，北京市昌平区人民检察院以韩某某涉嫌生产假药罪、非法经营罪提起公诉。2018年3月15日，北京市昌平区人民法院以韩某某犯非法经营罪，判处其有期徒刑三年，并处罚金5万元。

主要问题

对散装药进行包装的行为构成生产假药罪还是非法经营罪？如何理解《最高人民法院、最高人民检察院关于办理危害药品安全刑事案件适用法律若干问题的解释》（以下简称《解释》）第6条、第7条、第10条的规定？

意见分析

意见分歧

公安机关、检察机关和审判机关对于本案销售行为无分歧，但对于对散装药进行包装的行为构成生产假药罪还是非法经营罪有较大分歧。

第一种意见认为，韩某某并没有对药片、药丸、药剂等进行加工，散装药已经是成品，其对于散装铝塑板放进包装盒进行封口、贴标的行为，不属于《解释》第6条第1款第2项“将药品原料、辅料、包装材料制成成品过程中，进行配料、混合、制剂、储存、包装的行为”，故不宜认定为生产假药罪，应认定非法经营罪。

第二种意见认为，药品是一种特殊商品，必须由持有药品生产许可证的正规厂家，从原材料加工到药丸药片药剂等形态进行与生产厂家、生产日期、商标、说明书等相对应的包装后，才能成为真正意义上的“成品药”。韩某某将散装铝塑板药片，放入与药品生产日期、厂家、商标、甚至疗效都不一致的包装盒内进行封口，并贴上防伪标签，足以诱导消费者对该药品的真实性产生误解，可以认定为司法解释中评价为“生产假药”的包装行为，因而其行为构成生产假药罪。

第三种意见认为，药品包装行为系生产假药行为，但当同一行为既符合法定刑为三年以下的生产假药罪，同时又符合法定刑为五年以下的非法经营罪的构成要件时，根据《解释》第10条以及想象竞合原理，应当从一重罪即非法经营罪定罪处罚。

意见评析

笔者同意第三种意见，理由如下。

第一，司法解释规定的“药品经营许可证”不能混同于“药品生产经营许可证”

《解释》第7条第1款规定：“违反国家药品管理法律法规，未取得或者使用伪造、变造的药品经营许可证，非法经营药品，情节严重的，依照刑法第二百二十五条的规定以非法经营罪定罪处罚。”该款系对无经营许可证或持伪造、变造之经营许可证而销售药品行为的特别规定。这里的“药品”既可以是假药劣药，也可以是合格药品。

第二，符合特定条件的非法生产、销售行为，可以构成“非法经营”

在有关烟草、食盐、食品等的一些司法解释中，明确或限定了特定条件。比如，未经烟草专卖行政主管部门许可，无生产许可证、批发许可证、零售许可证，不可生产、批发、零售烟草制品（《最高人民法院、最高人民检察院关于办理非法生产、销售烟草专卖品等刑事案件具体应用法律若干问题的解释》)；违反国家有关盐业管理规定，非法生产、储运、销售食盐，属于扰乱市场秩序(《最高人民检察院关于办理非法经营食盐刑事案件具体应用法律若干问题的解释》，已废止)；以提供给他人生产、销售食品为目的，违反国家规定，生产、销售国家禁止用于食品生产、销售的非食品原料，或者是生产、销售国家禁止生产、销售、使用的农药、兽药、饲料、饲料添加剂，或者饲料原料、饲料添加剂原料(《关于办理危害食品安全刑事案件适用法律若干问题的解释》)；非法生产、销售“伪基站”设备(《关于依法办理非法生产销售使用“伪基站”设备案件的意见》)；以提供给他人开设赌场为目的，违反国家规定，非法生产、销售具有退币、退分、退钢珠等赌博功能的电子游戏设施设备或者其专用软件(《关于办理利用赌博机开设赌场案件适用法律若干问题的意见》)。

第三，不宜将司法解释中有关药品生产许可证的要求，理解为可以扩大到生产、销售所有药品的有关犯罪中

在非法经营药品方面，为了提供给他人生产、销售药品而违反国家规定，生产、销售不符合药用要求的非药品原料、辅料的，因为非药品原料、辅料不属于药品，难以直接以生产、销售假(劣)药犯罪处理，也难以认定行为人构成该罪的共同犯罪，根据《解释》第10条的规定，应以非法经营罪定罪处罚。而未取得药品生产、经营许可证件和批准文号，非法生产、销售盐酸克化特罗等禁止在饲料和动物饮用水中使用的药品，扰乱药品市场秩序，情节严重的，根据《关于办理非法生产、销售、使用禁止在饲料和动物饮用水中使用的药品等刑事案件具体应用法律若干问题的解释》规定，依照《刑法》第225条第1项的规定，以非法经营罪论处。不过，《刑法》第141条、第142条所规定的假药、劣药，是指依照《中华人民共和国药品管理法》的规定属于假药和按假药处理的药品、非药品，以及属于劣药的药品，限于用于人体的药品、非药品。而前述司法解释中的“药品”，其直接使用对象不是人，而是在饲料和动物饮用水中使用的药品。实务中应当注意有关规定中“药品”的不同用途和区别，根据具体案件的具体情况定罪处理，不宜将有关药品生产许可证的要求，理解为可以扩大到生产、销售所有药品的有关犯罪中，避免适用非法经营犯罪架空生产、销售假(劣)药犯罪。

第四，实施生产、销售假（劣）药犯罪，同时构成非法经营犯罪的，根据犯罪竞合原则从一重罪处理

根据《解释》第10条的规定，实施生产、销售假药、劣药犯罪，同时构成生产、销售伪劣产品、侵犯知识产权、非法经营、非法行医、非法采供血等犯罪的，依照处罚较重的规定定罪处罚。本条中的“非法经营”就包括了《解释》第7条第1款规定中的“非法经营”行为。就本案而言，无经营许可证销售假药就属于非法经营行为。而行为人在生产、销售假药的同时，又因无经营许可证而非法销售假药，依据《解释》第10条的规定，适用想象竞合的原则，以处罚较重的罪名定罪处罚。所以，对案中的生产假药行为不再单独评价。

供稿：北京市昌平区人民检察院　史焱

案例编辑：北京市人民检察院　梁景明

钟某某合同诈骗案

——“炒股”型合同诈骗罪“非法占有目的”的推定

基本案情

2014年7月至2016年10月，钟某某在北京市丰台区等地，通过伪造甲股份有限公司（以下简称甲公司）授权委托书，与其认识的姜某某等人签订投资理财合同，承诺保本付息，并支付高额回报，诱骗姜某某等九人向其支付投资款共计人民币12,521.9999万元（含部分重复投资），用于炒股、返还被害人投资本金、支付被害人利息、归还债务及个人消费等，其中返还本金及利息共计人民币10,882.08万元。截至2018年9月28日案发，钟某某实际骗得姜某某等九人钱款共计人民币1639万余元。2019年8月16日，北京市人民检察院第二分院以钟某某涉嫌合同诈骗罪向北京市第二中级人民法院提起公诉。2019年11月28日，北京市第二中级人民法院以合同诈骗罪，判处钟某某有期徒刑十三年，并处罚金人民币26万元。钟某某当庭表示不上诉。

主要问题

行为人通过欺诈手段获取被害人钱款后，将部分钱款用于投资股票的，如何通过推定规则，认定其具有非法占有目的？

意见分析

意见分歧

炒股属于一种高风险的经营活动。本案中，行为人打着将所借钱款用于“经营”的幌子，骗取了多人巨额财产，但如何通过在案证据推定行为人主观上的非法占有目的，成为案件办理的难点。对此，本案存在两种分歧意见。

第一种意见认为，被告人钟某某不构成合同诈骗罪。理由是：钟某某签订合同的对象为亲朋好友，且实际将部分钱款用于炒股，炒股可以认为属于一种广义上的生产经营活动，后因股票亏损无法偿还欠款，从钱款用途上可以否定其具有“非法占有目的”。因此，本案应定性为民间借贷行为，不构成合同诈骗罪。

第二种意见认为，被告人钟某某构成合同诈骗罪。理由是：考察行为人的主观目的，应当从行为人实施的客观行为进行综合衡量。本案中，钟某某先后向多名被害人借款，约定还本付息，从资产状况、炒股规律、盈亏情况等方面综合分析，钟某某自始不具备归还被害人钱款的可能性。因此，应当认定其对他人钱款具有非法占有目的，因而构成合同诈骗罪。

意见评析

笔者同意第二种意见。合同诈骗犯罪是目的犯，必须以行为人具有非法占有目的为构成要件。理论上，非法占有目的被认为属于主观的超过要素。所谓主观的超过要素，是指在犯罪的客观行为构成中，不存在与其对应的客观行为，这种非法占有的目的，只是存在于行为人的内心之中。因此，要证明其存在，只能以在案证据为基础，运用刑事推定的方法予以认定。

在证据法理论中，那些作为推定前提的案件事实都是要通过提出证据加以证明的，属于基础事实；那些未经司法证明而被直接认定成立的事实，属于推定事实。根据经验法则与逻辑法则，认为在具备基础事实的情况下，推定事实即可成立。在具体犯罪的构成要素中，有些作为推定依据的基础事实，已经被类型化，如《刑法》第224条合同诈骗罪中列举的五类情形，“（一）以虚构的单位或者冒用他人名义签订合同的；（二）以伪造、变造、作废的票据或者其他虚假的产权证明作担保的；（三）没有实际履行能力，以先履行小额合同或者部分履行合同的方法，诱骗对方当事人继续签订和履行合同的；（四）收受对方当事人给付的货物、货款、预付款或者担保财产后逃匿的；（五）以其他方法骗取对方当事人财物的”。其中前4项是依据司法经验所作的具体列举，第5项是概括列举。具体案件中，若行为人在签订、履行合同过程中具有前述四项情形的，在没有反证的情况下，一般就可以推定行为人具有非法占有目的，因而构成合同诈骗罪，在无法将行为人的行为与前四项具体列举的行为“对号入座”的情况下，可以参考前四项的规定，运用刑事推定规则具体认定。

具体到本案中，在行为人不承认其具有非法占有目的的前提下，要认定其具有非法占有目的，首先，需要全面收集作为推定其具有非法占有目的的基础事实。为此，检察机关做了大量基础工作，在受理此案后，为了更全面地掌握钟某某的炒股情况，检察人员通过自行补充侦查，从证券公司调取钟某某普通股票账户对账单、信用股票账户对账单、证券账户基本信息单等书证材料，查明了钟某某开设股票账户的时间，投入账户资金的时间、金额，股票盈亏状况等事实，通过对在案证据的综合审查，推定被告人钟某某具有非法占有目的，构成合同诈骗罪。

其次，通过对行为人履约能力的分析，证明其在向被害人借款时已经处于“资不抵债”的状态。根据最高人民法院《全国法院审理金融犯罪案件工作座谈会纪要》规定，对于行为人通过诈骗的方法非法获取资金，造成数额较大的资金不能归还，明知没有归还能力而大量骗取资金的，可以认定具有非法占有目的。钟某某与被害人签订投资理财合同时，承诺高额利息（月息3.5%）回报，而被害人姜某某等人的陈述，证人鲁某、李某某证言，被告人钟某某的供述与辩解，银行账户交易明细等能够证实，案发前，钟某某无固定职业和稳定收入，名下亦无房产、车辆等，因此钟某某没有足够的经济实力保障其能够对多名被害人还本付息。通过梳理钟某某的个人资金往来情况发现，钟某某以欺诈手段获得被害人姜某某等人借款时，已经拖欠田某等人借款上百万元。

再次，通过对行为人实施的履约行为分析，证明其偿还借款主要依靠“借新还旧”的方式。根据《刑法》第224条规定，合同诈骗罪的情形包括冒用他人名义签订合同，也包括没有实际履行能力，以先履行小额合同或者部分履行合同的方法，诱骗对方当事人继续签订和履行合同。本案中，钟某某的行为符合这两种情况，其偿还借款的方式主要是依靠“借新还旧”，通过后面被害人的借款来偿还前一名被害人到期的借款和利息。自2015年7月开始，钟某某在已经拖欠他人巨额钱款，且股票市值持续“缩水”的情况下，仍然向新的被害人借款上百万元，约定保本付息，更加印证其具备非法占有目的。

最后，通过对行为人处置钱款的方式分析，表明其个人“投资经营”行为不符合常情常理。行为人在不同心理状态的支配下，对合同标的物的处置也会有所不同。行为人以非法占有为目的对所取得财物的处置方式大体表现为两种：一是拒不返还，二是不能返还。第一种情况认定行为人具有非法占有目的较为明显，第二种需要结合具体情况。本案中，被告人钟某某辩解自己将所得钱款的90%用于炒股。经审查发现，钟某某虽然将部分钱款用于炒股，但是却并不符合正常的炒股规律。一是钟某某获得被害人钱款后未第一时间投入股市。2014年8月，钟某某在获得姜某某等被害人借款后没有立即投入证券账户，而是“借新还旧”偿还给田某等借款人。四个月后，钟某某才开始向股票账户转入资金，同时将部分资金仍用于“借新还旧”或转给其岳母等人，自始不具备偿还被害人借款的可能性。二是钟某某定期从股票账户取款用于“验资”。本案中，姜某某等被害人借款到期后要看到自己的本金后才会复投，钟某某为了获得借款，每个月都会定期从股票账户“转取”出炒股的资金，给姜某某等人“验资”，即使是在股票获利非常高的情况下仍然转出，这种“投资”行为与相关企业的经营状况、股市涨跌没有任何关联性，根本不属于正常的股票操作模式，无法确保还本付息。三是钟某某投资股票的金额占比不足50%。经对比银行账户和股票账户测算，仅不到50%的借款金额用于投资股票，钟某某辩解90%的借款用于炒股是不成立的。炒股属于高风险的经营活动，在这样的情况下，无法保证对于被害人月息3.5%的偿还。

综上所述，在全面掌握行为人在实施合同诈骗行为过程中各方面的基础事实，具体从其履约能力、履约的行为方式、钱款的处置方式细致深入分析后，足以排除合理怀疑，推定钟某某主观上具有“非法占有目的”。据此，北京市第二中级人民法院经审理认为，被告人钟某某在没有实际履行合同能力的情况下，以非法占有为目的，通过冒用他人名义与被害人签订投资理财合同，骗取对方当事人投资款，其行为已构成合同诈骗罪。法院判决后，被告人钟某某没有上诉。合同诈骗犯罪案件中，认定非法占有目的不能仅根据行为人的辩解，也不能仅根据部分资金的用途得出结论，而应当立足资金的实际流向，分析行为人操作资金的“规律”，运用刑事推定的规则，准确认定主观非法占有目的，精准指控犯罪事实，确保良好的办案效果。

供稿：北京市人民检察院第二分院　沈杉杉

案例编辑：北京市人民检察院　孙利国

陈某某票据诈骗案

——如何确定票据诈骗罪的“数额巨大”及审判监督抗诉的必要性

基本案情

陈某某于2014年6月冒充北京甲科技开发有限公司职员，谎称其真实姓名为“陈甲”，在网上发布需要购买交换机的信息，与北京乙科技有限公司业务员骆某某协商购买交换机，并通过QQ向对方发送从网上查找的公司税务登记证、营业执照照片获取对方信任，以致达成交换机购买协议。

陈某某于2014年6月26日在海淀区伯彦大厦停车场，向北京乙科技有限公司购买交换机7台（该公司购买交换机的进价为每台12,427余元）。并使用事先购买的票面金额为人民币109,500元的支票支付货款，并在合同上加盖其事先购买的“北京丙科技有限公司”印章。后该公司怀疑被骗遂报警。

2014年8月22日，陈某某再次冒充身份，使用购买的伪造支票以同样的方式向北京乙科技有限公司购买8台交换机时被民警当场抓获。公安机关从其身上起获票面金额为人民币126,400元的转账支票1张。陈某某到案后在其家属的帮助下于2014年9月3日退赔北京乙科技有限公司人民币13万元。北京乙科技有限公司表示对陈某某的行为予以谅解。

北京市海淀区人民法院经审理认为，陈某某以非法占有为目的，明知是伪造的支票而使用，数额巨大，海淀区人民检察院指控陈某某犯票据诈骗罪的事实清楚，证据确凿，指控罪名成立，判决陈某某犯票据诈骗罪，判处有期徒刑三年，罚金人民币6000元。上述判决发生法律效力后，2015年7月28日，北京市人民检察院第一分院就本案向北京市第一中级人民法院提起审判监督抗诉。北京市第一中级人民法院于同年10月15日立案。同年12月24日，北京市第一中级人民法院经审理认为，陈某某使用伪造的支票进行金融票据诈骗活动，数额巨大，其行为已构成票据诈骗罪。判决撤销北京市海淀区人民法院作出的一审判决；判决陈某某犯票据诈骗罪，判处有期徒刑五年，并处罚金5万元。本案判决现已生效，陈某某已在原籍新乡监狱服刑。

主要问题

1.票据诈骗罪“数额巨大”的标准应当如何认定？

2.本案是否具有提出审判监督抗诉的必要？

意见分析

意见分歧

关于第一个焦点问题的观点争鸣：

第一种意见认为，目前司法解释对票据诈骗罪“数额巨大”的标准没有明确的规定，实践中“数额巨大”应当参照诈骗罪来认定。票据诈骗罪数额巨大的起点刑是五年，高于诈骗罪数额巨大的起点刑三年。根据罪责刑相适应的原则，票据诈骗数额巨大的标准应适当高于10万元。

第二种意见认为，由于司法解释对票据诈骗“数额巨大”没有具体的规定，应当适用一个统一的标准，可以参照诈骗罪的10万元执行。

关于第二个焦点问题的观点争鸣：

第一种意见认为，陈某某没有减轻处罚的情节，海淀区人民法院判决的主刑和附加刑逻辑上存在明显的冲突和错误，应当通过审判监督程序予以改正。

第二种意见认为，陈某某已经在原籍服刑，且陈某某家属的赔偿数额高于被害单位受损失的数额，本案提出审判监督抗诉浪费司法成本，可以通过检察建议或纠正违法等方式予以纠正。

意见评析

对于第一个问题，笔者同意第二种意见，即“数额巨大”的标准参照诈骗罪的10

万元执行，理由如下。

第一，票据诈骗罪与诈骗罪为法条竞合关系，前者数额巨大的标准可以参照后者的量刑标准

陈某某有两起票据诈骗的犯罪事实，票据诈骗罪的认定数额应以被告人使用的伪造票据的票面金额为准。第一起既遂，票据诈骗的犯罪金额为10.95万元；第二起未遂，诈骗金额为12.64万元。目前没有关于票据诈骗“数额巨大”规定。1996年印发的《最高人民法院关于审理诈骗案件具体应用法律的若干问题的解释》中规定个人进行票据诈骗数额在5万元以上的，属于“数额巨大”，但是该解释已于2013年1月14日被废止。《最高人民检察院、公安部关于公安机关管辖的刑事案件立案追诉标准的规定（二）》将票据诈骗罪的追诉标准规定为1万元，但是并没有明确“数额巨大”的标准。笔者认为，票据诈骗罪是从普通诈骗罪中派生出来的，票据诈骗罪的基本构成要件要素包含在普通诈骗罪中，因而与普通诈骗罪存在法条竞合关系。在没有对票据诈骗罪“数额巨大”的标准作出明确规定的情况下，参照诈骗罪的标准有重要的指导意义。

第二，票据诈骗罪“数额巨大”的标准按照诈骗罪的“数额巨大”标准进行量刑，符合刑法明确性的要求

将票据诈骗罪“数额巨大”的标准确定为诈骗罪的10万元，符合刑法明确性的要求，能有效避免不同法官对票据诈骗罪的把握标准不一致，保证司法统一。根据《北京市高级人民法院〈关于常见犯罪的量刑指导意见〉实施细则》[1]的规定，诈骗公私财物，犯罪数额达到“数额巨大”起点10万元的，在三年六个月至四年有期徒刑幅度内确定量刑起点，犯罪数额每增加6000元，增加一个月刑期。根据《刑法》第194条的规定，票据诈骗罪“数额巨大”的最低量刑为五年。如果按照上述量刑标准，假设诈骗罪的量刑也是五年的话，在没有其他量刑情节的情况下，“数额巨大”的金额幅度为17.2万元至20.8万元。由此可以反推，票据诈骗罪“数额巨大”的标准也在这个区间内，法官可以在该区间内选择任何一个犯罪金额作为数额巨大的标准，可以选择20万元作为标

---

〔1〕《北京市高级人民法院〈关于常见犯罪的量刑指导意见〉实施细则》于2014年7月1日施行。此后，最高人民法院于2017年5月1日对《关于常见犯罪的量刑指导意见》作出修订。2021年7月1日，最高人民法院、最高人民检察院印发《关于常见犯罪的量刑指导意见（试行）》，《关于常见犯罪的量刑指导意见》同时废止。

准，也可以选择18万元或者19万元，这会造成司法适用不统一。但是如果将标准确定为10万元，则能有效避免量刑不统一带来的争议。

第三，不人为地提高数额巨大的标准，也符合金融诈骗罪更为严重社会危害性的本质要求

票据诈骗罪规定在《刑法》第三章破坏社会主义市场经济秩序罪之中，属于金融诈骗犯罪。该类犯罪侵犯多重法益，既侵犯被害人财产所有权，也严重破坏我国的金融秩序。而诈骗罪仅侵犯了被害人的财产所有权，因此票据诈骗罪在量刑设置上要重于普通的诈骗罪。《刑法》第三章第五节金融诈骗罪中，所有罪名“数额巨大”的起点刑都是五年，高于普通诈骗罪的三年。由于两罪罪质不同，不能因起刑点的不同，而人为提升票据诈骗罪的量刑标准。在参照诈骗罪的标准时，“数额巨大”的刑期虽然为五年以上，但是其金额标准仍应当是10万元。不人为地提高数额巨大的标准，适用相对较低的数额标准惩罚金融诈骗犯罪，也符合金融诈骗罪更为严重社会危害性的本质要求。

对于第二个问题，笔者同意第一种意见，即本案具有提起审判监督抗诉的必要性，理由如下。

第一，法院适用法律错误导致量刑明显不当，应当提出审判监督抗诉

本案原审判决在适用法律上存在明显的逻辑冲突，对陈某某量刑时主刑、附加刑均存在错误。根据《刑法》第194条的规定，“进行金融票据诈骗活动，数额较大的，处五年以下有期徒刑或者拘役，并处二万元以上二十万元以下罚金；数额巨大或者有其他严重情节的，处五年以上十年以下有期徒刑，并处五万元以上五十万元以下罚金”。法院认定陈某某的犯罪数额巨大，判处有期徒刑三年，罚金人民币6000元，这样量刑很明显属于“张冠李戴”：数额巨大，量刑应当在五年以上，罚金应当在5万元以上，陈某某没有减轻处罚情节，低于主刑、罚金的法定幅度量刑，属于量刑错误。法院在认定事实时，认为陈某某“犯罪数额巨大”，但在量刑时，则按照“数额较大”的标准作出，此类错误属于适用法律错误导致量刑严重不当的情形，不能仅以文笔错误来进行解释。根据2013年《最高人民法院关于适用〈中华人民共和国刑事诉讼法〉的解释》第389条第2项和第3项规定，原判决、裁定定罪准确、量刑适当，但在认定事实、适用法律等方面有瑕疵的，应当裁定纠正并维持原判决、裁定；原判决、裁定认定事实没有错误，但适用法律错误，或者量刑不当的，应当撤销原判决、裁定，依法改判。比较两项条款可知，原判决在适用法律等方面有瑕疵的，应当裁定纠正并维持原判决，而适用法律错误或量刑不当的，则应当撤销原判决。很明显，本案原审判决错误的情形不属于“瑕疵”，而应属于适用法律错误且量刑不当，应当撤销原判决、裁定。

第二，本案不适用发出检察建议或者纠正违法的情形，应当通过审判监督抗诉程序予以纠正

根据《人民检察院检察建议工作规定（试行）》第5条的规定，检察机关发出检察建议主要是针对被建议单位在管理、监督等方面存在问题的宏观事项[1]，刑事案件的处理或者纠正属于具体的办理工作，不适合以检察建议的方式发出。纠正违法也不适合具体的案件处理的情形，它主要适用于刑事诉讼中严重侵犯诉讼权利的行为，如严重侵害当事人及其辩护人、诉讼代理人的人身权利、财产权利或者诉讼权利，严重破坏诉讼程序、妨害刑事诉讼依法公正进行的行为。同时，纠正违法的形式必须与违法行为的性质和情节相适应，书面纠正违法应只适用于性质恶劣、情节较重的违法行为。

本案最终由北京市人民检察院第一分院向北京市第一中级人民法院提起审判监督抗诉。北京市第一中级人民法院经开庭审理后认为，陈某某票据诈骗的金额属于“数额巨大”，其第一起犯罪事实属于既遂，第二起犯罪事实属于未遂。本案应当以票据诈骗罪的既遂追究陈某某的刑事责任，未遂部分作为从重量刑情节考虑。判决陈某某犯票据诈骗罪，判处有期徒刑五年，罚金5万元。

供稿：北京市人民检察院第一分院　赵永红　李洪杰

案例编辑：北京市人民检察院　王新

---

〔1〕《人民检察院检察建议工作规定》于2019年2月26日生效，其中第9条第4项规定，公安机关、人民法院、监狱、社区矫正机构、强制医疗执行机构等在刑事诉讼活动中或者执行人民法院生效刑事判决、裁定、决定等法律文书过程中存在普遍性、倾向性违法问题，或者有其他重大隐患，需要引起重视予以解决的。

三、侵犯公民人身权利、民主权利罪

徐某某故意伤害案

——行为人轻微推搡行为导致特异体质人死亡的归责

基本案情

2019年4月4日13时许，徐某某驾驶三轮车与段某某在北京市朝阳区管庄杨闸环岛东侧100米路南便道上，因行车纠纷发生口角，段某某下车别停徐某某，先动手殴打徐某某脸部，后双方相互拉扯推搡，在围观群众劝阻下，双方停手。随后段某某走向自己的丰田皇冠轿车，突然手扶车门，仰面倒地。途经此地的薛某某见状为段某某进行心肺复苏无效，“120”急救车赶至现场后对段某某进行抢救未果，段某某当场死亡。围观群众报警。民警赶至现场后将坐在一旁的徐某某当场抓获。经鉴定，段某某符合冠状动脉粥样硬化性心脏病死亡，外伤、情绪激动等可以是冠心病急性发作的诱因。段某某的伤情为右顶部皮下出血1处，胸部正中可见条形浅表擦伤1处；徐某某的伤情为右侧下颌面部可见两处挠伤，大小约0.5 cm。右手外伤，软组织挫伤。经鉴定不构成轻微伤。

经查，案发前段某某患有2型糖尿病伴血糖控制不佳、肝功能异常、冠状动脉硬化并斑块形成、双眼视网膜动脉硬化、脑动脉供血不足、多发腔隙性脑梗塞等疾病。

北京市公安局于2019年5月4日对徐某某以涉嫌故意伤害罪移送审查批捕，北京市人民检察院第三分院经审查认为本案系意外事件，徐某某不构成犯罪，于2019年5月10日对徐某某决定不批准逮捕。

主要问题

徐某某的行为导致特异体质段某某死亡的案件如何定性？

意见分析

意见分歧

第一种意见认为，徐某某的行为构成故意伤害罪，应当追究刑事责任。理由是：主观方面，徐某某明知自己的推搡行为会使对方造成伤亡结果，段某某或伤或亡都在其主观可预见的范围之内，徐某某与段某某互相拉扯推搡，反映了其伤害对方的主观故意。客观方面，徐某某的行为客观上导致段某某情绪激动、外伤，并诱发冠心病急性发作死亡。因此，徐某某殴打段某某的行为，与段某某的死亡存在必然的因果关系。

第二种意见认为，徐某某的行为构成过失致人死亡罪，应当追究其刑事责任。理由是：(1)徐某某与对方拉扯推搡，应当预见自己的这种行为可能导致段某某非死即伤的结果。(2)段某某患有疾病，但其在被徐某某殴打之前并无异常表现，正是因为徐某某的殴打行为才使段某某情绪激动，同时受到外力打击，导致冠心病急性发作死亡。

第三种意见认为，徐某某的行为造成段某某死亡属意外事件，不应追究刑事责任。理由是：(1)段某某案发前患有糖尿病、多发腔隙性脑梗塞、冠状动脉粥样硬化等，即使没有外伤，只要有情绪激动或者其他原因，也可导致冠心病急性发作死亡。(2)徐某某只是对段某某有轻微推搡行为，双方只有轻微的肢体接触，且段某某挑衅在先，并先动手殴打徐某某，徐某某一直保持忍让克制，除了被动地抵挡之外，没有任何主动攻击行为，然而段某某却气势汹汹直接将徐某某的脸部及手部打伤。段某某的外伤仅为右顶部皮下出血1处，胸部正中可见条形浅表擦伤1处，尚未构成轻微伤。(3)徐某某并不知晓段某某患有多种疾病，不可能也不应当预见对方所受外伤或者精神刺激足以导致死亡的严重后果。

意见评析

笔者同意第三种意见。本案认定徐某某的行为是否成立犯罪，关键在于认定徐某某的推搡行为与段某某的死亡之间是否有因果关系，以及是否应将段某某的死亡归责于徐某某。具体分析如下。

第一，徐某某的推搡行为与段某某死亡之间的因果关系判断

根据尸检鉴定，段某某仅有两处外伤，一处是胸部正中可见条形浅表擦伤1处。该处大小为5.6 cm × 0.3 cm，不构成轻微伤，系嫌疑人与段某某在撕扯过程中轻微肢体接触造成的浅表擦伤。另一处是右顶结节皮下出血，对应部位可见头皮下片状出血。根据三名目击证人刘某某、王某某、钱某某的证言及徐某某供述，证实徐某某和段某某在撕扯过程中，段某某并未倒地，考虑到段某某身高（188 cm）远远高于徐某某（170 cm），结合徐某某供述及证人证言，徐某某亦没有殴打段某某头部。因此，段某某右顶部皮下出血并非徐某某殴打所致，而是双方住手分开后，段某某走向自己的车后仰面倒地，其头部外伤应系自行倒地所致。

经查段某某案发前的住院病历以及段某某妻子证言证实，案发前段某某患有2型糖尿病伴血糖控制不佳；肝功能异常；动脉硬化并斑块形成；双眼视网膜动脉硬化；脑动脉供血不足；多发腔隙性脑梗塞等。心电图显示段某某窦性心律，异常Q波，T波改变；心彩结果显示EF57%，左心室增大，室壁节段性运动减低，二尖瓣少量返流。结合尸检鉴定，段某某符合冠状动脉粥样硬化性心脏病死亡，表明冠心病发作是其死亡的主要原因。因此，段某某属于特异体质。尸检报告表明：段某某符合冠状动脉粥样硬化性心脏病死亡，外伤、情绪激动等可以是冠心病急性发作的诱因；体表主要损伤为右顶结节处可见片状皮下出血1处，头皮损伤轻微，不构成死因。

可见，段某某的死因主要为冠心病急性发作，该病发作的诱因为徐某某与段某某的拉扯推搡。因此，要讨论的问题是，作为诱因的推搡行为引发特异体质（也称特殊体质）的人发病而死，该推搡行为与死亡结果之间是否有刑法上的因果关系；如果有因果关系，行为人是否要对死亡结果负责。笔者认为，特异体质是一个既定状态和特定条件，本身并非案件流程的介入因素，作为归责的对象是人的举止，而不是一种自然状态。对于自然状态只涉及认识与否、是否利用。因果关系的判断，关注的是特定条件下的客观联系，就特异体质来说，尽管导致被害人死亡的是冠心病，但如果没有行为人的推搡行为，冠心病也不会发作，所以，作为诱因，推搡行为也是死亡结果的条件和原因。[1]二者之间有因果关系。承认有因果关系，并不必然得出行为人要对死亡结果负责。二者应当区别开来，分阶段审视。

第二，推搡行为导致特异体质人死亡的归责分析

我国对于涉及特异体质的伤亡刑事案件一般认为具有因果关系，但属于偶然的因果关系。如最高人民法院刑事指导案例第389号洪某某故意伤害案，福建省高级人民法院认为，被告人对被害人拳击数下的行为一般情况下不会产生被害人死亡的结果，但其拳击的危害行为，与被害人情绪激动、剧烈运动及饮酒等多种因素介入“诱发冠心病发作”导致了死亡结果的发生。被害人身患冠心病被告人事先并不知情，是一偶然因素，其先前拳击行为与被害人死亡结果之间系偶然因果关系。最高人民法院的复核意见认为，被害人患有严重心脏疾病，洪某某的伤害行为是导致被害人心脏病发作的诱因之一，认为其殴打他人并致人死亡的行为构成故意伤害罪。[2]也有持条件说（如果没有A就没有B，则A为B的原因）的判决，同样得出因果关系存在的结论。如廖某某等过失致人死亡案：如果没有廖某某的殴打行为，也就不会有被害人赖某某在这一特定时间死亡的结果。廖某某的殴打行为与被害人死亡结果之间有因果关系。[3]

但是因果关系与刑事责任是两个不同的概念，有因果关系并不一定就承担刑事责任。在廖某某等过失致人死亡案中，因果关系仅是确定承担刑事责任主体的范围，它并不决定具体承担刑事责任的人。换句话说，与危害结果的发生具有因果关系的人只是具备了承担刑事责任的可能性，而不必须承担刑事责任。廖某某的行为虽然与被害人死亡的结果具有因果关系，但廖某某并不承担刑事责任。廖某某对被害人的死亡结果不具有犯罪的主观方面，即罪过（被告人没有认识到也不可能认识到被害人有心脏病）。[4]“这是一种以罪过来限制因果关系、防止打击扩大化的做法，实质上属于事实

〔1〕 参见张明楷：《刑法学（上）》（第五版），法律出版社2016年版，第184页。

〔2〕 参见最高人民法院刑事审判第一、二、三、四、五庭主办：《刑事审判参考》（总第49集），法律出版社2006年版，第26-31页。

〔3〕 参见国家法官学院、中国人民大学法学院编：《中国审判案例要览（2004年刑事审判案例卷）》，人民法院出版社、中国人民大学出版社2005年版，第41-45页。

〔4〕 以上为案例解说。转引自陈兴良主编：《刑法总论精释（上）》（第三版），人民法院出版社2016年版，第214页。

因果关系基础上的相当性的判断,”[1]也即责任归属或归责的判断。行为人承担罪责只能在其认识可能性的范围之内,超出了认识可能性,即使其行为是死亡结果的原因,也不应对“不能预见的意外事件”负责,预见之外的即属于环境或自然,而不能作为行为后果归属于行为人。本案中,被害人先动手殴打徐某某脸部,后双方发生拉扯推搡,从伤检结果看,被害人胸部仅有条形浅表擦伤,反倒是犯罪嫌疑人脸部、手部受伤流血,可见推搡行为对被害人不能产生伤害身体的严重结果,不符合故意伤害罪的构成要件。但因为被害人的特异体质,推搡行为诱发严重疾病导致其死亡,这特异体质的事实超出了行为人的预见。所以,徐某某的行为尽管“因果地”导致了段某某的死亡,但该死亡结果属于意外事件,不应归责于他。犯罪嫌疑人徐某某不负刑事责任。

供稿:北京市人民检察院三分院　付晓梅　金枝

案例编辑:北京市人民检察院　王志坤

〔1〕 陈兴良主编:《刑法总论精释(上)》(第三版),人民法院出版社2016年版,第209页。

刘某甲故意伤害案

——殴打过程中进行录像的行为能否认定为故意伤害罪共犯

基本案情

衡某某因琐事指使张某某对刘某乙进行殴打。2016年2月3日22时许，张某某纠集刘某甲等人殴打刘某乙，刘某甲对殴打过程进行录像。事后衡某某给张某某人民币3万元，张某某给刘某甲2000元。2016年4月，衡某某再次指使张某某对刘某乙进行殴打。2016年4月8日21时许，张某某准备镐把、口罩等作案工具后，纠集刘某甲等人再次对刘某乙进行殴打，要求刘某甲对殴打过程进行录像。期间，张某某等人持镐把殴打刘某乙，致其腹部、胸部、脾部、腿部等多处受伤；刘某甲对打架过程进行录像。事后，衡某某给张某某人民币7万元，张某某给刘某甲1500元。经鉴定，刘某乙脾部所受损伤构成重伤二级；肢体部所受软组织损伤程度为轻微伤。

北京市顺义区人民检察院对刘某甲以犯故意伤害罪向北京市顺义区人民法院提起公诉。北京市顺义区人民法院判决刘某甲犯故意伤害罪，判处有期徒刑二年零二个月。

主要问题

1.刘某甲的行为是否构成故意犯罪共犯？

2.若刘某甲的行为构成故意伤害罪共犯，属于故意伤害罪共犯的何种类型？是否应当进行刑事处罚？

意见分析

意见分歧

第一种意见认为，在共同犯罪中，共同犯罪人应当对于侵害法益起直接作用。否则，不成立共犯，不应受到刑事处罚。本案中，刘某甲虽然明知张某某等人对刘某乙实施殴打行为，但刘某甲仅对打架过程进行录像，没有实施打架行为，其录像行为并未对刘某乙身体造成不法侵害，故刘某甲与张某某等人不构成故意伤害罪共犯，不应受到刑事处罚。

第二种意见认为，在共同犯罪中，共同犯罪人对侵害法益具有鼓励、支持、促进等间接作用的，则成立共犯。但从其所起作用看，犯罪情节轻微，不需要判处刑罚。本案中，刘某甲系从犯，仅实施录像行为，未实施伤害行为，社会危害性相对较小，且具有自首情节，具有减轻处罚的情节，认罪态度较好，人身危险性较小，以及赔偿刘某乙损失并取得刘某乙谅解。因此，刘某甲与张某某等人构成故意伤害罪共犯，但犯罪情节轻微，不需要判处刑罚。

第三种意见认为，在共同犯罪中，共同犯罪人对侵害法益起间接作用的，成立共犯。但共同犯罪人是否需要判处刑罚，则要根据其行为所造成的法益侵害性、行为恶性程度以及其主观恶性等因素综合判断。本案中，刘某甲明知张某某等人对刘某乙实施殴打行为，前后两次参与并进行录像，主观恶性大；刘某甲的录像行为激励并支持张某某等人对刘某乙实施殴打行为，并造成刘某乙身体伤害的后果，严重侵犯了刘某乙的身体健康权，具有法益侵害性，且行为恶性大，依法应当受到刑事处罚。

意见评析

评价提供精神性帮助行为，应结合帮助故意、帮助行为对实行行为所起到的帮助作用程度、帮助行为对危害结果的发生有无直接因果关系等因素综合分析。结合本案来看，笔者同意第三种意见，理由如下。

第一，判断殴打过程中录像行为是否构成犯罪，需要围绕犯罪构成要件进行判断，坚持主客观相统一原则

所谓共同犯罪行为，是指各共犯者的行为都指向同一犯罪，彼此联系互相配合，成为一个有机的犯罪活动整体。其一，各共犯者的行为必须都是犯罪行为。要求每个行为人的行为必须是具有社会危害性的，而且其社会危害性达到了严重的程度。如果有人的行为是排除犯罪性的，其他行为人利用行为实施了犯罪，则犯罪者与被利用者的行为不属于共同犯罪行为，不能成立共同犯罪。其二，各共犯者的行为形成一个互相配合的有机的犯罪活动整体。即每个共犯者的行为，不管其各自的表现形式如何，都不是互相孤立的，而是围绕一个共同的犯罪目标进行的。这个共同的犯罪目标把他们的行为有机地联系起来，成为一个统一的犯罪活动整体，其中每个行为都是共同犯罪有机体的一部分。本案中，衡某某指使张某某殴打刘某乙，张某某纠集刘某甲等人并明确告知要殴打他人，刘某甲明知故意伤害他人而前往案发现场，刘某甲与张某某等人具有伤害他人的共同故意。而且，衡某某指使张某某殴打刘某乙时，要求刘某甲录像并作为殴打刘某乙的证据；张某某纠集刘某甲等人时，明确要求刘某甲负责录像，刘某甲对殴打过程进行录像的行为属于任务分工的组成部分，是围绕共同故意伤害刘某乙的目标进行的。因此，刘某甲对于刘某乙的受伤行为具有积极追求的心态，对于张某某等人伤害刘某乙并取得证据具有鼓励和支持的作用，刘某甲的行为构成故意伤害罪共犯。

第二，共同犯罪中提供精神性帮助行为是否给予刑法评价，应结合帮助故意、帮助行为对实行行为所起到的帮助作用程度、帮助行为对危害结果的发生有无直接因果关系等因素综合考量

共同犯罪中，按照分工的不同，共同犯罪人可以分为实行犯、教唆犯、帮助犯和组织犯。相对于实行犯而言，帮助犯是在他人产生犯罪决意之后，以心理支持、物质帮助等方式故意帮助他人实施犯罪，或为他人实施犯罪创造便利条件，而自己不直接实行犯罪，在共同犯罪中起次要或辅助作用。在共同犯罪中，帮助行为可以表现为各种不同的形式。从帮助行为的形式来分，可以分为物质性帮助和精神性的帮助。前者指物质上、体力上的帮助，如提供犯罪工具、窥测被害人行踪、排除犯罪障碍等。后者指精神上、心理上的支持，如帮助实行犯出主意、想办法、撑腰打气、坚定其决心等。本案中，刘某甲属于帮助犯。首先，刘某甲具有帮助故意，即帮助张某某等人犯罪的故意。在认识因素中，刘某甲认识到张某某等人所实行的是犯罪行为以及该犯罪行为将要产生的危害结果；也认识到自己所实行的行为是帮助实施犯罪的行为，即以自己的帮助行为，为张某某等人实施和完成犯罪创造便利条件。在意志因素中，刘某甲希望或者放任自己的行为为张某某等人提供方便，且希望或者放任通过自己的帮助，使张某某等人能够顺利地完成犯罪或者造成一定的犯罪结果。其次,刘某甲的录像行为具有激励打人作用。刘某甲两次参与殴打刘某乙行为,虽然其称不知道张某某让其录像的目的,但是其第一次录像后张某某给其一笔好处费,其主观上应当意识到自己的录像行为对于张某某具有激励作用,自己能够通过录像获得好处。事实上,张某某要求录像的目的就是向衡某某证实其实施了殴打刘某乙的行为,并获得衡某某支付的报酬。因此,刘某甲对殴打过程进行录像,对张某某殴打刘某乙具有激励作用。最后,刘某甲录像行为与危害结果有直接的因果关系。刘某甲明知录像可以分钱,而在第二次殴打过程中继续录像,激励张某某殴打刘某乙并造成伤害结果,刘某甲录像行为与危害结果的产生具有直接因果关系。

第三,判断实施行为是否应当受到刑事处罚,应当根据该行为的法益侵害性、恶性程度、行为人的主观恶性等因素综合判断

法益侵害性是构成犯罪的必要条件,只有当行为对法益的侵害达到一定程度时才能作为犯罪处理。犯罪行为的恶性程度,即犯罪手段或犯罪方法的残暴性、极端性。行为人的主观恶性,包括初犯可能性以及再犯可能性。本案中,刘某甲明知故意伤害他人而参与张某某等人殴打活动,对殴打过程进行录像,激励并支持张某某等人殴打行为,并造成刘某乙身体伤害的后果,严重侵犯了他人的身体健康权,具有法益侵害性。综合全案来看,刘某甲的录像行为既是证明张某某等人殴打刘某乙的证据,亦是张某某向衡某某要钱的证据,更是刘某甲分钱的证据,且录像对结果的产生具有直接影响,行为恶性较大。同时,刘某甲前后两次参与殴打刘某乙的行为,具有再犯的可能性,主观恶性大。因此,刘某甲的行为应受到刑事处罚。

综上所述,殴打过程中负责录像的行为,属于故意伤害任务分工的组成部分,录像效果具有鼓励及支持作用,且与被害人伤情存在因果关系,行为人应认定为故意伤害罪共犯,并对犯罪结果承担刑事责任。

供稿:北京市顺义区人民检察院　韩菲　阮建华

案例编辑:北京市人民检察院　葛路

杨某某强奸、猥亵儿童案

——未履行婚姻登记但形成实际抚养关系的继母可以“合适成年人”身份参与调查

基本案情

2012年年初至2013年11月，杨某某在北京市石景山区依翠园16栋地下室22号等地，多次采取抚摸生殖器、生殖器相互摩擦等方式对李某某实施奸淫、猥亵行为。

杨某某因涉嫌强奸罪于2013年12月6日被刑事拘留，2014年1月9日被逮捕。北京市石景山区人民检察院以京石检未检刑诉〔2014〕12号起诉书指控杨某某犯强奸罪、猥亵儿童罪，于2014年4月1日向北京市石景山区人民法院提起公诉。

杨某某的辩护人在庭审中提出：被害人询问笔录上签名的于某某并非李某某的亲生母亲，且与李某某的父亲并未履行婚姻登记，其不能作为法定代理人或合适成年人参与询问，李某某的陈述缺乏效力。

经查，李某某的父亲与于某某长期共同生活，共同抚养李某某。于某某得知李某某被性侵后，及时带李某某到公安机关报警。李某某接受询问时，主动提出于某某系其母亲，可以作为法定监护人在场。后于某某在公安机关询问时陪同李某某在场并在笔录中署名，但并未说明实际婚姻状况。

北京市石景山区人民法院经审理认为，于某某陪同未成年李某某李某某出具的陈述真实有效，可以作为认定犯罪事实的证据。杨某某犯强奸罪，判处有期徒刑五年；犯猥亵儿童罪，判处有期徒刑二年六个月，决定合并执行有期徒刑七年。

主要问题

未履行婚姻登记手续但形成事实抚养关系的成年人可否在未成年人被讯问、询问时在场？其在场的法律身份性质应如何界定？

意见分析

意见分歧

修改后的《刑事诉讼法》新增未成年人刑事案件诉讼程序，为增强对未成年人这一特殊群体诉讼权利的保护，增加规定讯问、询问未成年犯罪嫌疑人、被告人、被害人、证人时应有法定代理人或合适成年人在场。

第一种意见认为，《刑事诉讼法》规定了询问未成年被害人的法定程序，要求询问未成年被害人应当通知其法定代理人到场，无法通知、法定代理人不能到场或者法定代理人是共犯的，也可以通知其他“合适成年人”到场，以保证未成年人的诉讼权利。本案中“继母”于某某虽与被害人李某某共同生活，但未与被害人亲生父亲缔结婚姻关系，其不具有法定代理人的身份，也不是其他成年亲属或符合法律规定的“合适成年人”。因此，于某某在场的情况下被害人李某某所作的陈述缺乏效力。

第二种意见认为，本案中“继母”于某某已经与被害人李某某及其亲生父亲共同生活，案发后又系该人陪同被害人报警，事实上已经成为被害人的养母、履行了养母的责任，当然成为其“法定代理人”。因此，于某某作为法定代理人在场的情况下被害人李某某所作的陈述真实有效。

第三种意见认为，《刑事诉讼法》规定的法定代理人、合适成年人到场制度，其立法目的是保障未成年人的合法权益。“继母”于某某的到场能够确保相关的诉讼权利得以实现。因此，于某某在场的情况下被害人李某某所作的陈述真实有效。

意见评析

笔者同意第三种意见，理由如下。

第一，办理未成年人刑事案件，应重视对在场见证人员的身份审查核实，确保言词证据的合法性、真实性

司法人员在办理未成年人刑事案件中，应当对在场见证人员的身份是否合法、有效给予充分重视，这也是过去办案中可能会忽视的问题。

一是如何看待性侵害未成年人案件中父、母作为证人提供证言后，又陪同被害人接受询问的情况。笔者认为，在性侵害未成年被害人的案件中，这是一种常见情况，应当从证人身份优先原则和证言污染程度大小两个方面予以评价。如果证人证言在被害人陈述之前作出，而后又陪同被害人接受询问，证言的污染程度较小，那么两份证据均应采信，本案即属于该种情形。如果证人证言在被害人陈述之后作出，证言受到被害人陈述的影响、污染程度较大，则应进一步核实。

二是对未成年人进行询问、讯问时，应当注意核实到场人员的身份。核实应当以居民身份证、户籍登记簿及是否为明确排除情形等为依据，不能仅凭口述认定身份，避免出现到场人员与接受调查的未成年人无关或不适宜的违法情况出现。应当充分考量形成事实婚姻的未成年人家庭关系，在征得未成年人同意的意见后，认定未缔结婚姻关系的“继母”或“继父”能够作为“合适成年人”参与调查，形成的证据真实有效。

三是以“儿童利益最大化”为原则，结合实际情况准许法定代理人或合适成年人到场。在女性未成年人遭受性侵害的案件中，一般应以母亲或女性合适成年人到场较为适宜。在询问未成年人意见后，如实际情况是其与父亲沟通更为顺畅，也可准许。如果无法通知、法定代理人不能到场或者法定代理人是共犯的，可以依据该原则考虑一切能够维护该未成年人合法权益的人员到场，禁止立案后对未成年涉案人员的单独讯问、询问。

第二，立法规定的在场人员范围其实质是要选择具备保障未成年人合法权益意愿的人员，而非苛责成年人是否与未成年人具备特定人身法律关系

从司法实践看，由于我国目前还有许多未履行婚姻登记手续的事实婚姻存在，办理此类未成年人案件时可能会存在在场成年人身份存在争议的问题。本案是性侵案件，侦查机关基于保护女童的考虑，并尊重其个人意志，通知了被害人认可的“母亲”，但未对其婚姻登记手续或户籍证明中的婚姻情况进行审查，导致在法庭审理中辩护人提出了质疑。

笔者认为，《刑事诉讼法》规定的对于未成年被害人询问时应当通知其法定代理人在场，无法通知、法定代理人不能到场或者法定代理人是共犯的，也可以通知被害人的其他成年亲属，所在学校、单位、居住地基层组织或者未成年人保护组织的代表到场。其立法目的是基于未成年人的认知程度、接受调查时的理解能力、年龄特点引发的情绪表现，以及避免非法取证等情况，设立了到场的法定代理人或其他合适成年人可以代为行使未成年人的诉讼权利，保障未成年人的合法权益。无论特定身份是什么，都是从为了确定一个能够真心实意代为行使未成年人诉讼权利的角度而设立。案发期间，于某某具有和被害人李某某共同生活的基础，具备保障被害人合法权益的责任和义务。

第三，在场人员的选择应尊重当事人自主意志、自愿选择，而非局限于是否具备血缘亲属关系

根据中央综治委预防青少年违法犯罪工作领导小组、最高人民法院、最高人民检察院、公安部、司法部、共青团中央《关于进一步建立和完善办理未成年人刑事案件配套工作体系的若干意见》(以下简称《意见》)中第二点“进一步加强对涉案未成年人合法权益的保护”中规定：法定代理人无法或不宜到场的，可以经未成年犯罪嫌疑人、被告人同意或按其意愿通知其他关系密切的亲属朋友、社会工作者、教师、律师等合适成年人到场。笔者认为，未成年人同意其他成年人作为“合适成年人”陪同和关系密切可以作为选择合适成年人的重要依据，也是确保形成的言词证据真实有效的根本程序。案发期间，于某某与被害人李某某共同生活、关系融洽，为避免与父亲在性侵害问题中的交流不便，于某某经被害人同意陪同接受询问，符合《意见》的相关规定。

第四，未履行婚姻登记手续的成年人只能以合适成年人身份在场，不能视为法定代理人

我国民法规定，无民事行为能力人、限制民事行为能力人的监护人是他的法定代理人，未成年人的父母是未成年人的监护人，而关系密切的其他亲属、朋友愿意承担监护责任的，要经未成年人父、母的所在单位或者未成年人住所地的居民委员会、村民委员会同意。可见，法定代理人是基于特定的法律关系产生的，应当具备基本的形式要件。如果形成的是养父母与养子女的身份关系，那么形式要件应当是在户籍证明上有所体现或具有合法的收养关系证明，单纯的事实婚姻或事实收养、抚养关系不能形成具有法律意义的监护人身份，也就不能作为未成年人的法定代理人。

首都综治委预防青少年违法犯罪专项组、北京市高级人民法院、北京市人民检察院、北京市公安局、北京市司法局、共青团北京市委员会《关于在办理未成年人刑事案件中推行合适成年人到场制度的实施办法(试行)》(以下简称《办法》)第8条规定，“有下列情形之一的，不得担任合适成年人:(一)被宣告缓刑和刑罚尚未执行完毕的人;(二)依法被剥夺、限制人身自由的人;(三)无行为能力人或者限制行为能力人;(四)已接受案件当事人委托的诉讼代理人、辩护人，案件的证人、鉴定人员，相关部门的办案人员及与案件处理结果有利害关系的人;(五)曾因犯罪受过刑事处罚的人;(六)其他不适宜担任合适成年人的人员”。

笔者认为，本案的证据及证明材料显示，于某某与被害人父亲并未履行婚姻登记，其与被害人之间尚未形成受法律保护的继子女关系，也不具备作为“朋友愿意承担监护责任”的基本形式要件。特定关系人的身份、职业应适宜在场见证、有利于未成年人的权益保护，必须严格进行审查，避免侵害未成年人合法权益。《办法》中的几种禁止性规定，主要限定了一些刑罚未完毕、不具备相应能力和可能违背公平正义的情形，是硬性规定，而于某某在家庭共同生活中没有出现上述情形，能够担当“合适成年人”的角色。因此，于某某的身份并非“法定代理人”，而是“合适成年人”。

综上所述，本案中，于某某的身份不属于禁止性规定情形，虽然身份不属于法定代理人，但案发时其与被害人确系共同生活，也是其带领被害人至公安机关报案，被害人对于其在场没有异议、自愿陈述。在整个询问过程中，实现了安抚被害人情绪、保障未成年人合法权益等作用，符合立法精神和目的。因此，笔者认为，未缔结婚姻关系的“继母”可以“合适成年人”身份参与调查，不会影响被害人陈述的真实性、有效性。

供稿：北京市石景山区人民检察院　路昊

案例编辑：北京市人民检察院　庞静

邵某故意伤害案

——对非法侵入住宅进行的还击行为能否认定为正当防卫

基本案情

2020年6月10日14时许，杨某某因自家地被拔苗一事，于干完农活回家途中持锄头顺路到邵某位于昌平区小沙河散居的家中理论。邵某在轰赶杨某某的过程中，与其发生口角，并升级为肢体冲突，杨某某持锄头捅划邵某眼部两下，邵某用铁锨扇划杨某某的左臂及右臂若干次。后邵某回屋清洗伤口，期间杨某某在院内徘徊并未离开，邵某见状拿起屋内木棍至街门内侧驱赶杨某某，杨某某用锄头捅划邵某嘴部，邵某持木棍殴打杨某某左臂及后背，后杨某某用锄头将邵某自行车（估价100元）砸坏。经鉴定，杨某某左肱骨骨折、救治过程中形成的手术切口（长20.5厘米）及腰椎1、2左侧横突骨折，损伤程度为轻伤二级；邵某右上缝合创，口腔黏膜破损，损伤程度为轻微伤。

北京市公安局昌平分局于2020年11月18日以邵某涉嫌故意伤害罪向北京市昌平区人民检察院移送审查起诉。昌平区人民检察院于同年12月18日以邵某涉嫌故意伤害罪向北京市昌平区人民法院提起公诉。昌平区人民法院于2021年7月7日判决，认为杨某某未对邵某人身实施紧迫的不法侵害，不宜认定为正当防卫，判定邵某犯故意伤害罪，判处有期徒刑十个月。

主要问题

对非法侵入住宅进行的还击行为能否认定为正当防卫？

意见分析

意见分歧

最高人民检察院发布的检例第46号（朱凤山故意伤害防卫过当案）中指出，对于民间矛盾激化过程中，对正在进行的非法侵入住宅、轻微人身伤害行为，可以进行正当防卫，但防卫行为的强度不具有必要性并致不法侵害人重伤、死亡的，属于明显超过必要限度造成重大损害，应当负刑事责任，但是应当减轻或者免除处罚。那么，是否对于所有非法侵入他人住宅的行为均可以进行正当防卫？正如本案中，杨某某系邵某邻居，杨某某未经邵某同意进入其家中的行为能否认定为非法侵入他人住宅？邵某在轰赶杨某某的过程中，发生口角、肢体冲突，能否构成正当防卫？这些问题在案件办理过程中存在较大争议，主要有两种代表性意见。

第一种意见认为，杨某某未经同意进入邵某家中属于非法侵入他人住宅，邵某轰赶杨某某过程中的肢体冲突应当认定为正当防卫。理由是：其一，不法侵害包括犯罪行为与其他一般违法行为。《刑法》第20条并未要求不法侵害必须具有紧迫性特征，只要求不法侵害正在进行即可。“正当防卫的前提条件是存在正在进行的不法侵害，只要遭受正在进行的不法侵害，不管程度轻重如何，都可以立即实施为制止不法侵害的相应的防卫行为，不应将不法侵害不当限缩为暴力侵害或者犯罪行为。”[1]其二，住宅与家是人们生活起居场所，也是人们人身、财产安全的庇护所。非法侵入住宅行为侵害了人的安全、安宁的最后寄托之地，往往会引起居住人严重不安并严重威胁其对于自己住宅的主权感、支配感。因为住宅防线一旦被突破，居住人会自动认为其生命、健康等重大法益面临不可预测的风险。那么，即使行为人没有违法犯罪恶意，从防卫人的角度考虑，也应当认定为非法侵入住宅行为，可以认定为不法侵害，启动防卫制度，即便造成不应有损害承担刑事责任，也应当具有防卫过当的法定减轻、免除处罚情节。[2]本案中，杨某某持锄头进入邵某家中，邵某轰赶其出去的时候，二人分别持锄头、铁锨及木棍互殴，邵某的殴打行为系杨某某持锄头非法侵入自己住宅拒不退出时的自我防卫行为，其主观是出于保护自己的住宅安宁权不受侵害，不存在故意伤害的故意，故应认定为正当防卫。

---

〔1〕“胡咏平故意伤害案”，载《中国刑事审判指导案例（侵犯公民人身权利、民主权利罪）》，法律出版社2009年版，第277页。

〔2〕参见阮齐林：《不退让和城堡规则在正当防卫制度中的运用》，载最高人民检察院第一检察厅编著：《最高人民检察院第十二批指导性案例适用指引（正当防卫）》，中国检察出版社2019年版，第167页。

第二种意见认为，邵某与杨某某属于互殴行为，杨某某进入邵某家中不能认定为正当防卫中的不法行为，邵某构成故意伤害罪。理由是：其一，基于中国农村特殊的居住环境，同村村民走街串户的行为属于联络感情、解决日常问题的常态。杨某某干完农活持锄头顺路进入邵某家中，属于正常进入邻居家的行为，与携带凶器非法侵入住宅的行为存在本质区别。其二，正当防卫中的不法行为，必须具有紧迫性、危险性，而杨某某非法进入他人住宅的行为，未对邵某人身实施紧迫的不法侵害，不属于正当防卫的不法行为。其三，邵某在轰赶杨某某的过程中，二人发生口角进而升级为肢体冲突的行为属于相互斗殴。杨某某进入邵某家中，邵某完全有机会且有能力采取合法的退避措施阻止，但邵某和杨某某并未控制自身情绪，相互持铁锨、木棍、锄头互殴，双方已经产生了斗殴、泄愤的故意，二人完整的冲突过程应认定为相互斗殴。

意见评析

笔者认为，杨某某非法进入他人住宅的行为不属于《刑法》第20条所规定的不法侵害，杨某某与邵某属于相互斗殴，邵某殴打杨某某的行为造成杨某某轻伤二级，不构成正当防卫，应以故意伤害罪追究刑事责任。主要理由如下。

第一，正当防卫在个案中的启动应当根据不法侵害的严重、紧迫程度宽严有别。也就是说，不法侵害应当具有紧迫性要件

虽然不少学者认为，刑法并未对不法侵害设置紧迫性门槛，但正当防卫是法律鼓励和保护的正当合法行为，体现的是“正义不向非正义低头的价值取向”〔1〕，是在紧急情况下保护合法权益的非常措施。在司法实践中仍要采取谨慎态度，如果把握过宽会造成防卫权的滥用。但是对不法侵害的紧迫性不能作过多的狭隘理解和判断，具体而言，只要存在正在进行的不法侵害，通常就应当认定为具有防卫紧迫性，不能把紧迫性限缩为造成人身伤害或者公共安全危险等重大后果。〔2〕在轻微的不法侵害场合，公民的生命和人身健康权利并未受到严重、紧迫的威胁，正当防卫在具体实施时仍可以

---

〔1〕 最高人民检察院第一检察厅编著：《最高人民检察院第十二批指导性案例适用指引（正当防卫）》，中国检察出版社2019年版，第2页。

〔2〕 参见指导意见起草小组等：《〈关于依法适用正当防卫制度的指导意见〉的理解与适用》，载《人民司法》2020年第28期。

选择其他较为宽缓的手段维权，在可避免损害的方式手段上，尽可能降低和减少对不法侵害人的损害。从维护整体社会秩序的前提出发，在面临不同程度的不法侵害行为时，正当防卫的启动条件应当有所区别。随着不法侵害危险、紧迫程度的升级，正当防卫的启动和限制应当随之放宽，直至在面对危及生命的严重不法侵害时启动无限防卫权。〔1〕正如最高人民法院、最高人民检察院发布的典型案例“刘金胜故意伤害案”中所明确的，“对于因恋爱、婚姻、家庭、邻里纠纷等民间矛盾激化或者因劳动纠纷、管理失当等原因引发的不法侵害，特别是发生在亲友之间的，要求优先选择其他制止手段，而非径直选择致人死伤的还击行为，符合人民群众的公平正义观念，契合我国文化传统。在认定是否属于正当防卫以及防卫过当时要综合案件具体情况、特别是被害方有无过错以及过错大小进行判断”〔2〕。

第二，对于非法侵入住宅等针对细小利益的不法侵害可以进行正当防卫，但不能一概认为成立正当防卫的起因条件

根据《关于依法适用正当防卫制度的指导意见》(以下简称《指导意见》)第5条规定，正当防卫的前提是存在不法侵害，既包括犯罪行为，也包括违法行为，不应将不法侵害不当限缩为暴力侵害或者犯罪行为。对于非法限制他人人身自由、非法侵入住宅等不法侵害，可以实行防卫。这是大前提，但是正当防卫的具体认定不是机械地适用法律，必然会受到国情和法律文化传统的影响。虽然西方国家普遍主张“城堡规则”，即认为防卫人的住宅是城堡，对侵入行为可以实施无限防卫；在我国理论上，对住宅权的保护也已经达成共识。但在当下中国，特别是农村地区，村民们多具有亲缘关系，是熟人社会的生存模式，住宅权绝对不可侵犯的观点相对较弱。〔3〕对于非法侵入住宅的案件不能不考虑情节直接认定正当防卫，要综合考虑特定的居住环境、生活交往习惯，以及被害人侵入住宅的动机、时间、方式、双方关系、力量对比等方面加以判断。

---

〔1〕 参见吴春妹、贾晓文:《正当防卫制度在轻罪案件中的适用规则》，载最高人民检察院第一检察厅编著:《最高人民检察院第十二批指导性案例适用指引(正当防卫)》，中国检察出版社2019年版，第184页。

〔2〕《刘金胜故意伤害案——滥用防卫权行为的认定》，载人民法院网2020年9月3日，https://www.chinacourt.org/article/detail/2020/09/id/5436041.shtml。

〔3〕 参见指导意见起草小组等:《〈关于依法适用正当防卫制度的指导意见〉的理解与适用》，载《人民司法》2020年第28期。

第三，注意把握互相斗殴与正当防卫的界限，既要防止滥用防卫权，也不能因为面对不法侵害时不加克制地进行反击就轻易得出互殴的结论，特别是邻里纠纷案件

正当防卫是制止不法侵害的正当行为，属于“正对不正”；而相互斗殴是相互加害的违法犯罪行为，属于“不正对不正”。二者外在表现具有相似性，特别是因琐事临时引发的斗殴，其实只是对多人相互实施暴力之行为的一种事实性甚至表象性的描述，无法完整揭示出法律对该行为的实质性评价，[1]要准确区分两者并非易事。根据《指导意见》第9条第1款规定，“准确区分两者要坚持主客观相统一原则，通过综合考量案发起因、对冲突升级是否有过错、是否使用或者准备使用凶器、是否采用明显不相当的暴力、是否纠集他人参与打斗等客观情节，准确判断行为人的主观意图和行为性质”，[2]判断行为人具有泄愤、立威等意图或者其他非法目的，还是具有防止自身或他人受到侵害的目的。在认定时要注意根据上述规定综合判断，不能简单依据其中某一项就断定属于正当防卫，避免出现“谁先动手谁就是不法侵害”“对打上门的还击就是正当防卫”的错误判断。对于因琐事发生争执，双方均不能保持克制而引发打斗，且无法判定究竟谁先动的手，双方均采用能够致人伤残的工具进行打斗，并对冲突升级存在明显过错的，应当认定双方是相互斗殴行为。另外，办理邻里纠纷案件，要注意社会关系的修复，实现政治效果、法律效果和社会效果的有机统一。对于婚姻家庭、邻里纠纷等民间矛盾的侵害行为，以及亲属之间发生的侵害行为，在认定防卫性质时要谨慎辨别，对于互有过错，由一般性争执升级为不法侵害的，应当查明细节，分清前因后果和是非曲直，审慎作出认定。[3]

本案中，杨某某虽在邵某要求离开时未及时、快速离开，但其非法侵入住宅的行为不属于成立正当防卫的起因条件。一方面，在我国传统农村熟人社会的环境中，同

---

〔1〕 参见陈璇:《正当防卫理念学说与制度适用》，中国检察出版社2020年版，第43页。

〔2〕《指导意见》第9条第2款、第3款也对因琐事发生争执时哪些行为可以认定为防卫行为作出了规定:“因琐事发生争执，双方均不能保持克制而引发打斗，对于有过错的一方先动手且手段明显过激，或者一方先动手，在对方努力避免冲突的情况下仍继续侵害的，还击一方的行为一般应当认定为防卫行为。”“双方因琐事发生冲突，冲突结束后，一方又实施不法侵害，对方还击，包括使用工具还击的，一般应当认定为防卫行为。不能仅因行为人事先进行防卫准备，就影响对其防卫意图的认定。”

〔3〕 参见最高人民检察院第一检察厅编著:《最高人民检察院第十二批指导性案例适用指引(正当防卫)》，中国检察出版社2019年版，第4页。

村村民间的走街串户行为是联络感情、解决日常问题的重要手段，符合正常居住交往习惯。杨某某并非特地出于报复心理“持械”非法侵入邵某家中找其理论，而是在地里干完农活之后在回家的途中携自己的农具锄头顺路经过邵某家。只是特定行为之后特定时间点的偶发情况，与持械非法侵入住宅所体现出来的主观恶意和客观危险紧迫性存在本质区别。另一方面，从侵入住宅的动机、时间、方式、双方关系、力量对比等方面来看，邵某与杨某某系邻居，案件起因是杨某某怀疑邵某拔了自家玉米苗一事而找其理论。案发时邵某为58岁，而杨某某已满75岁，杨某某在年龄、力量上均已不占优势，其于下午2点左右走进邵某家中，并未采取翻墙等过激方式。结合特殊的农村环境及进入的时间点，从邵某角度来讲，见到杨某某持锄头进入其家院内，不会威胁到邵某对其住宅的主权感，也不会使其自动认为其生命、健康等重大法益面临不可预测的风险，而引起不安。杨某某的侵入没有侵害升级、扩大的危险可能。邵某与杨某某在发生口角期间，二人仍有继续周旋、安抚和等待的余地，选择的不应是殴打的还击行为，而且其后升级为肢体冲突，杨某某持锄头捅划邵某眼部两下后，邵某回屋清洗伤口，并未理会杨某某是否离开，这也反映了当时邵某对于杨某某非法侵入其住宅的主观认知。

邵某与杨某某因口角升级为肢体冲突，应认定为相互斗殴。案件发生过程可以分为三个阶段，分别为语言冲突、第一次肢体冲突以及造成杨某某轻伤的第二次肢体冲突。语言冲突阶段的起因在于杨某某怀疑邵某拔苗并进入邵某家中理论，在此阶段，二人均有机会避免冲突升级，但是二人随即使用锄头、铁锨实现肢体冲突，对冲突升级均有过错。而后第一次肢体冲突结束，邵某回屋清洗伤口，期间杨某某在院内徘徊未离开，冲突本可结束，但邵某在屋内将铁锨换为木棍，至街门内侧驱赶杨某某，也表明了其主观上具有进一步伤害杨某某的故意，杨某某用锄头捅划邵某嘴部，邵某持木棍殴打杨某某左臂及后背，造成冲突再次升级并造成伤害后果，二人因小事纠纷明显采用不当的工具造成冲突升级，且均对冲突升级有过错，邵某殴打力度已经超过正常驱赶范围，具有一定的斗殴、泄愤的意图，属于相互斗殴。邵某持木棍殴打杨某某造成其轻伤二级的行为，构成故意伤害罪。

综上所述，正当防卫是在紧急情况下保护合法权益的非常措施，在轻微的不法侵害场合，公民的生命和人身健康权利并未受到严重、紧迫的威胁，正当防卫在具体实施时仍可以选择其他较为宽缓的手段维权，在可避免损害的方式手段上，尽可能降低和减少对不法侵害人的损害。对于非法侵入住宅等针对细小利益的不法侵害可以进行正当防卫，但不能一概认为成立正当防卫的起因条件，要综合考虑特定的居住环境、生活交往习惯，以及被害人侵入住宅的动机、时间、方式、双方关系、力量对比等方面加以衡量。要注意把握互相斗殴与正当防卫的界限，既要防止滥用防卫权，也不能因为面对不法侵害时不加克制地进行反击就轻易得出互殴的结论，也要注意社会关系的修复，实现政治效果、法律效果和社会效果的有机统一。

供稿：北京市昌平区人民检察院　罗秋仙　申芳旭

案例编辑：北京市人民检察院　张艳青

康某某非法侵入住宅案

——秘密侵入并占用他人家用仓储地下室能否认定为非法侵入住宅罪

基本案情

2016年12月，康某某在北京市丰台区彩虹城小区停车场帮陈某某看车，陈某某安排其居住在彩虹城4区3号楼2单元的一间地下室。但因该地下室未通电，康某某遂进入旁边马某某家的地下室。该地下室与马某某家位于一楼的住房相通，主要用于存放杂物包括床、衣物等，平时挂锁。马某某不经常进入地下室，最后一次是在2016年8月。康某某入住地下室后，将门锁更换，并使用地下室的电及部分杂物。2017年2月24日，马某某发现此事并报警。同年3月7日，马某某对康某某的行为表示谅解。

2017年3月9日，北京市公安局丰台分局以康某某涉嫌非法侵入住宅罪向北京市丰台区人民检察院移送审查起诉。2017年4月13日，丰台区人民检察院对康某某作出相对不起诉决定。

主要问题

1.作仓储用途的家用地下室能否认定为非法侵入住宅罪中的“住宅”？

2.采用秘密的方式擅自进入并占用的行为是否属于“非法侵入”？

意见分析

意见分歧

第一种意见认为，地下室并不是供人起居寝食的场所，对于用于仓储、存放物品的场所，不符合住宅的功能性特点。本案中，该地下室长期无人居住，甚至无人进入，不应当认定为住宅。而且，我国司法理论一般认为，非法侵入的行为是未经住宅权利人允许，不顾住宅权利人反对、劝告或阻拦，强行进入他人住宅或者进入后经住宅权利人要求退出后仍拒绝退出的，严重影响他人正常居住与生活安宁的行为。本案犯罪嫌疑人采用秘密的方式侵入并占用的行为，案发后及时搬出，不属于非法侵入行为。因此，应作出法定不起诉处理的决定。

第二种意见认为，地下室作为住宅的一部分，不能分而评价，虽然地下室一般作仓储用途，但家用地下室主要承载的还是日常生活的功能，应当区别于工业或商业仓库，可以认定为住宅。对于本案犯罪嫌疑人采用秘密的方式侵入并占用的行为，案发后及时搬出，不属于非法侵入行为，应作出法定不起诉处理的决定。

第三种意见认为，本案中的地下室可以认定为住宅，犯罪嫌疑人未征得他人同意擅自占用他人住宅数月，已经对被害人的生活安宁权利造成了侵害，构成非法侵入住宅罪。但因其行为未造成严重后果，且已取得被害人谅解，犯罪情节轻微，宜作出相对不起诉处理。

意见评析

笔者认为，犯罪嫌疑人康某某擅自占用他人家用仓储地下室的行为已经构成非法侵入住宅罪，但因犯罪情节轻微，可以作出相对不起诉处理。理由如下。

第一，地下室是否属于住宅，要从功能特征、场所特征等方面具体分析

从法理学上说，任何概念都是一个核心的含义，但也有不明晰的边界地带。[1]对于这些不明晰的边界地带，可以从法适用的角度，对法概念作出符合刑法教义学理念的解释。要判断地下室是否属于住宅，首先需要厘清“住宅”的含义，即对这一规范的构成要件要素的内涵和外延有较为清晰的认知。我国刑法理论及司法实践对于“非法侵入住宅”也是按照“入户”来探讨的，有关司法解释对“户”的规定在对认定非法侵入住宅罪的“住宅”时具有指导意义。对于“住宅”的认定，可以从上述特征入手予以分析。2005年6月8日印发的《最高人民法院关于审理抢劫、抢夺刑事案件适用法律若

〔1〕 参见［英］哈特：《法律的概念》，张文显等译，中国大百科全书出版社1996年版，第128页。

干问题的意见》中对“户”的范围作出了界定:“户”是指住所,其特征表现为供他人家庭生活和与外界相对隔离两个方面,前者为功能特征,后者为场所特征。

住宅应当具有承载日常生活的功能特征。住宅内要有能够满足基本生活的设施,且正在被用于起居寝食。如果新建商品房内刚刚把日常生活设备摆放好,还尚未入住的,即便业主意欲用于日常生活,也不宜认为具有此功能特征。使用次数越多、使用时间越长,则越可以证明承载了日常生活的功能。同时,也不能严苛地要求有人一直居住在此,偶尔居住或暂时不居住的情况,也应认定为住宅。但住宅不同于居室,二者是整体与部分的关系。居室是承载起居寝食辅助功能的房间,体现了住宅的主要功能,不过住宅还包括如院落、阁楼、阳台等其他配套设施或辅助场所。[1]包含居室的住宅在整体上具有了日常生活的功能特征,至于该住宅内其他非居室功能的房间,因为属于住宅的一部分而不可分割地承担着住宅的功能属性。家用地下室虽然大多作储藏存放用途,但与工业商业仓库不同,多是储藏生活用品,事实上承载了居住日常生活的功能,其整体服务于生活需要,具有住宅的功能特征,能够满足住宅的规范要素。

第二,在场所特征方面,住宅应当是与外界处于相对隔离、封闭状态的整体性场所

与外界隔离强调住宅的私密性,体现对个人法益的声张。住宅的整体性要求外在表现上呈现不可分的、一体式的特征。住宅并不等同于建筑物,对于内部结构、形式等大可不必深究。某空间是否属于住宅的一部分,判断时要看其是否与住宅主体实际相连或者有介质如墙壁、围栏将其环绕在主体内部。住宅的屋顶、周围相对封闭的围绕地同样属于住宅的空间范围,可以认定为住宅的一部分。地下室的结构分为不同形式,有的位于楼房底层且与住所不相连;有的与住所相连;有的作为独立被用作日常生活的空间使用。与住宅不相连的且不用于日常生活的,不能认定为住宅。如果地下室住着人,且能满足基本日常生活的必需,可以认为是承载了日常生活的住宅。与住所相连或院落范围内的家庭式地下室,可以认定为住宅。本案中,由于地下室与被害人马某某家位于一楼的住房相通,两个空间处于互通的状态,被害人可以随时选择进

---

〔1〕 参见伯阳:《德国公法导论》,北京大学出版社2008年出版,第99页。德国宪法就明确规定了住宅是指私生活的一个空间范围,认为住宅的范围还包括“住宅的附属空间,如地下室、阁楼、封闭的庭院”。

入，地下室属于住宅的一部分。

第三，采用秘密的方式擅自进入并占用他人住宅的，可以构成“非法侵入”

从司法实践来看，非法侵入他人住宅，常常与其他犯罪行为结合在一起，如非法侵入他人住宅后进行杀人、伤害、强奸等犯罪活动，非法侵入住宅是实施其他犯罪的手段行为。如果手段行为与结果行为均分别触犯不同罪名，则可以适用牵连犯的处罚原则，按照行为人旨在实施的主要罪行定罪量刑，不按数罪并罚处理。对于非法侵入他人住宅罪单独处罚定罪的情况，往往是采取暴力手段强行进入或者经劝阻拒不退出他人住宅的情形。如果采取秘密的手段擅自进入并占用他人住宅较长时间的，是否就不能认定为“非法侵入”了呢？

从本罪保护的法益来看，非法侵入住宅罪的对象是住宅，但刑法并不仅保护公民住宅等财产性权利，更多的是住宅背后的与居民生活息息相关的人身权益，对于不可能侵犯到人身权益的对象不应当纳入本罪的保护范围，这也是刑法将无人居住的空房、仓库等场所排除在“住宅”范围之外的原因。刑法学界对于非法侵入住宅罪所侵害的法益颇有争论，最具有代表性的两个学说为“新住宅说”和“住宅平稳说”。“新住宅说”认为非法侵入住宅罪侵犯的是他人住宅安全的权利，因此，只要进入住宅没有经过居住者同意，就构成本罪。〔1〕“住宅平稳说”认为单纯地侵害住宅权人的允诺权或滞留其住宅权利，并不构成本罪，只有在严重妨碍住宅权人的居住自由和生活安宁的时候才可能构成非法侵入住宅罪。〔2〕目前实践中较为常见的做法是主张“住宅平稳说”，即罪名成立需要情节严重，达到造成严重的危害后果，才能定罪处罚，对于情节较为轻微的，并不代表其行为性质不属于非法侵入住宅，只是按照刑法总则的规定，犯罪情节轻微的，可以不认为是犯罪。

从解释论考虑，对于法律条文的理解应遵循客观解释的原则，立法设立此罪意图保护的就是公民正常居住和生活安宁，无论是强行公开进入他人住宅还是秘密潜入他

〔1〕 参见高铭暄、马克昌：《刑法学》（第八版），北京大学出版社、高等教育出版社2017年版，第789页。

〔2〕 苏惠渔教授在其主编的《刑法学》中这样表述：“通常只是对那些非法侵入他人住宅，严重妨碍他人的居住与生活安宁，而又不构成其他犯罪的，才单独以非法侵入他人住宅罪论处。”参见苏惠渔主编：《刑法学》（第六版），中国政法大学出版社2016年版，第395页。

人住宅，并不区分是否构成非法侵入住宅罪的绝对法定标准，典型的公然违背居住者的意思而闯入的行为固然侵犯了法益，但秘密进入他人住宅的行为必然对居住者的居住安宁构成侵害，非法入户行为与公然闯入他人住宅的行为具有一定的同质性。随着民主、法治观念深入人心，整个法律体系更加注重对公民个人权利的保护，在实践中不应仅限于理论上解释的非法强行侵入他人住宅或者经要求拒不退出的情形。从有效惩治犯罪的刑事政策角度考虑，只要对他人生活安宁造成了实质的危害或者现实的危险而达到必须进行刑事处罚的程度，在不构成其他犯罪的情况下，该行为就可以认定为非法侵入住宅罪。在本案中，康某某虽然侵入了他人的住宅，但是其只使用了地下室的部分杂物，在经济上未对被害人造成严重损失，也并未严重扰乱被害人日常生活的平稳与安宁，作出相对不起诉的决定是妥当的。

综上所述，刑法意义上的“住宅”是具有特定社会实质内容和规范评价的综合概念。判断某空间是否属于住宅，要看其承载了日常生活的功能特征以及是否具有与外界相对隔离状态的场所特征。无论是采用强行公开的方式还是秘密潜入的方式侵入他人住宅，只要对他人生活安宁造成了实质的危害或者现实的危险而达到必须进行刑事处罚的程度，就可以认定为非法侵入住宅罪。

供稿：北京市丰台区人民检察院　李忆南　程晓溪

案例编辑：北京市人民检察院　张艳青

武某某虐待被看护人案

——保姆给婴儿喂食过量“安眠药”是否构成虐待被看护人，情节恶劣

基本案情

陈某甲于2019年9月7日出生，9月10日被接回家后由武某某照顾。9月11日，武某某在北京市朝阳区某小区内，趁夜间看护陈某甲期间，明知白色粉末系安定类药物，仍将该药物洒入奶瓶中给陈某甲喂食。后陈某甲父亲、姥姥发现陈某甲出现嗜睡不醒症状，并在婴儿房间发现武某某所使用的钙片罐子里有白色粉末，经北京高新博睿质检（毒检）中心检测，该白色粉末含地西泮成分。后陈某甲家属报案，武某某于当日被抓获，公安机关现场起获药品2个（内有白色粉末、白色药片）。经北京市公安司法鉴定中心鉴定，该药物中含地西泮成分；同时，从陈某甲送检血液中检测到地西泮（浓度为0.2 ug/ml）、去甲基地西泮。根据鉴定专家意见，陈某甲血液中0.2 ug/ml的药物浓度相当于成年人过量服用了1倍至2倍的地西泮药品。

北京市朝阳区人民检察院于2020年5月14日，对武某某以虐待被看护人罪向北京市朝阳区人民法院提起公诉。北京市朝阳区人民法院于同年8月14日判决武某某犯虐待被看护人罪，判处武某某有期徒刑一年六个月。

主要问题

保姆给婴儿喂食过量“安眠药”是否构成虐待被看护人，情节恶劣？

意见分析

意见分歧

第一种意见认为，虐待被监护人、看护人罪中的“虐待”与虐待罪中的“虐待”，

在语义射程上应当具有一致性。根据司法解释有关精神，虐待行为应当具有长期性、一贯性，故虐待被监护人、看护人罪中的“虐待”也应具有长期、一贯等特征。另外，向婴儿喂食镇静类药物，虽然可能会给婴儿的身体造成伤害，但除了使婴儿出现嗜睡症状外，并未检测出其他直接损害后果，故不宜认定为虐待被看护人罪。

第二种意见认为，“虐待”作为规范构成要件要素，需要结合价值判断和个罪特征，才能准确界定虐待行为。且虐待行为因个罪构成要件不同，呈现不同表现形态，但本质特征都是通过不法控制对被害人进行肉体上或者精神上的摧残、折磨。相较于成人，过量的镇静类药物将会对婴儿身体造成更大损害，此种损害是难以鉴定的，且可能是会产生持续性影响的，完全具备与“虐待”行为等价的人身损害性和社会危险性。因此，向婴儿喂食过量镇静类药物的行为应当认定为虐待被看护人罪。

意见评析

笔者同意上述第二种意见，理由如下。

第一，为防止婴儿啼哭给婴儿喂食过量“安眠药”，是虐待被监护人、看护人罪中虐待行为的表现形式之一，其行为性质与虐待行为相当

我国刑法分则中的虐待犯罪包括虐待被监管人罪、虐待罪和虐待被监护、看护人罪以及虐待俘虏罪、虐待部署罪。社会生活中的虐待行为具有多样性特点，如根据最高人民法院、最高人民检察院、公安部、司法部《关于依法办理家庭暴力犯罪案件的意见》规定，虐待行为常见手段包括殴打、冻饿、强迫过度劳动、限制人身自由、恐吓、侮辱、谩骂等；根据《最高人民检察院关于渎职侵权犯罪案件立案标准的规定》，虐待被监管人罪中的虐待行为包括殴打、捆绑、违法使用戒具，较长时间冻、热、晒、烤等。可见，虐待行为因个罪构成要件不同，呈现不同表现形态，但本质特征都是通过不法控制对被害人进行肉体上或者精神上的摧残、折磨。西药“安眠药”作为镇定类处方药，用药对象、用药剂量均有严格限制，不仅孕妇、妊娠期妇女、新生儿明确禁用，且成人也必须在正常剂量内服用，否则会产生严重副作用，甚至危及生命健康。本案中的保姆严重违反用药禁忌，给刚出生五天的婴儿喂食过量的“安眠药”（西地泮片），导致婴儿出现嗜睡不醒等情状，其不法控制手段与伤害身体、折磨精神等虐待手段具有相当性、等价性。

第二，虐待被监护人、看护人罪中的虐待行为不应以持续性、经常性为必要条件

目前主流观点认为，“第二百六十条第一款的虐待，应当具备经常性、一贯性”[1]。笔者认为，该说法具有一定合理性。因为虐待罪与其他虐待犯罪不同，虐待罪保护的是家庭成员的人身民主权利，不同于被监管人、被监护人、部属、俘虏等明确的监管、管理等关系，家庭成员之间是一种基于血缘、收养等联系而联结在一起的长期共同生活关系体，家庭成员之间有相互抚养、扶养的义务，长期的家庭生活容易产生争执，如果将偶尔一两次的管教、殴打等行为定义为虐待，不利于婚姻家庭关系的稳定。对虐待行为加以限制，有利于准确区分罪与非罪的界限。但是，对于虐待被监护人、看护人罪等其他虐待犯罪，不应要求虐待行为必须具有经常性、一贯性。首先，刑法和司法解释目前均未将“持续性、长期性”作为虐待行为的要素之一，《关于依法办理家庭暴力犯罪案件的意见》，也只是将“持续时间长、次数较多”作为《刑法》第260条第1款规定的虐待“情节恶劣”的认定条件之一。针对特殊对象实施的虐待行为，虐待一方与被害一方本身地位悬殊，弱势一方甚至不具备反抗意识和反抗能力，待到犯罪行为被发现时，虐待行为的危害后果早已相当严重且无法挽回。在此情况下，基于对弱势群体的法益保护的目的，不应对虐待行为的时间、频次过多限制。其次，从法定刑设置、入罪条件上能够看出，针对特殊对象的虐待犯罪的法定刑和入罪标准明显要高于虐待罪，虐待行为要素相应有所差异，更加符合罪刑相适应原则。最后，对虐待行为作出差异解释，并不违反体系解释原则。相同的词语由于其所处语境、所保护法益等方面的不同，对其具体含义的解读可能会有所不同。而这也是保证刑法体系性的基本要求，是体系解释在刑法解释中的具体应用。比如，同样是暴力，抢劫罪的暴力手段可以包括故意杀人行为，而强奸罪受制于其对妇女性自主权利的法益保护目的，其暴力手段不应包括故意杀人行为[2]。

第三，“情节恶劣”的认定需要结合客观要素和主观要素进行综合考量和确定

本案保姆严重违反用药禁忌，向新生儿喂食“安眠药”，且超过成人用量，手段残忍，动机卑劣，可以认定为虐待被看护人，情节恶劣。对于“情节恶劣”的具体情形，目前尚无司法解释予以明确。参考《关于依法办理家庭暴力犯罪案件的意见》所列举

---

〔1〕 张明楷：《刑法学（下）》（第五版），法律出版社2016年版，第911页。

〔2〕 参见王思维：《论虐待被监护、看护人罪的适用》，载《上海法学研究》2019年第3卷。

的《刑法》第260条第1款规定的虐待情节恶劣的情形，主要应从虐待行为本身、行为对象、行为动机和目的、行为后果等方面进行综合判断，如虐待时间较长，次数较多，虐待手段和方法残忍，虐待造成被害人轻微伤或者患较严重疾病等。一般来说，其中一个情节要素达到恶劣的程度，就可以认定为情节恶劣，不要求全部情节要素都达到情节恶劣的程度。本案中，虐待对象为刚出生五天的新生儿，新生儿期是最为脆弱的生命阶段，发病率、死亡率较高，新生儿肝、肾功能均不佳，各种药物进入身体以后，易出现不良效果。本案保姆无视新生儿的身体特性，为防止其啼哭，向其喂食的镇定类药物明确为新生儿禁用，其中含有的“地西泮”成分已于2017年10月27日被世界卫生组织国际癌症研究机构公布的致癌物清单初步整理参考，纳入3类致癌物清单中。[1]根据专家鉴定意见，被害人血液中检测到的地西泮浓度（0.2 ug/ml）、去甲基地西泮，相当于成年人过量服用了1倍至2倍的地西泮药品。根据社会一般认知，成年人过量服用镇静类药物都有可能对身体造成损伤（如有人通过吞服大量镇静类药物的方式自杀），而婴儿对药物的身体承受能力和代谢能力远不如成人，其过量服用镇静类药物，对身体的损伤无疑更大，且此种损害既可能是一时性的，也可能是持续性的，甚至可能是永久的。虽然目前尚无证据证实虐待行为对婴儿造成的直接损伤后果，但行为后果并不是情节恶劣的唯一考量因素。就行为本身而言，行为人实施的虐待行为对被害人生命健康具有现实、紧迫的危险；同时，由于手段隐蔽，不易被发觉，更加具有潜在的多发危险。如果不是因婴儿出现嗜睡不醒症状及时被发觉，该行为可能引发的损害后果将是不可估量的，故应当认定已达到情节恶劣的程度。

综上所述，本案中，武某某向婴儿喂食过量“安眠药”，其行为与虐待行为性质相当，手段残忍，动机卑劣，应以虐待被看护人罪定罪处罚。

供稿：北京市朝阳区人民检察院　李雨聪　郭一帆

案例编辑：北京市人民检察院　何祎

〔1〕 参见“地西泮”，载百度百科，http://baike.baidu.com/item/地西泮，最后访问时间2021年12月3日。

四、侵犯财产罪

阿某某抢劫案

——“携带凶器盗窃”与转化抢劫的认定

基本案情

阿某某于2016年3月20日23时许，在北京市朝阳区小红门乡红坊路路边，趁无人之机，用随身携带的“一”字型螺丝刀将徐某某停放在此处的“尼桑天籁”轿车右后侧车窗玻璃撬碎，钻入车内窃得人民币6元。后被前来取车的徐某某发现，在逃跑过程中为抗拒抓捕，阿某某用螺丝刀扎向徐某某腹部，徐某某躲开了攻击，螺丝刀扎在路边墙上折断，后徐某某将阿某某制服。作案使用的螺丝刀已被起获。

据查，阿某某曾因盗窃于2013年11月11日被北京市公安局朝阳分局行政拘留十四日；因犯盗窃罪于2014年7月1日被北京市西城区人民法院判处拘役六个月；因犯盗窃罪于2015年被北京市海淀区人民法院判处有期徒刑九个月，并于2015年7月17日刑满释放。

北京市朝阳区人民检察院于2016年7月18日以阿某某涉嫌抢劫罪向朝阳区人民法院依法提起公诉，朝阳区人民法院作出判决，认定阿某某犯抢劫罪，判处有期徒刑二年，并处罚金。

主要问题

“一”字型螺丝刀能否属于“携带凶器盗窃”中的“凶器”？盗窃后为抗拒抓捕而使用“一”字型螺丝刀的，能否构成转化型抢劫中的“使用凶器或以凶器相威胁”？

意见分析

意见分歧

第一种意见认为，阿某某构成盗窃罪和抢劫罪。理由是：携带凶器盗窃与携带凶器抢夺中的“携带凶器”应作相似性理解。即只要外观上使人产生危险感，客观上具有杀伤力的器物，且该器物处于随时可使用的状态，都可以被评价为凶器。其为了实施违法犯罪行为，在夜晚携带“一”字型螺丝刀盗窃他人停放在路边的汽车中的财物，“一”字型螺丝刀是作案工具，具有一定的杀伤力，属于“为了实施违法犯罪携带其他足以危害他人人身安全的器械”，应认定为凶器。行为人的行为属于携带凶器盗窃，且携带凶器盗窃构成盗窃罪，不以数额较大为前提，因此被告人构成盗窃罪。盗窃后，其为抗拒抓捕，又使用该“一”字型螺丝刀进行反抗，构成抢劫罪（转化型），应当以抢劫罪追究刑事责任。

第二种意见认为，阿某某不构成犯罪。理由是:其携带的“一”字型螺丝刀是其盗窃他人汽车中财物的作案工具，盗窃行为发生在深夜，且周围并没有人在，没有伤人的可能。根据司法解释对“携带凶器盗窃”的认定标准，不能认定为凶器。本案中，被告人仅盗窃6元，数额远未达到入罪标准。因此，被告人不构成盗窃罪。与此同时，在同一案件中，其使用该螺丝刀抗拒抓捕时，就该螺丝刀是否属于“凶器”不能做出相反的评价。被告人的行为既不能认定为“携带凶器盗窃”的盗窃罪，也不能认定为转化型抢劫，而应给予行政处罚。

第三种意见认为，阿某某构成抢劫罪。理由是:其携带的“一”字型螺丝刀在盗窃行为中应属于作案工具，不宜认定为“凶器”。在逃跑过程中使用该螺丝刀抗拒抓捕，欲扎向被害人腹部以致螺丝刀折断的行为，根据最高人民法院《关于审理抢劫、抢夺刑事案件适用法律若干问题的意见》关于转化抢劫的认定意见，行为人实施盗窃、诈骗、抢夺行为，未达到“数额较大”，为窝藏赃物、抗拒抓捕或者毁灭罪证当场使用暴力或者以暴力相威胁的，具有“使用凶器或以凶器相威胁的”等情节之一的，可依照《刑法》第269条的规定，以抢劫罪定罪处罚。因此，本案中，被告人在仅窃得6元人民币的情况下，虽未达到“数额较大”标准，但其使用凶器抗拒抓捕，足以危害他人人身安全，故该螺丝刀应当认定为“凶器”，行为人构成转化型抢劫，应当以抢劫罪追究刑事责任。

意见评析

笔者同意第三种意见，行为人构成抢劫罪，理由如下。

第一，"携带凶器盗窃"中"凶器"的认定，要结合行为人携带器械的目的、足以危害人身安全的一般性判断标准及个案的具体情况进行综合判断

携带凶器盗窃不仅侵犯了公私财产的所有权，而且对被害人的人身也构成了潜在威胁。这种行为以暴力为后盾，对他人的人身形成严重威胁，因此2013年下发的《最高人民法院、最高人民检察院关于办理盗窃刑事案件适用法律若干问题的解释》第3条第3款对"携带凶器盗窃"作为单独一种盗窃犯罪情形予以规定，明确"携带枪支、爆炸物、管制刀具等国家禁止个人携带的器械盗窃，或者为了实施违法犯罪携带其他足以危害他人人身安全的器械盗窃的，应当认定为'携带凶器盗窃'"。对于"枪支、爆炸物、管制刀具等国家禁止个人携带的器械"在性质上因具有较大的杀伤力，国家禁止流通，认定为凶器较为符合社会一般的认知。有争议的是"为了实施违法犯罪而携带的其他足以危害他人人身安全的器械"这一类凶器的认定，因为这些物品单纯从性质上并不具备凶器的特征或者作为凶器的特征不明显。若依正当用途使用，则不具有杀伤力；若被当作凶器使用时便具有杀伤力，如砖块、硫酸、螺丝刀、钳子等物品。上述物品是否为凶器，该物品是否达到与枪支等国家禁止个人携带的器械相当的且在客观上足以危害他人人身安全的属性，要结合行为人对该物品的使用方法及使用目的加以判断。我国学者提出可以考虑以下几个方面的因素：（1）物品杀伤机能的高低。某种物品的杀伤机能越高，被认定为凶器的可能性越大。（2）物品供杀伤他人使用的盖然性程度。（3）根据一般社会观念，该物品所具有的对生命、身体的危险感的程度。当不具有持有资格的人持有枪支时，一般人会产生很强的危险感，即可认定为凶器。（4）物品被携带的可能性的大小。[1]上述观点具有较强的参考价值。如果器械仅具有破坏其他物品的特性而不具有致人伤亡的功能，一般不应被认定为凶器；如果某一物品客观上没有危险性，人们加以使用后才具有危险性的，一般也不宜认定为凶器。如绳子，若将其认定为凶器，那么凡系着腰带、领带的人实施盗窃，均可能被认定为携带凶器盗窃，这与人们的法观念相违背。

---

〔1〕 高翼飞：《非数额型盗窃罪法律适用问题研究——兼评〈刑法修正案（八）〉第39条对司法实践的影响》，载《中国人民公安大学学报（社会科学版）》2013年第5期。

在对“凶器”认定过程中要结合个案中的具体情况予以分析，作案时间、作案地点等都可能导致对同一器械的认定产生不同的结论。例如，行为人携带削铅笔用的小刀实施盗窃，其在深夜实施盗窃的危险性远大于在白天实施的危险性；在偏僻的小巷实施盗窃的危险性远大于在普通的街道上实施的危险性。因此，司法实践中还要结合个案的具体情况对涉案器械是否属于“其他足以危害他人人身安全的器械”作出判断。具体到本案，行为人虽然是为了实施盗窃行为而携带螺丝刀，但是螺丝刀的杀伤机能较低，供杀伤他人使用的盖然程度较低，对生命、身体的危险感程度也较低。行为人选择在23时左右许盗窃他人停放在路边的车辆中的财物，不被发现的可能性较大，其将螺丝刀作为作案工具使用的意图较为明显。因此，在实施盗窃行为的阶段，螺丝刀不宜评价为“凶器”，行为人的行为不属于携带凶器盗窃，而只能认定为一般盗窃行为。

第二，行为人虽然不构成盗窃罪既遂，但其实施盗窃行为当场为了抗拒抓捕，使用足以使他人的人身安全处于现实、紧迫的危险状态的器械，可以认定为使用凶器或者以凶器相威胁的，从而构成转化型抢劫

最高人民法院2016年印发的《关于审理抢劫刑事案件适用法律若干问题的指导意见》关于转化型抢劫犯罪的认定中指出，根据《刑法》第269条的规定，“犯盗窃、诈骗、抢夺罪，为窝藏赃物、抗拒抓捕或者毁灭罪证而当场使用暴力或者以暴力相威胁的”，依照抢劫罪定罪处罚。其中，“当场”是指在盗窃、诈骗、抢夺的现场以及行为人刚离开现场即被他人发现并抓捕的情形。如果犯罪分子在逃离现场时被人发现，在受到追捕或者围堵的情况下使用暴力的，也应视为当场使用暴力。如果犯罪分子作案时没有被及时发现，而是在其他时间、地点被发现，在抓捕过程中行凶拒捕或者在事后为掩盖罪行杀人灭口的，不适用该条规定，应依其行为所触犯的罪名定罪。“使用暴力或者以暴力相威胁”，是指犯罪分子对他人故意实施撞击、殴打、伤害等危及人体健康和生命安全的行为或者以立即实施这些行为相威胁。“犯盗窃、诈骗、抢夺罪”，主要是指行为人已经着手实施盗窃、诈骗、抢夺行为，一般不考察盗窃、诈骗、抢夺行为是否既遂。但是所涉财物数额明显低于“数额较大”的标准，又不具有《关于审理抢劫、抢夺刑事案件适用法律若干问题的意见》第5条所列五种情节之一的，不构成抢劫罪。

《关于审理抢劫、抢夺刑事案件适用法律若干问题的意见》中第5条所列的五种情节之一即为“使用凶器或者以凶器相威胁的”。笔者认为，此处在转化抢劫中的“凶器”，对于除国家明确禁止个人携带的器械之外的物品，应该结合行为时的具体情况，判断行为人是否对他人的人身安全产生紧迫的危险性。对于以摆脱的方式逃脱抓捕，暴力强度较小，未造成轻伤以上后果的，可不认定为“使用暴力”，不以抢劫罪论处。对于本案，行为人在盗窃当场被前来取车的徐某某发现，行为人在逃跑过程中为抗拒抓捕，用螺丝刀扎向徐某某腹部，徐某某躲开了攻击，螺丝刀扎在路边墙上并折断。可以看出行为人所使用的螺丝刀扎向被害人的力度较大，且近距离的肢体接触，“一”字型螺丝刀在此种情况下具有较强的杀伤性能，能够对一般人产生很强的危险性。虽然尚未造成轻伤以上的后果，但其行为的暴力程度已经使被害人的人身安全处于现实、紧迫的危险状态，可以认定为其使用凶器或以凶器相威胁，行为的性质转换为抢劫。

第三，“携带凶器盗窃”中的“携带”的认定，不要求行为人显示、暗示凶器，不要求行为人对被害人实际使用凶器或随时使用凶器的可能性

携带，是指将某种物品带在身上或者置于身边附近，将其置于现实的支配之下的行为。携带意味着行为人在实施盗窃行为时随时可以将凶器加以使用。主观上，不要求行为人具有随时对人使用的意思。换言之，即使行为人仅具有对物使用的意思而携带凶器盗窃的，也能认定为携带凶器盗窃。对“携带”作严格认定主要是考虑行为人在实施盗窃时，可以对凶器随时使用，客观上增加了被害人身体受侵害的可能性；如果行为人在实施盗窃时对凶器无法加以有效支配、使用，则不宜认定为携带。例如，甲乙结伙实施盗窃，甲负责望风，乙前去盗窃，望风的甲随身带有凶器，前去盗窃的乙却赤手空拳，此种情况下不宜认定为携带凶器盗窃。

供稿：北京市朝阳区人民检察院　王书伟

案例编辑：北京市人民检察院　张艳青

张某某抢劫案

——转化型抢劫中转化情节与法定刑升格情节并存如何处理

基本案情

张某某，曾因犯投放危险物质罪，于2003年11月10日被判处有期徒刑六年，于2009年6月27日刑满释放。因盗窃，于2012年9月23日被治安拘留十五日。

2012年7月31日，张某某在门头沟区仰山栖隐寺田某某的办公室内，窃取4000元现金和1条玉溪香烟。2013年8月11日12时许，张某某翻墙进入房山区韩村河镇张某英家，盗取现金60元、三星牌手机1个（经鉴定价值人民币50元）、杂牌手机1个、戒指2个等物品。同日17时许，张某某翻墙进入房山区韩村河镇李某某家，盗取人民币2000余元、卡西欧数码相机1个（经鉴定价值人民币360元）、公交卡1张。

2013年8月11日17时许，张某某翻墙进入许某某位于房山区韩村河镇的家中，入室进行盗窃。当张某某在屋内行窃，盗取现金300余元后，被回到家中的许某某当场发现。许某某遂准备从屋外将张某某反锁在屋内。张某某见状遂将许某某拉进屋内，将许某某按倒在地上，掐住脖子，并用布堵住其嘴，同时试图用背包带将其捆住。在许某某的激烈反抗下，捆绑未能得逞，堵在口中的布也被吐出。张某某见状又用吐出的布勒许某某的脖子。后由于许某某高声呼救，张某某又试图使用螺丝刀扎刺，但螺丝刀又在打斗过程中被许某某夺下。后张某某遂逃离现场。在双方扭打过程中，张某某造成许某某眼外伤、左眼钝挫伤、左侧上颌骨额突骨折、牙震荡，经北京市公安司法鉴定中心于2013年8月23日鉴定为轻伤，后经补充鉴定为轻微伤。民警于当日，在许某某家外的玉米地中将张某某抓获归案。

2014年3月21日，北京市房山区人民检察院以张某某涉嫌抢劫罪、盗窃罪提起公诉。同年4月28日，北京市房山区人民法院以张某某犯抢劫罪，判处有期徒刑五年，并处罚金人民币5000元；犯盗窃罪，判处有期徒刑六个月，并处罚金人民币5000元。决定执行有期徒刑五年三个月，并处罚金人民币10,000元。同年5月9日，房山区人民检察院以“适用法律不当，量刑畸轻”为由提出抗诉，北京市人民检察院第二分院支持抗诉。6月26日，北京市第二中级人民法院经审理后认为，张某某入户抢劫，多次盗窃、入户盗窃，原判适用法律有误，量刑不当，依法改判：判处张某某犯抢劫罪，判处有期徒刑十一年，剥夺政治权利二年，并处罚金人民币22,000元；犯盗窃罪，判处有期徒刑一年，并处罚金人民币1000元；决定执行有期徒刑十一年六个月，剥夺政治权利二年，并处罚金人民币22,000元。

主要问题

入户盗窃过程中使用暴力致人轻微伤，转化为抢劫罪后，能否认定为“入户抢劫”？

意见分析

意见分歧

张某某入户盗窃他人财物，为抗拒抓捕而当场使用暴力，致人轻伤，已构成转化型抢劫罪，且多次盗窃他人财物，数额较大，其行为已构成盗窃罪，依法应予数罪并罚。但因为张某某同时具有“入户”和“使用暴力致人轻微伤以上后果”两项转化抢劫情节，入户盗窃过程中使用暴力致人轻微伤，转化为抢劫罪后，是否认定为“入户抢劫”？即如何准确选择与适用转化情节与法定刑升格情节就成为本案的关键问题。

第一种意见认为，构成转化型抢劫罪的前提是现行行为构成盗窃罪。张某某入户盗窃300元，数额达不到盗窃罪的入罪标准，其行为之所以构成盗窃罪是因为存在入户行为，如果其在户内实施暴力转化为入户抢劫，系对入户行为的重复评价，违反了法律规定的禁止双重评价原则，入户盗窃转化为抢劫的犯罪社会危害性要小于为抢劫而入户的犯罪，如果认定张某某为入户抢劫，会造成罪责刑不适应，故张某某不构成入户抢劫。

第二种意见认为，尽管刑法分则对转化型抢劫的表述是“犯盗窃、诈骗、抢夺罪”，但这并不意味着行为人的行为必须在构成上述相关犯罪的情形下，才能符合转化条件，只要行为人有实施犯盗窃罪、诈骗罪、抢夺罪的行为与主观故意即可。张某某转化抢劫的前提不是“入户”盗窃，而是实施了盗窃行为。因此，并不存在对“入户”重复评价的问题，按照2016年最高人民法院《关于审理抢劫刑事案件适用法律若干问题的指导意见》（以下简称2016年《抢劫意见》）的规定，由于其暴力行为发生在户内，应当评价为入户抢劫。〔1〕

意见评析

笔者同意第二种意见，本案应当将“入户”情节作为抢劫罪的法定刑升格情节，理由如下。

第一，适用转化型抢劫罪时要正确理解和把握转化条件

注意把握犯罪成立条件与犯罪既遂之间的区别，“犯……罪”主要是指行为人已经着手实施盗窃、诈骗、抢夺行为，并不当然代表犯罪既遂，一般不考察行为是否既遂。按照2005年最高人民法院《关于审理抢劫、抢夺刑事案件适用法律若干问题的意见》（以下简称2005年《两抢意见》）第5条规定，行为人实施盗窃、诈骗、抢夺行为，未达到“数额较大”，为窝藏赃物、抗拒抓捕或者毁灭罪证当场使用暴力或者以暴力相威胁，情节较轻、危害不大的，一般不以犯罪论处；但具有相关情节之一的，可依照《刑法》第269条的规定，以抢劫罪定罪处罚。可以看出，2005年《两抢意见》实际上已经将所涉财物数额明显低于数额较大又不具有相应情节的情形排除在外。“为抗拒抓捕或者毁灭罪证而当场使用暴力”既包括取得财物后为抗拒抓捕或毁灭罪证而使用暴力的情形，也当然包括未取得财物的情形，盗窃未遂的行为存在转化为抢劫罪的条件。况且抢劫罪的成立没有数额限制，因此事后抢劫也不应有数额要求。

第二，将“入户”情节作为抢劫罪的法定刑升格情节评价并不违反禁止双重评价原则

首先，从立法本意方面分析，将“入户抢劫”作为法定刑升格情节是基于刑法对

---

〔1〕 2016年《抢劫意见》关于转化型抢劫犯罪的认定：入户或者在公共交通工具上盗窃、诈骗、抢夺后，为了窝藏赃物、抗拒抓捕或者毁灭罪证，在户内或者公共交通工具上当场使用暴力或者以暴力相威胁的，构成“入户抢劫”或者“在公共交通工具上抢劫”。

公民住所的生活安宁权以及家庭生命财产的重点保护。住所作为公民在社会生活中的“最后港湾”，承载着对公民个体极为重要的生存与生活属性，发挥着“避风港”的作用。侵害公民的住宅安宁，将极大地造成公民的不安与社会的恐慌氛围。同时，由于住所具有相对封闭的特征，在住所内实施抢劫行为，对被害人的压制与人身财产安全的侵害程度也远远高于普通场合的抢劫行为。同时，将“入户”情节作为转化抢劫情节考虑违背《刑法修正案（八）》设立入户盗窃的立法目的，造成法律适用不均衡。《刑法修正案（八）》中对盗窃罪以传统数额作为认定标准进行了重大变革，将“入户盗窃”等行为作为构成盗窃罪的条件之一，其目的在于重点突出刑法对公民住所安宁权的保护。在本案中，如果将“入户”情节作为盗窃罪成立的情节予以评价，在表面上看似符合了《刑法修正案（八）》的规定，但在实质上造成了“重罪轻判”的事实。原本为保护公民住宅安宁的立法初衷，反而不能在量刑上予以体现。故原判对相关情节的解释方式造成了相关法条之间的不协调，导致量刑不均衡。

其次，从现有司法解释规定来看，根据2005年《两抢意见》第5条规定，对于“入户或在公共交通工具上盗窃、诈骗、抢夺后在户外或交通工具外实施上述行为的”，可依照《刑法》第269条的规定，以抢劫罪定罪处罚；按照2000年《最高人民法院关于审理抢劫案件具体应用法律若干问题的解释》第1条第2款、2005年《两抢意见》第1条和2016年《抢劫意见》的规定，入户或者在公共交通工具上盗窃、诈骗、抢夺后，为了窝藏赃物、抗拒抓捕或者毁灭罪证，在户内或者公共交通工具上当场使用暴力或者以暴力相威胁的，构成“入户抢劫”或者“在公共交通工具上抢劫”。简言之，入户盗窃只要当场实施暴力抗拒抓捕，即可转化为抢劫罪。如果暴力发生在户外，则转化为普通抢劫；如果暴力发生在户内，则同时认定为入户抢劫，在定罪量刑方面上已经形成了渐进式体系。如果仅将“入户”情节作为转化抢劫情节考虑，将导致量刑情节评价不充分。

最后，在量刑过程中适用相关情节，同样要遵循充分评价原则。所谓充分评价原则，是指在不违反双重评价原则的基础上，对案件中全部涉案情节在其所对应的量刑幅度方面进行相应的评价，不得遗漏或减少量刑。具体到本案，如果将“入户”情节作为转化抢劫情节，则“致人轻微伤以上情节”就成为抢劫罪中的非法定刑升格情节，对被告人的量刑只能在三年以上十年以下量刑，由于其抢劫数额较少（仅为300元人民币），即使存在致人轻微伤情节，对其量刑也很难在五年以上。而如果将“入户”情节作为法定刑升格情节，则对被告人的量刑应当在十年以上有期徒刑量刑。因此，两种不同的认定标准对于被告人的量刑有明显影响。具体到本案，由于行为人已实施盗窃行为，故可以将“使用暴力致人轻微伤以上后果”作为抢劫罪的转化情节，认定行为人构成抢劫罪。

第三，要判断行为是否属于“以摆脱的方式逃脱抓捕”的情形

2016年《抢劫意见》关于转化型抢劫犯罪的认定中规定，对于以摆脱的方式逃脱抓捕，暴力强度较小，未造成轻伤以上后果的，可不认定为“使用暴力”，不以抢劫罪论处。虽然这一司法解释出台于2016年，对于已经有生效判决的张某某抢劫案并不适用，但通过对“摆脱方式逃脱抓捕”进行分析，笔者认为，本案从内容上看认定为入户抢劫并不违背2016年《抢劫意见》认定的精神。2016年《抢劫意见》将摆脱行为与主动采取暴力或以暴力相威胁的行为区别开来，并对暴力程度不明显的摆脱行为提高入罪门槛，即以造成轻伤以上后果为依据。这一规定将暴力程度不明显的摆脱行为不认为是典型的使用暴力或者以暴力相威胁行为。以摆脱方式逃脱抓捕，其中用语是“摆脱”和“逃脱”，而非“抗拒”抓捕，体现的是一种主动“逃脱”、被动“抗拒”的状态，其中对于被害人或者抓捕人造成的伤害更接近过失或者间接故意，而不能是直接故意。笔者认为，实践中可以行为人是否对抓捕者故意实施殴打或者伤害等危及人身健康或者生命安全的行为，或者以实施这种暴力相威胁为区分标准，而不能仅以给被害人、抓捕人最终造成的伤情结果来反推行为人是否属于“以摆脱方式逃脱抓捕”。具体到本案，张某某在许某某准备从屋外将张某某锁在屋内时，并非夺门而逃，而是主动将许某某从屋外拉进了屋内，接连实施了按倒在地、掐脖子、堵嘴、捆绑身体、用布条勒脖子、试图用螺丝刀扎伤等行为，造成了被害人多处眼外伤、颌骨额突骨折、牙震荡。经鉴定为轻伤后，由于新的伤情鉴定标准颁布实施，经补充鉴定评定为轻微伤。从张某某的一系列主动殴打行为到对被害人身体所造成的多处伤害来看，张某某对被害人实施的是直接、猛烈、主动的攻击行为，对被害人人身安全具有较大危害性。因此，不属于2016年《抢劫意见》中规定的“以摆脱的方式逃脱抓捕”的情形。

第四，量刑上要综合评价犯罪手段、次数与频率以及造成的危害后果等方面

张某某于2012年至2013年8月11日，分别实施数起盗窃行为，且盗窃现金6400余元，同时窃得照相机、手机、公交卡、戒指、香烟等价值400余元的物品。根据《最高人民法院、最高人民检察院关于办理盗窃刑事案件适用法律若干问题的解释》第3条的规定，张某某二年内盗窃三次，符合“多次盗窃”标准；进入被害人张某英、李某某的家中实施盗窃，符合“入户盗窃”标准；曾因故意犯罪被判处有期徒刑，刑罚执行完毕后五年内又故意再犯新罪，系累犯应当从重处罚。同时，2012年9月23日因盗窃被行政拘留十五日，可以酌情从重处罚。

根据最高人民法院2013年12月23日发布的《关于常见犯罪的量刑指导意见》〔1〕规定，“对于累犯，应当综合考虑前后罪的性质、刑罚执行完毕或赦免以后至再犯罪时间的长短以及前后罪罪行轻重等情况，增加基准刑的10%～40%，一般不少于3个月”。“对于有前科的，综合考虑前科的性质、时间间隔长短、次数、处罚轻重等情况，可以增加基准刑的10%以下。”对于盗窃犯罪，根据《北京市高级人民法院〈关于常见犯罪的量刑指导意见〉实施细则》规定，达到数额较大起点的，可以在三个月拘役至九个月有期徒刑幅度内确定量刑起点。盗窃数额每增加2500元，可以增加一个月刑期。多次盗窃与入户盗窃的，每增加一次或一种情形，可以增加一个月至三个月刑期。故对张某某盗窃罪的量刑应当为：【5个月（起点刑）+1个月（增加盗窃数额）+4个月（多次盗窃）+2个月（入户盗窃）】×【1+0.3（累犯）+0.05（同类型前科）−0.05（如实供述部分事实）】=12个月×1.3=15.6个月≈16个月。故根据上述公式计算，对张某某所犯盗窃罪的量刑应当为一年四个月。

供稿：北京市房山区人民检察院　周媛媛

案例编辑：北京市人民检察院　张艳青

---

〔1〕 最高人民法院《关于常见犯罪的量刑指导意见》分别于2017年3月、2021年6月进行了修订，两次修订中，关于累犯和有前科的规定未发生改动。

王某甲盗窃案

——开始入户是否就属于“入户盗窃”实行行为的着手

基本案情

2019年2月11日3时许，王某甲在北京市丰台区右外玉林里59号楼下何某居住的平房外，徒手将平房后窗的钉子拔掉并将窗户玻璃卸下，后又将窗户打开准备进入室内盗窃时，被何某当场发现并叫至门口询问，王某甲称欲进入房间要水喝。何某之妻王某乙报警后在现场抓获王某甲。

北京市公安局丰台分局于2019年5月15日以王某甲涉嫌盗窃罪向北京市丰台区人民检察院移送审查起诉。北京市丰台区人民检察院于2019年6月6日以王某甲涉嫌盗窃罪向北京市丰台区人民法院提起公诉。北京市丰台区人民法院于2019年6月18日判决指出，王某甲系盗窃未遂。鉴于王某甲曾因故意犯罪被判处有期徒刑以上刑罚，但不思悔改，在刑满释放后五年内再犯应当判处有期徒刑以上刑罚之罪，系累犯，应从重处罚。判决王某甲犯盗窃罪，判处有期徒刑六个月，并处罚金人民币1000元。

主要问题

本案涉及的主要争议问题是如何认定被告人入户盗窃的犯罪形态？

意见分析

意见分歧

第一种意见认为，被告人王某甲以盗窃的故意实施卸窗行为，而未能实际进入被害人家中实施盗窃行为，故应当认定入户盗窃的行为尚未着手，而处于制造条件的阶段，且被告人并非自动放弃犯罪或自动有效防止犯罪结果发生，系盗窃预备。

第二种意见认为，应当以实施着手侵入“户”内的行为作为入户盗窃着手的时间点。被告人王某甲已经实施了破窗的着手进入他人家中的行为，由于被害人当场发现而未能进入户内，因意志以外的原因而未得逞，系盗窃未遂。

意见评析

笔者认为，是否已经着手实施犯罪是区分预备与未遂的分界线。关于着手的认定，应当根据具体案件的具体情况，结合刑法条文的有关规定进行分析、认定。入户盗窃以开始入户时为着手起点更为适宜。

第一，以开始入户为着手是法益保护的需要

犯罪的本质是侵犯法益，没有侵犯法益的行为不能构成犯罪，当然也不可能成立未遂犯。入户盗窃侵犯的是双重法益，不仅是公民的财产权，还有住户安宁权，这也是入户盗窃不同于普通盗窃的特殊之处。刑法的目的是保护法益，《刑法修正案（八）》规定将达不到数额较大但有入户盗窃等情节的行为，规定为盗窃罪入罪，体现对入户盗窃等行为的严厉打击，也反映了法益保护的特殊需要。根据《最高人民法院、最高人民检察院关于办理盗窃刑事案件适用法律若干问题的解释》第3条规定，非法进入供他人家庭生活，与外界相对隔离的住所盗窃的，应当认定为“入户盗窃”。明确了“户”作为与外界相对隔离的家庭生活场所，具有很强的封闭性与私密性，行为人为实施犯罪非法侵入，是对住户安宁权这一法益直接予以侵害。入户盗窃较之于普通盗窃，将入户开始作为入户盗窃的起点，更加符合双重法益同等保护的需要。

第二，以开始入户为着手契合入户盗窃类型的特点

犯罪未遂，要求法益侵害的危险达到紧迫程度时才是着手。至于何时产生、何种行为具有该紧迫危险，应根据不同犯罪、不同案件的具体情况综合判断。从行为类型上看，盗窃罪可分为普通类型的盗窃与特殊类型的盗窃。特殊类型的盗窃之所以特殊，并不是在盗窃行为本身有特殊之处，而是在盗窃行为之外另有特殊要求。入户盗窃作为《刑法修正案（八）》规定的一种特殊盗窃类型，以开始入户为产生紧迫危险的起点，符合该类盗窃的特殊要求。因为入户盗窃是一个整体的行为，构成要件不能割裂开来。行为人开始实施撬门、爬窗、翻墙等非法入户行为时，就已经产生了对公民住宅安宁权的现实威胁，户内被害人的安全感已经被侵犯且受到紧迫危险，应当认定为犯罪着手。

第三，以开始入户为着手符合社会公众的一般认知

入户盗窃中，行为人往往会采用一定的破坏性手段，使被害人产生心理恐惧及不安定感。即便行为人入户后户内无人，当公民发现其住所被侵入后，其相对封闭性的私人空间被打破，对公民造成的不安恐惧亦较为严重。而且非法侵入他人住所后，也极易转化为抢劫、强奸、杀人等暴力犯罪，威胁公民人身安全。相较于普通盗窃行为，入户盗窃的主观恶性要重，社会危害程度要高，社会公众所需求的保护更为及时迫切。因此，对于入户盗窃，以开始入户为着手起点，符合社会公众的一般认知。

第四，正确把握入户盗窃定罪追责

入户盗窃一概入罪，入户盗窃未遂一律追究刑事责任，这不符合刑法的相关规定，也不符合宽严相济刑事政策。入户盗窃虽是特殊盗窃类型，但本质是侵犯财产罪，应以行为人实际窃得财物作为既遂标准。由于本案被害人财产权并没有实质被侵犯，应认定为盗窃罪未遂。入户盗窃未遂并非一概追究刑事责任，而是应当依据《最高人民法院、最高人民检察院关于办理盗窃刑事案件适用法律若干问题的解释》第12条第1款的规定，决定是否追究刑事责任，所以重点是适用好《最高人民法院、最高人民检察院关于办理盗窃刑事案件适用法律若干问题的解释》第12条第1款第3项“其他情节严重的情形”的规定。

综上所述，行为人通过卸窗方式意图进入被害人用于家庭生活的住所实施盗窃的行为，具有入户盗窃的主观故意，且已经着手实施犯罪，因意志以外的原因未得逞，为盗窃罪未遂。行为人曾因盗窃多次受过刑事处罚，构成累犯，具有较大的社会危害性，故其盗窃未遂的行为属于《最高人民法院、最高人民检察院关于办理盗窃刑事案件适用法律若干问题的解释》第12条第1款第3项规定的情形，应当予以处罚。

供稿：北京市丰台区人民检察院　齐跃　聂朵

案例编辑：北京市人民检察院　葛路

李某盗窃案

——如何认定盗窃燃气案件的犯罪金额

基本案情

2015年12月28日，北京槐香园烤鸭店（以下简称烤鸭店，李某为烤鸭店经营人）与北京燃气集团有限公司第四分公司（以下简称燃气公司）签订了北京市非居民天然气供用合同，供气价格为3.16元/立方米。通气时烤鸭店用气设备为3台鼓风中餐灶、1台四眼砂锅灶、1台单眼低汤灶、1台三门蒸箱、1台金额卡表。

2016年三四月，因使用果木烤鸭不符合环保测评标准，北京市环保局要求烤鸭店使用天然气或者电烤鸭，李某找工人在天然气主管道上打孔，私接近百米燃气管道，用于供应厨房内1台烤鸭炉、2台热水器。2017年4月5日，燃气公司安全员对烤鸭店进行巡检时，发现烤鸭炉和热水器没有在燃气公司登记台账，且关闭燃气阀门后，3台设备还能用气，于是对设备间进行排查，发现了该店盗窃燃气的情况，遂报警。

燃气公司出具一份未补缴气费说明，证明表前私接的2台热水器，单台负荷约2立方米/小时，1台烤鸭炉，单台负荷约2.4立方米/小时。按用气设备每日满负荷8小时计算，该私接设备月用气量测算为1536立方米/月。从烤鸭店通气时间即2016年1月起算，截至2017年4月5日，烤鸭店私接燃气设备造成燃气公司应计未计气费损失为人民币72,806.4元。价格鉴定机构在此基础上作出燃气损失总计人民币72,806元的鉴定意见。

在审查起诉阶段，承办检察官审查李某的供述和烤鸭店厨师长王某的证言，认为盗气时间应从2016年4月起算。重新鉴定后，认定燃气损失总计人民币58,245元。

北京市丰台区人民检察院以李某涉嫌犯盗窃罪，于2018年5月11日向北京市丰台区人民法院提起公诉。在法院审理阶段，李某退赔被害单位的经济损失人民币58,245元。2018年5月25日，丰台区人民法院作出判决，李某犯盗窃罪，判处有期徒刑二年，缓刑二年，并处罚金人民币10,000元。

主要问题

盗窃燃气案件的犯罪金额能否运用推算方式认定?

意见分析

意见分歧

第一种意见认为，由于无法认定盗窃数额，应当作出存疑不起诉。理由是：盗窃燃气案件犯罪数额的法律依据是2013年4月2日《最高人民法院、最高人民检察院关于办理盗窃刑事案件适用法律若干问题的解释》（以下简称《盗窃解释》）第4条第3项，即“盗窃电力、燃气、自来水等财物，盗窃数量能够查实的，按照查实的数量计算盗窃数额；盗窃数量无法查实的，以盗窃前六个月月均正常用量减去盗窃后计量仪表显示的月均用量推算盗窃数额；盗窃前正常使用不足六个月的，按照正常使用期间的月均用量减去盗窃后计量仪表显示的月均用量推算盗窃数额”。本案中，烤鸭店的盗窃数量无法查实，且使用燃气前未到燃气公司报装通气，无法推算月均正常用量，也就无法认定盗窃数额。以用气设备功率和使用时长推算用气量的方式，不符合刑事诉讼证据规则，不能采信。

第二种意见认为，在无法适用《盗窃解释》的情况下，可以根据其他合理方法推算盗窃数量，应当认定盗窃数额巨大，依法提起公诉。

意见评析

近年来，偷盗燃气案件频发，造成国有资产大量流失，也严重危害了公共安全。仅2017年，北京燃气公司通过举报、自查共发现偷盗燃气案件56起，但进入刑事诉讼程序，法院依法判决有罪的只有本案。不同于其他类型的盗窃案件，燃气接入用户室内，可随用随取，偷盗燃气行为本就难以被察觉，盗窃数额的认定更是办理盗窃燃气案件的难题。盗窃数额关系对偷盗燃气犯罪行为社会危害性的评价，更是出罪与入罪乃至准确量刑的重要标准。

在《盗窃解释》出台前，黑龙江、上海、天津、郑州等地司法机关对偷盗燃气案件犯罪数额的认定进行了探索。如2009年5月12日黑龙江省高级人民法院、黑龙江省人民检察院、黑龙江省公安厅、黑龙江省质监局发布了《关于办理盗窃燃气违法犯罪案件适用法律问题的若干规定》，其中第5条规定了盗窃数额的认定方式，"（一）窃气数量按照窃气设备的额定用气量或者燃气计量装置最大流量、窃气日数、日窃气时间确定，当期已经合法计量的气量应当予以扣除。窃气量的计算公式：窃气量=窃气设备额定用气量总和（如无法确定用气量，按燃气设备装置最大流量）×日窃气时间×窃气日数–当期已合法计量的气量。（二）凡窃气所使用的燃气设备均为窃气设备。设备额定用气量按照设备铭牌所标定的额定用气量确认，无铭牌或者铭牌与设备实际用气量不符的，按照实际测定的用气量确认。（三）有充分证据证明日窃气时间和窃气日数的，按实际计算。（四）窃气日数无法查明的，窃气日数至少以180日计算。日窃气时间无法查明的，居民生活用气按照3小时计算，公益及商服单位用气按照8小时计算，工业锅炉类用户用气按照12小时计算"。根据该规定，无论是单位用气量还是窃气时间、日数都以查实的为准，在无法查实时，可根据一定的标准推算盗窃数量。上海、郑州等地的规定中，也都有用气设备额定功率、最低盗窃天数、用户日用气时间的规定。

由于偷盗燃气案件的特殊性质，盗窃数量基本无法查实，司法实践中都是以推算的方法计算盗窃数额。此类案件盗窃手段五花八门，案件特点千差万别，难以确定盗窃前的正常用量，《盗窃解释》适用空间有限：一是行为人在盗窃前没有正常使用过燃气。有的行为人根本不是燃气公司的签约用户，在主管道上私接燃气；有的行为人在营业伊始就偷盗燃气，燃气表显示的用量始终为盗窃后的数量；还有的行为人偷盗气用于新的燃气设备，用气量增加但燃气表显示的用量无明显改变（如本案）。二是确定盗窃起始点困难。多数案件无法查实私接燃气或者改装仪表的时间，有的甚至时间久远，商铺几易其主，只能依赖口供等言词证据，证据不稳定甚至失实。实践中，有人主张以仪表确定盗窃时间点，但有的仪表并无明显异常，有的行为人每月偷盗气数量不一，致使仪表出现明显波动。

《盗窃解释》无法适用时，是否可以使用其他推算方法确定盗窃数额，理论上存在争议，但在司法实践中，存在不少判例。在中国裁判文书网查询的判例，常见的推算盗窃数额的方式有三种：一是对于商业用户偷盗气案件，根据已知用气设备负荷、运营时间和规律计算用气量和应当缴纳的耗气金额，减去商业用户在盗窃期间缴纳的燃气费用，即为盗窃数额。如在本案中，表前私接燃气设备有热水器2台、烤鸭炉1台，热水器的单台负荷约2立方米/小时，烤鸭炉的单台负荷约2.4立方米/小时。按用气设备每日满负荷8小时计算，该私接设备日用气量为6.4立方米/小时 × 8小时，即51.2立方米/天；按每月30日计算，月用气量测算为1536立方米。从2016年4月至2017年4月，共计盗窃燃气12个月，累计盗窃天然气18,432立方米。按照3.16元/立方米的供气价格计算，盗窃数额为人民币58,245.12元。使用此种推算方法，应当充分考虑不同商业用户在工作日和周六、日以及节假日期间用气量的变化情况，以及营业时间的改变。二是对于采暖用户、制冷用户偷盗气案件，根据专门的计算公式，推算盗窃数量。计算公式主要参考《城镇供热管网设计规范》CJJ 34—2010和《城市燃气用气指标不均匀系数使用手册》等行业标准，计算过程较为复杂。以采暖季锅炉用气量为例，计算公式中引用的数据包括采暖季全年耗热量、采暖期天数、锅炉效率、天然气热值、室内计算温度、采暖期室外平均温度等。能够查实盗窃前正常使用年份的用气量的，《盗窃解释》应当优先适用，但考虑采暖用户、制冷用户的特殊性质，应当以年为计量单位，而不是以月为单位。即“按照正常使用期间的‘年’均用量减去盗窃后计量仪表显示的‘年’均用量推算盗窃数额”。三是对于工业用户偷盗燃气案件，可以根据生产单位产品的用气量、盗窃期间产品的总产量和盗窃期间已缴纳的燃气数额推算盗窃数额。

笔者认为，应当以多种合理的推算方式认定盗窃数额，实现打击犯罪与保障人权的平衡关系。打击犯罪和保障人权是对立统一的，既相互依存，又有不可调和的矛盾，应当寻找二者的平衡关系。全国每年发生的盗窃电力、燃气、自来水的案件不知凡几，能查实盗窃数量的却少之又少，必须允许以合理的推算方法确定犯罪数额，才不致姑息纵容犯罪，从而严厉打击刑事犯罪，挽回流失的国有资产。《盗窃解释》中对于盗窃电力、燃气、自来水等财物的数额认定，其实也是一种推算的方法。不同的推算方式虽然推算结论并不完全一致，但只要推算方式合理，可以较为客观地评价盗窃行为的危害性。

以推算的方式确认盗窃数额，是偷盗燃气案件特殊性的体现。既然不能直接证明犯罪的确切数额，而是采用推算的方式确定，必须坚持存疑有利于被告人，认定过程中采用就低原则。具体来说：

首先，在推算犯罪数额过程中采用就低原则。如果推算公式中的各项数据并不明确，而是在一定范围内浮动，或者是几个可能的数值，应当选取使推算得出的犯罪数额最低的那一项。推算过程的专业性较强，燃气公司往往既是被害方，又需向公安、司法机关提供推算过程和盗窃数额，鉴定机构在此基础上出具价格评估意见。依据被害单位的推算认定盗窃数额，应当严格审查推算过程是否有利于行为人，是否采用了就低原则。在本案中，燃气公司向侦查机关提交了一份烤鸭店未补缴气费说明，从烤鸭店通气时间即2016年1月起推算盗窃数额，最后鉴定机构得出盗窃数额为人民币72,806元的鉴定意见。在审查起诉阶段，检察官经审查，发现李某和烤鸭店店长的供述基本吻合，盗窃起始时间为2016年三四月，依据此证据重新作出鉴定和认定燃气损失。

其次，案件根据多种推算方式得出不同盗窃数额时，适用就低原则。一个偷盗燃气的案件可能有不止一种推算方法，出现多种推算结论时，应当优先适用《盗窃解释》推算盗窃数额。如果无法适用该解释，应当以多种合理的推算方法中最低的确定盗窃数额。数个推算结论中有未达到盗窃罪追诉标准的，不应追究刑事责任；数个推算结论，在不同量刑幅度内量刑时，应在其中最低的量刑幅度内量刑。

最后，就低原则应当存在例外。一是以燃气的实际用途确定燃气价格。按照燃气用途，可以将用气划分为居民用气、商业用气、采暖用气、制冷用气、工业用气、三联供、电厂用气、汽车用气等，各类用气的价格各有不同。居民用气价格相对比较低廉，但对用气量有一定限制，只能满足居民的日常使用，而商业虽然对用气量予以放宽，但用气价格则要稍高一些。如果盗用居民用气从事商业经营，就不应使用就低原则，而应以商业用气的价格确定盗窃数额。北京市的各类燃气来源一致，燃气成分相同，燃气公司只是根据燃气用户的不同性质收取不同的费用。燃气是居民生活的主要能源之一，为保障民生，国家为居民用气制定了较低的价格。偷盗燃气从事盈利活动，燃气用途已然改变，用气价格也应当随之改变。二是对于无法查明实际盗窃天数、盗窃时长的案件，可以确定最低盗窃时间进行推算。在偷盗燃气案件中，盗窃时间的确定对口供具有高度依赖性，要求侦查人员在到达现场后及时对涉案人员和其他可能知悉情况的工作人员取证，固定证据。如果仍然无法查实，根据在案的言词证据推算，各证据证明起始时间差别较大的，以能够相互印证，或有其他证据补强，或具有合理性的言词证据确定盗窃起始时间。仍然无法确定的，可以按照数份言词证据中距离案发时间最近的时间推算，但除有确切证据证明，该时间不能低于最低盗窃时间。上海、黑龙江等地的规定中，将最低盗窃日数确定为180日，对不同用户的日窃气时间也分别确立了最低标准。

综上所述，偷盗燃气案件频发，造成国有资产的大量流失，必须予以严厉打击。偷盗燃气案件的特殊性质，使以推算方式确定盗窃数额成为必要。在《盗窃解释》能够适用时，应当优先适用司法解释；《盗窃解释》无法适用时，可以其他合理方式推算盗窃数额；存在多种推算结果时，采用就低原则。

供稿：北京市丰台区人民检察院　曹洪元　李忆南

案例编辑：北京市人民检察院　梁景明

管某某盗窃案

——伙同他人扒窃过程中实施望风等行为如何认定

基本案情

管某某，曾因犯盗窃罪于2009年至2014年先后四次被判处拘役或有期徒刑。2016年11月18日13时许，在北京市东城区崇文门外大街40号真功夫餐厅西门外的便道上，马某某（在押）从闫某某上衣兜内窃得VIVO牌V3MaxA型手机一部（经鉴定，价值人民币1053元）。马某某实施盗窃时，管某某在其5米左右的地方四处张望。马某某、管某某被民警当场查获。被盗手机已起获发还。

管某某因涉嫌盗窃罪于2016年11月19日被北京市公安局东城分局刑事拘留（延长拘留期限至11月26日）。北京市东城区人民检察院经审查后，于同年12月2日以情节显著轻微，危害不大，不构成犯罪为由，作出不批准逮捕决定。同日，管某某被北京市公安局东城分局作出取保候审决定。东城区人民检察院经复议于12月9日维持原不批准逮捕决定。12月14日，北京市公安局东城分局向北京市人民检察院第二分院提请复核。12月27日，北京市人民检察院第二分院经复核，决定撤销东城区人民检察院原不批准逮捕决定，以涉嫌盗窃罪批准逮捕管某某。

2017年1月18日，北京市公安局东城分局侦查终结，以马某某、管某某涉嫌盗窃罪移送审查起诉。因案情复杂，本案延长审查起诉期限二次，退回补充侦查二次。同年6月8日，东城区人民检察院以马某某、管某某犯盗窃罪提起公诉。6月20日，北京市东城区人民法院经开庭审理，认为管某某、马某某以非法占有为目的，结伙在公共场所扒窃他人财物，其行为侵犯了公民的财产所有权，均已构成盗窃罪。管某某系累犯，依法从重处罚。判处管某某有期徒刑九个月，并处罚金人民币1000元；判处马某某有期徒刑八个月，并处罚金人民币1000元。

主要问题

望风行为在整个盗窃行为中的作用应如何评价？

意见分析

意见分歧

第一种意见认为，管某某在整个行窃过程中都只是在四处张望，因此并没有对马某某的盗窃行为起到实质的帮助作用，情节显著轻微，危害不大，不构成犯罪。

第二种意见认为，管某某的作用不仅仅是行为上的望风作用，更有心理上的支持和鼓励作用。二人作案地点为繁华的商务区，管某某虽未实际实行盗窃行为，但二人在心理上的互助互励，使整体盗窃行为的社会危害性得以升级，且管某某系累犯，具有社会危险性，应当追究其刑事责任。

意见评析

共同犯罪系二人以上共同故意犯罪。有计划、有分工的共同犯罪，是一个犯罪整体分工协作的结果，其社会危害性以及对法益侵害的容易程度都远远大于单一主体犯罪。犯罪行为可能由二人以上实施，在多人实施之时，就可能存在望风行为。望风等非实行行为是共同犯罪的一部分，因而分析判断望风行为的社会危害性要将其放到整个犯罪中进行客观考察。明知行为人要实施盗窃犯罪，仍加以望风的行为予以协作、支持、帮助，其主观上体现了行为的犯罪性，但这种犯罪性在共同犯罪中才得以体现。望风行为的作用，是在犯罪现场或者与犯罪现场临近的场所，为了方便他人实施犯罪而排除障碍，或者为防止犯罪被人发觉而为实行行为者提供掩护、放哨等，从而方便犯罪的完成。共同犯罪中的望风行为，尽管可能仅是一种辅助行为，使实行行为人实施犯罪变得更容易，但是对犯罪的实施起着相当重要的作用。通常，望风行为对于犯罪的完成具有一定的影响，与法益侵害的结果存在因果关系，具有明显的社会危害性。

在分析共同犯罪的望风行为时，也要注意不能过分重视外部行为，而忽略犯罪目的及实施望风行为的加功人对于犯罪的实际关系，避免将可能存在的幕后积极谋划、组织实施共同犯罪，并在犯罪现场实施望风行为的行为人仅仅评价为帮助犯。对于望风行为，不能只看是谁实施的实行行为，谁实行的是望风行为，需要按照行为人在共同犯罪中所起的作用、所处的地位、行为人从犯罪结果中所获利益的程度、行为人参与犯罪的范围以及在共同犯罪中的重要程度和是否决定性地支配共同犯罪来综合判断。如果实施实行行为人没有从望风行为中得到加功，该望风行为与实行行为不构成共犯。如果实行行为人从望风行为中获得物理上或心理上的支持，望风行为在共同犯罪中属于实行行为的帮助行为。如果望风行为人与实行行为人事前共谋，并按照分工实施望风，其在客观上在共同犯罪中处于重要地位，望风行为对实施犯罪的结果是起到重要作用而非辅助作用，其前后行为支配了整个犯罪行为的进展。此时望风行为与实行行为实际上已经连成一个整体，共同作用于犯罪结果，望风行为在客观上防止外来因素对于实行行为的干扰，坚定了实行行为人的信心，在互相配合下完成犯罪，望风行为的严重性不言而喻。

在本案中，马某某与管某某二人事前有同谋，作案有分工，马某某提议并实施具体盗窃行为，管某某负责望风。二人选择的被害人为年轻女性，管某某一直陪同马某某跟踪被害人。在马某某实施盗窃行为时，管某某在马某某周围（5米左右）的地方负责望风。据管某某供述，“在他偷手机的时候给他打个掩护，如果周围的人发现马某某偷手机的话，我会及时言语提醒他”，此情节与抓获民警证言、同案犯供述一致。管某某的作用不仅仅是行为上的望风作用，更有心理上的支持和鼓励。二人作案地点为繁华的商务区，管某某虽未实际实行盗窃行为，但二人在心理上的互助互励，使整体盗窃行为的社会危害性得以升级。综上所述，笔者认为管某某没有起到实质的帮助作用的观点有误，其望风行为具有社会危险性，应当追究其刑事责任。

供稿：北京市人民检察院第二分院　郄兰芳

案例编辑：北京市人民检察院　梁景明

张某某盗窃案

——以“试车”为名骑走他人车辆的行为如何认定

基本案情

2014年9月2日20时许，张某某到北京市房山区拱辰街道某某车行内，谎称修车（实际已经报废），后在等待过程中以试骑为由，将车行中一辆佳能戴尔平码休闲车骑走，同时将报废自行车和一个双肩包（内有一部黑色手机模型及一瓶冰红茶）留在车行，在其半小时未归后，车行营业员向警方报案。后经价格鉴定，被张某骑走的自行车价值人民币13,800元；警方在现场提取嫌疑人遗留的饮料瓶一个，经比对，饮料瓶口提取的唾液斑为张某某所留，不支持为其他随机个体所留。

2015年6月24日，北京市房山区人民检察院以张某某涉嫌盗窃罪向北京市房山区人民法院提起公诉。同年9月6日，房山区人民法院判决张某某犯盗窃罪，判处张某某有期徒刑四个月，并处罚金3000元。

主要问题

如何认定以“试车”为名骑走他人车辆的行为？

意见分析

意见分歧

第一种意见认为，张某某的行为构成诈骗罪。理由是：张某某将已经报废的车辆骑到车行谎称修车，后在修车过程中以想要购车为由提出试骑。店主在不知该车已经报废的情况下，以为这辆车价值过万元，且张某某提出将车与包留在店内，店主因此产生了“此人想要买车”的错误认识，并基于此种错误认识将车辆主动交付给张某某，同意其试骑，后张某某将车骑走半天未归才发现自己受骗。店主因为张某某的欺骗作出了处分财产的行为，将被骗车辆转移给被告人占有，符合诈骗罪的犯罪构成，应当认定为诈骗罪。

第二种意见认为，张某某的行为构成盗窃罪。理由是：其一，虽然张某某在本案中有欺骗的行为，但是欺骗行为也可包含在盗窃罪的评价之内。其二，被害人确实基于自己的错误认识将车交予张某某，但其只是同意试骑一下，并非交予张某某处置，不应认定为处分行为。故本案中被害人的情形不属于“基于认识错误处分财产”，张某某的行为应当认定为盗窃罪。

意见评析

笔者同意第二种意见，认为被告人张某某的行为构成盗窃罪，理由如下。

第一，“盗骗交织”案件区别的关键在于被害人是否基于认识错误处分财物

主流观点认为，区分诈骗罪与盗窃罪的关键在于行为人取得财产的决定性方式。如果行为人取得财产的决定性方式是通过欺骗手段使被害人基于错误认识而自愿处分财产，应认定为诈骗罪；如果行为人取得财产的决定性方式是秘密窃取而非被害人自愿处分财产，诈骗行为只是为秘密窃取创造条件或者提供掩饰，则应当认定为盗窃罪。但是在具备“盗骗交织”行为的犯罪活动中，往往既表现出一些盗窃犯罪的特点，也表现有诈骗犯罪的特点，如何定性不能一概而论。正如本案，行为人既有为获取车辆谎称试车的欺诈行为，也有后续在被害人不知情的情况下，秘密将被害人的车辆骑走的行为，二者联系紧密，缺一不可。没有先前的欺诈行为就无法获得被害人的车辆，行为人张某某就无法采取后续的秘密窃取行为；如果没有秘密窃取行为，被害人的车辆就不会失去控制。因此，仅凭取财手段难以对本案的定性作出判断。

综合考察盗窃罪与诈骗罪的构成要件，二者在犯罪主体、犯罪主观方面、犯罪客体上无本质区别，其区别的关键在于犯罪客观方面的不同。盗窃罪的客观行为表现为：行为人秘密窃取财物—被害人丧失对财物的有效控制—行为人获得财物。诈骗罪的客观表现为：行为人实施了欺骗行为—被害人陷入错误认识—被害人基于认识错误交付财物—行为人取得财物。由此，根据盗窃罪与诈骗罪的客观方面可以看出，两个罪名下行为人取得财物的基础并不相同，区分关键仍在于被害人是否基于错误认识而处分财物。

第二，诈骗罪中财产处分行为应当包含处分能力、处分意识及处分结局

首先，处分行为的前提是被害人具有处分能力。没有处分能力的人不可能实施具有法律效果的处分行为，比如精神病人或者无行为能力的未成年人不具有处分能力。那么行为人采取欺骗的行为取得他人财产，其实施的欺骗行为也不具有实质上的诈骗意义，应当认定为盗窃罪。其次，被害人在处分财产时应具有处分意识。处分意识是指行为人在处分财物的时候，必须对其所处分的财物具有认识。即认识到自己将某种财产转移给行为人或者第三者占有，但不要求对财产的数量、价格等具有完全的认识。最后，被害人的处分行为具有处分结局。处分结局是处分所产生的使财物发生实质性转移的效果。处分行为只有在财物发生实质性转移的情况下，才能成立诈骗罪。如果没有发生实质性转移，则处分行为不能成立，不能以诈骗罪论处。

第三，诈骗罪中实质性转移占有能够达到财物处于行为人持续、稳定的实际控制、支配状态的程度

民法上的处分行为是指以处分权利为内容并直接发生权利变动效果的民事法律行为。诈骗罪中的财产处分行为意味着将被害人的财产转移为行为人或第三者占有，这种刑法意义上的“占有”一般是指对财物具有持续、稳定的实际控制、支配状态。认定“占有”需要根据具体领域的经验法则以及日常生活所形成的自然观念，综合考量财物自身的特性（性质、大小、形态、移动的难易程度等自然差异）、所处位置、环境、与被害人的距离远近、有无特殊控制方式等加以分析判断。就本案，以试车为名取得被害人同意后驾车逃离现场的行为中，被害人是否基于错误判断自愿向行为人实施并完成了对财物“转移占有”行为，需要结合考虑一般试车规则、试车时间长短、车辆特性、是否对试驾人、试驾场所、试驾车辆设置并能够实际采取有效控制方式（如是否对试驾人的随行人员、证件、财物进行了有效控制或抵押、是否为相对封闭的试驾场所、是否在试驾车辆安装GPS定位系统等）因素综合判断。

具体到本案，张某某的行为构成盗窃罪。张某某将已经报废的车辆骑到车行谎称修车，后在修车过程中以想要购车为由提出试骑。店主在不知该车已经报废的情况下，以为这辆车价值过万元，且张某某提出将车与包留在店内，店主因此产生了“此人想要买车”的错误认识，并基于此种错误认识将车辆主动交付给张某某，同意其试骑。但店主将车交付给张某某的行为，目的是让其试车，并不是将车交予其占有的意思表示。而且根据社会的一般观念，车辆仍应属于店主占有，车辆的权能属性没有发生变化，店主的交付行为不属于处分行为。综上所述，张某某取得车辆行为的实质是趁店主不注意的情况下，通过秘密窃取的行为将车偷走，应当认定为盗窃罪。

供稿：北京市房山区人民检察院　郭月霞　王禹潼

案例编辑：北京市人民检察院　张艳青

林某某盗窃案

——盗窃“京豆”“京券”等虚拟财产应如何定性

基本案情

林某某自2013年12月至2014年12月，利用北京京东世纪贸易有限公司（以下简称京东公司）的网络平台漏洞，采用设置虚假抽奖的形式，多次从该公司网络平台上窃走大量的“京豆”“京券”（共计价值人民币1,938,997.37元，其中“京豆”价值人民币1,442,402.37元；“京券”价值人民币496,595元），分别存放于其在京东商城内的五个账户内并用于购物。实际消费了价值人民币共计886,286.48元的“京豆”“京券”（账户内现剩余价值人民币868,091.25元的“京豆”和价值人民币184,619.64元“京券”未使用）。林某某于2014年12月10日被民警查获。部分赃物已被起获并发还被害单位。北京市朝阳区人民检察院指控林某某涉嫌盗窃罪，向北京市朝阳区人民法院提起公诉。

朝阳区人民法院审理认为，林某某以非法占有为目的，利用京东公司网络平台的漏洞，在京东公司不知情的情况下，非法获取其电子代金券，然后进行消费变现，获取非法利益，其行为已构成盗窃罪，且属于数额特别巨大，依法应予惩处。林某某在盗窃故意的支配下，窃取的部分“京豆”“京券”尚未使用即案发，京东公司作为发行方在他人尚未使用的情况下，不会产生实际经济损失，故尚未使用部分属于犯罪未遂；公安机关起获了部分赃物、查扣了林某某的存款账户，故对其所犯罪行从轻处罚。朝阳区人民法院以林某某犯盗窃罪，判处有期徒刑十年，剥夺政治权利两年，罚金人民币10,000元，并责令林某某退赔被害单位经济损失人民币796,395.68元。一审宣判后，林某某提出上诉。北京市第三中级人民法院经二审后裁定驳回上诉，维持原判。

主要问题

盗窃“京豆”“京券”等虚拟财产应如何定性？

意见分析

意见分歧

第一种意见认为，“京豆”“京券”具有财产属性，属于公私财物。被告人盗取的“京豆”“京券”可以在京东公司网站上变现使用，具有兑换功能，在购买商品时可以直接抵扣货款，应视为一种财物，符合盗窃罪的客体条件。因此，被告人林某某盗窃所有权属于京东公司的“京豆”“京券”，数额特别巨大，其行为构成盗窃罪。

第二种意见认为，京东公司提供的促销奖励性质的“京豆”“京券”，不是传统意义上的货币或财物，是一种虚拟财产。根据最高人民法院有关文件精神，盗窃网络虚拟财产，不以盗窃罪处理，应按照计算机犯罪处理。故本案应认定被告人林某某构成非法获取计算机信息系统数据罪。

意见评析

笔者同意第一种观点，理由如下。

第一，虚拟财产是否具有财物属性，应针对个案中所涉虚拟财产的具体特点进行分析

根据犯罪构成理论，只要能够认定虚拟财产具有刑法意义上的财物属性，以非法占有为目的盗窃虚拟财产的行为，就构成盗窃罪。判断虚拟财产是否属于财物，要先分析两者具有哪些本质属性或特征，再判断两者的本质特征是否相吻合。根据《现代汉语词典》的解释，财物是指“钱财和物资”；而从物权的角度看，从属于某人的财物具有支配性、排他性、对世性等特点。笔者认为，财物具有管理可能性、交易可能性、价值和使用价值这三个本质特征，虚拟财产的特征与此相契合，具有财物属性。具体如下：

首先，具有管理可能性。即财物的所有人能够根据自己的意愿对财物进行占有、使用等管理。此处的管理不应苛求类似于对传统财物那样摸得着、看得见的管理，正如我们对持有的股票也无法达成摸得着的管理，但却不能否认股票属于财物。虚拟财产虽不具有现实财产的有体性和可触性，但通过网络平台依然能够被人们管理和使用。其次，具有交易可能性。交易可能性不等于可交易性，也不能简单理解为买卖关系，只要所有人具有对财物交易、转移或兑换的可能性即可。如国家禁止交易的物品、古董、枪支等，不能否认其属于财物的范畴。“京豆”“京券”能够直接用于在购买商品时抵扣货款，是一种广泛使用的，可作为等价人民币的“代用币”，具有流通、交易以及兑换的可能。最后，具有价值和使用价值。1个“京券”在京东商城相当于1元人民币，100个“京豆”相当于1元人民币，在购买商品时能够直接代替现金进行使用，具有财物的价值性。价格是由发行商确定不影响其具有交换价值。价格的形成途径或方式本不是财物的本质属性，如在计划经济时代，商品的价格也并非由市场决定，不能由此认为那时的物品均不属于财物；并且，“京豆”等能够在购买商品时直接抵扣货款，这本身就是其交换价值的体现。具有交换价值不意味着一定可以与货币或其他财物存在毫无限制地交换，比如个人持有的车牌，当然是财物，但同样不能随意买卖。事实上，“京豆”等虚拟财产与货币的现实兑换途径早已存在，包括“淘宝”在内的许多网站上都有类似“京豆”充值卡的出售。

随着现代科技的发展，财物呈现的形态日新月异，不能苛求所有的物品都像诸如桌子、椅子一样实实在在地放在我们面前。比如光、电、热等不占据一定空间的无固定形体的资源，若因此而否认其财物属性，不免显得荒谬。本案的“京豆”“京券”具有财物的基本特征，理应属于财物的范畴。罪刑法定原则要求对刑法概念的解释不得超过词语本身可能具有的含义，在将“京豆”“京券”等虚拟财产解释为“财物”时，需要判断该解释是否符合国民的预测可能性。刑法概念的解释除了考虑用语本身的含义，还要考虑用语所处环境的变化发展和当前社会大众的接受程度。虚拟产品已经成为人们生活、工作、娱乐中不可或缺的一部分，满足了人们的物质生活和精神享受。在这种情况下，将“京豆”“京券”及类似的虚拟财产解释为“财物”，不会与公众的认知相悖，反而更加符合时代的需求。

第二，盗窃罪与非法获取计算机信息系统数据罪属想象竞合犯，盗窃虚拟财产行为应以盗窃罪定罪量刑

《刑法修正案（七）》增设了非法获取计算机信息系统数据罪。据此，有观点认为，凡是侵入计算机信息系统，非法获取其中存储、处理或者传输的数据且情节严重的，无论该电子数据是否具有财产属性，都应该以非法获取计算机信息系统数据罪定罪处罚。2010年10月出台的《最高人民法院研究室关于利用计算机窃取他人游戏币非法销售获利如何定性问题的研究意见》指出，利用计算机窃取他人游戏币非法销售获利行为目前宜认定为非法获取计算机信息系统数据罪。该意见提供了电磁数据的保护路径，一定程度上阻断了将虚拟财产作为刑法上财物予以保护的路径。受该意见影响，实务中类似的案件也多是以非法获取计算机信息系统数据罪定罪处罚。

实际上，任何虚拟财产都是以电磁数据为载体的，从物理属性上看，虚拟财产属于计算机信息系统数据，虚拟财产同时具有财产属性和数据属性。盗窃虚拟财产必然同时具有非法获取计算机信息数据的性质。因此，盗窃虚拟财产同时满足盗窃罪和非法获取计算机信息系统数据罪的构成要件，属想象竞合犯，应择一重罪即以盗窃罪定罪量刑。如果使用相应的计算机犯罪罪名来评价此类行为，会造成罪刑的不相适应。例如，若有人从京东公司直接盗取了价值数额特别巨大的财物，而本案被告人从京东公司盗取“京豆”后消费购买了同样价值的财物，两者对被害人造成的损失是一致的，两者在主观恶性和行为性质上也没有本质差别。但前者按盗窃罪处理应判处十年有期徒刑以上刑罚，后者若按计算机犯罪处理，则会适用三年以下有期徒刑或拘役的法定刑，从而导致了罪刑的不相适应。

另外，非法获取计算机信息系统数据罪等计算机类犯罪属于扰乱公共秩序罪，是针对公法益的犯罪；而盗窃罪侵害的是被害人的财产权益。盗窃虚拟财产类犯罪，更多侵害的是被害人的财产权益，适用盗窃罪显然更适合保护被害人的利益，也符合最大限度的法益保护原则。

综上所述，笔者认为“京豆”“京券”以及其他类似的虚拟财产具有盗窃罪侵犯客体之财物的属性，盗窃虚拟财产构成盗窃罪。虚拟财产在物理形式上属计算机系统数据，盗窃虚拟财产的行为也同时符合非法获取计算机信息系统数据罪的构成要件，二者之间是想象竞合关系，应择一重罪处罚。

供稿：北京市朝阳区人民检察院　张心悦

案例编辑：北京市人民检察院　丛珊

吴某某等三人盗窃案

——快递公司人员窃取客户财物的行为如何定性

基本案情

吴某某与陈某某系亲戚关系，二人同是北京顺丰速运有限公司业务员，负责收揽及派送快递，李某某系陈某某的妻子。吴某某在得知陈某某急需用钱归还贷款后，就与陈某某、李某某共谋通过调包快递的方式牟利，三人最终商定由陈某某购买一袋大米，通过快递运送到吴某某所负责的区域，吴某某在去上一个中转站分拣快递的过程中将陈某某的快递单与其他快递的快递单对调，然后由李某某负责接收快递。共谋后，三人按计划分工进行，2015年11月8日，陈某某邮寄的装有大米的快递寄到了吴某某所负责区域的上一级中转站，吴某某在去中转站分拣本区域快递时发现了陈某某邮寄的快递，后吴某某将陈某某包裹上的快递单抽出，并与旁边另一个重量相当的包裹的快递单进行了调换。被调换的包裹由快递员送到了陈某某所填写的收件人手中，该包裹实际由李某某接收。包裹内含12部苹果6Splus手机，经鉴定，共价值人民币57,000元。

北京市丰台区人民检察院于2016年2月16日以三人犯职务侵占罪，向北京市丰台区人民法院提起公诉，后于2016年5月10日变更起诉，以盗窃罪重新提起公诉。

丰台区人民法院经审理后认为：吴某某、陈某某、李某某以非法占有为目的，采取秘密手段窃取他人财物，数额较大，其行为已构成盗窃罪，应予处罚。丰台区人民检察院指控三人犯盗窃罪的事实清楚，证据确实充分，罪名成立。鉴于三人能如实供述犯罪事实，认罪态度好，且赃物已起获发还，故对其予以从轻处罚并适用缓刑。判处吴某某、陈某某有期徒刑二年，缓刑二年，并处罚金人民币2000元。判处李某某有期徒刑一年六个月，缓刑二年，并处罚金人民币2000元。

主要问题

公司、企业或者其他单位的人员，利用职务便利或工作便利实施的窃取财物行为如何适用法律？

意见分析

意见分歧

第一种意见认为，本案应当认定为职务侵占罪，被告人吴某某利用自己分拣快递的职务便利实施了调换快递单从而窃取快递的行为，应以职务侵占罪定罪处罚。

第二种意见认为，本案应当认定为盗窃罪，被告人吴某某虽然负责到中转站分拣其所负责区域的快递，但其从事该工作过程中，对快递财物并没有实际控制和管理的权力，其仅仅是利用了自己过手财物的工作便利，其具体的行为方式为实施窃取行为，对其行为应当认定为盗窃罪。

意见评析

笔者同意第二种意见，理由如下。

第一，职务侵占罪不法程度轻于盗窃罪的原因是行为人先依据职务合法占有，后通过不法手段非法占有

职务侵占是侵占了基于自己职务关系占有的本单位财物，从一定意义而言，基于职务关系的占有属于合法占有。因此，职务侵占是先依据职务合法占有，后通过不法手段非法占有。《最高人民法院、最高人民检察院关于办理贪污贿赂刑事案件适用法律若干问题的解释》(以下简称《解释》)出台之前，立法者基于两者不同的不法程度，将职务侵占罪的入罪标准配置得比盗窃罪高。《解释》出台后大幅提高了职务侵占罪的入罪及量刑标准，适用6万元“数额较大”、100万元“数额巨大”的新标准，可见司法解释印证了上述立法倾向并加以强调。由此，在定罪数额起点上，职务侵占罪要比盗窃罪高出30—60倍，在量刑数额标准上至少高出10倍。两者入罪标准差距颇大，因此区分两者具有非常重要的意义。

第二，职务侵占罪与盗窃罪界分标准不再适应当前职务侵占罪定罪标准的提高所带来的影响，在调整职务侵占罪与盗窃罪界分标准时，应当尽量收缩职务侵占罪的适用范围

《解释》提高了职务侵占罪的定罪及量刑门槛，与盗窃罪“数额较大”起点1000元至3000元、“数额巨大”起点3万元至10万元比较，差距甚大，由此产生了两方面的影响：一是职务侵占罪与盗窃罪的界分利害重大，亟须确立一个统一的界分标准。在本案定性过程中就面临这样的问题：本案犯罪金额为57,000元，如果行为人的行为被认定为职务侵占，由于未达到6万元“数额较大”的入罪标准，三被告人的行为不构成犯罪；如果认定为盗窃，则不仅构成犯罪，应处三年以下有期徒刑，在某些经济欠发达地区，甚至可能达到盗窃数额巨大标准，成立盗窃罪加重犯应处三年以上有期徒刑。如果司法机关掌握的标准不统一，将会导致对同样或同类行为作出截然不同的定性处理，应当引起重视。二是如果继续采取既往的标准，将职务侵占罪适用于单位“内盗”行为，可能会放纵犯罪。就本案而言，如果定性为职务侵占，则因没有达到“数额较大”的入罪标准而不为罪。公司、企业中“内盗”，数额没有达到6万元的不为罪，不能定罪处罚。这样的司法标准会造成刑事法网漏洞，不利于保护公司、企业等单位的财产。

司法实践中，既往掌握的标准是：职务侵占罪包含利用职务或工作便利“窃取”“骗取”单位财物的行为，属于法条竞合，应当优先适用职务侵占罪定罪处罚，排斥盗窃罪、诈骗罪的适用。最高人民法院编辑的《中国刑事审判指导案例》就有类似的案件登载[1]，如贺某某职务侵占案，火车站行包房装卸工贺某某当班装卸旅客托运行李包裹时，用掏芯手段窃取电脑、手机、电磁炉等价值45,871元；如林某职务侵占案，信用社员工林某和涂某二人押钞存进信用社金库后，林某支开涂某，又返回金库盗走70万元；如刘某职务侵占案，某公司员工刘某甲和刘某乙各持有公司仓库两把门锁中的一把门锁钥匙，刘某甲撬开另一把门锁窃取价值56,209元财物。法院对上述三案利

---

〔1〕 参见最高人民法院刑事审判第一、二、三、四、五庭主办：《中国刑事审判指导案例》（增订第3版）（第4卷），法律出版社2017年版，第421-441页。

用职务或工作便利窃取单位财物的行为均以职务侵占罪定罪处罚。在大量的普通判例中也得到充分体现，如在“北大法宝”中检索到的25,000余件职务侵占罪判例中，有2800余件判例包含“窃取”或“盗窃”行为。这里需要特别指出的是：既往的标准符合当时的法律规定，适应当时依法处理有关犯罪案件需要，对司法实务发挥了积极的、正确的指导作用。不过，在《解释》对职务侵占罪定罪量刑标准作出了重大调整之后，有必要对职务侵占罪与盗窃罪界分标准作出相应调整。

因此，需要理顺职务侵占罪与侵占罪、贪污罪、盗窃罪之间的法律适用关系。职务侵占罪是侵占罪的特别类型而非贪污罪的特别类型，应具有侵占罪的根本属性即“侵吞受托保管物”，排斥“窃取他人占有物”的窃取行为。单位存放于车间、库房、料场、货架、行包房、金库等处的财物，应属单位占有财物。单位人员利用工作便利而非职务便利窃取的，属于窃取单位占有的财物，成立盗窃罪排斥适用职务侵占罪。二人以上共同保管的单位财物应当认为是全体保管人共同占有的财物，保管人违背其他保管人意志窃取的，也属于窃取他人占有财物，成立盗窃罪排斥适用职务侵占罪。

第三，区分盗窃罪与职务侵占罪的关键是利用职务之便还是工作便利，本案属于利用工作便利，应定性为盗窃

区分利用职务之便还是工作便利的关键是行为人是否基于主管、管理、经手财物的职务之便先行合法占有（控制）了财物。主管是指对单位财物有调拨、安排、使用、决定的权力。管理是指决定、办理、使用、处置某项事务的权力，并由此对人事、财物产生一定的制约、影响。经手是指因工作需要在一定时间内控制单位的财物，包括因工作需要合法持有单位财物的便利，而不包括因工作关系熟悉作案环境、容易接近单位财物等方便条件。总之，利用职务之便必须直接基于行为人的职责产生，主要看便利条件是否为其工作职责内容所包括。“利用职务上便利”是指利用单位委托其“保管”单位财物的职务，这受托“保管”之责与侵占罪相同。如单位工作人员不具有这种职务上的保管责任，仅仅利用在单位工作因使用劳动工具、加工零件、装配产品、搬运货物等经手、过手单位财物的便利，或者利用在单位工作熟悉环境、出入方便等便利，窃取单位财物的，不属于利用职务之便，应定性盗窃而非职务侵占。

本案快递员没有主管、管理本单位财物的职责，争议点在于是否具有“经手”职责。本案包裹处于快递公司合法占有之下，属于本单位财物。吴某某身为快递员，职责为揽件和派件，其受单位指派到上一级中转站去分拣本区域快件属于其工作职责之一。但在中转站分拣快递环境里，有监控器全程监控和中转站负责人监管，吴某某在分拣过程中接触到快件，但没有经管、监管、控制职责，也即没有经手职责。其在中转站分拣本区域快递时“掉包”包裹上的快递单，导致客户的邮包被投递到同伙手中。吴某某只是利用工作方便“窃取”财物的行为，不符合职务侵占罪的利用职务之便的条件，应当以盗窃罪论处。

供稿：北京市丰台区人民检察院　阮齐林　温建康

案例编辑：北京市人民检察院　王新

袁某某、于某某、王某某盗窃案

——多次盗窃中“次”的认定

基本案情

2014年2月10日17时至11日7时，袁某某在北京市海淀区北京师范大学东门便道上，盗窃某客车油箱内柴油约200升。

2014年3月10日22时许至11日3时许，于某某伙同袁某某、王某某在北京市丰台区木樨园电话局南侧路边砸窗窃取某出租车内人民币500余元及出租车发票一卷。

2014年3月15日2时至5时，于某某伙同袁某某、王某某，先后在北京市西城区校场口9号院3号楼附近、校场口9号盛德办事处先后砸窗窃取三辆出租车内财物，第一次窃得人民币200余元及出租车发票4卷，第二次未盗得有价值财物，第三次未得手时被人发现并逃跑。

2014年4月4日22时许，王某某在北京市朝阳区费家村附近一大排档被民警发现并抓获，后王某某协助并带领民警前往北京市朝阳区费家村附近的一个游戏厅内将袁某某查获。同年4月5日1时许，民警在朝阳区费家村百合公寓某户将于某某查获。

需要特别说明的是，于某某、王某某于2014年3月15日在西城区德外附近盗窃三名被害人出租车内财物的过程中，三辆被盗的出租车一辆是在校场口9号院院内3号楼楼下，另外两辆车在校场口9号院院外，三辆车的停放地点相距不远，盗窃三辆车的时间间隔不长。

袁某某、于某某、王某某因涉嫌犯盗窃罪，于2014年4月5日被羁押，同年5月12日被逮捕。2014年7月11日，北京市公安局西城分局将该案移送北京市西城区人民检察院审查起诉。北京市西城区人民检察院以西检刑诉［2014］964号起诉书指控袁某某、于某某、王某某犯盗窃罪，于2014年12月25日向北京市西城区人民法院提起公诉。

西城区人民法院经审理认为：袁某某、于某某、王某某以非法占有为目的，多次秘密窃取他人财物的行为，侵犯了公民的财产权利，已构成盗窃罪，且系共同犯罪，均应依法予以惩处，判决袁某某犯盗窃罪，判处有期徒刑一年，并处罚金1000元；于某某犯盗窃罪，判处有期徒刑一年，并处罚金1000元；王某某犯盗窃罪，判处有期徒刑十一个月，并处罚金1000元。

主要问题

多次盗窃中“次”的标准如何界定？

意见分析

盗窃罪是侵犯财产法益的犯罪，故应以盗窃所针对的财产价值，作为判断行为入罪与否的主要依据。然而，考虑实践中广泛存在的盗窃常习行为的可罚性问题，立法机关将“多次盗窃”作为一种独立的盗窃类型加以规定，并在2011年《刑法修正案（八）》中予以保留。尽管多次盗窃的法律认定并不是新问题，但实践中一直在具体的适用标准把握上存在疑难，尤其是关于多次盗窃行为中“次”的认定。

意见分歧

具体到本案，被告人袁某某的行为已经构成盗窃罪，被告人于某某、王某某盗窃数额共计人民币700元，未达到北京市关于盗窃罪的入罪标准2000元。故其行为定性的关键在于两名被告人在2014年3月15日2时至5时盗窃三辆出租车的行为能否被评价为“多次盗窃”，办案中主要存在以下分歧：

第一种意见认为，对多次盗窃行为中的“次”的认定，应参考最高人民法院《关于审理抢劫刑事案件适用法律若干问题的指导意见》中“多次抢劫”的认定标准，进行实质性认定。具体而言，应综合考虑犯罪故意的产生、犯罪行为实施的时间和地点等因素。行为人在一个相对集中的时间和相对固定的地点进行连续犯罪的只能认定为一次犯罪。

第二种意见认为，多次盗窃中“次”的认定应采取形式上的认定标准。根据社会的一般经验，行为人在同一时间、同一地点，针对同一对象实施的盗窃行为即应被认定为一次盗窃的完成，如果行为人之后在相近的地点又针对不同的对象实施了盗窃行为，则应当认定为多次盗窃。

意见评析

笔者同意第二种意见。即本案中行为人在同一街区三小时内连续砸窗盗窃三辆车内财物的行为宜认定为多次盗窃。

第一，“多次盗窃”的认定标准应符合立法原意，不能作过于严格的解释

《刑法》第264条规定的盗窃罪入罪标准有盗窃数额较大、多次盗窃、入户盗窃、携带凶器盗窃、扒窃5类。其中盗窃数额较大以客观危害性的大小为依据，确定盗窃罪的入罪标准。多次盗窃、入户盗窃、携带凶器盗窃、扒窃主要以行为人的人身危险性及行为的社会危害性为依据，确定盗窃罪的入罪标准。具体而言，将“多次盗窃”规定为盗窃罪的入罪标准之一，是因为行为人实施盗窃行为，虽未达到数额较大的客观危害标准，但“多次”实施盗窃的行为本身体现出行为人的盗窃习性，对盗窃罪所保护的财物价值产生了严重威胁，具有较大的社会危害性，而将其入罪。

从罪名设置的逻辑结构来看，刑法原则上将盗窃罪的成立限定为数额较大的情形时，明显是为了限缩刑法处罚范围。反过来说，《刑法》第264条规定多次盗窃是为了扩大盗窃罪的处罚范围。既然如此，对多次盗窃就不能再作过于严格的限制解释。〔1〕

第二，“多次盗窃中”中“次”的认定标准不宜参考“多次抢劫”中“次”的认定标准

最高人民法院《关于审理抢劫、抢夺刑事案件适用法律若干问题的意见》第3点明确规定，“多次抢劫”是指抢劫3次以上，对于“多次”的认定，应以行为人实施的每一次抢劫行为均已构成犯罪为前提，综合考虑犯罪故意的产生、犯罪行为实施的时间、地点等因素，客观分析、认定。对于行为人基于一个犯意实施犯罪的，如在同一地点同时对在场的多人实施抢劫的；或基于同一犯意在同一地点实施连续抢劫犯罪的，如在同一地点连续地对途经此地的多人进行抢劫的；或在一次犯罪中对一栋居民楼房中

---

〔1〕 张明楷：《刑法学》（第四版），法律出版社2011年版，第879页。

的几户居民连续实施入户抢劫的，一般应认定为一次犯罪。第一种意见的支持者往往主张此标准对于多次盗窃中“次”的认定，笔者不赞同这种观点。

行为人多次实施性质相同的危害行为存在多次犯和多次犯罪的区别，前者是定罪的标准，后者是加重法定刑的量刑情节。根据我国现行法规定，多次盗窃是作为盗窃罪的成立条件而存在的，其作用在于，在行为人盗窃公私财物没有达到数额较大程度的时候，如果两年之内有多次盗窃行为的话，也可以成立犯罪；“多次抢劫”是作为加重处罚条件而存在的，即在抢劫罪中，行为人只要“以暴力、胁迫或者其他方法抢劫公私财物”，即构成抢劫罪。但是，在构成抢劫罪的基础上，如果行为人还具有“多次抢劫”的情节的，法定刑要加重。

最高人民法院有关多次抢劫的解释主要是考虑多次行为在刑法上是评价为一罪还是数罪问题的通说：即便是触犯同一罪名的数个行为，由于在时间、场所上接近，方法上类似，机会上同一，意思上连续以及各个行为之间具有密切关系，整体上可以评价为一个行为的时候，将其概括性地作为一个犯罪处理。但多次盗窃中“次”的认定并非一罪还是数罪问题，这里的“多次”不要求每一次都独立成罪，没有必要将数个行为概括性地理解为一个行为。因此，“多次盗窃”中的“次”不能比照“多次抢劫”的“次”来认定。

第三，实质性认定的标准在实践中难以操作，容易引起判断上的混乱

第一种意见主张，对多次盗窃中“次”的判断，以行为人在作案时间上具有连续性、地点上相对集中为标准。但何谓“连续”，何谓“相对集中”，实践中一般由司法人员凭经验确定。这就给此标准带来了极大的不确定性，而且实践中案例的复杂性与特殊性更加剧了不确定的程度。例如，行为人在两次盗窃期间休息了两个小时；再如，行为人连续盗窃了一条两公里长的街道上停放的自行车，不同司法人员未必能得出完全一致的结论。由于是否认定为多次盗窃直接关系行为人的罪行是否成立，标准的模糊将直接影响刑法适用的稳定性。

当然，采取实质性的认定标准，仍旧不能完全脱离盗窃财物的价值来判断，如行为人三次在超市里面小偷小摸，但是每次都只是盗窃了一支圆珠笔或者其他价值很小的物品，根本没有取得数额较大财物的意图，即使短期内三次以上盗窃的，也不能认定为盗窃罪。但行为人多次盗窃的财物接近了数额较大的标准，或者行为的时间、对象、方式危及盗窃罪值得刑法保护的财物，就应当认定为盗窃罪。[1]

具体到本案，虽然行为人是在较短的时间和相近的区域，针对多名被害人财物实施盗窃，但是行为人是在深夜里连续作案，且每次都是采取砸车窗的方式来窃取财物，手段暴力，窃取数额较大财物的主观意图明显，应考虑其行为的社会危害性以及对被害人财物可能造成的严重侵害，认为行为人所实施的连续盗窃行为构成多次盗窃。

第四，关于形式认定标准，应进一步补充说明

形式认定标准虽为目前学界通说，且提出了相较于实质性判断更简单的“社会一般人”标准，但笔者认为对于形式标准的具体适用还需做进一步说明。有学者认为“次”的标准应为“同一时间、同一地点，针对同一对象一次性实施”。[2]也有学者提出应将同一对象直接理解为同一受害人。[3]

那么同一对象应作何理解呢？首先，此处的“同一对象”并非指每个财物个体。如果以财物的数量论数，就会出现行为人在同一家商店中盗窃了多件货物即属于多次盗窃的荒谬结论。即使是以社会一般人的标准来衡量，此标准也过于严苛。既不符合大众对于“一次”的认知，也会导致刑罚的过于苛责。

笔者认为，此处的“同一对象”应理解为在相对独立空间内行为人侵害能力所及的所有对象的总和。根据学界通说，“财产性犯罪保护的法益是财产所有权，但保护财产所有权的前提，是有效地保护对财物本身的占有”。[4]“有效的占有既要求客观上的实际支配或控制，又要求占有人主观上的占有意思。”[5]由于《刑法修正案（八）》将多次盗窃与扒窃、入户盗窃并列，因此在多次盗窃的语境下讨论占有的客观构成要件，主要指财物主人通过器械、工具等对财物加以控制（如对停放在外的汽车、自行车上锁）与财物主人将财物放在自己能够支配的场所（住宅除外）之内的场合。结合司法

---

〔1〕 张明楷：《刑法学》（第四版），法律出版社2011年版，第879页。

〔2〕 黎宏：《论盗窃罪中的多次盗窃》，载《人民检察》2010年第1期。

〔3〕 参见张明楷：《〈刑法修正案（八）〉实施问题研究——盗窃罪的新课题》，载《政治与法律》2011年第8期。

〔4〕 张明楷：《刑法学》（第四版），法律出版社2011年版，第839页。

〔5〕 黎宏：《论财产犯中的占有》，载《中国法学》2009年第1期。

实务中案例的具体情况，笔者认为又可进一步区分为以下三种情形：(1)财物处于封闭、排他性强的空间，且空间内财物属于同一所有人，如商店、私人地下车库，私人院落；(2)财物处于封闭、排他性较强的空间，但空间内的财物分属于多个所有人，如公共车库；(3)财物处于开阔地带，但财物主人对其通过器械或工具加以控制，或能被推定为在财物主人的实际控制之下，如停在马路边的上锁自行车。

第一种情形下，财物主人的占有应理解为对整个封闭、排他性强的空间内所有财物整体占有。因此，破坏该占有的盗窃行为，不论盗窃的财物数量，只有在外在形态上表现出静态的、终结性的停止行为时，才能被视为一次盗窃行为。当然，一次盗窃行为要求连贯性。如果有中断情形出现，即应理解为一次新的盗窃行为。在这里有两个特例要具体说明。一是盗窃汽车内财物的情形。上锁的汽车本身即可以视为封闭性、排他性极强的空间。因此，即使汽车又被停在封闭性、排他性强的空间内如车库中，行为人盗窃每辆车内财物的行为也应被视为一次盗窃行为，而不能视为一个整体。二是盗窃商场内专柜的财物。这种情况下对于盗窃次数的认定应结合商场的具体情况。一般而言，大型商场中每个专柜均处于相对独立的空间，不同专柜之间有围栏、围墙隔开。每个专柜售卖自己的品牌，有专职的售货员。这种情况下，每个专柜宜被认定为一个封闭、排他的空间。但如果是小型或传统的商场，或者大卖场，每个品牌的专柜并无独立的空间而是均处于一个开阔区域内，专柜之间仅以货架隔开。这种情况下应将整个卖场视为封闭独立的空间，而不应以专柜划分。

第二种情形下，虽然财物处于封闭型、排他性强的空间内，但由于分属于不同的财物主人，每个财物主人的占有意思是独立的，因此不能被视为整体上的占有。第三种情形由于根本不存在独立的空间，更无视为整体占有的理由。此两种情形下，每个财物主人对自己财物的占有都应视为一个独立的占有。

因此，同一时间、同一地点针对同一被害人所实施的盗窃，就是一次盗窃。在同一地点盗窃三位被害人财物的，应认定为多次盗窃。

供稿：北京市西城区人民检察院　徐志豪　傅雪

案例编辑：北京市人民检察院　孙利国

郭某某盗窃案

——将他人放置于营业性场所的物品秘密藏匿据为己有构成盗窃罪还是侵占罪

基本案情

2014年7月20日15时许，郭某某在TP CHINA哈雷摩托车修理部，趁杨某去查看自己摩托车之机，将其放在顾客休息区椅子上的腰包藏入自己的背包中转移至修理部卫生间内。后郭某某将腰包及腰包内的VERTU（经鉴定价值人民币13万元）、证件放在卫生间内的热水器上，将现金装入裤兜内带出修理部，后藏匿在附近草丛中。后杨某返回休息区时发现腰包丢失。店方协助其通过监控录像查找到，并找到腰包及手机、证件。杨某报警后，郭某某被抓获归案，其藏匿在修理部外草丛中的现金被起获。

2014年11月6日，北京市顺义区人民检察院以郭某某构成盗窃罪向北京市顺义区人民法院提起公诉。2014年12月18日，北京市顺义区人民法院经审理认为，郭某某构成盗窃罪，判处有期徒刑三年六个月，并处罚金人民币4000元。

主要问题

1.将他人放置于营业性场所的物品秘密藏匿据为己有构成盗窃罪还是侵占罪？

2.对于行为人藏匿于他处未实际占有的财物，如果被害人及时找到未造成实际损失，是否应计入犯罪数额？

意见分析

意见分歧

第一种意见认为，被告人构成侵占罪。理由是：一方面，本案中，放在椅子上的腰包系被害人“遗忘物”，将他人遗忘物据为己有应定侵占罪。另一方面，行为人只能在较轻的侵占罪范围内承担刑事责任。刑法理论一般认为，行为人想犯轻罪而事实上犯了重罪，如果这两个罪同质的话，就可以在轻罪的范围内成立犯罪既遂。本是他人占有的财物，但行为人误以为是遗忘物而取得该财物的，属于抽象的事实认识错误（不同构成要件错误）。财产犯罪故意的成立要求行为人必须对客观行为、行为对象、危害结果等客观构成要素有所认识，当对这些要素发生认识错误时，将会阻却犯罪故意的成立。行为人主观上并没有盗窃他人财物的故意，阻却了盗窃罪犯罪故意的成立。而行为人仅因为事实认识错误，误将他人占有的财物当作遗忘物非法据为己有的，根据主客观相一致的原则，行为人可以在较轻的侵占罪的范围内承担刑事责任。

第二种意见认为，被告人构成盗窃罪。理由是：涉案财物并非遗忘物，被告人非法窃取他人财产应定盗窃罪。但本案中被告人仅意图窃取现金，而未使涉案手机脱离被害人控制，主观上对手机没有非法占有的故意，故手机不应计入犯罪数额。

第三种意见认为，被告人构成盗窃罪，但被告人弃置手机的行为仅是盗窃既遂后对财物的处分行为，涉案手机应计入犯罪数额。

意见评析

笔者同意第二种意见，被告人郭某某的行为构成盗窃罪，且涉案手机不应计入犯罪数额，理由如下。

第一，盗窃罪的犯罪故意产生于非法窃取他人财物之前，而侵占罪的犯罪故意成立在合法占有他人财物之后、非法据有他人财物之前

盗窃罪的行为人窃取财物之前既无管理控制权限、又未合法持有，行为人实际上是通过秘密窃取破坏被害人占有的方式将财物据为己有，自其转移该财物之始即欠缺持有的合法性。侵占罪的行为要件之一即“财物预先已为行为人合法持有”[1]，行为人成立侵占罪是因为将“合法持有”变为了“非法占有”。

本案中，被告人将犯罪对象据为己有之前欠缺对犯罪对象的“合法持有性”，“据为己有”并未发生在自己有权控制的范围之内。监控录像显示，郭某某是在窥伺休息区周围其他顾客后，秘密将被害人的腰包藏于自己的双肩包内，慌张逃离休息区，到修理部卫生间内完成了取现、弃包的一系列行为，转移被害人腰包的行为仅持续1分10秒。尽管郭某某辩称“以为腰包为其他顾客的遗忘物”才予以持有，但其客观上窥探、掩藏腰包的种种行为，反映出其主观上有害怕、顾忌和疑虑，进而表明其主观上明知涉案财物并非他人遗忘物。而且，从郭某某的客观行为可推断其“非法占有”的故意在持有腰包之前就已经产生，这符合盗窃罪的主观要件构成。郭某某故意避开财物的主人（或者实际控制人）的注意，从被害人的占有下窃取被害人财物（或者至少是从摩托车修理部经营者的占有之下窃取他人财物），破坏、排除他人对财物的支配关系，这符合盗窃罪“秘密窃取”之客观要件。

第二，本案的犯罪对象并未脱离占有，不是“遗忘物”

财物由谁占有、是否脱离占有是区分侵占罪与盗窃罪的关键。占有分为事实上的占有和社会观念上的占有，根据社会一般观念，对于明显属于他人支配、管理的财物，即使他人短暂离开，只要财物处于他人支配力所能及的范围，也应认定为他人占有。按照常识，顾客临时出去检查车辆修理情况及在调试车辆的过程中，出于方便需要，顾客将随身携带物品暂时放在顾客休息区是正常的，一般不会认为该物品是“遗忘物”。被害人杨某短暂离开案发现场15分钟到修理部门口查看自己的摩托车，其放在休息区椅子上的财物表面上看处于脱离其支配、控制的状态，但是腰包放置的地点和具体位置是被害人有意为之，被害人对该财物主观上有明确的支配、占有意志，该财物在客观上也处于被害人可随时支配的状态，被害人有随时返回并查找财物的可能性。因此，该财物仍是被害人占有之物。退一步言，即使将涉案财物认定为被害人遗忘物，但摩托车修理部是一个相对封闭的空间，并非完全开放的公共空间，顾客的遗

〔1〕 王作富、刘树德：《刑法分则专题研究》，中国人民大学出版社2013年版，第153页。

忘物当然转归修理部的管理者占有，修理部管理者主观上可能并无积极看管该财物的意图，但其实际上承接了对该财物事实上的支配权。根据“双重控制说”理论，财物所有人丧失控制以后，特定场所内的管理人员被认定为持续、概括、抽象的占有意识，占有、支配关系事实上也存在。本案行为人即使排除了被害人的控制范围，但修理部管理者的控制范围始终存在。所以，无论何种情形，顾客休息区的他人财物均非脱离占有的遗忘物或无主物。

另外，郭某某的辩护律师指出，郭某某看到店内贴着的“贵重物品自行看管”告示使其误认为沙发上的腰包为遗忘物，本案属于侵占遗忘物。此观点有失偏颇。一方面，修理店内贴的“贵重物品自行保管”告示，只是一种善意的财产安全提醒，而非对财产占有状态的确认。被害人放在休息区的财物并不因该提醒而变成无人看管的遗忘物。另一方面，“贵重物品自行保管”仅是一种单方免责的声明，该声明对顾客财物丢失时责任的认定和承担没有法律上的效力，更不能作为第三人窃取财物免责或减责的依据。

判定是否为“遗忘物”，不应以行为人单方主观感受为依据，而应结合行为人犯意产生时间、行为人是合法持有还是破坏被害人占有、被害人是否失去对财物的控制等因素综合判断。如果机械地理解主客观相一致原则，根据行为人对涉案物品性质和状态的主观感受将涉案物品认定为“遗忘物”，则会大大鼓励盗窃案件的行为人及其辩护人在以后类似案件过程中为减轻自己的罪行而争相效仿援用此类辩解，这会加大盗窃罪入罪的难度，放纵盗窃犯罪，不利于刑罚预防目的的达成。

第三，对于有多人管控的特定场合（银行、医院、幼儿园、火车、飞机、商场、小商店、路边摊位等）的财物失控标准，应结合被窃财物的性质、体积、形态、特定场合的管控格局、被害人的消费状态等综合判断财物是否“失控”，从而认定是否成立既遂

刑法理论上关于盗窃罪的既遂标准，存在较大争议。笔者认为，应以被害人失去对财物的控制为既遂标准，涉案手机尚未脱离修理部的物理范围，故不成立盗窃既遂。（1）管控格局较为复杂的特定场合，从被害人角度综合判定是否“失控”。例如，在有多个独立商铺的大商场中偷走体积较小的戒指的，以戒指离开被害人放置的特定位置为既遂标准。（2）有“双重控制人”的特定场合，结合财物是否离开第二重控制人的控制范围综合判定是否“失控”。财物的所有人或占有人不在或不明，但该财物仍然处于特定场合并受有监控、管理及保护时，行为人将财物带离第二重控制人的控制范围，被害人实际丧失了控制财物的可能性而无法在特定场合找回财物的，则成立盗窃既遂（“失控”以财物脱离该特定场合为标准）。

本案中，摩托车修理部是一个存在“双重控制人”的特定场合。顾客尚未结账之时，其放置在修理部内的物品，随时都可取回，不存在“失控”之说。即使认为手机为小件物品，离开了被害人放置的特定地点，被害人失去了对手机的控制，但第二重控制人（修理部）对于手机并未失去控制。顾客在修理部接受服务时，物品只有脱离修理部这一范围时，才能认定为物品失控，犯罪成立既遂。行为人将手机弃置在修理部卫生间内热水器上这一较为明显的位置，手机并未脱离修理部店主监视的范围，被害人及店主并未丧失控制手机的可能性，手机并未被破坏占有，涉案手机未失控。因此，行为人将手机放置在卫生间内的行为应成立盗窃未遂。

第四，涉案手机鉴定价值不宜计入犯罪数额

一方面，手机价值超出了被告人行为时的意识范围，超过其主观犯意的犯罪后果不应非难。有学者认为，“虽然行为人认识到所盗财物数额较大，但如果财物的真实价值为数额巨大甚至特别巨大，而行为人根本没有认识到数额巨大与特别巨大时，只能选择数额较大的法定刑。行为人不能预见的结果，既不能在定罪中起作用，也不能在量刑中起作用”。〔1〕该案手机仅从外观上看，跟普通手机毫无差别，鉴定价值13万元，超出了一般人的认识范围；被害人因为自己的财物保护意识较弱，将价值巨大的手机放在人来人往的顾客休息区，其对财物的随意放置不仅给被告人暴露趋利本性制造了条件，也让被告人误以为财物仅为普通财物的辩解有了合理的存在基础，被告人郭某某也曾辩称“这么贵重的东西事主应该随身携带”。因此，被告人将腰包偷走时是无法预测腰包内财物价值的。与本案类似的“卖淫女偷嫖客名表案”〔2〕，法院也是基于财物数额巨大超出了被告人的认识范围，最终判决被告人构成盗窃罪（被告人至少认

---

〔1〕 张明楷：《论盗窃故意的认识内容》，载《法学》2004年第11期。

〔2〕 郭航、刘欣泽：《试论预见可能性对盗窃数额主观认识价值的确定——以“金表案”及“天价葡萄案”为切入点的探讨》，载《濮阳职业技术学院学报》2013年第6期。

识到了手表“数额较大”)，但免予刑事处罚。“行为人由于认识错误导致没有认识到所盗财物数额特别巨大，即使行为人应当预见到数额特别巨大，也不能认定为故意盗窃了数额特别巨大的财物，充其量也只是对结果有过失。而刑法并不处罚过失盗窃行为，不能令行为人对其数额承担责任。”〔1〕

另一方面，即使被告人应该认识到手机价值巨大，手机价值也不宜计入盗窃数额。(1)被告人主观恶性小，客观上排斥手机实害结果的发生。被告人偷走腰包后又将手机放置在修理部卫生间内成立盗窃未遂，此时即使被告人认识到手机可能价值巨大，但其主观上放弃了将手机据为己有，让被害人能够找回手机，对此种盗窃未遂情形下未导致被害人财物丢失的行为的处理应有别于“盗窃既遂后的财物处分行为”。(2)不同于“卖淫女偷嫖客名表案”中被告基于直接故意盗走名表成立犯罪既遂，本案被告人基于概括故意且未让手机脱离占有成立犯罪未遂。(3)本案手机不计入盗窃数额符合类似司法解释精神。2013年4月2日《最高人民法院、最高人民检察院关于办理盗窃刑事案件适用法律若干问题的解释》第10条规定：“偷开他人机动车的，按照下列规定处理：……(二)为盗窃其他财物，偷开机动车作为犯罪工具使用后非法占有车辆，或者将车辆遗弃导致丢失的，被盗车辆的价值计入盗窃数额……”该司法解释仅规定了对于“使用盗窃”情形下造成机动车丢失或非法占有机动车的，计入机动车的数额。笔者认为，为了鼓励主观恶性较小的行为人避免对被害人财物造成实害结果，对于行为人盗窃后将财物放回原处或与原处距离相近的地方的，可以比照上述司法解释，不将财物数额计入犯罪数额，但是对于有其他犯罪事实的被告人可以从重处罚。就本案来讲，本案不宜选择“数额巨大”的法定刑，但郭某某偷走腰包导致腰包内手机位置转移的行为，毕竟导致了被害人手机可能丢失的危险，手机数额可以作为量刑情节予以考虑，对郭某某盗窃10,000元现金的犯罪事实从重处罚。

供稿：北京市顺义区人民检察院　刘静　方玉霞

案例编辑：北京市人民检察院　庞静

---

〔1〕 张明楷：《刑法分则的解释原理（上）》(第二版)，中国人民大学出版社2011年版，第416页。

徐某诈骗案

——对“案发前”已被追回的被骗款额扣除的理解与认定

基本案情

2018年1月，徐某谎称可以托人找关系帮助孙某某儿子王某某（2018年1月19日被大连市金州区人民检察院批准逮捕）办理取保候审，先后在北京市通州区梨园站贵友大厦A座19层1913室收取孙某某现金人民币40万元及银行转账10万元（转账10万元被徐某个人使用）。2018年6月，孙某某发现徐某一直没有动静，察觉不对，开始讨要钱款。2018年7月2日至8月22日，徐某分五次共退还35万元，后孙某某与徐某失去联系。因怀疑被骗，孙某某于2018年10月10日报警。2018年10月13日，徐某退还5万元。2018年10月22日9时许，民警与徐某取得联系，提及孙某某并让其配合调查，后徐某于同日11时许、22时许退还剩余全部钱款10万元。2018年11月5日，北京市公安局通州分局对本案立案侦查。2019年4月20日，徐某因涉嫌诈骗罪被刑事拘留，同年4月30日经北京市通州区人民检察院批准被执行逮捕。本案因审查起诉期间证据发生变化，且钱款往来为现金交易，无法查明去向，现有证据不足以证实被不起诉人徐某具有非法占有他人财物的主观故意。2019年8月27日，徐某被作存疑不起诉处理。

主要问题

《最高人民法院研究室关于申付强诈骗案如何认定诈骗数额问题的电话答复》（以下简称答复）指出，“在具体认定诈骗犯罪数额时，应把案发前已被追回的被骗款额扣除，按最后实际诈骗所得数额计算”。“案发”的时间节点究竟如何确定？

意见分析

意见分歧

第一种意见认为，“案发”应当界定为“犯罪事实被发现”。发现的主体可以是被害人、有关单位，也可以是其他任何一个能够发现存在犯罪事实的人。只要发现存在犯罪事实，即为“案发”，不要求发现人明确知道犯罪嫌疑人是谁。

第二种意见认为，“案发”应当界定为“犯罪事实被司法机关发现”，可能是被害人报案，也可能是司法机关获悉犯罪事实。因为犯罪行为还未进入司法评价程序时，犯罪嫌疑人尚未受到紧迫的刑事责任威胁，其行为是个人意志的真实反映，归还被害人部分或全部财物系主动排除对诈骗财物的占有。

第三种意见认为，“案发”应当界定为“立案”。此种意见主要参照了2006年《最高人民检察院关于渎职侵权犯罪案件立案标准的规定》中附则（四）第3款的规定，“直接经济损失和间接经济损失，是指立案时确已造成的经济损失。移送审查起诉前，犯罪嫌疑人及其亲友自行挽回的经济损失，以及由司法机关或者犯罪嫌疑人所在单位及其上级主管部门挽回的经济损失，不予扣减，但可作为对犯罪嫌疑人从轻处理的情节考虑”。

第四种意见认为，认定是否“案发”，应以立案为主，以公民扭送、公安机关先行拘留等情形为辅。“案发”是指刑事案件已经确立，一般而言，立案是刑事诉讼的开始，是“案发”与否的标志。但在公民扭送、公安机关先行拘留等情形，犯罪行为被当场发觉和揭露，犯罪分子已经现行到案，虽然尚未立案，但也应认定为“案发”。

意见评析

扣除案发前已被追回的被骗款额，直接涉及诈骗数额的认定，事关罪与非罪、科处刑罚的认定和适用。实践中较为常见，但也不乏争议。针对以上分歧意见，笔者原则上同意第四种意见。同时，借此对该表述如何理解作一个相对完整的阐释。

第一，答复是1991年4月23日最高人民法院法律政策研究室对下级人民法院提出的法律适用问题进行的电话答复，该答复是以法律政策研究室的名义作出，不属于最高人民法院的司法解释的范畴

从答复的背景看，该电话答复作出时，我国适用1979年《刑法》，当时的刑法条文尚未对诈骗罪进行精细区分。结合河南省高级人民法院的请示内容可以看出，该答复是针对“利用经济合同进行诈骗”的特定类型案件。不过，一般来说，虽然电话答复这种法律适用问题的处理方式，其位阶低于司法解释或批复，其法律拘束力仅限于个案本身，而不具有普遍的法律效力。但是，电话答复所确定的计算诈骗犯罪数额的原则和精神，对审理、办理同类案件仍具有指导作用。依个案答复的应用规则，如果答复与后来的法律和司法解释没有矛盾和冲突，实践中应当遵照执行。电话答复不能直接作为裁判、处理依据，但可以在案件论证、说理时使用。

第二，答复所明确的以实际诈骗所得为依据认定诈骗犯罪数额的精神，已经被一些司法解释、司法解释性文件、司法指导性文件所吸收，并成为一种相对稳定的司法惯例或被认为应当坚持的统一标准

如最高人民法院《全国法院审理金融犯罪案件工作座谈会纪要》提出，在具体认定金融诈骗犯罪的数额时，应当以行为人实际骗取的数额计算……应当将案发前已归还的数额扣除。《最高人民法院关于审理非法集资刑事案件具体应用法律若干问题的解释》第5条第3款明确规定，“集资诈骗的数额以行为人实际骗取的数额计算，案发前已归还的数额应予扣除”。这些司法解释或司法指导性文件关于诈骗犯罪数额的认定，均采取实际诈骗所得的标准。当然，一些利用电信技术手段对不特定社会公众实施远程诈骗的案件中，与传统诈骗在具体认定诈骗犯罪数额时将案发前已归还的款额扣除的情形处理上存在显著差别，因该类新型诈骗行为突破了时间、空间的限制，且犯罪手段更为恶劣、社会危害更为严重，个案上通常对已经既遂的诈骗数额均计入犯罪数额，案发前被害人已追回的部分不予扣除，仅在量刑时酌情考虑这一情节。不过，通常认为，被骗款额是否扣除并不因诈骗犯罪类型的不同而不同。

第三，对于答复，既要看到其对经济合同、合同诈骗的特殊考虑，即经济往来中不好认定非法占有目的，尽量通过最后的客观损失来反推非法占有目的，从而降低证明的难度；更要看到诈骗罪作为对整体财产的犯罪，从财产处分前与处分后的财产价值对比，将降低或减少的部分不再计为财产损失。换言之，要以被害人实际遭受的财产损失作为诈骗犯罪数额

从便于证明的角度来看，相关司法解释性的文件选择了"案发前"这一时间节点，这与最高人民法院、最高人民检察院《关于办理诈骗刑事案件具体应用法律若干问题的解释》（以下简称《解释》）第3条第2项中"一审宣判前"的规定是完全不同的。虽然这个时间节点与行为完成的常规既遂判断不太一致，但在经济往来频繁的情况下，特别是对于一定期间内发生的多次交易，难以断定哪一次为诈骗罪构成的"交付财物"或"处分财物"。所以，以"案发前"为截止时间，符合社会一般认知，也简明实用。实务中，案发前，无论行为人主动归还财物，还是由被害人自行追回的，被害人整体财产价值的降低或减少也得以弥补，故都可以从诈骗数额中扣除。

第四，在处理行为人骗取被害人财物后在案发前退还全部或部分财物的案件，应当依照《刑法》第266条和《解释》的有关规定，参考答复认定诈骗犯罪数额的处理精神，按照主客观相统一的原则对具体案件进行区分处理

对于多次诈骗、金融诈骗、集资诈骗，在计算数额时，原则上应将案发前已经归还的数额扣除，按实际未归还的数额认定。具体可以分为五种情形：（1）如果扣除后仍达到"数额较大"的，以扣除后的数额作为诈骗既遂的数额，对于这种情况应当作为从重处罚情节加以考虑。（2）如果扣除后仍达到"数额较大"的，应以诈骗罪定罪处罚，但行为人在案发后、一审宣判前全部退赃、退赔，且认罪、悔罪的，可以酌定不起诉或建议免予刑事处罚。部分退赃、退赔的，可以建议根据最高人民法院《关于常见犯罪的量刑指导意见》[1]的规定从轻处罚。（3）如果扣除后未达到"数额较大"，也没有其他严重情节的，不构成犯罪。诈骗未遂，但以数额巨大的财物为诈骗目标的，或者具有

〔1〕 最高人民法院、最高人民检察院《关于常见犯罪的量刑指导意见（试行）》自2021年7月1日起实施。最高人民法院《关于常见犯罪的量刑指导意见》同时废止。

其他严重情节的，应当定罪处罚。(4)如果行为人在案发前未予归还财物，但在案发后、一审宣判前部分退赃、退赔的，退赃、退赔的数额不从诈骗数额中扣除，但可以作为量刑情节建议从轻处罚。(5)除了多次诈骗、金融诈骗、集资诈骗，其他诈骗行为也可以参照上述原则处理。

第五，在司法解释及法律适用中，"案发前"是一个常见的判断节点，但对于不同的犯罪认定却有不同的意义

比如，最高人民法院、最高人民检察院、公安部、司法部、生态环境部《关于办理环境污染刑事案件有关问题座谈会纪要》中强调，"人民法院审理环境污染犯罪案件拟适用缓刑或者免予刑事处罚的，应当分析案发前后的社会影响和反映，注意听取控辩双方提出的意见。对于情节恶劣、社会反映强烈的环境污染犯罪，不得适用缓刑、免予刑事处罚"。最高人民法院、最高人民检察院《关于办理职务犯罪案件严格适用缓刑、免予刑事处罚若干问题的意见》第3条第2款指出，"不具有本意见第二条所列情形，挪用公款进行营利活动或者超过三个月未还构成犯罪，一审宣判前已将公款归还，依法判处三年有期徒刑以下刑罚，符合刑法规定的缓刑适用条件的，可以适用缓刑；在案发前已归还，情节轻微，不需要判处刑罚的，可以免予刑事处罚"。《最高人民法院关于审理挪用公款案件具体应用法律若干问题的解释》第2条第1款第1项规定，"挪用正在生息或者需要支付利息的公款归个人使用，数额较大，超过三个月但在案发前全部归还本金的，可以从轻处罚或者免除处罚。给国家、集体造成的利息损失应予追缴。挪用公款数额巨大，超过三个月，案发前全部归还的，可以酌情从轻处罚"。《最高人民法院关于审理非法集资刑事案件具体应用法律若干问题的解释》第3条第3款也规定，"非法吸收或者变相吸收公众存款的数额，以行为人所吸收的资金全额计算。案发前后已归还的数额，可以作为量刑情节酌情考虑"。可见，除了相关诈骗犯罪外，其他犯罪在"案发前"的归还并不影响犯罪的成立，只是可罚性要考虑的因素，予以从轻处罚、免除处罚、适用缓刑，相应地，在检察环节可以酌定不起诉(相对不起诉)。

虽然从一般意义上讲，诈骗犯罪自被害人错误交付、处分财物终了之时，犯罪已是既遂，但是，在"窗户纸"被戳破之前，被害人陷于错误认识，对损害无知无觉。在其发现以至确信受骗前，整体财产损失一直未予确定，故电话答复(司法解释或司法指导性文件）确立了“案发前”这一时间节点，在这个节点之前的财物处分与财物归还处于动态调整的待确定状态，但在这个节点之后整体损失就确定下来了。一般将案发前理解为“立案前”，但参考挪用公款罪的相关解释，“立案前”指被司法机关、主管部门或者有关单位（被害人）发现前。[1]显然，有的“案发前”发生在“立案前”，“立案”是“案发”的一种情形。相对而言，以“立案”指代“案发”易于把握，但不免有滞后之嫌。如果被害人发现被骗，多次催促退赃、归还未果，不妨以行为人明确拒绝作为“案发前”。

第六，立案是刑事诉讼的起点，也是大多数案件“案发”形式意义上的标志

“案”既可指发生在人民群众身边具有自然意义的犯罪事实，也可指进入刑事司法程序的案件。但司法解释中的“案发”应限指进入刑事诉讼程序的案件（犯罪行为被司法机关等发现）。有犯罪事实，需要追究刑事责任，仅是“案发”的前提条件。如果仅是行为被发现、被举报，未经过司法机关审查，那么是否涉嫌犯罪、需要追究刑事责任还未明确。只有在司法机关经过调查、审查，认为有涉嫌犯罪的行为、需要追究刑事责任，并立为刑事案件时，才能算“案发”。当然也应允许例外情形。如在公民扭送、公安机关先行拘留等情形下，犯罪嫌疑人到案时间事实上早于立案时间，但此时也应认为属于“案发前”。

供稿：北京市通州区人民检察院　刘志宇

案例编辑：北京市人民检察院　余浩　梁景明

---

〔1〕 参见郎胜主编：《中华人民共和国刑法释义》（第六版），法律出版社2015年版，第658页。

王某职务侵占案

——对职务侵占罪如何适用《刑法修正案（十一）》与从旧兼从轻原则

基本案情

王某于2018年8月到西单某百货公司某化妆品专柜任职，2019年10月升任店长后要求柜员将线上销售的货款先转到其微信或支付宝，由王某统一上交至百货公司。2020年5月起，王某开始私下侵占货款，用于打赏抖音男主播穆某某。2020年8月，百货公司对该化妆品专柜进行盘点，发现实盘货品与商场系统库存售价存在差异，遂让王某说明原因，并要求其立即补齐所有货款，但是王某已将全部积蓄用于与穆某某交往过程中（包括疯狂打赏、为穆某租房、购置家具电器、二人两次旅游的全部花销等），还在小贷公司借款22.3万元未还，家里也没有能力帮其弥补货款。王某于2020年8月21日到北京市公安局西城分局投案。经核算，王某共侵占公司货款共计人民币74.68万元。

2021年5月30日，北京市西城区人民检察院以王某犯职务侵占罪向北京市西城区人民法院提起公诉，同年6月8日，西城区人民法院认定王某的行为构成职务侵占罪，鉴于其自动投案后能够如实供述，可认定为自首，并自愿认罪认罚，判处有期徒刑二年，并处罚金人民币2万元。

主要问题

行为人在《刑法修正案（十一）》施行前实施了职务侵占行为的，如何适用从旧兼从轻原则？

意见分析

意见分歧

《刑法修正案（十一）》对职务侵占罪法定刑做了较大调整，由原来的两档调整为三档，法定最高刑提高为无期徒刑；删除“可以并处没收财产”的附加刑，增加每档“并处罚金”的规定，且未对罚金刑限额作出明确规定。本案中，王某实施的职务侵占行为虽然发生于2020年5月至8月，但《刑法修正案（十一）》于2021年3月1日施行，本案起诉、审理阶段均在《刑法修正案（十一）》施行之后。那么，对于《刑法修正案（十一）》出台之前，《刑法》规定的职务侵占罪“数额较大”一档主刑较重但未规定附加刑，修正后主刑较轻但规定并处附加刑的，如何适用从旧兼从轻原则的问题，存在较大争议。

第一种意见认为，对于本案，应当对王某适用旧法。理由是：首先，王某的犯罪行为发生在《刑法修正案（十一）》实施之前，具有适用旧法的基础和前提。其次，《刑法修正案（十一）》将职务侵占罪从原来的两档调整为三档，增加“数额特别巨大的，处十年以上有期徒刑或者无期徒刑，并处罚金”，职务侵占罪法定最高刑提高至无期徒刑，并增加每档的并处罚金刑，属于主刑提高刑期又增设附加刑的“双重加重”情况。因此，依照从旧兼从轻原则，应当适用旧法，即以五年以下有期徒刑为量刑标准，不适用罚金刑。最后，2016年施行的《最高人民法院、最高人民检察院关于办理贪污贿赂刑事案件适用法律若干问题的解释》（以下简称《贪污贿赂解释》）对职务侵占罪明确了“6万元”“100万元”两个刑档标准，而《刑法修正案（十一）》将本罪修改为三个刑档，尚未有新司法解释明确职务侵占罪“数额特别巨大”标准。因此，在职务侵占罪三档刑罚明确前，适用司法解释两档标准对应旧法五年以下有期徒刑或拘役、五年以上有期徒刑的两档刑罚标准，即适用旧法。

第二种意见认为，应当对王某同时适用旧法和新法，以新法的“数额较大”一档法定刑，并且不适用新法的“并处罚金刑”的规定。理由是：刑法溯及力原则并不排斥新旧刑法之间的交替引用。刑法规定的溯及力是具体条款的溯及力，应以分项独立评价为原则，以整体总括评价为例外，以最大限度地实现罪刑法定所蕴含的有利于被告原则。〔1〕并处罚金刑的立法规范明显加重行为人的刑事责任，不利于被告，不具有溯及力，同时《刑法修正案（十一）》降低“数额较大”刑档的主刑法定最高刑。因此，秉着最大化合理保障被告人合法权益的原则，应当适用《刑法修正案（十一）》“数额较大”的主刑，并且不适用“并处罚金刑”的规定。

第三种意见认为，应当对王某适用新法。理由是：一是根据《贪污贿赂解释》的规定，职务侵占罪的“数额较大”的数额标准为6万元，“数额巨大”的数额标准为100万元。王某侵占公司货款74.68万元，仍属于“数额较大”法定刑档，适用修正前的《刑法》，则应当“处五年以下有期徒刑或者拘役”，适用修正后的《刑法》则应当“处三年以下有期徒刑或者拘役，并处罚金”。那么依据《最高人民法院关于适用〈刑法〉第十二条几个问题的解释》(以下简称《解释》)第1条和第2条的规定，“刑法第十二条规定的‘处刑较轻’，是指刑法对某种犯罪规定的刑罚即法定刑比修订前刑法轻。法定刑较轻是指法定最高刑较轻；如果法定最高刑相同，则指法定最低较轻”。“法定最高刑或者最高低刑是指具体犯罪行为应当适用的法定刑幅度的最高刑或者最低刑”。那么，行为人适用修正后《刑法》，则法定最高刑较轻。二是并处罚金的规定，是该规则体系不可拆分的有机组成，适用轻法属性是以并处罚金刑为前置条件。对于具体条文中的适用，不能断章取义，必须整体适用，并处罚金的规定不具有独立的溯及力判断的可能性。因此，应适用修正后的《刑法》，即以主刑较轻的刑法作为单独适用的刑法，其附加刑也应同时适用。

意见评析

笔者同意第三种意见。《刑法修正案（十一）》出台之前《刑法》规定的职务侵占罪主刑较重但未规定附加刑，修正后《刑法》规定的主刑较轻但规定并处附加刑的，应适用修正后《刑法》的有关规定。在判处主刑并处附加刑的，应妥当把握主刑、附加刑的幅度，确保体现从旧兼从轻原则。具体如下：

---

〔1〕 参见黄京平：《修正后刑法及相关司法解释的溯及力判断规则》，载《中国检察官》2016年第14期。

第一，从旧兼从轻原则的适用要坚持罪刑规范的统一性原则，主刑与附加刑必须作为整体适用，不应任意割裂而分别适用新、旧法

首先，根据《解释》第1条和第2条的规定可以看出，我国在司法实践中比较刑罚处罚轻重遵循的原则是以主刑法定刑幅度轻重作为判断标准的。主刑最高刑轻者，属于处刑较轻；最高刑相同最低刑轻者，属于处刑较轻；主刑量刑幅度相同，附加刑轻者，属于处罚较轻。〔1〕这一做法也得到了学界不少学者的支持。对于职务侵占罪“数额较大”的量刑幅度，《刑法修正案（十一）》从原来的“处五年以下有期徒刑或者拘役”调整为“处三年以下有期徒刑或者拘役，并处罚金”，根据上述规则比较，新法规定的主刑最高刑较轻，适用新法符合从旧兼从轻原则。其次，从旧兼从轻直接针对表述具体刑法禁令的新、旧刑法分则罪刑式法条而言的。“刑法分则当中的罪刑式法条才是表达刑法规范意义的基本单位、最小单位，罪状有相对独立的意义，法定刑也有相对独立的意义，但是罪状与法定刑不可分离，罪状和法定刑本身也不可能进一步分解。……罪状、法定刑内部的概念、文字、数字等要素则没有独立的意义，他们之间不能作为新法与旧法的内容交叉引用。”〔2〕主刑与附加刑作为最小单位内部的要素，不能任意割裂、东拼西凑，必须与法条中的罪状作为整体适用。最后，从从旧兼从轻原则的内涵来看，在对刑法规范作出选择之后，必须要坚持规范的统一性。即从旧兼从轻原则以“从旧”为原则，但同时允许以“从轻”突破“从旧”原则的限制。二者之间，“从轻”起决定性作用，为实质判断；“从旧”起初核作用，为形式判断。从旧兼从轻原则中的“兼”意味着要“选择”而不是“并列”的、“和”的意思，而是具有鲜明的层级之分。〔3〕特别是在针对刑法分则的规定上，不能在新、旧法之间交叉适用。

第二，不能滥用有利被告人原则

虽然从旧兼从轻原则意在最大限度保护被告人利益，但对该原则的适用也不能无所限制，即不应以曲解法条的本来含义为代价来换取对被告人的有利裁判。有利

---

〔1〕 参见曲新久：《论从旧兼从轻原则》，载《人民检察》2012年第1期。

〔2〕 曲新久：《论从旧兼从轻原则》，载《人民检察》2012年第1期。

〔3〕 参见何龙、王琦：《“从旧兼从轻”原则适用中的几个问题——以刑法修正案（九）的规定为视角》，载《人民检察》2017年第9期。

被告人原则，仅仅是事实存疑时的认定规则，不宜作为法律轻重判断存疑时的适用规则。[1]否则，不但没有贯彻罪刑法定原则，反而是对罪刑法定原则的破坏。正如有学者批判的，“法官不可以引用某一个法律所规定的罪状定罪，而引用另一个法律规定的法定刑量刑，更不能将数个法律分别规定的罪状加以综合，以东拼西凑的方式得出最有利于被告人的判决，否则，就成了法官制定新的刑法规范了”。[2]

第三，在刑法修正案与司法解释更替并行的场合，在新司法解释尚未出台的过渡时期，职务侵占罪的数额标准可以参照旧司法解释适用

《刑法修正案（十一）》将职务侵占罪由原来的两个刑档调整为三个刑档，并将法定最高刑调整为无期徒刑，每档的法定刑也随之作了调整。《贪污贿赂解释》中所明确的数额标准依据的是修正前《刑法》两个刑档的适用，虽然修正后《刑法》对职务侵占罪法定刑和量刑幅度做了重大调整，导致《贪污贿赂解释》在形式上缺少了适用根基，尤其是对于“数额特别巨大的”的情形处于法律空白状态。但《贪污贿赂解释》对职务犯罪所明确“数额较大”“数额巨大”法定刑档的数额标准与《刑法修正案（十一）》并不冲突，在处于新司法解释尚未出台的过渡阶段，旧的司法解释两档规定不能成为排除适用新的《刑法修正案（十一）》的当然理由，也不能因为适用《刑法修正案（十一）》而完全排除《贪污贿赂解释》对职务侵占罪数额标准的适用，《贪污贿赂解释》对侵占罪数额认定标准仍然具有重要的参照价值。本案中，王某职务侵占数额为74万余元，根据《贪污贿赂解释》属于“数额较大”，若适用旧法则以“五年以下有期徒刑”为量刑标准，适用新法则以“三年以下有期徒刑”为量刑标准。因此，笔者认为适用新法更轻，符合从旧兼从轻原则。

第四，适用修正后《刑法》规定的主刑较轻但规定并处附加刑的，在判处主刑时并处附加刑，应妥当把握主刑、附加刑的幅度

刑法溯及力实质上解决的是选择适用刑法的问题，采取以主刑法定刑轻重作为主要判断标准的模式，但同时也会造成新法与旧法针对某一具体犯罪行为的处罚存在轻

---

〔1〕 参见何龙、王琦：《“从旧兼从轻”原则适用中的几个问题——以刑法修正案（九）的规定为视角》，载《人民检察》2017年第9期。

〔2〕 曲新久：《论从旧兼从轻原则》，载《人民检察》2012年第1期。

重偏颇的情况，正如职务侵占罪中新法“处刑较轻”但附加无限额罚金刑的情况。《刑法修正案（十一）》对职务侵占罪删除“可以并处没收财产”的附加刑，增加每档“并处罚金”的规定，且未对上下限额作出规定，这种调整模式通过设置罚金刑避免了非“没收财产”，即“无财产刑处罚”的极端情况。在司法实践中，能够以不同数额的罚金刑配合主刑自由刑，在一定程度上更好地实现了罪刑相适应的刑法基本原则，但无限额化的财产刑很大程度上加重了对相关犯罪在财产刑上的惩戒力度，赋予了司法实务工作者更大的自由裁量权。正是因为职务侵占罪量刑幅度中的“并处罚金刑”无限额要求，适用修正后《刑法》规定的主刑较轻但规定并处附加刑的，在判处主刑时并处附加刑，必须要妥当把握主刑、附加刑的幅度。并处的附加刑要符合从旧兼从轻原则，综合犯罪情节、犯罪后果、当地的经济水平、行为人的财产状况等因素进行合理判断。回归到本案，比较新法与旧法对王某行为的适用。若适用旧法，以五年为最高量刑幅度，职务侵占74万余元一般会建议判处有期徒刑三年至四年；而适用新法，量刑幅度仅为三年以下有期徒刑，依据具体数额检察院最终提出“有期徒刑两年”的确定刑量刑建议，对王某而言，适用《刑法修正案（十一）》修正后的新法更轻。对王某并处2万元罚金适当，符合从旧兼从轻原则。

供稿：北京市西城区人民检察院　商燕萍

案例编辑：北京市人民检察院　张艳青

陈某某职务侵占案

——“本单位财物”的认定及职务侵占罪和诈骗罪辨析

基本案情

陈某某为某房地产经纪公司销售主管，负责其销售团队的管理工作。2014年该公司承接了某地产开发公司开发项目的销售业务，陈某某团队受公司委派于2014年4月开始在该项目工作。2015年3月，赵某某经中介介绍到陈某某团队处咨询该项目，陈某某团队的销售人员多次接待赵某某，赵某某夫妇欲购买该项目4号楼1单元501室。陈某某对赵某某谎称公司有一个电商活动，可以先交10万元现金抵50万元房款，其购买的房屋总价款344万元就可以304万元购买。2015年3月19日，赵某某与陈某某签订转让确认书，交现金15万元给陈某某，其中10万元为陈某某所称的电商活动费，5万元为房产购买意向金。陈某某将5万元交给公司财务，另10万元存放于办公室。同年3月24日，赵某某夫妇与该房地产经纪公司签订正式房屋转让合同并交付余款。合同及出具的收条均写明房款294万元。同年3月底，陈某某让其团队的员工将10万元钱退给了赵某某。经调查，该公司没有陈某某所称的电商活动。

2015年3月31日，房地产经纪公司发现陈某某多收取了客户10万元现金未纳入合同价款遂约谈陈某某并将其停职，并于2015年6月29日报案。公安机关认定陈某某构成职务侵占罪向北京市房山区人民检察院移送审查起诉，房山区人民检察院审查后对陈某某作法定不起诉处理。

主要问题

陈某某利用职务便利，对客户虚构事实，并对本单位隐瞒真相从而非法获利10万元的行为如何定性？

意见分析

意见分歧

第一种意见认为，陈某某的行为构成职务侵占罪。因陈某某具有单位企业工作人员的身份，且其职权范围是可以在一定幅度内协商房屋销售金额，无论其以何种销售策略，只要是以房款名义取得的钱款在属性上均基于公司的房产而产生，公司均可以主张权利。因此涉案10万元应属于公司所得。

第二种意见认为，陈某某虚构事实，骗取了赵某某夫妇钱款，涉嫌诈骗行为。但由于钱在其手中保留时间较短就还给了被害人，根据1991年4月23日《最高人民法院研究室关于申付强诈骗案如何认定诈骗数额问题的电话答复》的精神，本案没有犯罪金额，不构成犯罪。

意见评析

本案争议的焦点在于明确涉案10万元的所有权，从而确定本案的被害人和陈某某行为的性质。笔者同意第二种意见，理由如下。

第一，陈某某的行为不构成职务侵占罪

本案对于主体要件以及具有职务便利收取客户钱款的客观要件无争议，认定本案是否构成职务侵占罪的关键问题在于涉案的10万元是否属于公司财产，也就是法律规定的“本单位财物”。在司法实践中，“本单位财物”通常是指本单位所有的财产和财产性利益，也包括本单位占有、使用的所有权归属他人或其他单位的财产和财产性利益，可以从以下两方面对涉案10万元的归属和性质进行分析。

1.本单位财物必须具备单位管理的可能性。无论是哪一种形式的财产或者权益，作为财产犯罪的对象，必须具备管理可能性、转移可能性和价值性三个特征。本案中，房地产经纪公司和购房人签订的房屋转让协议所确认的294万元房款被公司认可，公司在交易时并不知道涉案的10万元的存在。因此，从实质上分析，公司没有开展过电商活动，对这笔钱没有期待也没有取得的依据，对这笔钱款没有明确的认知和主张权利的意识，更谈不上对这10万元的管理和控制可能性。因为“相对于被害人而言，如

果被害人根本不可能管理，我们就不能说被害人对某种财物具有占有权或者所有权，因此也不能认定其丧失了某种财物。”〔1〕

2.从侵财犯罪的特点来分析，被认定的侵害对象应该是明确的，“本单位的财物”应包括本单位现存的财物和确定的收益。而本案中，从合同制度的角度讲，公司签订转让协议后，确认收到294万元房款并且把房屋钥匙交付给买受人之时，合同所约束的债权部分交易完成，双方各自的权益也随之明确。房产公司取得房款的金额是依据与买受人签订的合同，而涉案的10万元并没有被合同涵盖，并非单位确定的财产或者收益。

因此，本案涉案的10万元现金不属于房产公司的单位财产，陈某某截留被害人交付的10万元并未从法律上造成房产公司财产或者财产性利益的减少，其行为不具备职务侵占罪的客体构成要件，不构成职务侵占罪。

第二，陈某某的行为涉嫌诈骗行为

陈某某先对客户虚构事实多收钱，后对公司隐瞒多收钱的真相，促成双方签订了合同。对于这种利用职务便利欺下瞒上“两头骗”的行为如何定性，笔者认为应重点考察两点：一是明确涉案财产被侵害之前的权属，二是判断关键取财行为。

1.本案中，非法目的和行为均指向买受人的财产权益，涉案钱款被侵占前属于房屋买受人所有。上文已述，本案的10万元现金自始不属于公司单位财产，而陈某某的主要目的是诱使买受人赵某某多交房款且让其产生低价买房的感觉，在客观上陈某某的行为也确实造成了赵某某陷入了错误认识，在正常合同之外多交付10万元。而从整个法律关系分析，赵某某基于一种非正常理由丧失10万元的所有权，该10万元所对应的只是陈某某编造的电商活动的故事，而并未受有效合同效力之覆盖。陈某某取得钱款所有权之后未入公司账目，所以，在本案中，10万元只涉及陈某某与赵某某，在公司的体外流转，公司也只是双方交谈中的幌子，没有介入实际法律关系之中。故本案的被害人应认定为买受人赵某某。

2.关键取财行为决定犯罪定性。本案中无论是陈某某“欺下”还是“瞒上”，显而

〔1〕 张明楷：《刑法学（下）》（第五版），法律出版社2016年版，第932页。

易见地，其对买受人虚构事实的行为是将钱款非法占有的关键环节，符合诈骗罪的客观要件，应认定为诈骗行为。而“瞒上”只是被害人想象中的公司行为，而实际上是陈某某的个人行为，与公司无关。所以，本案中，重要的是“欺下”，即通过资讯优势，向客户虚构电商优惠活动，使客户为求优惠好处，而上当受骗。由于陈某某的虚构事实，被害人陷入错误认识（误认为系公司行为，以及误认为电商活动为真实），而向陈某某个人交付了10万元的钱款，故陈某某的行为符合诈骗罪的构成要件。

3.本案因没有法律可认定的犯罪金额，应作法定不起诉处理。根据本案证据认定，陈某某在公司约谈前主动将钱款还给了赵某某，从时间上看，10万元现金在其手中保存的时间为10日左右，时间较短，且没有拒不偿还、继续隐瞒收钱事实等行为；对被害人来说，没有造成实质的损失和整体财产的减少。陈某某的还款行为（2015年3月底）发生于立案（2015年6月29日报案，2015年7月23日立案）前，根据1991年4月23日《最高人民法院研究室关于申付强诈骗案如何认定诈骗数额问题的电话答复》的精神，“具体认定诈骗犯罪数额时，应把案发前已被追回的被骗款额扣除，按最后实际诈骗所得数额计算。但在处罚时，对于这种情况应当作为从重情节予以考虑”。陈某某案发前将全部钱款退回，没有犯罪金额，故本案作法定不起诉处理。

供稿：北京市房山区人民检察院　隗立娜

案例编辑：北京市人民检察院　关宁

张某职务侵占案

——利用职务便利侵占设立中公司财物的定性

基本案情

张某与冯某于2013年4月达成口头协议，共同做首饰生意，同年4月16日张某通过其丈夫李某某账户向冯某账户转账20万元作为入股资金。同年6月24日，张某与冯某、常某某、陈某签署四方合作协议，拟成立以“丈四笔”为商号的首饰公司。协议规定了冯某、陈某、常某某及张某的投资比例等事项以及投资款汇入冯某名下个人银行账号。该协议明确了张某除持股和设计者身份外，还负责进行首饰的现场加工监督工作，薪酬按每工作日人民币500元计算，月结。6月25日，常某某向冯某账户转入人民币20万元，6月28日陈某向冯某账户转入人民币20万元。期间，因经营需要增资，张某还于2013年9月20日及28日通过其丈夫李某某账户向冯某账户分别汇入人民币9.5万元及1.9万元，其他股东也相继增资，均汇入冯某个人账户。在办理注册过程中，经股东同意，以冯某个人名义进行注册，注册资金人民币30万元由冯某汇入验资账户。2013年9月30日，北京丈四笔首饰设计有限公司（以下简称丈四笔公司）注册成立。在四方合作协议签署及公司成立后，公司的经营模式及各股东在公司的职责依照四方合作协议约定执行，张某不仅从公司领取工资，还于2013年10月30日领取丈四笔公司分红款人民币70,923元。自2013年4月12日起，张某利用负责首饰现场加工的职务便利，采取替换单据、增加费用项目、提高原材料价格等方式侵占资金37万余元。其中，张某、冯某二人合作期间侵占5万余元，公司筹备期间（2013年6月24日至9月30日）侵占29万余元，公司注册成立后侵占3万余元。

2014年12月30日，北京市朝阳区人民检察院以张某涉嫌职务侵占罪提起公诉（指控金额37万余元）；2015年7月29日，北京市朝阳区人民法院判决张某犯职务侵占罪（犯罪金额33万余元，即公司筹备期间和注册成立后的侵占的金额总和）。后张某上诉，二审驳回上诉，维持原判。

主要问题

公司处于设立筹备期，工作人员利用职务便利侵占钱款能否构成职务侵占罪？

意见分析

意见分歧

第一种意见认为，利用职务便利侵占设立中公司钱款的不构成职务侵占罪。理由是：此时公司尚未注册成立，因为“单位”不存在，所以作为职务侵占罪犯罪对象的“单位财物”也不存在。此时各出资人之间只是民事合伙关系，张某侵占的是合伙财产，故对公司筹备期间及之前发生的侵占数额不应计入职务侵占罪的犯罪数额。

第二种意见认为，利用职务便利侵占设立中公司钱款的构成职务侵占罪。理由是：根据刑法解释的相关原理，能够得出设立中公司也属于《刑法》第271条规定的“公司、企业或者其他单位”的结论。故对公司筹备期间及成立以后发生的侵占数额均应计入职务侵占罪的犯罪数额。

意见评析

笔者同意第二种意见，认为将利用职务便利侵占设立中公司财物的行为按职务侵占罪处理，既有合法性又有合理性，理由如下。

第一，根据体系解释的原理，职务侵占罪罪状中表述的“公司、企业或者其他单位”应当包括设立中的公司

本案中如果撇开被害单位不论，被告人张某的行为完全符合职务侵占罪所描述的罪状。唯一的疑问在于：职务侵占罪的被害人应当是公司、企业或者其他单位，而设立中公司是否属于本罪中的“公司、企业或者其他单位”？笔者认为，根据相关司法解释及体系解释的原理，可以得出设立中公司属于本罪所规定的“公司、企业或者其他单位”的结论。

体系解释也可称作系统解释，是指“联系整个刑法典、单行刑法，非刑法法律中刑法规范的相关规定，对刑法某一规定的用语的含义予以阐明的方法”。[1]体系解释的功能之一在于，当我们面对一些不明确的规定时，可以通过明确的规定来阐释不明确的规定，[2]使刑法的解释能够维持刑法体系与整个法律体系的一体性，以及文字或用语概念的一致性。[3]2000年10月9日《最高人民检察院关于挪用尚未注册成立公司资金的行为适用法律问题的批复》规定，“筹建公司的工作人员在公司登记注册前，利用职务上的便利，挪用准备设立的公司在银行开设的临时账户上的资金，归个人使用或者借贷给他人，数额较大、超过三个月未还的，或者虽未超过三个月，但数额较大、进行营利活动的，或者进行非法活动的，应当根据刑法第二百七十二条的规定，追究刑事责任”。该批复对于法律适用的主要意义在于明确了《刑法》第272条第1款（挪用资金罪）使用的“公司、企业或者其他单位”概念的内涵。即确认尚未注册成立的公司（设立中的公司）属于《刑法》第272条第1款规定的“公司、企业或者其他单位”的范畴。整个刑法文本中，除了第272条第1款规定的挪用资金罪外，还有第271条第1款规定的职务侵占罪、第163条第1款规定的非国家工作人员受贿罪使用了“公司、企业或者其他单位”这一概念。“成文法是正义的文字表述，要实现刑法的正义性，就必须保持刑法的协调性。”[4]上述条文使用了同一概念，那么其理应具有相同的内涵，才能使刑法条文之间保持协调，否则就背离了刑法的正义性要求。最高人民检察院的上述解释系有权解释，其对“公司、企业或者其他单位”概念的内涵的明确具有法律效力。因此，完全有理由认为，对职务侵占罪、非国家工作人员受贿罪、非国家工作人员行贿罪等罪状中表述的“公司、企业或者其他单位”概念的内涵应当与挪用资金罪罪状中表述的“公司、企业或者其他单位”概念的内涵一致，都应当包括设立中的公司。

第二，根据当然解释的原理，将侵占设立中公司财物的行为入罪具有合理性

学者对当然解释的定义不尽相同，但总的要求是在判断行为是否为法律所禁止

---

〔1〕 参见李希慧：《刑法解释论》，中国人民大学1993年博士学位论文，第121页。

〔2〕 参见张明楷：《刑法学》（第四版），法律出版社2011年版，第41页。

〔3〕 参见林山田：《刑法通论（上）》（增订十版），北京大学出版社2012年版，第86页。

〔4〕 张明楷：《注重体系解释　实现刑法正义》，载《法律适用》2005年第2期。

时，采取“举轻以明重”的方法，判断行为是否为法律所容许时，采取“举重以明轻”的方法。最高人民检察院的上述批复确认了挪用尚未注册成立的公司资金的行为可以构成挪用资金罪。侵占行为比挪用行为更加恶劣，对刑法所保护的财产权益的侵犯更加严重。按照“举轻以明重”的要求，既然属于轻行为的挪用设立中公司资金的行为构成犯罪，那么属于重行为的侵占设立中公司资金的行为当然也应当按照犯罪来处理。

当然解释只是提供了一种解释的理由，只是解决了法律适用中的“应然”问题，即确保实质正义的问题，还不能解决法律适用中的“实然”问题，即符合形式正义的问题。这是因为当然解释所追求的个案实质正义与罪刑法定原则暗含的形式正义价值内核之间存在必然的紧张关系，因此当然解释必须严格限定在罪刑法定原则的“框”内。〔1〕但在本案中，认为侵占设立中公司资金的行为构成犯罪并未突破罪刑法定原则的限定。刑法规定了挪用资金罪和职务侵占罪，前者是对单位财产使用权的侵犯，后者是对财产所有权的侵犯。但二者在行为方式、危害性质和规范目的上均具有同质性，都是利用职务便利侵犯所在单位财产权益的行为，规范的目的都是保护单位财产的安全。只不过在行为的程度上存在递进关系，侵占行为比挪用行为对财产权利的侵犯更加严重和恶劣。既然利用职务便利挪用设立中公司资金的行为构成侵犯单位财产权利的犯罪，那么利用职务便利侵占设立中公司财产的行为也构成侵犯单位财产权利的犯罪。只不过在刑法已将利用职务便利侵犯单位财产权利的行为，根据恶劣程度类型化为挪用资金罪和职务侵占罪的情况下，对利用职务便利侵占设立中公司财产的行为应当适用刑法关于职务侵占罪的规定。换言之，比照挪用行为构成犯罪而得出的侵占行为也构成犯罪的结论并未突破罪刑法定原则的限定，因为刑法对侵占行为也作了类型化的规定。

第三，侵占设立中公司财物的行为实际损害的是设立后公司的利益，因此将此类行为定性为职务侵占罪符合该罪的规范目的

对于职务侵占罪所保护的法益，有单一法益说和双重法益说两种观点，无论何种

---

〔1〕 参见李翔：《论我国刑法中的当然解释及其限度》，载《法学》2014年第5期。

观点，都认可公司等单位的财产权是该罪保护的主要法益。因此，立法规定职务侵占罪的直接目的就是要保护公司等单位对于自己所有或经营管理的财产的占有、使用、收益、支配的权利。发起人设立公司并履行出资义务的目的也正是使公司独立地享有对出资财产的所有权，自己只作为股东行使对公司的权利。有观点指出，设立中公司和成立后公司难以截然分开，发起人设立公司的目的是使自己作为股东获得法律赋予的有限责任的特权。〔1〕这就是说，即使是在设立过程中，发起人追求的也是自己成为股东，而付出的条件是自己出资的财产转归设立中公司所有。因此，保护设立中公司的财产权利，就是保护公司的财产权利，与职务侵占罪的规范目的并无出入。从这个角度看，最高人民检察院的上述批复将设立中公司包含在“公司、企业或者其他单位”概念的范畴之内，虽有扩大解释之嫌，但并未超出人们对立法的预期，符合国民预测可能性。

而且在事实上，设立后的公司才是职务侵占行为造成的损害后果的实际承担者。按照公司法原理，公司设立后，设立过程中形成的权利义务原则上由设立后的公司来行使或承担。因此，侵占设立中公司财物的行为最终损害的是设立后的公司的财产权利。如果按第一种意见的理解，必然造成公司成立后只能承担损害后果而不能主张权利的局面。

第四，《刑法》第272条规定的“公司、企业或者其他单位”并不以具有法人资格为条件

第一种意见认为设立中公司不属于单位，部分理由是认为设立中公司并未取得法人资格。但是具有法人资格并非构成《刑法》第272条及相关规定中的“单位”的必备条件，非法人组织同样也属于本罪中的单位的范畴。例如，一般认为职务侵占罪的企业是指公司以外的其他企业，〔2〕而实践中公司之外的企业主要就是合伙企业、个人独资企业等不具有法人资格的商事主体。再如，村民小组也不具有法人资格，但根据司法解释的规定，村民小组长利用职务便利侵占村民小组集体财产的，同样构成职

〔1〕 参见茅院生:《论设立中公司的独立性》，载《中国法学》2006年第3期。

〔2〕 参见赵秉志、田宏杰:《海峡两岸职务侵占罪比较研究》，载《政法论坛》1999年第6期。

务侵占罪。因此，判断是否为单位不应以具有法人资格为前提，而应当看其实质上是否具备单位的特征。设立中公司虽然不具有法人资格，但已经形成自己的组织形式和意思机关，有自己的财产，能以自己的名义对外活动，且其作为公司的过渡形态而存在并不违背法律的规定，其性质和民事合伙的差异较大，而与法人更接近。[1]从这个角度看，设立中公司完全符合单位的特征。

供稿：北京市朝阳区人民检察院　蒋家棣　石林山

案例编辑：北京市人民检察院　王然

〔1〕 参见茅院生：《论设立中公司的独立性》，载《中国法学》2006年第3期。

韩某某敲诈勒索案

——敲诈勒索罪与索贿型非国家工作人员受贿罪的区分

基本案情

韩某某系北京市顺义区后沙峪地区物美超市的保安，负责超市巡视。2014年12月17日17时许，位某某至该超市窃取一瓶面霜。韩某某发现后将其带入保安办公室，声称要报警且在其面前晃动警棍。位某某提出赔钱私了，韩某某谎称“按物美内部规定要罚15,000元”，位某某遂打电话筹钱并与韩某某共同到超市取款机处查询自己银行卡的钱款余额。因位某某银行卡余额不足，韩某某将其带回办公室，继续声称要报警。位某某再次提出赔偿500元私了，后又再次同韩某某去取款机处查询钱款余额，但余额仍不足500元。19时许，该超市保安科长报警，该案案发。

韩某某因涉嫌犯敲诈勒索罪，于2014年12月18日被北京市公安局顺义分局刑事拘留，于2015年1月17日被取保候审。2015年3月16日，本案侦查终结向北京市顺义区人民检察院移送审查起诉。经二次退回补充侦查，顺义区人民检察院认为，韩某某的行为属于敲诈勒索，但犯罪数额达到追诉标准的证据不足，检察委员会研究决定对韩某某作存疑不起诉。

主要问题

1.如何区分敲诈勒索罪和索贿型非国家工作人员受贿罪？

2.本案的犯罪数额是15,000元，还是500元？

意见分析

意见分歧

第一种意见认为，韩某某的行为系虚构罚款事实、胁迫他人交款的敲诈勒索行为。且本案的犯罪数额存在一个由15,000元到500元的双方议价过程，犯罪数额应以双方商定的最终数额认定，进行整体评价。但关于位某某提出500元私了时，双方是否达成合意的问题，本案当事人双方言词证据存在矛盾，且无其他证据予以佐证，最终的犯罪数额因证据问题难以认定。

第二种意见认为，韩某某的行为构成敲诈勒索罪，且系敲诈勒索15,000元未遂。本案应分为两个犯罪阶段，第一个阶段位某某无钱也未筹到钱，敲诈勒索15,000元因客观不能而犯罪未遂；第二个阶段因被害人再次提出给500元私了时，因证据不足，该阶段的行为不予评价。

第三种意见认为，韩某某利用职务便利，索取他人财物，为他人谋取利益，系索贿型非国家工作人员受贿行为，犯罪数额为15,000元。韩某某系企业保安，其特殊身份决定了其对超市内发生的盗窃行为具有制止、上报领导处理的义务。位某某行窃被抓后向韩某某提出了“给钱私了”，但没有明确行贿数额的“邀约邀请”，韩某某编造了“罚款15,000元”的规定，该编造的规定即可视为索取财物的“要约”，是暗示性地提出贿赂要求，让位某某领会其索贿意图后交给其财物，其收取财物后可让位某某的盗窃行为免受追究。

意见评析

在索财人员具有特殊身份时，要准确界定敲诈勒索罪与非国家工作人员受贿罪这两个罪名，并在双方议价情形中认定犯罪数额，存在一定难度。笔者同意第一种意见，理由如下。

第一，要看索财空间是否源于职务便利

非国家工作人员受贿罪是指公司、企业或者其他单位的工作人员利用职务上的便利，索取他人财物或者非法收受他人财物，为他人谋取利益，数额较大的行为，其行为内容关键点在于利用职务便利、索贿行为与职务的相关性。从非国家工作人员受贿罪从属的《刑法》第三章第三节“妨害对公司、企业的管理秩序罪”来看，非国家工作人员受贿罪“利用职务便利”中的“职务”本质上应指与公司、企业管理相关的职务，该职务对公司、企业的管理秩序可以产生直接影响。在《现代汉语词典》(第6版)中，“管理”一词有“负责某项工作使顺利进行”“保管与料理”“照管并约束”三层意思。这三层意思内在包含了“职权性”特征，职务与职权相连接，才能使工作顺利进行，才能产生保管、照管的约束效力。此种“管理”代表了一定的职位权限，此种职位权限能让人产生“说了算”的感觉或错觉。这种“说了算”的权限才是权力寻租与索贿产生的空间。可见，这种管理与各项事务的具体执行人员有本质区别。而本案中，韩某某作为超市保安，其职务职责类型与门卫、清洁工无异，实质上不具有对公司秩序产生直接影响的相应管理权能。在案书证证明，超市保安在抓到行窃人员时应上报领导由带班领导报警，在将行窃者带入办公室处理时必须上报领导，实际上超市保安根本没有单独与行窃者私了且不报警的职权空间。因此，韩某某的索财行为主要利用的不是职务行为的便利性，保安职责只是其控制行窃者的一个前提条件，其索财主要利用的是以报警相威胁、虚构罚款事实及控制被害人人身自由等方式。同时，行窃行为发生在超市内，任何公民均有权制止行窃违法行为并与之抗争。即使韩某某无超市保安人员身份，其控制行窃者后也有与其“私了”的空间，职务便利性并非索财违法犯罪发生的唯一必然原因。

第二，要看索财行为侵犯的法益是否与商业利益及市场竞争有关

非国家工作人员受贿罪规定于《刑法》第三章“破坏社会主义市场经济秩序罪”的第三节“妨害对公司、企业的管理秩序罪”，该罪侵犯的法益是公司、企业或者其他单位的管理活动和职务行为的廉洁性。该罪从属于“破坏社会主义市场经济秩序罪”，侵犯的法益也应内在地包含对市场经济秩序及商业利益的破坏。而在本案中，韩某某的行为侵犯的实际上是行窃者的个人财产权益，无涉商业利益，更未侵犯市场的正常竞争秩序。韩某某的索财行为，与保安(具有清理超市门口流动摊贩职责)向摊贩索要并承诺收受钱款后不再驱赶商贩的非国家工作人员受贿行为有本质的区别。后者实际上是以积极的经济利益为许诺向他人索贿的行为，是利用职权便利为他人谋取不正当经济利益的商业贿赂行为，且被索贿人有选取是否合作、何时在何范围内合作的自由。而前者是被索财人存在先期过错（在超市行窃）的情况下，面对报警威胁而不得不妥协，其追求的是排除行政处罚、刑事追究的消极利益，被索财人对于是否以行贿的方式获取该消极利益没有选择权。

第三，应当遵从客观行为及社会大众的一般认知定性

虽然非国家工作人员受贿罪可能存在为索财而使用言语胁迫、精神强制的情形，但从本案中韩某某的客观行为来看，其虚构罚款事实、使用轻微人身暴力及晃动棍棒进行威胁、限制被害人人身自由近2小时等行为，均无法包含并不能归入到“非国家工作人员受贿罪”的犯罪构成中。从一般大众的社会认知来看，韩某某是以控制行窃人为前提，致使行窃人意欲筹钱私了而打电话借钱并去取款机处查询余额，其行为是一种典型的敲诈勒索行为，将本案定性为敲诈勒索罪符合社会公众的普遍认知，更具有社会可接受性。敲诈勒索罪，是指以非法占有为目的，对他人实施威胁或恐吓，索取数额较大公私财物或者多次敲诈勒索的行为。敲诈勒索罪（既遂）的基本结构是：对他人实施威胁—对方产生恐惧心理—对方基于恐惧心理处分财产—行为人或第三者取得财产—被害人遭受财产损失。可见，本案中韩某某以控制行窃人的人身自由为前提，以虚构罚款事实为条件，以提交报警处理为威胁，在人身受控和刑事制裁的双重威胁下使行窃人产生恐惧心理，并承诺筹钱私了，韩某某以非法占有为目的、以报警相威胁并索取他人财物的行为符合敲诈勒索罪的犯罪构成。

第四，在一个敲诈犯意下实施的连续索财行为，其犯罪数额的认定应当遵循“由犯罪数额到犯罪形态”的路径

本案中，将犯罪数额认定为15,000元未遂的第二种意见，是“由犯罪形态到犯罪数额”的认定路径。此种认定路径存在两大问题：一是割裂了犯意的连续性。本案中，韩某某连续监视被害人前后两次取款的行为，应属于在同一敲诈勒索故意下实施的。二是难以区分犯罪未遂与犯罪中止。因为，韩某某在行窃者第一次查看取款机后，发现其银行卡内没有足够余额，此时仍存在要求行窃者继续借款15,000元的可能，但是当行窃者单方面重新提出500元私了意愿且韩某某同意时，无法认定对于第一阶段的15,000元究竟是犯罪未遂还是犯罪中止。笔者认为，对犯罪数额的认定应当遵循

“由犯罪数额到犯罪形态”的路径，即对于商议阶段的15,000元不作评价。本案当事人双方存在议价过程，韩某某敲诈勒索的犯意是连续的，但对于最后阶段“双方对于500元是否达成合意”的犯罪数额问题，因供证矛盾且无其他证据予以佐证，应作存疑不起诉的认定。

供稿：北京市顺义区人民检察院 方玉霞

案例编辑：北京市人民检察院 梁景明

董某某故意毁坏财物案

——在缓刑考验期内教唆他人犯罪，被教唆人在缓刑考验期满后实施的，应否撤销缓刑数罪并罚

基本案情

董某某因犯交通肇事罪，于2015年12月14日被判处有期徒刑三年，缓刑三年（缓刑考验期至2018年12月24日届满）。

2018年11月中旬，董某某因对工作安排不满欲报复领导代某某。2018年12月11日，董某某约孙某在一面馆共谋对代某某实施报复。席间，二人商定对代某某驾驶的奔驰轿车泼洒漆料进行损毁，因董某某与代某某熟悉，恐被认出不便出面，遂决定由孙某独自实施，但未明确约定实施时间和限定损坏程度。当日下午，董某某通过微信向孙某提供了代某某的住处、车辆特征、车牌号等信息。2018年12月27日20时许，孙某独自进入代某某居住的小区使用漆料泼洒代某某的奔驰轿车，致使车体大面积腐蚀。经鉴定，车辆损失价值人民币39,150元。

2019年8月7日，北京市顺义区人民检察院以董某某犯故意毁坏财物罪向北京市顺义区人民法院提起公诉。2019年10月25日，顺义区人民法院以董某某犯故意毁坏财物罪判处有期徒刑十个月，撤销缓刑，数罪并罚，决定执行有期徒刑三年八个月。董某某在上诉期内提出上诉后又书面撤回上诉，现判决已生效。

主要问题

本案中，对董某某犯故意毁坏财物罪的定性不存在争议。争议的焦点在于，缓刑考验期内董某某的教唆行为能否认定为“犯新罪”？是否应当撤销缓刑，数罪并罚？

意见分析

意见分歧

第一种意见认为，董某某与孙某的共同故意毁坏财物行为实际发生在董某某的前罪缓刑考验期届满之后，期满之前的教唆行为具有从属性，从属于实行行为，应以着手实施故意毁坏财物行为之时认定为又犯新罪，不应当对董某某撤销缓刑，数罪并罚。

第二种意见认为，董某某教唆孙某实施故意毁坏财物行为，二人商定并形成犯罪合意是在缓刑考验期届满之前，教唆行为属于犯罪预备行为，预备行为具备应受惩罚性；且根据《刑法》第29条第2款的规定，教唆行为具有独立性，应当认定其在缓刑考验期满之前又犯新罪，对董某某撤销缓刑，数罪并罚。

意见评析

笔者认为，在缓刑考验期内教唆他人犯罪，被教唆人在缓刑考验期满后实施犯罪的，当被教唆人实施了符合犯罪构成要件的违法行为，教唆行为参与引起侵害法益的结果，具备应受处罚性的，教唆犯属于犯新罪，应当撤销缓刑，数罪并罚。

第一，行为人实施故意唆使并引起他人实行符合犯罪构成要件的违法行为是认定“犯新罪”的基础

故意唆使并引起他人实施符合构成要件的违法行为的，是教唆犯。本案中，董某某实施的行为成立教唆犯。董某某是使本无犯意的孙某产生犯意的提起者，在协商故意毁坏财物手段时也需经董某某认可同意，之后董某某有催促孙某按原计划实施的行为，而孙某在实施中未改变任何原计划内容，完毕后立即将已实施的情况反馈给董某某。可见，董某某在整个犯罪过程中起着主导作用，正是董某某故意唆使，引起孙某实施了故意毁坏财物的犯罪行为，董某某与孙某构成共同犯罪，董某某为教唆犯。《刑法》第29条第1款规定，教唆他人犯罪的，应当按照他在共同犯罪中所起的作用处罚。实际上，董某某不仅实施了教唆行为还实施了帮助行为。本案中，董某某通过微信向被教唆者孙某提供了被害人代某某的住处、车辆特征、车牌号等信息。这些行为已经超越了教唆的范畴。因为，教唆行为与犯罪结果之间是一种心理的因果关系，即让没有犯意的人产生犯意，进而去实施教唆犯教唆的犯罪。而给被教唆犯提供被害人的相关信息，以便于被教唆犯实施犯罪的行为，已经超越了教唆的范畴，属于为被教唆人实施犯罪提供物理性帮助的行为，因而属于帮助行为。也就是说，本案中，董某某既是教唆犯也是帮助犯，这也进一步说明，董某某应对本案的危害后果承担刑事责任。

第二，本案中无论是采取共犯独立性说还是共犯从属性说，均可认定行为人构成犯罪

围绕狭义共犯（教唆犯与帮助犯）的处罚根据问题，理论界主要有从属性说和独立性说的争议。按照共犯独立性说的主张，教唆犯的可罚性在于教唆犯实施了教唆他人犯罪的行为本身，即便被教唆者没有实施教唆犯教唆的犯罪行为，也可以依据刑法分则条文规定，对教唆犯进行处罚。按照共犯从属性说的主张，教唆犯的可罚性在于教唆犯通过自己的教唆行为，使被教唆者实施了侵害法益的行为，在被教唆者未实施侵害法益的行为的情况下，教唆犯的教唆行为本身并不构成犯罪。两者争论的基本问题是：在被教唆者未实施教唆的罪的情况下，教唆犯是否成立犯罪。按照共犯独立性说的主张，此种情形下，教唆犯构成犯罪；按照共犯从属性说的主张，此种情形下，教唆犯不构成犯罪。换言之，在被教唆者未实施被教唆的罪的情况下，两种不同主张会得出截然相反的结论。然而在被教唆者实施了被教唆的罪的情况下，无论采用何种主张，对结论都不会有实质影响。本案即属于此类情形。也就是说，对于本案，无论是采用共犯从属性说还是采用共犯独立性说，由于被教唆人已经实施了被教唆的罪，因此都可以得出董某某构成犯罪的结论。

第三，教唆行为发生在缓刑考验期内是认定“犯新罪”的必要条件

根据《刑法》第77条规定，被宣告缓刑的犯罪分子，在缓刑考验期限内犯新罪的，应当撤销缓刑，对新犯的罪作出判决，把前罪和后罪所判处的刑罚，依照《刑法》第69条的规定，决定执行的刑罚。从行为过程来看，董某某教唆孙某的行为发生在缓刑考验期内。二人最初商议报复代某某的时间在董某某被解除社区矫正（2018年12月24日）之前，期间确定了实施方式为对代某某的奔驰轿车泼洒漆料进行损毁，确定了实施人员为孙某独自进行，确定了实施条件是董某某向孙某提供代某某的住处、车牌号等信息。而且，上述行为具有很强的现实可操作性，实际上犯罪行为继续发展并最终达成既遂，造成损失并达到数额巨大，不属于免除处罚的情形。

第四，教唆犯应对概括故意下的全部法律结果承担责任

行为人在教唆时没有明确限定危害程度，则因具有概括的犯罪故意，应对该罪名下可能出现的全部法律后果承担责任。实践中，可能会出现被教唆人实施的行为未达到某一犯罪数额标准的情况，那么是否一律认定教唆人构成犯罪，进而撤销缓刑？这要从教唆内容进行考虑。如所教唆之罪不涉及数额，像教唆抢劫、入户盗窃、扒窃等，则教唆行为当然构成犯罪，无论被教唆人是否实际实施犯罪、实施了何种犯罪，均应当对教唆者撤销缓刑；如所教唆之罪系数额犯、情节犯，被教唆人的行为未达至该罪的数额标准，仍然可以适用《刑法》第29条的规定，认定教唆者构成所教唆之罪，进而撤销缓刑。结合本案来看，董某某所犯的故意毁坏财物罪是典型的故意犯罪，在概括的犯罪故意下，无论损害后果是否达到故意毁坏财物罪的追诉标准，均应对董某某撤销缓刑，数罪并罚。

从再犯危险性考虑，根据《刑法》第72条的规定，缓刑适用的必要条件是没有再犯罪的危险。董某某在缓刑考验期内又实施新的犯罪，说明其再犯罪的危险并未消除，应当撤销缓刑。

综上所述，行为人在缓刑考验期内教唆他人犯罪，被教唆人在缓刑期满后实施的，属于在缓刑考验期内“犯新罪”，应当撤销缓刑，数罪并罚。

供稿：北京市顺义区人民检察院　何晴　王倩

案例编辑：北京市人民检察院　葛路　孙利国

五、妨害社会管理秩序罪

郭某妨害公务案

——社区工作人员是否具有国家机关工作人员身份

基本案情

为落实北京市《关于进一步加强社区(村)疫情防控工作的通告》,2020年2月11日起,朝阳区某社区居委会及物业公司在小区单元门及电梯间内张贴通知,并在小区门口用喇叭循环播报,告知居民及时办理小区临时出入证,在新型冠状病毒感染肺炎疫情期间人员及车辆必须凭证进出,于2月14日起开始实施。2月16日9时50分,业主郭某外出返回小区时,被社区志愿者和社区工作人员拦下要求其办理临时出入证。郭某拒不配合社区管理,用手击打社区工作人员刘某某的头、面部,致其头部软组织损伤,脑外伤后神经反应,经鉴定不构成轻微伤。后民警王某、胡某某将郭某依法传唤至警务站,郭某未佩戴口罩,王某欲给其佩戴口罩,郭某拒不配合,抬腿踢踹王某腿部、裆部(无明显外伤)。郭某被现场抓获。

2020年2月25日,北京市朝阳区人民检察院对郭某以妨害公务罪提起公诉。2月28日,北京市朝阳区人民法院一审判决郭某犯妨害公务罪,判处拘役一个半月。

主要问题

社区工作人员是否可以认定为国家机关工作人员?

意见分析

意见分歧

第一种意见认为,在小区派驻门岗对小区人员进行体温检测、出入证检查、现场秩序维护的人员中,有小区物业人员、志愿者、社区工作人员等,行为人被拦下也是由志愿者和社区工作人员一起，其并不能区别这些人员的具体身份，难以认定行为对象是妨害公务犯罪中的国家机关工作人员。

第二种意见认为，社区工作人员在从事防疫、检疫、强制隔离、隔离治疗等疫情防控措施时具有国家机关工作人员身份，并且行为人知道办理临时出入证是为了疫情防控，其不配合办理在主观上具有妨害疫情防控这一公务行为的主观故意，可以认定其行为属于妨害公务的行为。

意见评析

笔者同意第二种意见，理由如下。

最高人民法院、最高人民检察院、公安部、司法部《关于依法惩治妨害新型冠状病毒感染肺炎疫情防控违法犯罪的意见》规定，国家机关工作人员包括三类：一是依照法律、法规规定行使国家有关疫情防控行政管理职权的组织中从事公务的人员；二是受国家机关委托代表国家机关行使疫情防控职权的组织中从事公务的人员；三是虽未列入国家机关人员编制但在国家机关中从事疫情防控公务的人员。司法指导文件对犯罪对象的扩大解释，突破了以往“身份说”的限制，体现了妨害公务罪重点保护依法开展的公务活动。

社区工作人员能否评价为国家机关工作人员，关键是判断其是否属于“受国家机关委托代表国家机关行使疫情防控职权”。具体而言，涉及两个问题：一是社区是否具有合法的委托关系；二是社区人员的封闭管理是否属于合法的疫情防控工作。

第一，社区居委会享有合法的行政委托

行政委托是指行政机关在其职权范围内依法将其行政职权或行政事项委托给有关的行政机关、社会组织或者个人，受委托者以委托机关的名义实施管理行为，由委托机关承担法律责任。根据《最高人民法院关于适用〈中华人民共和国行政诉讼法〉的解释》第20条规定，行政机关在没有法律、法规或者规章规定的情况下，授权其内设机构、派出机构或者其他组织行使行政职权的，应当视为委托。这说明，行政委托与行政授权不同，其设立的依据、方式与对象都更为宽松灵活。北京市人民代表大会常务委员会2020年2月7日发布的《关于依法防控新型冠状病毒感染肺炎疫情坚决打赢疫情防控阻击战的决定》规定，“社区（村）应当服从政府统一指挥，做好辖区内人员往来情况摸排，加强人员健康监测，防止疫情输入"，这可以作为委托社区以行政机关名义开展疫情防控工作的法律依据。设立该委托的行政机关需要对社区的疫情防控工作承担法律责任。在这样的行政委托关系下，破坏社区的疫情防控工作就是破坏国家的疫情防控大局，就是妨害刑法所保护的公务活动。

第二，社区工作人员对社区进行封闭管理未超出被委托的职权范围，具有合法性和正当性

《中华人民共和国传染病防治法》第42条规定，"传染病暴发、流行时，县级以上地方人民政府应当立即组织力量，按照预防、控制预案进行防治，切断传染病传播途径，必要时，报经上一级人民政府决定，可以采取下列紧急措施并予以公告……（五）封闭可能造成传染病扩散的场所"。这是封闭管理的法律依据。北京市新型冠状病毒感染的肺炎疫情防控工作领导小组办公室于2020年2月9日在《北京日报》上刊登了《关于进一步加强社区（村）疫情防控工作的通告》，通告中明确"严格居住小区（村）封闭式管理。进一步严格小区（村）封闭管理，在出入口设置检查点，居住人员和车辆凭证出入"。可见，封闭式管理在程序上是经北京市政府决定的。社区工作人员在政府统一部署和调度下进行出入小区的限制，是开展疫情防控工作的必要举措，未超越人民政府委托的具体职权范围。

此外，将社区工作人员解释为国家机关工作人员未超出普通民众的理解和预期。从实践中看，由于人员紧张、工作量大，防控疫情必须群防群治，因此政府需要依靠社区力量。社区工作人员身处"防控战疫"的一线，是人民群众有目共睹的，对他们的保护关系整个区域的疫情防控工作，关系社区居民的生命安全，将其纳入国家机关工作人员范畴既符合妨害公务罪所保护的法益，也符合老百姓朴素的正义观。当然，如果不是因疫情防控需要由政府部门组织动员的，而是由居（村）委会、物业公司等自发组织、采取有关疫情防控措施的人员，在执行防控措施时受到暴力、威胁的，应当实事求是把握妨害公务罪受侵害对象的范围，不能认定为妨害公务罪。

供稿：北京市朝阳区人民检察院　徐华玲

案例编辑：北京市人民检察院　梁景明

杜某某、鲁某某妨害公务案

——妨害公务案件中犯罪嫌疑人积极赔偿并取得民警谅解的能否认定为酌定从轻处罚情节

基本案情

2015年2月6日晚，杜某某与鲁某某饮酒后与他人发生纠纷，次日0时许，二人在北京市朝阳区朝阳路苏宁电器南侧路边处，拒不配合民警执法，并辱骂、抓挠前来处置的民警，造成北京市公安局朝阳分局八里庄派出所民警孙某面部多处划伤。经鉴定，孙某所受损伤已构成轻微伤。鲁某某家属于2015年2月9日已代为向孙某赔礼道歉并赔偿人民币5000元，同日孙某表示谅解鲁某某对自己的伤害行为，希望对其从轻处罚。

2015年6月3日鲁某某因犯罪情节轻微，被北京市朝阳区人民检察院决定相对不起诉；同月17日杜某某被北京市朝阳区人民法院以妨害公务罪判处拘役五个月。

主要问题

对于妨害公务案件中犯罪嫌疑人积极赔偿并取得受伤公务人员个人谅解的，能否认定为酌定从轻处罚情节？

意见分析

意见分歧

第一种意见即否定说认为，在妨害公务案件中，国家才是实质意义上的被害人，不能以犯罪嫌疑人对被具体侵害者的经济赔偿来消弭其侵犯公权力带来的社会危害性，同样，被侵害的公务人员也无权代表公权力与犯罪嫌疑人达成不予追究刑事责任的和解。同时，公务人员，尤其是警察，在执行职务时与犯罪嫌疑人并非平等主体关系，受到损害时根据《中华人民共和国人民警察法》(以下简称《人民警察法》)中关于抚恤及优待的规定享受工伤待遇由国家赔偿或者保险赔付即可，不能通过民事救济方式解决，因而无权提起附带民事诉讼。既然赔偿无从谈起，那么犯罪嫌疑人也就不能因此而获得从轻量刑。

第二种意见即肯定说认为，在妨害公务案件中，公务人员的人身或者财产遭受他人行为的直接侵害，在刑事诉讼过程中，受侵害的公务人员，即使是警察，理应成为诉讼上的被害人，有权提起附带民事诉讼，自然可以接受行为人的赔偿，也可以对行为人对自己的侵害行为提出谅解，行为人理应因此而获得从轻的评价。

意见评析

笔者同意第二种意见，犯罪嫌疑人积极赔偿及取得谅解的情形能够认定为酌情从轻处罚的量刑情节，但从轻的幅度应适当从严把握。

第一，妨害公务罪保护的是复杂客体，主要客体是国家的正常管理活动，而公务人员的人身权利是本罪的随机客体

刑事诉讼中的被害人，广义而言，是指自身合法权益遭受犯罪行为直接侵害并有权在刑事诉讼中执行控告职能的当事人；狭义而言，被害人仅指公诉案件的当事人。这里的合法权益，包括人身权利、民主权利和财产权利等合法权利和利益，妨害公务案件中受伤的公务人员，其人身权利受到了犯罪行为的直接侵害，同时也是该公诉案件中的当事人，当然可以成为刑事诉讼中的被害人。

对于本罪犯罪客体或者保护的法益，理论界存在不同的观点，有的认为是简单客体，侵犯的仅是国家机关工作人员和红十字会工作人员的从事职务的活动〔1〕，或者说保护的法益仅为“公务”〔2〕；有的认为是复杂客体，侵犯的是国家正常的管理活动和国家机关工作人员、红十字会工作人员的人身权利。〔3〕笔者认为，本罪应为复杂客

〔1〕 李希慧主编：《妨害社会管理秩序新论》，武汉大学出版社2001年版，第30页。

〔2〕 张明楷：《刑法学》(第四版)，法律出版社2011年，第915页。

〔3〕 何秉松：《刑法教科书》，中国法制出版社1997年版，第680页。

体，但执行公务人员的人身权利并不是与“公务”并列的必要客体抑或次要客体，而应属于随机客体。一是对公务人员人身权利的侵犯并不是构成本罪的必备要件。二是公务人员的人身伤害应当成为构成本罪的选择要件。“随机客体是指在某一具体犯罪侵害的复杂客体中可能由于某种机遇而出现的客体”〔1〕，是构成犯罪的选择要件，妨害公务罪中公务人员的人身权利就属于这种随机客体。实践中，大量妨害公务的案件均存在对执行人员的人身或者财产的侵害，这是因为“国家的正常管理活动或国家的公务活动仅是一种观念上的抽象，行为人要达到妨害公务执行的目的，必须使妨害公务的行为在客观上具有一个实实在在的攻击对象”〔2〕，这个对象便是具体执行公务的人员。尽管本罪的“立法意图并不在于着重保护公务员的身体与自由，其保护法益最终还是公务员公务的顺利进行”〔3〕，但毕竟“保障公务员的身体安全，是保护公务的反射效果”，〔4〕应当将公务人员的人身权利作为本罪的随机客体予以保护。

第二，人身权利受到侵害的公务人员有权依法提起附带民事诉讼或者单独提起民事诉讼，这也是作为被害人的公务人员其诉讼权利的题中之义

其一，公务人员也是公民，公民享有平等的民事权利，不应因其是否为公务人员而有所区别。否则，将会导致伤害普通公民（轻伤以下）应当赔偿，伤害公务人员（轻伤以下）可以不赔，当造成公务人员重伤乃至死亡时又应当赔偿的尴尬结论。这无疑将会在某种程度上鼓励通过暴力来妨害公务的行为。其二，公务人员执行职务过程中受伤依法享受工伤待遇自不待言，但并不应影响其可以依法主张损害赔偿的权利。公务人员受侵害导致工伤的，应允许提起民事诉讼程序，由法院判定侵权人是否承担赔偿责任及承担的比例。由此，在打击犯罪的同时，还避免将犯罪嫌疑人应承担的赔偿责任一律转嫁给国家，使纳税人所缴纳的税款得以合理使用。其三，《人民警察法》中关于抚恤及优待的规定，并不能解决当前妨害公务罪中的实际问题。姑且不论其他非

---

〔1〕 高铭暄、马克昌主编：《刑法学》，北京大学出版社、高等教育出版社2000年版，第60页。

〔2〕 赵秉志主编：《海峡两岸刑法各论比较研究（下）》，中国人民大学出版社2001年版，第275页。

〔3〕 ［日］西田典之：《日本刑法各论》，刘明祥、王昭武译，武汉大学出版社2005年版，第291页。

〔4〕 黎宏著：《日本刑法精义》，中国检察出版社2004年版，第483页。

警察的公务人员无从享受到该抚恤及优待的规定，仅根据《人民警察法》第41条的规定来看，其适用的范围也仅限于因公致残或者牺牲、病故的警察，而实践中造成严重后果的妨害公务案件一般直接适用故意伤害致人重伤、死亡或故意杀人等重罪，而不再以妨害公务罪来处理。因此，大量在妨害公务罪中受伤却未致残的民警依然无法适用该条款以获得补偿。

第三，犯罪嫌疑人通过积极赔偿和取得谅解能够获得一定的从宽处罚，有利于更好地实现刑罚目的，体现宽严相济的刑事政策，且已逐渐得到司法实践尤其是审判机关的认可

毕竟，作为随机客体存在的公务人员的人身权利确实受到了直接的侵害，而犯罪嫌疑人积极赔偿的行为及在伤害范围内取得公务人员的谅解等事实既在一定程度上体现了对该随机客体所包含的社会关系的修复，也体现了犯罪嫌疑人的悔罪态度，理应成为酌定的从宽量刑情节。相反，若即使赔偿了也无任何从宽，无疑会打击犯罪嫌疑人赔偿的积极性，不利于维护公务人员的合法权益。

实践中，有案件的犯罪嫌疑人在侦查阶段主动向受伤民警进行赔偿并取得谅解，最终据此被决定不起诉；有案件的被告人在审判阶段主动或经法院调解进行了赔偿甚至达成谅解，最终据此被从轻处罚并适用缓刑；有案件中的受伤民警向法院提起了附带民事诉讼，并获得了赔偿判决。可见，实践中，尤其是审判机关，对妨害公务罪中受伤公务人员的被害人地位、赔偿请求权均持肯定态度，同时也认可将犯罪嫌疑人积极赔偿以及取得公务人员的谅解等情形作为从宽量刑情节考虑。

第四，犯罪嫌疑人的赔偿及公务人员的谅解均应有相应的限制

除了认为公务人员不是本罪被害人外，否定犯罪嫌疑人通过积极赔偿和取得谅解能够获得一定的从宽处罚的学说还存在两方面理由：其一，认为公务人员无权代表国家对犯罪嫌疑人妨害公务的罪行表示谅解；其二，认为肯定说会导致犯罪嫌疑人为了获得从轻处理而大幅超额赔偿，存在以钱赎刑的嫌疑，还会严重影响执法机关的形象。应当说，这两方面理由具有一定的合理性，但尚不足以否定犯罪嫌疑人的积极赔偿及取得公务人员谅解等情节在量刑上的积极意义。不过，实践中有必要对赔偿及谅解进行一定的限制。一是妨害公务罪所保护的主要法益是“公务”，而犯罪嫌疑人对公务人员的赔偿仅是针对自己行为所造成的人身侵害后果的赔偿，因此公务人员提出的谅解也仅限于犯罪嫌疑人对自己所造成的人身侵害范围内，而无权对犯罪嫌疑人整个妨害公务的行为及结果提出谅解。二是赔偿应以给公务人员所造成的实际损失为必要的限度，并且应当在相应的主体机关监督下进行。

供稿：北京市朝阳区人民检察院　黄成
案例编辑：北京市人民检察院　王新

夏某某、王某某买卖国家机关证件案

——驻外大使馆认证书能否认定为国家机关证件

基本案情

夏某某负责北京市通州区某幼儿园外教管理等工作。2017年年初，夏某某欲招收两名不符合学历条件的外国人在幼儿园担任外教，为办理二人任职申请，夏某某以16,600元的价格委托王某某为两名外教分别制作虚假学历证书等资料，并贴上伪造的我国相应驻外国大使馆的认证书两份。后夏某某指使员工持其中一人资料办理任职申请时，被相关部门当场截获。经我国外交部认定，截获的（2017）塞领认字第0000132号认证书系伪造。2017年8月23日、28日，王某某和夏某某相继被抓获。

2018年3月29日，北京市通州区人民检察院以夏某某、王某某犯买卖国家机关证件罪提起公诉，同时认定二人具有坦白等情节，建议判处二人有期徒刑六个月至一年，并处罚金，可适用缓刑。同年4月9日，北京市通州区人民法院适用刑事案件速裁程序，实行独任审判，公开开庭审理，以犯买卖国家机关证件罪，判处夏某某、王某某有期徒刑八个月，缓刑一年，并处罚金人民币10,000元。

主要问题

我国驻外大使馆的认证书是公文、证件还是印章？

意见分析

意见分歧

第一种意见认为，驻外大使馆的认证书是我国驻外大使馆刻制的以文字与图记表明其主体统一性的认证专用章，相关学历等文书需要贴上该认证专用章才能被认可，因此应认定为印章。

第二种意见认为，驻外大使馆的认证书虽然小，但是其系我国驻外大使馆用以处理学历认证问题的书面文件，是一种格式印刷的文本，应当具有公文的法律效力，属于公文。

第三种意见认为，驻外大使馆的认证书系国家机关制作颁发的，用以证明外国人学历等事实的凭证，应当认定为证件。

意见评析

驻外大使馆的认证书是国家机关公文、证件还是印章，未发现相同判例，亦无明确的法律法规加以规定。公安机关内部讨论资料认为应属于公文，但起诉意见书认定为公文、证件，而外交部领事司出具情况说明认定为领事证件。笔者同意第三种意见，应认定驻外大使馆粘贴于办理领事认证的国外文书上的领事认证书属于国家机关证件，理由如下。

第一，应当从视觉感官可见的有体物形制、所承载的内容等特征，辨析争议对象属于公文、证件还是印章

《刑法》第280条规定中的“公文”，是指国家机关在其职权范围内，以其名义制作的用以指示工作处理问题或者联系事务的各种书面文件，其可见形制一般表现为印刷或者书写的文件，如决定、命令、决议、指示、通知、报告、请示、信函、电文等。“证件”是指国家机关制作颁发的用以证明身份、权利义务关系或者有关事实的凭证，其可见形制一般表现为带有印文和证明特定内容的证件、证书，如结婚证、离婚证、工作证、学生证、护照、居民身份证、社会保障卡、驾驶证、户口迁移证、营业执照、居住证等。“印章”是指刻有国家机关组织名称的公章或者某种特殊用途的专用章，系用以显现印文之物。按照国际惯例和中国领事实践，我国公民在国外学习、工作、居住，或是在国内办理出国签证时，常需要使用一些由国内公证处出具的涉外公证书，如出生公证、未受刑事处分公证等，这些公证书在送国外使用前一般需要办理领事认证。外国有关文书在送中国使用前，也需要办理相应的领事认证。领事认证是外交、领事机构及其授权机构在公文书或其他证明文书上，确认文书最终签署人身份及其签字和印章真实性的一种活动。领事认证的目的是使一国出具的文书能够为另一国的有关当局所接受，不致怀疑该文书上签名或印章的真实性而影响其在域外的法律效力。根据外国人来华工作许可服务指南，申请办理外国人来华工作许可需要提交最高学位（学历）证书或相关批准文书、职业资格证明，而最高学位（学历）证书须经我驻外使、领馆或由申请人所在国驻华使、领馆或所在国公证机构或我国学历认证机构认证。塞尔维亚使馆是我国派驻塞尔维亚共和国政府代表机构，属于我国行政机关，涉案所买卖的伪造学历认证书系由载有“兹证明前面文书上塞尔维亚教育部的印章和SLAVICA PANIC的签字均属实”等文字说明，以及驻塞尔维亚共和国大使馆领事签名，并粘贴含有我国国徽标志的领事认证防伪贴，仿真度较高，其可见形制符合证件、证书的特征，所承载的内容用以证明外国学历上的印章和签名属实，属于证明有关事实的凭证。对此，外交部领事司也出具情况说明，指出中国驻外使领馆的领事认证是中国驻外领事馆以国家名义对国外有关文书予以确认的活动，粘贴于办理领事认证的国外文书上的领事认证书属于领事证件。

第二，《刑法》第280条规定的买卖国家机关公文、证件、印章罪系选择性罪名，对行为对象的选择应当对选择性要素进行实质性的判断

尽管国家机关证件也属于广义的国家机关公文，既然刑法将国家机关证件作为本罪的选择性要素加以规定，并将用于证明身份的证件单独规定，如经实质性判断应当认定为国家机关证件在罪名选择时即可不选择国家机关公文。表面上看，涉案所买卖的外国学历认证书系由虚假的外国学历、领事认证文书以及领事认证标贴所组成，但单独的外国学历本身并不能成为本罪的选择性要素。领事认证文书虽具有国家机关公文的特征，须有领事认证标贴才实际完成领事认证。驻外使领馆对国外学历的签署人身份、签名、印章的真实性予以确认，出具领事认证文书并粘贴领事认证标贴，形成了完整的领事证书，从整体上应当认定为国家机关证件。

综上所述，驻外大使馆对外国学历的领事认证，并非使国外有关文书生效的标记和符号，而是驻外大使馆对文书签署人身份及其签字以及文书印章真实性予以确认的认证凭证，属于国家机关证件。

供稿：北京市通州区人民检察院　彭燕芬

案例编辑：北京市人民检察院　梁景明

申某伪造国家机关证件案、乔某某伪造事业单位印章案

——对《关于办理与盗窃、抢劫、诈骗、抢夺机动车相关刑事案件具体应用法律若干问题的解释》第2条的理解与适用

基本案情

案例一：申某伪造国家机关证件案

2014年11月，田某某在网上发布一条租车信息，欲出租自己的一辆黑色丰田凯美瑞二手车。申某以租车为名与田某某联系，并于2014年11月24日与田某某签订租车协议，租期两个月，申某一次性支付租金共计12,000元。2014年11月25日，申某通过译鹏公司的业务员徐某，伪造车主田某某与他人的借款协议、田某某的授权委托书、田某某的身份证复印件、机动车登记证书，向译鹏公司抵押涉案丰田车获得贷款10万元。

后田某某因为要保养车辆多次联系申某，但是申某一直拖着，直到2014年12月底，申某告知田某某该车辆已经被抵押出去，田某某要求申某将车辆赎回，申某提供了译鹏公司员工的电话。2015年2月3日，田某某拿着自己的机动车登记证书等手续与申某一起到译鹏公司，译鹏公司提供了申某申请贷款时提交的相关手续，田某某发现伪造的机动车登记证书等材料后要求译鹏公司归还车辆，译鹏公司拒绝归还。2015年2月5日，田某某再次与申某一起来到译鹏公司要求归还车辆，协商期间发生口角，田某某拨打“110”报警。2015年2月28日，申某的父亲申某甲代申某还译鹏公司款5万元，2015年8月31日代还译鹏公司款5万元，涉案车辆已经归还田某某。

检察机关审查认为：本案构成诈骗罪事实不清，证据不足。依据2007年最高人民法院、最高人民检察院《关于办理与盗窃、抢劫、诈骗、抢夺机动车相关刑事案件具体应用法律若干问题的解释》（以下简称《解释》）第2条的规定，伪造、买卖机动车登记证书，累计3本以上的，以伪造、买卖国家机关证件罪定罪。本案起获申某伪造的机动车登记证书为1本，没有达到伪造国家机关证件罪的定罪标准。本案起获了伪造的居民身

份证复印件，但未起获原件，依据申某的供述其伪造的也是居民身份证复印件，认定申某构成伪造居民身份证罪也证据不足。最终，检察委员会决定，对本案作不起诉处理。

案例二：乔某某伪造事业单位印章案

2014年11月5日12时许，乔某某在北京市朝阳区天鹅湾小区西门门口处，以人民币500元的价格向程某某非法出售中国传媒大学毕业证1本，后被民警抓获。经鉴定，该毕业证系伪造。2015年2月13日，北京市朝阳区人民法院（2015）朝刑初字第581号判决：乔某某构成伪造事业单位印章罪，判处有期徒刑6个月。

主要问题

1.伪造公文、证件、印章、身份证类犯罪的入罪标准如何把握？

2.如何理解2007年《解释》第2条的内容，并在司法实践中准确适用？

意见分析

意见分歧

在实践中，一些司法机关在认定伪造公文、证件、印章、身份证类犯罪时，伪造1份即可定罪；《解释》第2条规定，伪造、变造、买卖机动车行驶证、登记证书，累计3本以上的，依照《刑法》第280条第1款的规定，以伪造、变造、买卖国家机关证件罪定罪。就案例一而言，由于本案伪造机动车登记证的行为是否与诈骗行为相关存疑，是适用《解释》认定本案申某不构成犯罪，还是认为本案可以不适用《解释》，直接根据司法实践中掌握的通行标准定罪起诉，存在较大争议。

第一种意见认为，应适用《解释》第2条的规定，申某的行为不构成犯罪。理由是：本案中，申某伪造的机动车登记证只有1本，而根据《解释》的规定，需累计3本以上才能按照伪造国家机关证件罪定罪处罚，故其行为不构成犯罪。

第二种意见认为，不应适用《解释》第2条的规定，申某的行为构成伪造国家机关证件罪。理由是:《解释》只适用于与盗窃、抢劫、诈骗、抢夺机动车相关的刑事案件,本案现有证据不足以证实申某系为诈骗机动车而伪造机动车登记证,故不适用该司法解释,可以直接根据司法实践中掌握的标准定罪起诉。

意见评析

笔者同意第二种意见,理由如下。

第一,对同一刑法条文中规定的相同或类似行为的认定标准应当统一

在没有司法解释对《刑法》第280条入罪标准进行统一的明确规定的情况下,通过对刑法条文文义的解读和相似条文的对比,可以得出伪造国家机关公文、证件、印章,伪造公司、企事业单位印章1份以上的,原则上均可入罪。《刑法》第280条所描述的罪状只是实施了伪造、变造、买卖或抢夺、盗窃、毁灭之类的行为,并无数量的要求,也没有情节严重的限定。目前我国刑法规定的伪造、变造类犯罪在罪状描述上可以分为两大类:一类在罪状中做了数量或者情节的限定,如第173条变造货币罪中明确规定"数额较大",第375条第3款伪造、盗窃、买卖、非法提供、非法使用武装部队专用标志罪中明确限定"情节严重"。另一类是在罪状中无数量或者情节的限定,如第170条的伪造货币罪,第177条的伪造、变造金融票证罪等。但除本条外,均由司法机关规定了统一的立案追诉标准;唯有本条除《解释》对与盗抢骗相关的伪造、变造、买卖机动车行驶证、登记证书的行为规定追诉标准外,并无司法解释对立案追诉标准进行明确规定。因此,既然《刑法》第280条无数量或情节的限定,又没有针对本条规定的行为统一的司法解释,就可以解释为只要实施了本条规定的行为,无论数量和情节,均应追究刑事责任。实践中确有这样的判例,如前述案例二。当然,司法机关也可依据《刑法》第13条"情节显著轻微危害不大的,不认为是犯罪"的规定,将一些伪造国家机关公文、证件、印章,伪造公司、企事业单位印章1份以上行为不作为犯罪处理。但无论如何,入罪、出罪的标准应当是一致的,不应无实质理由地人为设置差异化入罪、出罪标准。

第二,成立盗抢骗机动车犯罪是《解释》第2条的适用前提

《解释》第2条第1款规定:"伪造、变造、买卖机动车行驶证、登记证书,累计三本以上的,依照刑法第二百八十条第一款的规定,以伪造、变造、买卖国家机关证件罪定罪，处三年以下有期徒刑、拘役、管制或者剥夺政治权利。”该条文虽然未言明适用本条以成立盗抢骗机动车犯罪为前提，但是《解释》开篇已经说明制定该解释的目的是“依法惩治与盗窃、抢劫、诈骗、抢夺机动车相关的犯罪活动”，因此只有与盗抢骗机动车相关的伪造、变造、买卖机动车行驶证、登记证书的行为才能适用《解释》。换言之，《解释》第2条的本意，是适用该条的前提是行为人实施了盗抢骗机动车的犯罪行为，且对盗抢骗机动车和相关的伪造、变造、买卖机动车证书的行为应当数罪并罚。

在司法实践中，与盗抢骗机动车相关的伪造、变造、买卖机动车证书的行为主要包括两种：一是为实施盗抢骗机动车犯罪而伪造、变造、买卖机动车的相关证书的，二是实施了盗抢骗机动车犯罪后，伪造相关证件处理赃物的。

前者是盗抢骗机动车的手段行为，属于牵连犯的情况。理论上一般认为应当从一重或从一重从重处罚；[1]但刑法及司法解释却规定了不同的处理方法，有的是从一重，有的是从一重从重，有的是数罪并罚。因此，在实践中对于法律有明确规定的牵连犯的具体处罚方法，只能严格按照刑法的规定加以适用。[2]相关司法解释对涉机动车犯罪的立场是十分明确的，即对手段行为和方法行为数罪并罚。如2013年《最高人民法院、最高人民检察院关于办理盗窃刑事案件适用法律若干问题的解释》第10条第3项规定：“为实施其他犯罪，偷开机动车作为犯罪工具使用后非法占有车辆，或者将车辆遗弃导致丢失的，以盗窃罪和其他犯罪数罪并罚。”最高人民法院《关于审理抢劫刑事案件适用法律若干问题的指导意见》也体现了相同的精神。《解释》第2条也应当理解为是贯彻同一立场：即对盗抢骗机动车的行为和为实施该行为而伪造、变造、买卖证件的行为数罪并罚。

后者属于事后行为，目的是利用或者确保前行为（盗抢骗机动车行为）所获得的不法利益。但成立不可罚的事后行为要受到一定限制，“仅限于对前行为所破坏法益的另一次侵害，后行为因系对于同一行为客体的再次侵害，而未扩大前行为所造成的损害范围”。[3]当后行为与前行为侵害的法益不同，或者造成新的法益侵害时，就应当

---

〔1〕 参见张明楷：《刑法学》（第四版），法律出版社2011年版，第440页。

〔2〕 参见冯军、肖中华主编：《刑法总论》，中国人民大学出版社2008年版，第465页。

〔3〕 林山田：《刑法通论（下册）》（增订十版），北京大学出版社2012年版，第242页。

独立评价另定别罪。[1]事后为利用或确保盗抢骗机动车所获得的不法利益而伪造、变造、买卖机动车相关证书的行为，已经在侵犯他人对机动车的所有权之外，又侵害了新的法益——社会管理秩序，应当单独评价，与盗抢骗机动车的行为数罪并罚。

综上所述，《解释》第2条的本意是要严厉打击与盗抢骗机动车相关的犯罪，并与盗抢骗机动车犯罪进行数罪并罚。也就是说，该条的适用，以行为人已经构成盗抢骗机动车犯罪为前提；在行为人的行为不构成盗抢骗机动车犯罪时，或是否构成盗抢骗机动车犯罪存在疑问时，无须适用《解释》第2条的规定来认定《刑法》第280条规定的相关罪名的成立。当然，《解释》对与盗抢骗机动车犯罪相关的伪造、变造、买卖机动车行驶证、登记证书的行为规定了较高的入罪标准，即要求3份以上才能定罪处罚。这一标准虽然高于司法实践中单独实施伪造、变造、买卖机动车行驶证、登记证书的行为的入罪标准，但仍可以认为是适当的。因为这一较高的标准能够更充分地体现与盗抢骗机动车犯罪相关的伪造、变造、买卖机动车行驶证、登记证书的行为属于牵连犯或事后行为的特殊性质。

第三，采用第一种观点会导致明显的法律适用不公

第一种意见的逻辑思路，包含了两种情形。一种是认为《解释》第2条具有普遍适用性，即凡伪造、变造、买卖机动车行驶证、登记证书的行为均要求3份以上才能入罪。另一种是认为与盗抢骗机动车犯罪相关只要有嫌疑即可，即使涉嫌的相关盗抢骗机动车犯罪最后被司法程序认定为不成立，也应适用《解释》第2条的规定，需要伪造相关证件3份以上才构成犯罪；若无任何证据表明与盗抢骗机动车有关的，即使行为性质完全一样，伪造1份以上即可入罪。这两种理解都会导致明显的“同案不同罚”，违背刑法的公平性。如按第一种理解，则会出现伪造、变造、买卖机动车行驶证、登记证书的行为需要3份以上才能追究刑事责任，而伪造、变造、买卖其他国家机关证件，乃至其他相似的证件、印章类犯罪却只需1份即可入罪的明显矛盾状态。如按第二种理解，则明显会放纵犯罪。因为这意味着如与盗抢骗机动车完全无关，1份即可入罪；如可能有关但因盗抢骗机动车犯罪不成立而无法确证却需要3份才能入罪，使部分行为人逃脱

---

〔1〕 参见陈兴良主编:《刑法总论精释》(第二版)，人民法院出版社2011年版，第704页。

处罚。

综上所述，笔者认为，在处理《刑法》第280条规定的证件、印章类犯罪时，原则上应当遵循司法实践中的通行标准，只要1份即可入罪。但在涉机动车犯罪时，如果盗抢骗机动车犯罪成立，则适用《解释》第2条之规定，与之相关的伪造、变造、买卖机动车行驶证、登记证书的行为达到3份以上的构成犯罪，并与盗抢骗机动车犯罪并罚；如果盗抢骗机动车犯罪不成立，则不应认为是与盗抢骗机动车相关，即不适用《解释》第2条之规定，直接按照司法实践中掌握的通行标准追究刑事责任。

供稿：北京市朝阳区人民检察院　蒋家棣

案例编辑：北京市人民检察院　孙利国

任某某伪造公司印章案

——伪造虚构的分公司印章是否构成伪造公司印章罪

基本案情

任某某原系甲公司员工。2013年6月14日，任某某取得甲公司授权（有期限），代表甲公司负责与乙公司就枣庄市“数据中心信息产业基地项目”进行前期洽谈等相关工作。后乙公司将该项目转让给丙公司，任某某遂继续与丙公司进行洽谈。

2013年9月，甲公司与丙公司签订了枣庄市数据中心产业基地项目建设工程施工合同，任某某在委托代理人一栏签名（此时已超过任某某有效授权期限），任某某将合同拿回甲公司，由甲公司加盖了甲公司公章。后因土地出让金未解决，枣庄市关于该项目的审批手续迟迟未办好，甲公司搁置该项目，任某某为保证工程顺利进行，私刻甲公司公章、“甲公司第三工程分公司”、“甲公司枣庄分公司枣庄数据中心工程项目专用章”、“甲公司第三工程分公司财务专用章”、“甲公司合同专用章”、“甲公司枣庄数据中心工程项目部技术专用章”六枚印章及甲公司法定代表人人名章。任某某对外一直宣称自己是甲公司的委托代理人，并伪造了负责枣庄数据中心项目全面工作的授权书。

2013年9月28日，在甲公司不知情的情况下，任某某与楼某、汪某某签订了项目承包协议，将前述“数据中心信息产业基地项目”以全额全过程承包的方式转给汪某某，任某某在该合同上加盖甲公司合同专用章，汪某某、任某某一方向丙公司支付了500万元保证金。后汪某某组织管理团队对该项目进行管理，另有其他团队负责土建和水电工程。2013年底，汪某某欲退出该项目，遂与任某某签订了解约退款协议，约定由甲公司在约定期限内向汪某某支付全部工程欠款7,774,179.81元，因甲公司未如约履行，后任某某又与汪某某签订了补充协议，约定甲公司将按补充协议约定向汪某某付款，并加盖任某某伪造的甲公司枣庄数据中心工程项目部技术专用章。因甲公司未向汪某某付款，后汪某某向枣庄市中级人民法院起诉请求支付欠款，一审法院判决支持汪某某诉求，甲公司上诉至山东省高级人民法院，后该院于2015年1月30日作出判决，维持原判。

施工过程中，任某某与丁公司签订了建筑钢材购销合同，由丁公司向该项目提供钢材，任某某在委托代理人一栏签名，任某某在该合同上加盖其伪造的甲公司第三工程分公司专用章。

任某某还以甲公司名义与枣庄建设设备租赁站签订塔式起重机租赁合同，从租赁站承租了塔吊等工具。合同加盖有任某某伪造的甲公司第三工程分公司专用章。

2014年一二月，该项目停工。2014年6月4日，任某某代表甲公司第三工程分公司与丁公司签订违约赔偿协议，约定由甲公司第三工程分公司赔偿丁公司损失。在该协议上，任某某加盖了自己伪造的甲公司公章；在钢材结算单上，任某某加盖了自己伪造的甲公司枣庄分公司枣庄数据中心工程项目专用章，该结算单载明钢材款剩536,343元。

2014年6月5日，任某某又代表甲公司与租赁站签订协议书，约定由甲公司支付租赁站各项费用总计426,603.35元。

经鉴定，任某某与丁公司签订的违约赔偿协议上所加盖的甲公司公章系伪造。上述协议中涉及的名为甲公司第三分公司、甲公司枣庄分公司枣庄数据中心工程项目专用章及甲公司枣庄数据中心工程项目部技术专用章未查到审批信息，甲公司证实未成立过以上部门，此三枚印章系捏造。

2016年1月6日，北京市公安局顺义分局以任某某涉嫌伪造公司印章罪向北京市顺义区人民检察院移送审查起诉，同年6月20日，顺义区人民检察院以任某某伪造公司印章罪向北京市顺义区人民法院提起公诉。同年7月31日，顺义区人民法院作出判决，认定任某某构成伪造公司印章罪，判处有期徒刑一年缓刑一年。任某某未上诉，一审判决已经生效。

主要问题

伪造虚构公司的印章行为是否构成伪造公司印章罪？

意见分析

意见分歧

《刑法》第280条第2款规定了伪造公司、企业、事业单位、人民团体印章罪，该罪名的设立旨在维护印章管理秩序，保护公司、企业、事业单位、人民团体对外的诚实信用和商业形象，保障社会管理秩序。但实务中对于"公司、企业、事业单位、人民团体印章"如何认识仍存在争议，如伪造的对象的范围如何认定，是否包括虚构的公司印章，是否包括伪造原本没有公章的公司分支机构的印章等问题。具体到本案，任某某伪造的印章除甲公司真实存在并使用的公司公章、合同专用章和法定代表人人名章外，其余均为其虚构的甲公司分支机构的印章。围绕任某某伪造甲公司分支机构印章的行为定性，目前主要有两种意见：

第一种意见认为，任某某伪造虚构的分支机构印章的行为不构成犯罪。理由是：根据我国法律法规对公司印章的管理规定，印章的刻制、更改等事项都要到印章主管机关登记备案。只有这个范围内的印章才属于《刑法》第280条所规定的"公司印章"范围。即需要有真实存在的公司印章与假章相对应，伪造虚构的公司印章不构成伪造公司印章罪。本案中任某某伪造的甲公司第三分公司、甲公司枣庄分公司、枣庄数据中心工程项目专用章及甲公司枣庄数据中心工程项目部技术专用章未查到审批信息，也被甲公司证实未成立过以上部门。因此，任某某伪造虚构的分支机构印章的行为不构成犯罪。

第二种意见认为，任某某伪造虚构的分支机构印章的行为构成伪造公司印章罪。理由是：刑法设定伪造公司印章罪的目的是维护印章的管理秩序和公司的商业信用，从而保障社会正常管理秩序，而这种商业信用，不仅仅是抽象的、概括的信用，更主要的是具体的、特定的公共信用。如果虚构的公司在现实中有与其名称近似的公司，或者在特定的情况下，能够让一般社会公众信以为真的，由此对特定的公司的商业信用产生直接影响，就可以伪造公司印章罪论处。本案中，任某某曾系甲公司的委托代理人，虽然此后代理人已超期限，但其仍对外宣称自己是甲公司的委托代理人，任某某在签订合同时所伪造的公章为甲公司的分支机构公章，虽然并不存在，但能够让社会一般人确信其有权出具这些公章，且这些公章代表的是甲公司的权益。可以认定其构成伪造公司印章罪。

第三种意见认为，任某某伪造虚构的分支机构印章的行为构成伪造公司印章罪。理由是：刑法规定的伪造公司印章罪是为了保护社会企业经营的商业信用，进而维护社会公共秩序。只要伪造了公司公章，无论该公司是否真实存在，都会在客观上侵犯社会公共秩序，任某某伪造的分支机构公章是虚构的机构公章，虽然不存在实际的经营实体，同样有侵害社会经营管理秩序的社会危害性，且给他人造成重大的经济损失，应当认定为伪造公司印章罪。

意见评析

正确适用《刑法》第280条第2款规定的伪造公司印章罪，关键在于如何理解该罪所侵害的犯罪客体以及把握何种程度的伪造行为会侵害到本罪的客体。对于本案伪造虚构的分支机构印章的行为，笔者赞同第二种意见，认为构成伪造公司印章罪，主要理由如下。

第一，伪造公司印章罪所侵害的客体是印章的管理秩序和公司的商业信用。伪造公司印章行为所指向的行为对象必须是真实存在的公司印章

伪造公司印章罪是指没有印章刻制权限的人，擅自伪造公司印章的行为。根据《刑法》第280条第2款的规定，伪造公司印章罪属于行为犯，只要行为人实施了伪造公司印章的行为，原则上就构成犯罪，应当立案追究。此罪中的“印章”，是指公司以文字、图像等信息表示其名称或者组织机构属性的公章、专用章，能够代表单位内部行使管理职权，外部从事活动并承担法律后果的标志。对于公司印章的法律性质，究其本质是能够体现公司的“意思表示”，即代表公司与相对方发生权利义务关系，体现公司商业信誉和商业形象。从本罪在刑法分则的位置来看，设立本罪的目的是维护印章的管理秩序，以及保护公司对外的诚实信用和商业形象，从而保障社会管理秩序。所以，伪造印章类犯罪针对的是真实印章的有效性和信用度。伪造的对象必须是侵犯了真实印章的管理秩序，或侵犯了真实公司的诚实信用度的印章。那么可以说，如果存在损害真实公司公章的伪造行为，无论行为人伪造的是公司的公章、专用章，还是公司内部机构、派出机构、分支机构的印章等，只要让他人产生误解认为就是有具体现实指向的真实公司的印章即可。换句话说，无论伪造的是否具有独立主体资格，无论是公司公章，还是合同专用章、财务专用章、分公司印章，如果达到使人误认为真实存在的程度，就有损害文书的管理秩序和公司的商业信用的可能性，就可能成为本罪的犯罪对象。

第二，判断是否侵害社会公众对公司印章的公共信用应以一般社会公众的认知水平为标准

"公司印章"属于规范的构成要件要素〔1〕，是需要根据社会一般人的价值观念进行评价的要素。具体而言：（1）对于伪造虚构的公司印章，伪造的印章和真实印章在内容上达到何种相似程度，真假印章的内容之间是否完全一致或者具有高度相似性，要以社会大众的普遍认识水平为标准。如果足以使一般大众误认为是与其名称相类似真实存在的公司的印章，说明虚构的公司与真实存在的公司名称极为相似，该伪造行为实质上损害了文书的公共信用，是伪造了真实公司的印章。（2）对于伪造失效的公司印章，分为两种情况来处理：一是公司已注销的情况，因为缺少真实存在的公司的公共信用，不宜以伪造公司印章罪论处。二是公司仍在存续期间但印章因其他事由失效的情况，除非印章失效事实被一般大众所熟知，既不损害印章的管理秩序，也不影响印章所属公司的信用度和商业形象，否则，仍然侵犯了伪造印章罪所保护的法益，可能构成犯罪。（3）对于伪造公司内设机构的印章，也可能属于伪造公司印章的范畴。如伪造公司项目部印章，足以使第三人相信该印章具有很强的合同效力，客观上也足以损害该公司对外的诚实信用度。此时，可以对公司项目部的印章作出扩张性的解释。

---

〔1〕 正确解释构成要件要素是正确认识犯罪构成的前提。构成要件要素有记述的构成要件要素和规范的构成要件要素之分。对于只需事实判断、知觉的、认识的活动即可确定的要素是记述的构成要件要素；对于需要补充的价值判断的要素，则为规范的构成要件要素。对于规范的构成要件要素，一般可分为三类：一是法律的评价要素，即需要法律法规进行评价的要素，如"国家工作人员"；二是经验法则的评价要素，如"猥亵"；三是社会的评价要素，即需要社会一般人的价值观念进行评价的要素，如"印章"。参见张明楷：《刑法学（上）》（第五版），法律出版社2016年版，第122页。

第三,伪造印章行为必须达到值得科处刑罚的社会危害程度

评价一个行为是否构成犯罪,除了考虑其犯罪构成要件,还应当着重考虑其社会危险性和对法益的侵害程度。伪造印章罪的设立是为了维护印章的管理秩序,同时也是保护公司的商业信用,侵害的具体、实际的法益必须具有现实的危险性,这也是判断该罪社会危害性的标志。如果行为人伪造印章的目的仅为个人欣赏,而不作其他用途,不宜认定为犯罪。如果行为人刻制公司印章,只是为了方便代表公司进行正常的商业活动,并未损害该公司的商业信用和经济损失,也未谋取非法利益,该行为本身不具有非难性,那么对该行为不作刑事处罚为宜。对于"伪造"的理解也应当作限缩解释,不能将所有未经公司合法许可、授权而刻制公司印章的行为都认定为"伪造"。对于经过默认允诺的情况下刻制的印章一般不作为"伪造"。对于经过印章制作权限人委托、同意,而未履行合法手续,存在程序瑕疵的,应当视行为人有印章制作权限,不能认定为"伪造";对于行为人事前获得公司默许或者事后获得公司追认的,因为明示或默示的方式足以使行为人获得刻制印章的授权,不能认定为"伪造"。此外,需要说明的是,因为伪造公司印章罪属于行为犯,伪造的印章的数量不是伪造印章罪的定罪条件,但可以作为量刑情节考虑。

第四,本案中,任某某伪造虚构的公司印章的行为构成伪造印章罪

任某某曾是甲公司的委托代理人,甲公司是真实存在的,在甲公司不知情的情况下,任某某与楼某、汪某某签订了项目承包协议,因甲公司未如约履行,后任某某又与汪某某签订了补充协议,加盖了其伪造的甲公司枣庄数据中心工程项目部技术专用章,并使甲公司被起诉。施工过程中,任某某与丁公司签订了建筑钢材购销合同,并加盖其伪造的甲公司第三工程分公司印章;与枣庄建设设备租赁站签订塔式起重机租赁合同,并加盖伪造的甲公司第三分公司印章。此后又以甲公司第三工程分公司印章、枣庄分公司枣庄数据中心工程项目专用章与丁公司签订协议。因为任某某是总公司的委托代理人,且总公司真实存在,合同相对人更可能相信甲公司在枣庄开展工程时成立了分公司;任某某的一系列行为使合同的相对方均相信其是甲公司的代表,能够代表甲公司从事商业活动,并认为上述印章为甲公司的印章。事后因为未得到相应款项,合同相对方对甲公司提起民事诉讼要求赔偿,说明其使用假印章签订合同的行为已经对甲公司的商业信誉造成了实质侵害。任某某伪造虚构的公司印章的行为应构成伪造公司印章罪。

综上所述，伪造公司印章罪的客体是印章的管理秩序和公司的商业信用，不仅仅是抽象的、概括的信用，更主要的是具体的、特定的公司的商业信用。伪造的对象必须是侵犯了真实印章的管理秩序，或侵犯了实际存在单位的诚实信用度的印章，既包括公司的公章、专用章，也包括公司内部机构、派出机构、分支机构的印章。如果虚构的公司在现实中有着与其名称近似的公司，或者在特定的情况下，能够让一般社会公众信以为真的，由此对特定的公司的信誉产生直接影响，就可以伪造公司印章罪论处。

供稿：北京市顺义区人民检察院　韩菲　王珑瑛

案例编辑：北京市人民检察院　张艳青

郭某某盗用身份证件、盗窃案

——使用他人身份证件应聘并从事保安工作能否构成盗用身份证件罪

基本案情

2017年4月，郭某某通过黑中介找工作，其自称身份证丢失，黑中介将周某某的身份证交给郭某某使用，郭某某使用周某某的身份证应聘并与保安公司签订劳动合同。2017年5月，郭某某在以周某某的身份从事保安工作期间，盗窃他人财物，后案发。北京市公安局房山分局以郭某某涉嫌盗窃罪、盗用身份证件罪向北京市房山区人民检察院移送审查起诉。

房山区人民检察院审查后认为，郭某某使用他人身份证应聘并从事保安工作不构成盗用身份证件罪，仅以盗窃罪对郭某某提起公诉。北京市房山区人民法院经审理，以郭某某犯盗窃罪，判处其有期徒刑八个月，并处罚金人民币1000元。

主要问题

使用他人身份证件应聘并从事保安工作能否构成盗用身份证件罪？应当以何标准认定该罪的“情节严重”？

意见分析

意见分歧

第一种意见认为，郭某某使用他人身份证件应聘保安，与保安公司签订合同，并从事保安工作，且曾使用他人身份证办理手机卡并长期使用，属于盗用身份证件，情节严重；其又在以他人身份从事保安工作期间，实施盗窃行为，应当以盗窃罪、盗用身份证件罪定罪处罚。

第二种意见认为，虽然郭某某使用黑中介提供的身份证，冒用他人身份应聘保安，属于盗用身份证件行为，但其行为并未给保安公司造成经济损失和不良影响，其盗窃行为应予单独评价，不构成情节严重，不构成盗用身份证件罪。

意见评析

《刑法》第280条之一规定，在依照国家规定应当提供身份证明的活动中，盗用他人的居民身份证、护照、社会保障卡、驾驶证等依法可以用于证明身份的证件，情节严重的，构成盗用身份证件罪。判断使用他人身份证应聘并从事保安工作的行为是否构成盗用身份证件罪，应当解决三个问题：一是依照国家规定应当提供身份证明的活动的范围，私营保安企业签订应聘合同是否属于依照国家规定应当提供身份证明的活动？二是“盗用”是否包括取得他人同意后使用他人身份证件的行为，使用第三方给予的他人身份证是否属于盗用？三是情节严重的具体标准是什么？笔者认为：

第一，依照国家规定应当提供身份证件的活动，包括国家公共部门提供公共服务的活动，也包括各类服务提供商提供服务的活动。根据《保安服务管理条例》，保安公司应当对应聘者身份进行查验，应聘私营保安企业并签订合同属于依照国家规定应当提供身份证明的活动

根据《刑法》第96条规定，“国家规定”是指全国人民代表大会及其常务委员会制定的法律和决定，国务院制定的行政法规、规定的行政措施、发布的决定和命令。依照国家规定应当提供身份证件的活动大多与经济、社会管理等事项有关。例如，公民在办理户口登记事项变更、兵役登记、婚姻登记、收养登记、申请办理出境手续等事项（《中华人民共和国居民身份证法》第14条）。再如，中国公民出入境，应当向出入境边防检查机关交验本人的护照或者其他旅行证件等出入境证件（《中华人民共和国出境入境管理法》第11条）。以上国家规定的应当提供身份证件的场合，为国家公共部门向公民提供公共服务的场合。为保证国家公共部门所实施的行政行为真实有效、安全权威，有必要在该类场合中规定行为相对人应当提供身份证件。

有些国家规定没有明确要求个人提供身份证件，但明确服务提供商应当查验个人身份证件，服务提供商不限于国家公共部门，还包括私营单位的服务提供商。例如，《旅馆业治安管理办法》第6条第1款规定，旅馆接待旅客住宿必须登记，登记时，应当查验旅客的身份证件，按规定的项目如实登记。再如，《互联网上网服务营业场所管理条例》第23条规定，互联网上网服务营业场所经营单位应当对上网消费者的身份证等有效证件进行核对、登记，并记录有关上网信息。可见，依照国家规定应当提供身份证件的活动，不仅包括国家公共部门提供公共服务的活动，也包括各类服务提供商提供服务的活动。在表现方式上，既有直接要求公民提供，也有以要求服务提供商查验身份信息的方式间接要求公民提供。

在国务院颁布的《保安服务管理条例》中，未明确规定保安公司在招聘保安前应当查验应聘者的身份证件，但规定了保安从业单位应当招用符合保安员条件的人员担任保安员，并规定了不得担任保安员的情形，如曾因故意犯罪被刑事处罚的、被吊销保安员证未满3年的等情形，意味着保安公司应当对应聘者进行核查，要求应聘者提供相应身份证件以供核查。因此，应聘保安属于依照国家规定应当提供身份证件的活动。在本案中，郭某某与私营保安企业签订劳动合同，属于依照国家规定应当提供身份证件的活动。

第二，行为人明知第三方提供的他人的身份证是通过非法方式获得，仍然使用，属于违反他人意志而使用他人身份证件的“盗用”行为

依照国家规定应当提供身份证明的活动大多是与社会管理秩序相关的活动，要维持有序的社会交往，就需要建立起行为相对人对行为人所提供信息的信赖，如果这种信赖被打破，会给社会秩序的管理增加难度和风险。因而，本罪保护的法益主要是身份证件的公共信用。“盗用”是未经权利人同意而使用权利人财物的行为，如盗窃他人身份证件并使用就是一种典型的盗用行为。征得持有人同意而使用的，尽管也侵害了身份证件的公共信用，具有一定程度的违法性，但其违法性并没有达到要适用刑法处罚的程度，予以行政处罚足可以与该行为的违法性应受到的惩处相匹配，不宜将征得持有人同意而使用持有人身份证件的行为认定为“盗用”。

细言之，虽然征得持有人同意而使用的行为也损害了证件验证方的信赖，客观上侵害身份证件的公共信用，但其违法性的程度比违反他人意志而使用的行为要低很多。在违反他人意志而使用的情形中，身份证件验证方不仅不清楚行为人的真实身份，而且证件的真实所有人对此也不知情，对身份证件验证方的救济存在较大困难。但在征得持有人同意而使用的情形中，身份证件验证方即使不清楚行为人的真实身份，也可以先向证件的真实所有人主张权利，并且可以要求证件的真实所有人帮助验证方核实行为人的真实身份，进而找到行为人并要求其承担法律责任。并且，如果认为征得持有人同意而使用的行为也构成盗用身份证件罪，则证件持有人可能构成本罪的共犯，扩大了惩处范围，违背刑法的谦抑性。所以，“盗用”仅指违反他人意志而使用他人身份证件的行为。

本案中，郭某某的身份证丢失，其为找工作，从黑中介处取得他人身份证应聘并从事保安工作，系明知黑中介提供的身份证是通过非法方式取得而仍然使用，属于违反他人意志而使用他人身份证件的行为。并且，其冒用他人身份证件是对所应聘保安公司的欺瞒行为，客观上损害了保安公司对身份证件公共信用的信赖利益，该行为属于“盗用”。

第三，认定是否属于“情节严重”，应当综合考虑盗用身份证件的次数、数量、对行为相对人造成的影响与损失，以及是否存在同类违法犯罪记录等情况

对于“情节严重”的认定，要把握两点：一是注意入罪标准与行政违法的区分。二是盗用身份证件犯罪与伪造、变造、买卖身份证件犯罪存在上下游关系，应当注意入罪标准的协调性。伪造、变造、买卖身份证件罪是行为犯，只要伪造、变造、买卖身份证件就可构成犯罪，情节严重是其上升一格法定刑的条件而非入罪标准。为使盗用身份证件罪与其上游犯罪在追诉标准上保持协调性，盗用身份证件罪的情节严重应当参照伪造、变造、买卖身份证件罪的情节严重标准。伪造、变造、买卖身份证件罪的情节严重，是伪造、变造的次数多、数量大的；非法牟利数量大的；因他人使用伪造、变造的居民身份证进行犯罪活动造成严重后果的等。

盗用身份证件罪是刑法中规定的刑罚较轻的罪名之一，目的是震慑该类行为，而不希望扩大打击范围。在“情节严重”的认定上，可以从以下几个方面考虑：一是多次或者大量盗用。伪造、变造、买卖国家机关公文证件罪中，已有关于情节严重的具体标准，根据最高人民法院、最高人民检察院《关于办理与盗窃、抢劫、诈骗、抢夺机动车相关刑事案件具体应用法律若干问题的解释》规定，“情节严重”是其入罪标准（三年以上）的五倍以上。盗用身份证件罪的情节严重的数量标准，可以参考该规定执行。二是对行为相对人造成严重经济损失、不良影响。经济损失是盗用身份证行为社会危害性的最直接表现形式，评价情节严重的经济损失应是直接经济损失，数额的确定可以参考金融诈骗罪的起刑点（5000元）。盗用他人身份证件行为一般都有一定的目的，如招摇撞骗、诈骗等，如果同时构成了其他重罪，应当依法择重罪处理。如果不构成其他重罪，盗用身份证件的行为给行为相对人造成了不良信用记录、名誉损失的，也可以视为情节严重。三是存在同类违法犯罪记录。在有违法犯罪前科的基础上再犯罪，表明行为人对社会管理秩序的损害是加重的，提高了国家恢复社会秩序、恢复身份证件公共信用的难度，也增加了惩处和打击该类行为的司法资源和成本。曾因使用虚假身份证件、盗用他人身份证件受到过刑事处罚或2次以上行政处罚，1年内曾因使用虚假身份证件、盗用他人身份证件受到过行政处罚等，可以认定为情节严重。此外，为了隐瞒违法犯罪行为、躲避追究、用于实施其他犯罪活动等，盗用身份证件严重干扰、妨害执法活动的，增加了国家相关机关对违法犯罪行为的查处难度，可以视为盗用证件行为造成的严重后果，可以认定为情节严重。

在本案中，郭某某使用他人身份证件应聘保安，与保安公司签订合同并从事保安工作，虽也曾使用他人身份证办理手机卡并长期使用，但并没有达到“多次”或者“大量”。郭某某的行为对相对人保安公司也没有造成经济损失，未给保安公司造成名誉损失等不良影响。郭某某也没有其他使用虚假身份证件、盗用他人身份证件的违法记录。虽然，在从事保安工作期间盗窃他人财物而案发，该违法犯罪行为与盗用身份证件之间并无直接、紧密关联，也未增加查处难度。因而，郭某某使用他人身份证件应聘并从事保安工作，可以不认定为“情节严重”。

供稿：北京市房山区人民检察院　李雪梅　朱虹润

案例编辑：北京市人民检察院　梁景明

李某某非法获取国家秘密、故意泄露国家秘密案

——从公开途径非法获取国家秘密并泄露的行为如何定性

基本案情

李某某，任某高信百诺投资管理有限公司董事，总经理。2010年2月至6月，李某某从伍某某（已判刑）处刺探国家尚未公布的宏观经济数据，经鉴定共计6项秘密级国家秘密事项。2010年11月，李某某非法获取国家尚未公布的宏观经济数据，经鉴定共计6项机密级国家秘密事项，5项秘密级国家秘密事项，后以手机短信的方式向肖某、伍某某（已判刑）泄露。2010年12月，李某某从林某某（已判刑）处刺探国家尚未公布的宏观经济数据，经鉴定共计3项机密级国家秘密事项，2项秘密级国家秘密事项。现有证据显示，李某某通过电话通信、网上MSN聊天等公开方式获取上述国家秘密，但部分国家秘密的具体来源无法核实。

北京市西城区人民法院经审理认为，李某某以刺探方法，非法获取国家秘密的行为，侵犯了国家保密制度，已构成非法获取国家秘密罪；李某某违反《中华人民共和国保守国家秘密法》（以下简称《保守国家秘密法》）的规定，故意泄露国家秘密，情节严重，侵犯了国家保密制度，已构成故意泄露国家秘密罪，依法均应予惩处。判决李某某犯非法获取国家秘密罪，判处有期徒刑二年；犯故意泄露国家秘密罪，判处有期徒刑一年六个月；决定执行有期徒刑三年，缓刑四年。

主要问题

从公开途径中获取国家秘密，然后故意泄露给他人的行为，能否认定为故意泄露国家秘密罪？

意见分析

意见分歧

第一种意见认为，被告人李某某的行为不构成故意泄露国家秘密罪。被告人李某某所非法获取的国家秘密来源无法查清，有可能是从MSN聊天群等公开途径取得，因为上述国家秘密已进入公开领域，则不再具有国家秘密的属性，其知悉人也不再具有保密义务，故李某某将上述数据泄露给他人的行为不能认定为故意泄露罪。

第二种意见认为，被告人李某某的行为构成故意泄露国家秘密罪。从公开途径获取的国家秘密，并未影响其作为国家秘密的属性，仍然可以作为故意泄露国家秘密罪的犯罪对象。

意见评析

笔者同意第二种意见，理由如下。

第一，刑法规定中并未对故意泄露国家秘密中的国家秘密的获取方式和途径作出限定性规定，不能人为添加构成要件要素

《刑法》第398条规定："国家机关工作人员违反保守国家秘密法的规定，故意或者过失泄露国家秘密，情节严重的，处三年以下有期徒刑或者拘役；情节特别严重的，处三年以上七年以下有期徒刑。非国家机关工作人员犯前款罪的，依照前款的规定酌情处罚。"该条款已将故意泄露国家秘密犯罪的构成作出了明确规定，其中并无限定所泄露国家秘密来源的要求。那么依照罪刑法定原则，法律无明文规定的情况下，就不能人为地为法条添加限定条件。从违法性角度而言，无论从何种途径获取的国家秘密故意泄露给他人，符合其他情节要求的，都应当认定为故意泄露国家秘密罪。

第二，从公开途径获取的国家秘密仍然属于国家秘密，并未影响其国家秘密需要保密的属性要求

故意泄露国家秘密罪的犯罪对象，是国家秘密，因此，对于国家秘密的认定是判断犯罪嫌疑人行为是否构成该罪的重要方面。上述分歧观点中的第一种意见认为，国家秘密进入公开途径后就失去了"只限一定范围的人员知悉的事项"这一自然属性，没有了保守的必要。如果将进入公开途径的国家秘密仍认定为国家秘密，则民众无法判断自己所获取的信息是否属于国家秘密，将违反刑法的确定性要求。然而这种观点值得商榷，实际上，从公开途径获取的国家秘密仍具有国家秘密的属性，将其作为认定故意泄露国家秘密罪的犯罪对象并不会违反刑法的确定性要求。

首先，《刑法》第398条属于引证罪状，需要引用《保守国家秘密法》的相关规定来说明和确定犯罪的构成特征，即需要引用《保守国家秘密法》来确定该犯罪的犯罪对象——国家秘密。根据《保守国家秘密法》第2条之规定，国家秘密是关系国家安全和利益，依照法定程序确定，在一定时间内只限一定范围的人员知悉的事项。该法第9条通过列举的方式规定了涉及国家安全和利益的事项，泄露后可能损害国家在政治、经济、国防、外交等领域的安全和利益的，应当确定为国家秘密。该法第18条第1款规定，国家秘密的密级、保密期限和知悉范围的变更，由原定密机关、单位决定，也可以由其上级机关决定。由此可知，国家秘密并不能自然失去其保密属性，不能由个别行为人擅自认定国家秘密已过保密期限或不再具有保密性，应通过正式的程序来变更其密级、保密期限和知悉范围。

其次，即使国家秘密流传到公开途径，并不自然失去作为国家秘密的属性，其本身仍然关系国家安全和利益。如果有人将上述国家秘密再次泄露或扩大泄露范围后，仍然可能损害国家利益。如果认为从公开途径获取的国家秘密就不具有国家秘密的属性，那么当国家秘密因意外或他人疏忽而扩散到公开范围后，如有人获取了上述国家秘密，并未向外泄露，那么对于他知悉上述国家秘密的行为当然不具有可罚性。然而，如果行为人所获取或知悉的国家秘密有明确的密级标注或通过其他途径明知上述信息属于国家秘密，仍然将信息故意泄露，则无论从客观上还是主观上，从行为上还是结果上，其都是有责任的，这种行为也无疑对国家保密制度形成重大威胁，构成故意泄露国家秘密罪并没有任何疑义。

最后，如果行为人从公开途径获取的国家秘密并无明确标注，作为社会一般人也无法确定该信息是否属于国家秘密，虽然他将上述信息泄露，但主观上没有过错，自然无须承担泄露国家秘密的责任。如果某人明知该文件为国家秘密，或文件上有明确的秘密标识，作为社会一般人都应该能知道该文件是国家秘密，如果其泄露该文件自然可以构成故意泄露国家秘密罪。因此，将从公开途径获取的国家秘密作为故意泄露国家秘密罪的犯罪对象，只是保证了对真正有社会危害性、有损害法益危险的行为的惩处，并不会影响一般社会人的切身利益，也不会影响刑法的稳定性。

第三，被告人李某某在讯问中一直未供认其所泄露国家尚未公布的宏观经济数据的准确来源，但不能据此以对被告人有利原则作出无法认定的结论

虽然在案证据无法查清国家秘密数据的确切来源，但依然可以认定被告人客观上实施了泄露国家秘密的行为，主观上具有泄露国家秘密的故意。从在案证据看，被告人李某某获取国家尚未公布的宏观经济数据的途径众多，除从犯罪嫌疑人伍某某处获取外，还包括与管某、孙某等人电话通信、网上MSN聊天以及由多家证券机构的研究员（分析师）提供等。可见被告人李某某作为一名专业从事经济金融工作的人员，获取国家尚未公布的宏观经济数据并非偶然行为，而是具有多个获取数据的稳定来源，其获取数据的行为是有计划、有预谋的。即使李某某所泄露的国家秘密已经进入MSN群等公开领域，但是李某某将该信息进一步扩散传播，也是故意泄露国家秘密的行为，对国家安全和保密制度也是一种损害，并不影响其构成故意泄露国家秘密罪。

第四，被告人李某某从公开途径获取国家秘密并再次泄露的行为侵犯了国家保密制度这一法益

刑法的目的是保护法益。由于刑事立法以保护法益为目标设定构成要件，所以法益具有作为犯罪构成要件解释目标的机能。对犯罪构成要件的解释结论，必须使符合这种犯罪构成要件的行为确实侵犯了刑法规定该犯罪所意欲保护的法益，从而使刑法制裁该犯罪的目的得以实现。

泄露国家秘密罪所保护的法益是国家的保密制度，即《保守国家秘密法》及其他相关保密法律法规所确定的有关保守秘密、防止泄密的制度。如果行为人违反《保守国家秘密法》而故意泄漏国家秘密，即严重侵犯了国家保密制度，达到故意泄露国家秘密罪中所要求的立案标准，则成立故意泄露国家秘密罪。

刑法中设立故意泄露国家秘密罪所要保护的法益从根本上而言是国家秘密不被泄露，不被不应知悉者知悉，是为了保护国家秘密制度的贯彻执行。故在密源不能确定的情况下，只要认定被告人明知所泄露内容属于国家秘密，且故意泄露给他人，就应当认定其属于故意泄露国家秘密，不需要明确其获取途径。

综上所述，即便现有证据无法核实被告人李某某向他人所泄露数据的确切来源，但其在主观上有非法获取国家秘密和泄露国家秘密的故意，客观上有非法获取公布前属于国家秘密的宏观经济数据并故意泄露给他人的行为，侵犯了国家的保密制度，同样构成非法获取国家秘密和故意泄露国家秘密罪。

供稿：北京市西城区人民检察院　侯龙飞

案例编辑：北京市人民检察院　王然

袁某非法获取计算机信息系统数据案

——对“正面黑客”行为如何定性

基本案情

2015年12月3日、4日，袁某使用“SQLmap”软件（自带缓存功能，会自动将测试信息存储到本地隐藏文件夹）侵入上海花某某信息科技有限公司运营的位于北京市朝阳区酒仙桥京东方科技园内的某婚恋网站服务器，获取700余组有效数据（包含登录该网站的用户名、密码、真实姓名、手机号等身份认证信息），并将漏洞情况上报到乌云平台。后被该网站管理人员发现并报警，袁某于2016年3月8日在浙江省杭州市被北京市公安局朝阳分局民警抓获，并于2016年5月31日以涉嫌非法获取计算机信息系统数据罪被移送北京市朝阳区人民检察院审查起诉。经两次退回补充侦查，朝阳区人民检察院于2016年11月22日作出不起诉决定。

主要问题

对“正面黑客”的行为如何定性？

意见分析

意见分歧

该案在国内网络信息安全领域引起不小的风波，保证该案正确的法律适用对“白帽子”群体发展趋向、提升国内企业网络安全意识、保护公民个人信息、整治网络安全生态具有重要的意义。在互联网网络安全领域，袁某这类群体被称为“正面黑客”或“白帽子”，他们凭借高超的计算机操作技能，可以识别计算机信息系统的安全漏洞，获得漏洞后并不用于牟利等非法目的，而是向漏洞平台和网络运营者反馈漏洞，敦促网络运营者及时修补系统漏洞，维护计算机和互联网安全。鉴于“白帽子”行为的相对有益性，在司法适用过程中针对“正面黑客”的行为如何认定还存在相当的不确定性，处理方式上不尽一致，目前主要有两种观点：

第一种意见认为，袁某的行为客观上已构成非法获取计算机信息系统数据罪。理由是：目前我国已出台的《中华人民共和国网络安全法》（以下简称《网络安全法》）、《全国人大常委会关于维护互联网安全的决定》以及《中华人民共和国计算机信息系统安全保护条例》（以下简称《计算机信息系统安全保护条例》）等关于网络安全管理的法律法规，对于侵入计算机信息系统行为均采取“客观行为”的规制思路。也就是说，《刑法》第285条第2款规定的非法获取计算机信息系统数据罪不要求行为人具有特定犯罪目的或犯罪动机。依照2011年8月1日最高人民法院、最高人民检察院《关于办理危害计算机信息系统安全刑事案件应用法律若干问题的解释》（以下简称《解释》）第1条的规定，获取除网络金融服务之外的身份认证信息500组以上的达到“情节严重”。案中，袁某客观上已经实施了侵入某婚恋网站服务器的行为，并获取了网站有效身份认证信息700余组，已达到入罪标准，已构成非法获取计算机信息系统数据罪。

第二种意见认为，袁某的行为已构成非法获取计算机信息系统数据罪，但犯罪情节轻微，主观恶性较小，且未造成严重后果，应当相对不起诉。理由是：袁某违反国家规定，侵入他人计算机信息系统，获取该计算机信息系统中的数据，触犯了《刑法》第285条第2款规定，犯罪事实清楚，证据确实、充分，但其未将获取的数据用于牟利或从事其他违法犯罪活动，犯罪情节轻微；系初犯，认罪态度较好，可以免予刑事处罚。

意见评析

笔者同意第二种观点，袁某的行为已构成非法获取计算机信息系统数据罪，但犯罪情节轻微，到案后认罪态度较好，主观恶性较小，可免予刑事处罚。理由如下。

第一，总体上，现行立法对网络犯罪定罪量刑秉持从严的刑事政策。行为人侵入计算机信息系统获取数据的主观意图不影响对客观行为“非法性”的评价

近年来，网络犯罪呈上升趋势，我国面临黑客攻击、网络病毒等违法犯罪活动的严重威胁，是世界上黑客攻击的重要受害国之一。为保护计算机信息系统的安全，我国目前已出台了《网络安全法》《全国人大常委会关于维护互联网安全的决定》《计算机信息系统安全保护条例》等法律法规。在刑事立法方面，为严厉打击危害计算机信息系统安全犯罪，1997年《刑法》规定了非法侵入计算机信息系统罪和破坏计算机信息系统罪。针对维护计算机信息系统安全方面出现的新情况，《刑法修正案（七）》增设了非法获取计算机信息系统数据、非法控制计算机信息系统罪和提供侵入、非法控制计算机信息系统程序、工具罪。2011年8月出台的《解释》，进一步规范办理危害计算机信息系统安全刑事案件法律适用问题。从定罪量刑标准来看，我国立法总体上对网络犯罪采取的是“客观行为”规制思路。如《刑法》第285条第1款规定“侵入国家事务、国防建设、尖端科学技术领域的计算机信息系统的”行为，不论其侵入的动机或目的如何，并不会影响其客观行为的刑法评价。在《解释》起草过程中，也是秉持着立足司法实践的理念，切实贯彻宽严相济刑事政策，科学合理地确定定罪量刑标准。同时基于斩断危害计算机信息系统安全犯罪利益链条的考虑，规定了危害计算机信息系统安全犯罪各环节的刑事责任，从源头上切断利益链条，有效地遏制危害计算机信息系统安全犯罪的蔓延和泛滥。所以，现行立法针对网络犯罪坚持从严的刑事政策，换句话说，现行立法对于某些信息网络安全坚持的是严格保护的立场。行为人侵入并获取数据的主观意图是否正当、善意，并不影响客观行为的刑法评价。

第二，着重分析非法获取计算机信息系统数据罪的“非法获取”行为，从《刑法》第285条第2款规定可以看出，客观上行为人实施了“侵入”和“获取”两种行为，且达到“情节严重”的程度，才可构成非法获取计算机信息系统数据罪

“侵入”是指未经授权或者他人同意通过技术手段进入计算机信息系统，这可能构成两类犯罪：一是《刑法》第285条第2款规定的非法侵入计算机信息系统罪，侵入对象限定为国家事务、国防建设及尖端科学技术领域的计算机信息系统；二是其他犯罪的预备或者未遂行为。不论行为人主观上是出于何种目的，这种侵入的行为都是违背他人意愿的，如采用技术手段强行进入、未征得他人同意或授权擅自进入等。“白帽子”行为一直处于法律灰色地带的关键也正是这个原因。“白帽子”要想阻却其行为的违法性，成为由个人或者单位实施的产业行为，首先必须获得网络运营者的授权或同意。一般他们入侵行为(《刑法》第285条第1款规定之外的计算机信息系统）往往出于善意，如果这种善意侵入的行为并未对系统或用户信息造成损害，不齐备其他犯罪的构成要件，仅是善意地入侵，则不构成犯罪。对于“获取”行为，既可以包括从他人计算机信息系统中窃取并复制密码等信息，也包括骗取行为，如设立假冒网站，在用户登录时窃取信息。如果行为人客观上获取了司法解释所规定的数据类型及数量，则可构成犯罪。本案中，行为人侵入某婚恋网络系统时使用的是“SQLmap”软件，该软件是黑客常用的渗透测试工具，可以自动检测、注入漏洞以及接入数据库服务器，并自带缓存功能，可将测试信息自动存储到本地隐藏文件夹。行为人未经允许，擅自利用“SQLmap”软件侵入网站并缓存身份认证信息，已经构成非法获取计算机信息系统数据行为。

第三，非法获取计算机信息系统数据罪“情节严重”的认定，要综合考虑行为方式、获取数据的性质及数量、社会危险性或潜在的社会危险性、行为人的动机、对网络安全产业发展的影响和社会效果等因素后，作出适当处理

1.行为方式。要着重审查行为人所使用的技术特质，详细分析技术特质对于计算机信息系统或者系统上的用户造成的伤害后果，如是否会造成用户原数据丢失，有随时被非法控制计算机的可能，造成财产损失等后果。

2.数据层面。经鉴定，数据性质属于《最高人民法院、最高人民检察院关于办理侵犯公民个人信息刑事案件适用法律若干问题的解释》第1条所规定的公民个人信息，可以构成侵犯公民个人信息罪。如果属于《解释》第11条所规定的身份认证信息，则可以构成非法获取计算机信息系统数据行为。数据数量上，如果获取支付结算、证券交易、期货交易等网络金融服务的身份认证信息在10组以上；获取其他身份认证信息500组以上的，应当认定为“情节严重”。

3.主观动机。“白帽子”不同于一般黑客最显著的特征是他们持善意利用的技术精神，发现漏洞后主动向网络运营者直接告知或在相关技术平台举报，坚决摒弃恶意侵害行为和意图。如果从主客观相一致的角度考虑，他们确实有非法获取计算机信息系统的客观行为，虽然也了解自已侵入平台的做法是未经他人允许的，但是想让网络运营者提高网络安全意识，及时弥补漏洞，提高网络安全性。在《解释》起草过程中，最高人民法院、最高人民检察院考虑宽严相济刑事政策在互联网安全领域贯彻落实的情况，对于实践中发生的出于好奇、显示网络技术等目的而实施的打包盗窃论坛身份认证信息等行为，即使获取身份认证信息略微超过500组的，由于社会危害性不大，应当适用《刑法》第13条但书的规定，不宜纳入刑事打击的范围。

4.要分析行为人非法获取的行为是否会引起潜在的危害。如获取某网站的身份认证信息后公布于论坛等公开平台，致使不法分子根据身份认证信息登录后获取大量公民个人信息的，而后被用于诈骗、盗窃等不法行为，这种危险性要综合考虑。

5.要考虑行为人在业务技术范围产生的技术有益性。“白帽子”行为通过挖掘漏洞，可以让运营商管理者及时填补或调整。帮助网站及时发现漏洞、修复漏洞，以免给企业或用户造成严重损失，对网站具有积极的建设性作用。以乌云平台为例，该平台旨在为互联网安全研究者提供一个公益、学习、交流和研究的平台，致力于促进企业、网民更加重视网络安全，营造良好的网络安全生态。所以，从整个网络安全行业来讲，漏洞平台和活跃在漏洞平台上的“白帽子”对我国信息网络安全起到一定的促进作用，这在业界也是有所共识的。

具体到本案，袁某已构成非法获取计算机信息系统数据罪，但犯罪情节轻微，可免予刑事处罚。袁某利用“SQLmap”软件侵入某婚恋网站服务器，并将网站身份认证信息存储到本地隐藏文件夹里，其行为已经包含了非法获取计算机信息系统数据罪的“侵入”和“获取”两种行为。如果只进行漏洞检测，而不进一步对计算机信息系统进行非法控制或者获取数据，不会落入刑事犯罪层面。按照《解释》的规定，袁某获取的涉案系统数据700余组，已经超过500组，构成了“情节严重”；而且袁某将漏洞及所获取的数据公开于乌云平台，因为平台的开放性，导致这些数据很有可能被黑客非法利用，已经泄露了其所获取的身份认证信息，对网站和网站用户的合法利益造成了危害。同时，考虑其客观上并未将数据用于营利或者其他违法犯罪活动，也未造成严重后果，从宽严相济的刑事政策出发，结合这种行为产生的技术价值以及对网络安全发展的促进作用，对于主观善意而获取身份认证信息的行为，犯罪情节轻微，主观恶性较小，且未造成严重后果的，免予刑事处罚是合理的。

综上所述，根据刑法的谦抑性，违反国家规定，侵入他人计算机信息系统，获取该计算机信息系统中的数据，虽然触犯了《刑法》第285条第2款规定，但其主观恶意不大，犯罪情节轻微，可以免予刑事处罚。在认定犯罪过程中，要综合考察行为动机、行为方式、获取次数、数据性质及数量、潜在危险性、社会影响等因素多方面判断非法获取数据的行为是否属于情节严重。

供稿：北京市朝阳区人民检察院　王爱强

案例编辑：北京市人民检察院　张艳青

蔡某某提供侵入计算机信息系统程序案

——为他人有偿开发侵入网络社交平台APP的行为如何定性

基本案情

2018年1月至2019年3月，蔡某某在未获得新浪微博授权的前提下，有偿为他人提供自行开发的“星援”APP，该软件具有无须登录新浪微博客户端即可自动批量转发博文的功能。后大量用户以向“星援”APP充值的形式有偿使用该软件，侵入新浪微博公司服务器。经审查，“星援”APP在截取新浪微博服务器中对应账号的相关数据后，使用与其截取数据相同的网络数据格式向目标服务器提交数据，完成与该服务器的数据交互，从而实现在不登录微博客户端的情况下，自动批量点赞、转发新浪微博博文的功能。经统计，至案发时该软件已有用户使用19万余个控制端账号登录，上述控制端账号绑定微博账号5000余万个，蔡某某获取充值收益共计人民币600余万元。2019年6月，北京市公安局丰台分局以蔡某某涉嫌破坏计算机信息系统罪移送北京市丰台区人民检察院审查起诉；同年11月27日，丰台区人民检察院以蔡某某涉嫌提供侵入、非法控制计算机信息系统程序、工具罪提起公诉；12月31日北京市丰台区人民法院以蔡某某犯提供侵入计算机信息系统程序罪，判处有期徒刑五年。

主要问题

为他人有偿开发侵入网络社交平台APP的行为如何定性？

意见分析

意见分歧

实践中，多样化的计算机犯罪行为之间存在互相嵌套的可能性，相关罪名的竞合适用问题在实务界常常存在争议。本案被告人蔡某某的行为该如何定性，其行为是否直接影响了原有网络社交系统的稳定运行是本案争议焦点，具体有如下几种意见。

第一种意见认为，被告人的行为构成破坏计算机信息系统罪。理由是：蔡某某开发的“星援”APP绕开网络社交平台登录系统，通过直接侵入平台服务器的方式，获取目标信息系统数据并批量上传篡改后的数据，破坏了原有平台的系统稳定和正常运行。其行为属于违反国家规定，对计算机信息系统中存储、处理或者传输的数据进行修改、增加的操作，后果严重，构成《刑法》第286条规定的破坏计算机信息系统罪。

第二种意见认为，被告人的行为构成非法获取计算机信息系统数据、非法控制计算机信息系统罪。理由是：蔡某某开发的程序软件，在侵入特定计算机信息系统服务器后，截获原有平台存储的特定格式数据，通过结合密钥和特定算法的方式伪造新数据，以目标服务器接纳的方式回传，进而对该计算机信息系统实施非法控制。因此，蔡某某的行为一方面非法获取了原有计算机信息系统的数据资料，另一方面依据获取的数据创制新数据对原信息系统进行篡改，应该构成《刑法》第285条第2款规定的非法获取计算机信息系统数据、非法控制计算机信息系统罪。

第三种意见认为，被告人的行为构成提供侵入计算机信息系统程序罪。理由是：虽然蔡某某开发的软件具有截取目标服务器中对应用户账号相关数据、并向平台服务器提供相同数据格式篡改信息的功能，但是该软件没有导致网络社交平台的系统问题。网络用户使用蔡某某所开发的软件才造成了网络社交平台系统数据被大量篡改的严重后果，此后果不应归责于蔡某某。所以，蔡某某为获利而开发专门用于侵入、控制目标计算机信息系统软件程序，并有偿卖给网络用户的行为应该构成《刑法》第285第3款规定的提供侵入、非法控制计算机信息系统程序、工具罪。

意见评析

笔者同意第三种意见，认为被告人为他人有偿开发侵入网络社交平台APP的行为构成提供侵入计算机信息系统程序罪，理由如下。

第一，被告人开发软件的行为与用户使用软件是两个不同的行为，二者不能混同或者当成一个整体来评价

蔡某某在未获得新浪微博授权的前提下，自行开发“星援”APP，该软件程序的确具有绕开新浪微博登录系统，截获计算机信息系统数据，批量制作、发送篡改信息至目标服务器的功能。然而上述功能的实现依赖于购买并使用此软件的网络用户，并因为网络用户的使用行为进一步导致了被害网络社交平台的系统风险。被告人开发软件与网络用户使用软件是两个行为。被告人向网络用户提供侵入、非法控制信息系统程序软件的行为是网络用户后续使用的基础，属于整个破坏计算机信息系统犯罪的帮助行为，被告人与网络用户的行为共同造成了后续的危害结果。但不能将用户使用软件造成的破坏后果全部归结为被告人的实行行为。从《刑法》第285条的规定来看，被告人的行为应单独评价。

第二，被告人开发并有偿提供软件的行为，并非为了破坏网络社交平台系统，而是寄生其上的外挂程序，其功能是自动实现网络用户的行为，是用户行为的延伸

根据本案软件功能性鉴定意见，“星援”APP通过绑定账号获取用户的账号信息后，请求目标服务器，从返回的请求中获取相应账号的uid等信息，再通过结合密钥和特定算法的方式，使用与新浪微博客户端转发微博时相同的网络数据格式，将该数据提交给新浪微博服务器，该数据被新浪微博服务器误认为是新浪微博客户端提交的网络数据，进而与“星援”APP发生了数据交互。可见该软件的侵入行为发生在用户使用了“星援”APP后，只有用户在该软件上登录了新浪微博账号，才能使“星援”APP侵入新浪微博系统并截取新浪微博服务器发出的数据。从该软件设计的初衷及实际使用情况看，它属于专门用于快速登录新浪微博并批量转发微博博文的工具。

被告人开发程序软件的目的是方便粉丝追星，帮助用户实现快速登录微博和批量转发微博博文的功能，为粉丝网络追星提供技术层面的支持，以此售卖程序软件获利，其目的在于获利。他与新浪微博没有冲突关系，只希望在便利网络用户追星的前提下，尽量减少对目标网络服务器的干扰、破坏，以此避免被目标网络平台计算机信息系统发现，延长其获利时间。被告人开发、售卖软件的目的并不包含非法获取计算机信息系统数据、非法控制计算机信息系统甚至破坏目标计算机信息系统等意图。事实上，网络用户使用该软件犹如使用“按键精灵”“网络爬虫”之类的自动化程序，旨在解放人力，具体到本案，只是替代用户快速登录微博并批量转发微博博文，既没有存储、截获、篡改数据，也没有导致新浪微博功能障碍或无法运行。

第三，“星援”APP在实现其功能过程中使自动传输的数据被新浪微博服务器误认为是新浪微博客户端提交的网络数据，存在避开或者突破计算机信息系统安全保护措施的问题，相当于通过外挂程序建立了微博之外登录、转发的中间通道，导致部分微博用户“僵尸化”，此举为计算机信息系统的安全保护措施所不容许

有关司法解释对于认定是否属于“专门用于”提供的衡量标准是，“避开或者突破计算机信息系统安全保护措施”。[1]“专门用于”指相关软件、程序一方面具备侵入、控制目标计算机信息系统的功能；另一方面，该侵入、控制功能在众多功能中最为突出、明显，是该软件、程序最主要的功能之一。该软件、程序为实施下游犯罪提供了重要帮助，因此被认为是“专门用于”实施侵入、控制目标计算机信息系统等下游犯罪。[2]所以，其行为符合相关司法解释规定的“专门用于侵入、非法控制计算机信息系统的程序、工具”的界定标准。

第四，要从本案涉及三种罪名的设立本身着手，准确区分相关罪名界限，整体把握案件定性

对本案被告人行为产生分歧意见的三个罪名都从属于危害计算机信息系统犯罪这一“类罪名”，围绕保护计算机信息系统安全的主干，可以清晰地区分、把握各个罪的罪状规定与设立目的，便于整体把握本案定性。破坏计算机信息系统罪所保护的法益是计算机信息系统功能的完整性和正常运行状态，犯罪对象涵盖了所有接入网络的计算机信息系统，为结果犯，并非任意操作行为或者对任意数据实施犯罪行为都能构成本罪，只有对计算机系统的破坏行为造成严重后果时，才符合构罪条件。而后果严重，一般指国家事务、国防等重要领域计算机系统的运行遭受损害，给相关领域带来巨大的经济损失，包括产生严重的社会影响等情形。[3]司法实务界在认定破坏计算机信息系统的行为方面有严格的限制，如最高人民法院指导案例145号“张竣杰等非法

---

〔1〕 参见2011年最高人民法院、最高人民检察院《关于办理危害计算机信息系统安全刑事案件应用法律若干问题的解释》第2条第1项、第2项。

〔2〕 参见邓矜婷：《网络空间中犯罪帮助行为的类型化——来自司法判决的启发》，载《法学研究》2019年第5期。

〔3〕 2011年最高人民法院、最高人民检察院《关于办理危害计算机信息系统安全刑事案件应用法律若干问题的解释》将本罪的“后果严重”进行了量化，具体标准参见该解释第4条、第6条。

控制计算机信息系统案”，认为未造成系统功能实质性破坏或者不能正常运行的行为不应当认定为破坏计算机信息系统罪，明确了该罪适用的严苛条件。

在非法获取计算机信息系统数据、非法控制计算机信息系统罪中，涉及的计算机信息系统专指在国家事务、国防建设和尖端科学技术等领域的计算机信息系统之外的一般系统。相较于上述重要领域保护利益的次重要性，本罪规定为情节犯，同时在危害行为实施的程度和危害性方面设立了更严格的入罪标准：只有行为人在非法侵入计算机信息系统的基础上，进一步实施了控制、获取计算机信息系统中的数据等行为且造成了严重后果的情况下，[1]才能构成本罪。

对于提供侵入、非法控制计算机信息系统程序、工具罪而言，由于其行为离法益侵害的距离较远，相较侵入、控制和窃取等实行行为的危害性更小，所以刑法将其设立为情节犯同时提高了入罪标准。按照一般观点，单纯的“提供行为”应当属于非法侵入计算机信息系统罪和非法获取计算机信息系统数据、非法控制计算机信息系统罪的共犯行为（起教唆或帮助作用），而刑法将上述行为独立出来，单独规定为犯罪，目的在于警示违法犯罪分子，同时提示司法办案人员，凸显“提供行为”的社会危害性。[2]

综合上述三种罪名的罪状规定与设立目的，结合本案被告人以牟利为目的，向社会网络用户有偿提供侵入、非法控制计算机信息系统程序软件的行为，笔者认为，被告人所开发、出售的软件程序具有非法获取计算机信息系统数据、非法控制计算机信息系统的功能，购买此软件的网络用户在使用此软件的过程中对目标服务器及网络信息平台的稳定运行造成了较严重的影响，被告人为他人有偿开发侵入网络社交平台APP的帮助行为构成提供侵入计算机信息系统程序罪，其“提供行为”对本案计算机信息系统的被侵害后果有相当的帮助作用，具有独立定罪量刑的意义，符合本罪的立法原意。

供稿：北京市丰台区人民检察院　侯继男　王增瑞

案例编辑：北京市人民检察院　关宁

---

〔1〕 参见2011年最高人民法院、最高人民检察院《关于办理危害计算机信息系统安全刑事案件应用法律若干问题的解释》第1条。

〔2〕 参见先德奇：《论危害计算机信息系统犯罪——基于刑法规范的类型分析》，载《政法学刊》2015年第1期。

张某甲、张某乙扰乱无线电通信管理秩序案

——办理伪基站案件如何以“异常位置更新数”认定“影响用户数”

基本案情

2016年8月19日上午、下午，8月20日上午，8月21日上午、下午，张某甲、张某乙二人驾驶车辆从北京市顺义区张镇出发，沿顺平路途经南彩镇至顺义城区、马坡地区、天竺地区等地，使用手机操控伪基站设备群发短信，被查获。经北京市无线电管理局认定，涉案设备属于擅自设置、使用无线电台，如实效发射，将对中国移动通信集团北京有限公司的正常业务造成干扰。经司法鉴定，涉案设备运行中所有产生的数据，都会储存在内存中，当系统关闭（断电）后，系统会清除所有内存数据。中国移动通信集团北京有限公司顺义分公司（以下简称移动顺义分公司）基于MC口信令数据，通过对信令中异常位置更新，统计分析8月19日至21日，张某甲、张某乙利用伪基站发送短信影响用户数40,514个。司法鉴定认定涉案3日影响用户数为37,002户。经检察机关要求进行补充鉴定，进一步排除其他伪基站或其他因素影响用户，认定涉案伪基站影响用户数29,143个。

2016年11月24日，北京市顺义区人民检察院对张某甲、张某乙以扰乱无线电通信管理秩序罪向北京市顺义区人民法院提起公诉。2016年11月29日，顺义区人民法院判决张某甲犯扰乱无线电通信管理秩序罪，判处有期徒刑六个月缓刑一年，并处罚金人民币1000元；张某乙犯扰乱无线电通信管理秩序罪，判处有期徒刑六个月缓刑一年，并处罚金人民币1000元。

主要问题

办理伪基站案件中能否以及如何以“异常位置更新数”认定“影响用户数”？

意见分析

意见分歧

第一种意见认为，不应使用异常位置更新数认定影响用户数，理由是：因为无法确定发起异常位置更新的区域与行为人的行驶路线能否相互印证；而且从异常位置更新数据中，也无法排除其他伪基站或其他因素引起的异常位置更新。

第二种意见认为，可以使用异常位置更新数认定影响用户数，通过一定的技术方法结合现有证据可以排除合理怀疑，得出唯一结论。

意见评析

笔者同意第二种意见。异常位置更新数是电信运营商所监测到的后台数据，影响用户数是涉案伪基站作为独立的个体，对特定空间和时间内使用特定频段的用户造成影响的数量。解决上述两个问题，实际就是解决异常位置更新数与伪基站影响用户数之间联系的问题。可以采用“五步法”审查分析上述两个关键问题，具体分析如下：

第一，通过异常位置更新数据和涉案人员供述，判断涉案伪基站影响用户的时间范围和空间范围

本案的案发是由移动顺义分公司工作人员通过异常位置更新发现，根据发起异常位置更新的区域推断伪基站可能存在的地点，然后前往现场进行信号测试，最终确定伪基站位置。此种到案形式，建立了异常位置更新的最后位置和查获地点之间的联系，由此，根据异常位置更新区域的连续性，判断出涉案伪基站在查获前的移动路径。

因侦查机关是在先掌握了异常位置更新区域的情况后抓获犯罪嫌疑人，在“先证后供”的情况下，应严格审查犯罪嫌疑人供述。本案中，经全面审查犯罪嫌疑人的全部讯问笔录和同步录音录像，再次对犯罪嫌疑人进行详细讯问，通过两名犯罪嫌疑人供述之间、犯罪嫌疑人供述和异常位置更新之间的比对，确定了由本案犯罪嫌疑人引起异常位置更新的时间范围和空间范围。

在本案中，涉案3日，共分5个时间段，经查看移动顺义分公司提供的异常位置更新录像，主要监测的伪基站均是在每日的早晚高峰时段，从南彩俸伯区域开始影响移动数据，除了最后一次被查获，伪基站信号均在南彩或张镇附近消失。上述时间段和行驶轨迹，与张某甲、张某乙供述一定程度上相互印证。

第二，确保移动公司提供原始数据的来源、程序合法

经了解，移动顺义分公司所采取的提取原始数据的方法是，在地图上根据异常位置更新出现的区域划定一个封闭的多边形，同时设置一个时间段，通过限定时间和空间两个维度，提取该时空内的所有异常位置更新数据。本案北京信诺司法鉴定所做鉴定使用的原始数据，即源于移动顺义分公司，为确保鉴定结果的准确，必须首先确保检材来源的合法性。

在本案中，原始证据存在两方面问题，其一，侦查人员未对异常位置更新的时间和空间进行录像保存；其二，未对移动顺义分公司工作人员提取证据的过程进行录像或做其他记录。针对第一个问题，承办人要求公安机关重新录制予以补正。针对第二个问题，承办人一方面向移动顺义分公司工作人员制作详细询问笔录，说明其提取的过程，并根据其提取出的数据与其所称的提取方法进行比对，印证其提取方法的准确性；另一方面，承办人结合第一步中确认的时间和空间范围，针对提取方法的缺陷（同一地点不同时间或同一时间不同地点多台伪基站先后经过、同一地点同一时间两台以上伪基站交叉经过，数据均被全部统计），要求移动顺义分公司工作人员对通过观察即可分辨的可能存在其他伪基站影响的时间段的数据进行列明。

第三，通过异常位置更新显示的伪基站LAC码特点，排除LAC码特征不一致的数据

异常位置更新图像中弹出的标签所显示的数字，系伪基站的LAC码，当正常运行的基站获取到从伪基站回归正常基站的手机用户时，会记录下该伪基站的LAC码和手机的IMSI码，并发出异常位置更新的提醒。这种设置实际上提供了这样一种思路，根据正常基站记录到的伪基站LAC码的数量来确定影响用户数，那么，需要做的就是确定伪基站的LAC码。经向移动公司工作人员及鉴定人员了解，伪基站的LAC码并不唯一，在运行过程中会不断变化。但同时，负责监控异常位置更新情况的移动顺义分公司的工作人员表示，伪基站的LAC码虽然在变化，但开头数字、位数基本稳定。比如，在某一时间点，伪基站的LAC码为“1234”，在其他时间点，该伪基站的LAC码仍是以

"1"开头的四位数值，不会变为以"2"开头的五位数值。但原始数据中也存在小部分个位数、两位数等其他特征的数值，据移动公司内部技术人员表示，该部分数据也是伪基站生成的，但如何生成的无法解释。

在本案中，对通过前两步获得的原始数据进行分析，大部分LAC码为"2"开头的五位数。对于无法解释的其他数据，按照存疑证据有利于嫌疑人的原则，均不予计算在内，承办人要求侦查机关委托鉴定机构对检材中LAC码进行筛选，排除以"2"开头的五位数以外的所有数据。

第四，对数据进行时间和地点规则分析，确定同一伪基站所获取的IMSI码

经过上述排除后，再对数据列表进行分析，该数据以文字和数字的形式描述了伪基站移动的时间和空间。但承办人发现在相近的时间内，存在若干个发起位置更新的正常基站位置距离较远的问题。该种情况的出现说明在原始数据提取所划定的空间范围内，不同位置、同一时间点，存在两台以上伪基站设备。此种情况在第二步对原始数据的提取过程中已根据观察所见做初步排除，但由于观察的局限性和空间范围划定的随意性，以及发出异常位置更新阈值的设置（经向移动顺义分公司工作人员了解，系统可以设置异常位置更新提示的数量标准，如设置为2，则仅发现1个异常位置更新时系统不进行提示，但在原始数据中，该数据仍会被提取到），部分数据可能被误算进原始数据。

通过对数据进行分析，伪基站的LAC码虽然会变化，但在一定的时间和空间内会保持一致，而上述误算的数据的LAC码往往混在多行相同LAC码的数据中，且误算数据的位置更新地点与查明事实不符，易于分辨。尽管如此，从数万条数据中依次分辨仍需大量工作，且无法保证准确率。在本案中，承办人发现，该类数据数量较少，故利用excel表格数据统计功能，将出现次数较少的LAC码选出，再根据该部分数据在整个数据列表中出现的时间和位置，排除同一时间在不同位置上产生的异常位置更新的数据。

本案中，承办人要求侦查机关对鉴定机构提出补充鉴定要求，鉴定机构对数据按上述时间及地点规则、逻辑关系进行分析，对分析后的IMSI码确认为同一伪基站所获取。

第五，对排除其他伪基站或其他因素干扰后的数据进行排重

该步骤是伪基站类案件的传统做法，基于破坏公用电信设施罪中对通信中断用户数量的理解，对于多次中断的同一用户的情况，在计数时以一个用户计。在此不再论述。

上述五步法中，第一步、第二步由承办人和侦查机关协同移动公司工作人员完成，第三步至第五步由司法鉴定机构完成。本案中，移动顺义分公司最初提取原始数据为40,514个，经过上述“五步法”排除、排重后确认数据为29,143个，并以此提起公诉。法院采纳指控意见，对二被告人均判处有期徒刑六个月，缓刑一年。

综上所述，“五步法”中第一步、第二步所要解决的问题，是将异常位置更新所显示的轨迹抽象为伪基站的移动轨迹，如果该轨迹是连续的，且无另一条轨迹与之交叉，那么可以认定该条轨迹上所获取的数据就是涉案伪基站影响用户数。但由于异常位置更新的迟滞性，伪基站、手机用户均持续运动，伪基站影响半径的不确定性等因素，该轨迹并不能完全还原伪基站的移动路径，即精确度不够。例如，无法通过观察分辨短距离、短时间内与移动路径交叉的其他伪基站。第三步、第四步所要解决的问题，是在精度不够的情况下，通过LAC码、时间、地点规则进行分析，对观察不到的、可能不属于涉案伪基站影响用户的数据予以排除。第五步所要解决的问题，是法律上对影响用户数的认定问题。

需要说明的是，上述方法能够使最终获得的数据不断接近事实，但仍不能解决理论上可能存在的部分情况。比如，是否存在一种极端的可能性，另一台伪基站与涉案伪基站在相同的时间、地点，以相同的路径、速度，以同类型的LAC码发送短信，这样无论是从轨迹上，还是从时间、地点特征上，两台伪基站控制区域重合，无法对数据进行排除。但笔者认为，从顺义区近两年办理的伪基站类案件数量来看，此类案件数量并不多，在没有大量基数的情况下，完全相同路径的情况在理论上成立，但在实践中发生的概率很低。相比该极端情况，实践中可能存在类似情况，如在涉案伪基站的附近，有另一台与涉案伪基站LAC码特征类似的伪基站，与涉案伪基站存在短时间、短距离的控制区域重合（在肉眼观察所能达到的精度内不能分辨交叉点），该种情况下该台伪基站的数据有可能计入最终统计数据。笔者认为，从现有案件的数据看，一台伪基站一天8小时左右发送，影响用户数在数千至几万；从法院判决看，有期徒刑一个月刑档的变动基于数万个影响用户数。据此，上述情况中可能产生的数据误差，并不会对量刑产生实质影响。从另一角度讲，处在A、B两台伪基站控制区域内的移动用户，伪基站的功率、用户与伪基站之间的距离等决定了该用户被A伪基站中断，而此时对于B伪基站而言，其已经实行了占用频率的行为，但因外力而未能产生影响用户的后果，从法理上讲属于未遂，该部分被A伪基站影响的用户数并非不能对B伪基站苛以刑责，而是比照既遂从轻或者减轻处罚。因此，进一步减少了数据误差对量刑产生的影响。

供稿：北京市顺义区人民检察院　王凤

案例编辑：北京市人民检察院　王志国

王某某编造虚假恐怖信息案

——如何认定“虚假恐怖信息”和“严重扰乱社会秩序”

基本案情

2015年4月2日，王某某在北京市顺义区马坡地区秦武姚村暂住处拨打北京市人民政府便民服务电话（“12345”热线电话），声称对自己被段某某打伤一事的司法处理结果不满，扬言“一命抵一命”。北京市公安局顺义分局马坡派出所民警于次日至王某某住处，对其进行批评教育。同年4月9日15时许，王某某再次拨打“12345”热线电话，称其找到段某某后警察未给解决问题，并在通话中多次扬言欲至幼儿园、娱乐场所、地铁站实施杀人行为，“杀一个少一个”，并称砍刀已买好，且已观察数日，踩好了点。公安机关接到恐怖信息警情后，依次通过市公安机关、区公安分局、镇公安派出所进行分级处理，马坡派出所出动一车两警至王某某住处将其传唤到马坡派出所，另一车两警至马坡辖区幼儿园、学校等人员密集的地方维护秩序，顺义公安分局治安支队出动一车两警到大兴区北京市政府便民热线调取通话记录及通话录音。

2015年6月1日，北京市公安局顺义分局以王某某涉嫌编造、故意传播虚假恐怖信息罪移送北京市顺义区人民检察院审查起诉。审查时因意见分歧较大，提请检察委员会研究。经讨论，检察委员会认为，王某某的行为已构成编造虚假恐怖信息罪，但犯罪情节轻微，决定对王某某作相对不起诉。

主要问题

1.如何认定“虚假恐怖信息”？

2.如何认定“严重扰乱社会秩序”？

意见分析

意见分歧

第一种意见认为，王某某所编造的内容虽然可能在一定范围内造成一定程度的恐慌，但是与刑法和相关司法解释所界定的“虚假恐怖信息”，即“爆炸威胁、生化威胁、放射威胁、劫持航空器威胁、重大灾情、重大疫情等严重威胁公共安全的事件为内容”的信息，程度上不相当，不属于虚假恐怖信息，故王某某的行为不构成犯罪。

第二种意见认为，王某某编造的信息属于虚假恐怖信息，但情节显著轻微，未达到“严重扰乱社会秩序”程度，不构成犯罪。理由是：(1)行为人若只是向公安机关表示了内心的想法，充其量属于犯意表示，诚然这种犯意表示属于一种胁迫或恐吓行为，但所表达的未必是真实犯意，既然向他人表达真实犯意的行为不受刑罚处罚，那么向他人表达未必真实的犯意的行为就更不能科处刑罚。[1](2)成立编造虚假恐怖信息罪侵害的法益是社会公共秩序，如果虚假恐怖信息达到《最高人民法院关于审理编造、故意传播虚假恐怖信息刑事案件适用法律若干问题的解释》(以下简称《解释》)第2条所规定诸如多数人生产、生活等中断或不能正常运行等情况发生才可成立本罪。本案中行为人只是拨打“12345”热线电话，声称自己要去砍人，并未向社会公众扩散也尚未造成严重扰乱社会秩序混乱的状态。只属于向特定人编造信息，并未让足够多的人知道其虚假的恐怖信息，故不构成本罪。(3)对于《解释》第2条第5项系职能部门为避免产生严重后果采取紧急应对措施的情形，第5项与其他几项系并列关系，其“严重扰乱社会秩序”的程度应基本一致。即从社会危险相当性角度考虑，如果编造虚假恐怖信息的行为在进入公共领域之前，在职能部门内部引起了除常规工作之外的紧急应对措施，如派出大量警力排查、保卫等工作，造成职能部门面向社会提供的公共资源的严重浪费，则可以认定为已达到“严重扰乱社会秩序”的程度。对于本案，公安机关出动的只是正常执勤状态下的两车四警，且出警时间不久王某某即被派出所带回，公安

---

〔1〕 参见张明楷：《言论自由与刑事犯罪》，载《清华法学》2016年第1期。

机关虽采取紧急应对措施，但所耗费的社会资源明显未达到与《解释》第2条前四项相当的程度，故王某某实施的只是一般的扰乱社会秩序，属于治安管理处罚范围，情节显著轻微，尚未达到“严重扰乱社会秩序”程度，不构成编造虚假恐怖信息罪。

第三种意见认为，王某某编造的信息属于虚假恐怖信息，经公安劝说后仍多次向特定对象宣扬意图在“公共场所杀人”泄愤，主观故意明显，且造成公安机关采取紧急应对措施，已达到“严重扰乱社会秩序”程度，构成编造虚假恐怖信息罪。但综合本案具体情况，属于犯罪轻微，可以对王某某作相对不起诉处理。

意见评析

笔者同意第三种意见，理由如下。

第一，王某某编造的信息属于虚假恐怖信息

1.对编造、故意传播虚假恐怖信息罪的刑法规制本质上是对言论自由与社会秩序维护的法益均衡考量

言论自由属于公民的基本权利，刑法规制虚假恐怖信息，是出于对更高位阶法益——社会公共秩序的保护，而牺牲个人法益——言论自由。在实现法益均衡的过程中，不仅要保持刑法谦抑性原则，在其他法律手段无法遏制该种行为时，刑法才可介入，不得随意扩大《刑法》第291条之一的适用范围，同时还不能对犯罪行为予以放纵。〔1〕对此，在满足目的正当性的要求下，采取适宜必要的手段加以限制，要结合言论的性质及当时所处的环境等因素综合判断是否对社会公共秩序造成了明显且即刻的危险。〔2〕具体而言，其一，判断言论是否属于虚假恐怖信息；其二，判断虚假恐怖信息是否严重扰乱了社会秩序。

2.判断虚假恐怖信息需考虑内容虚假性、现实可信性与内容恐怖性三大要素

内容的虚假性是构成该罪最基本的特征，该信息所透露的恐怖活动是不存在的，也正因为内容的虚假性，该罪所侵害的法益是社会公共秩序，而非公共安全。但恐怖信息又具有现实可信性（或称误导性），即能够使多数人感知并相信该信息的真实性，

---

〔1〕 参见谢凯：《虚假信息刑法规制的具体路径解析》，华东政法大学2015年硕士学位论文，第22页。

〔2〕 参见申琪：《论刑法中虚假恐怖信息之认定》，载《太原师范学院学报（社会科学版）》2014年第6期。

在某种特定的社会环境下，按照当时社会一般人的正常认知，恐怖信息足以使一般公众相信事件即将发生。即便事后发现该信息是不可信的，但是在当时的环境下，人们根本来不及判断真假，而采取宁可信其有不可信其无的态度，陷入高度恐慌之中，也属于现实可信性范围。〔1〕根据《解释》第2条与第6条的规定，信息的恐怖性，要求恐怖的程度达到严重扰乱社会公共秩序〔2〕，这是恐怖信息的本质特征。〔3〕如果编造的仅是一般性恐慌信息而不是恐怖信息，也不可以本罪论处。

3.判断虚假恐怖信息要从恐怖活动的手段、对象、地点、社会环境等方面综合判断

首先，结合信息中所透露恐怖活动的手段、对象、地点综合考虑，是否与爆炸、生化、放射威胁具有相当程度的社会危险性，即具有危及不特定或多数人的生命、财产安全的内容。《刑法》第291条之一规定“编造爆炸威胁、生化威胁、放射威胁等恐怖信息”，以一种列举式加限制性扩张解释的方式为司法实践留有余地。例如，行为人声称要去甲家枪杀甲，扬言“一命抵一命”。这就不能认定为恐怖信息，因该手段只针对某一特定的人，而且采取的手段不会对其他公众产生威胁和恐慌。但如果行为人扬言要在某人群聚集的公共场所实施杀害某甲的行为，对于杀害的手段没有说清楚，但是该消息散布后会对公共场所内的不特定或多数人产生威胁进而引起社会恐慌，甚至出现更为严重的社会秩序混乱，则应当认为属于恐怖信息。再如，行为人编造、散布某工厂曾有女工被强奸的虚假信息，使某厂女工及周边女性居民产生心理恐慌，晚上不敢出门，这种心理上的恐慌，并未能造成《解释》第2条所规定的严重扰乱社会秩序的状态，不具有爆炸威胁、生化威胁等恐怖信息社会相当程度的恐怖性，属于一般恐慌信息。所以，对于信息内容的恐怖性要结合个案，综合手段、对象、地点等从对社会公共安全的威胁程度方面加以分析。

---

〔1〕 参见吕广伦、王尚明、陈攀：《〈关于审理编造、故意传播虚假恐怖信息刑事案件适用法律若干问题的解释〉的理解与适用》，载《人民司法》2014年第1期。

〔2〕 这里的判断是应然状态下的抽象危险判断。只是判断某种危险信息的恐怖性，对于个案，还需要结合个案所造成的严重损害社会秩序的程度判断该行为的应受刑罚处罚程度。

〔3〕 参见吕广伦、王尚明、陈攀：《〈关于审理编造、故意传播虚假恐怖信息刑事案件适用法律若干问题的解释〉的理解与适用》，载《人民司法》2014年第1期。

其次，虚假恐怖信息的认定还要考虑当时所处的客观环境对公众的影响程度。处在社会重大敏感时期，一般的社会恐慌信息也可转化为社会大范围的恐慌。例如，昆明火车站恐怖袭击事件发生后不久，行为人即向外界散布某火车站将发生类似袭击的，社会公众对该类信息非常敏感，极易引发严重的恐慌，加剧了风险社会的风险程度。但以环境作为判断因素时应当把握好尺度。风险社会下，风险是无处不在的，不能因此而扩大该罪名的处罚范围。

最后，本案王某某扬言在公共场所砍杀的言论属于虚假恐怖信息。从场所来看，本案中王某某多次声称要去幼儿园、公园、地铁站等公共场所杀人，这些公共场所都具有人员密集、影响重大等特点。编造虚假恐怖信息罪所保护的法益是社会秩序，本案中行为人供述在幼儿园、娱乐场所、地铁站，能“杀一个是一个”，正说明王某某言语中所针对的对象是不确定的，而且意图实施的行为是在人群密集的公共场所，这就导致在公共场所出现的每一个人都有可能成为潜在的被害对象，从而产生内心的恐慌。如果消息扩散出去，势必会造成社会安全危机，公共场所秩序的严重混乱。故王某某编造的信息具有危及不特定或多数人人身、财产安全的内容。

第二，该案的行为已经“严重扰乱社会秩序”

1.对于“严重扰乱社会秩序”的认定，应当结合行为对正常的工作、生产、生活、经营、教学、科研等秩序的影响程度、对公众造成的恐慌程度以及处置情况等因素进行综合分析判断〔1〕

《解释》第2条的规定：“编造、故意传播虚假恐怖信息，具有下列情形之一的，应当认定为刑法第二百九十一条之一的‘严重扰乱社会秩序’：(一)致使机场、车站、码头、商场、影剧院、运动场馆等人员密集场所秩序混乱，或者采取紧急疏散措施的；(二)影响航空器、列车、船舶等大型客运交通工具正常运行的；(三)致使国家机关、学校、医院、厂矿企业等单位的工作、生产、经营、教学、科研等活动中断的；(四)造成行政村或者社区居民生活秩序严重混乱的；(五)致使公安、武警、消防、卫生检疫等职能

---

〔1〕 参见2013年5月27日《最高人民检察院关于印发第三批指导性案例的通知》(检例第10号“卫学臣编造虚假恐怖信息案”要旨)。

部门采取紧急应对措施的;(六)其他严重扰乱社会秩序的。”因此,在司法实践中,还需要结合个案对社会秩序造成的严重程度加以具体分析。

需要强调的是,只针对特定对象散布虚假恐怖信息也可以造成严重扰乱社会秩序的危害后果。根据2013年5月27日《最高人民检察院关于印发第三批指导性案例的通知》(检例第9号“李泽强编造虚假恐怖信息案”),编造、故意传播虚假恐怖信息罪是选择性罪名。编造恐怖信息以后向特定对象散布,严重扰乱社会秩序的,构成编造虚假恐怖信息罪。向不特定对象散布的,严重扰乱社会秩序的,构成编造、故意传播虚假恐怖信息罪。

2.王某某的行为致使公安等职能部门已经采取紧急应对措施,达到了严重扰乱社会秩序的程度

《解释》第2条对“严重扰乱社会秩序”规定了六项内容,本案争议焦点主要涉及第5项,即公安等职能部门采取紧急应对措施是否需要达到一定级别,还是只要上述部门采取紧急应对措施即可认定为“严重扰乱社会秩序”。对此不能一概而论,在《解释》的起草过程中,“有观点认为,第(五)项应规定职能部门采取紧急应对措施的级别,即险情级别,如果是一般险情,不宜规定为犯罪。由于各地区公安、武警等职能部门所认定的险情级别没有明确的标准,且该类犯罪的定罪标准不能过高,否则不利于打击此类犯罪,故《解释》没有明确规定职能部门采取紧急措施的级别情况”[1]。由此可见,国家对该类犯罪更倾向于加大打击力度,对“严重扰乱社会秩序”的认定就不能简单地依据公安机关出动的警车和警员数量多少等标准判断。公安机关等国家职能部门,面向所管辖的辖区提供公共管理、公共服务等职能,遇到恐怖信息警情时,在短时间内集中一定的警车和警员,采取加强巡逻、安排待命等措施,以应对可能发生的恐怖事件。而这些紧急应对措施,都是公安机关等国家职能部门工作职责要求,无常规工作之内或者常规工作之外区分。公安机关等国家职能部门在采取紧急应对措施时,是根据当时警情的紧急性、严重性以及警力资源的实际情况,所作出相应安排,

---

〔1〕 吕广伦、王尚明、陈攀:《〈关于审理编造、故意传播虚假恐怖信息刑事案件适用法律若干问题的解释〉的理解与适用》,载《人民司法》2014年第1期。

而非仅仅是以出动警车和警员的多少来衡量对社会秩序干扰的严重程度。本案中王某某两次扬言要到幼儿园、地铁站等公共场所杀人，公安机关接到恐怖信息警情后非常重视，依次通过市公安局、区公安分局、镇公安派出所进行分级处理，而并非简单地紧急处理。在基层警力有限的情况下，及时采取紧急应对措施，出动相应警力并多方行动，包括到辖区内的幼儿园、小学等多处人员密集场所进行巡逻、维持秩序，两次前往大兴区相关部门调取电话录音等，而并非只针对个别人和个别地点进行处置。综合来看，王某某的行为已经干扰了公安机关正常的工作秩序，属于"严重扰乱社会秩序"。

综上所述，王某某为泄愤以拨打北京市人民政府便民服务电话方式，两次扬言至幼儿园、娱乐场所、地铁站等特殊地点杀人，致使公安机关采取紧急应对措施，出动了两车四警，开展了多方行动排除恐怖隐患，严重扰乱社会秩序，其行为构成编造虚假恐怖信息罪，但考虑虚假恐怖信息并没有广泛传播，没有造成公共场所秩序混乱和公众恐慌，且犯罪嫌疑人认罪态度良好，有悔罪表现，可认定为情节轻微，作相对不起诉。

供稿：北京市顺义区人民检察院　阮建华　王凤

案例编辑：北京市人民检察院　张艳青

马某某、赵某某聚众斗殴案

——聚众斗殴的转化犯如何认定

基本案情

2014年1月7日3时许，马某某（女，17岁）伙同张某甲、曹某，在北京市东城区珠市口东大街17号天王星娱乐城迪厅内，与邢某某、李某某、于某因琐事发生口角，后马某某让赵某某（男，17岁）、吴某（另案处理）找人帮忙打架，赵某某纠集马某甲、毛某某、马某乙、王某某四人。同日4时许，马某某伙同赵某某、吴某、曹某、马某甲、毛某某、马某乙、王某某、张某甲（均另案处理）在天王星娱乐城东门外，与邢某某、李某某、于某、张某、张某乙、宋某某（均另案处理）等人斗殴。其间，吴某持水果刀将在场的魏某、戴某（系张某、张某乙、宋某某一行的朋友）扎伤。经鉴定，魏某身体所受损伤程度为重伤二级，戴某身体所受损伤程度为轻微伤。

北京市东城区人民检察院以聚众斗殴罪对赵某某提起公诉，以故意伤害罪对马某某提起公诉。北京市东城区人民法院经审理后认为，马某某纠集多人结伙进行殴斗，并致人重伤，其行为已构成故意伤害罪；赵某某纠集多人结伙进行殴斗，扰乱破坏社会公共秩序，其行为已构成聚众斗殴罪，依法应予惩处。

主要问题

聚众斗殴的转化犯如何认定？

意见分析

意见分歧

聚众斗殴罪是必要的共同犯罪，在聚众斗殴中致对方人员重伤、死亡的，首要分子及积极参加者如何承担刑事责任的问题，一直都有不小的争议。

第一种意见认为，首要分子应当对其组织、策划、指挥的全部罪行负责，只要其同伙在斗殴中致对方人员重伤、死亡的，对首要分子就应当以转化犯定罪，因为首要分子应当对其组织、策划、指挥的全部犯罪负责。本案马某某应当以故意伤害罪定罪处罚。对于积极参加者（或者直接造成重伤、死亡结果的行为人查不清楚的情形）因为其与造成重伤、死亡结果没有直接的因果关系，不应转化故意伤害罪定罪处罚。本案赵某某实施二次纠集行为，属积极参加者，但与本案重伤结果没有直接的因果关系，应当以聚众斗殴罪追究其刑事责任。

第二种意见认为，首要分子如果不是重伤、死亡后果的直接负责人，对其转化定罪不能一概而论，如果重伤、死亡结果在首要分子概括故意之内的，应当对其转化定罪。如果重伤、死亡结果在首要分子概括故意之外的，则属于直接实施者实行过限的情形，所以对首要分子不应转化定罪。本案吴某持刀重伤他人的行为属于实行过限，马某某应以聚众斗殴罪从重处罚。对于积极参加者，聚众斗殴中除了直接造成重伤、死亡结果的积极参加者外，其他积极参加者如果跟重伤、死亡结果没有直接因果关系的，还要考虑其他积极参加者对被害人有共同加害行为的，应当认定为共同犯罪中相互配合、相互支持的行为。本案现有证据证明赵某某与被害人重伤结果没有直接的因果关系，且不足以认定赵某某对被害人重伤结果有共同的加害行为，故以聚众斗殴罪追究其刑事责任。

意见评析

笔者同意第一种意见，理由如下。

第一，聚众斗殴罪转化犯罪的条件应当具备：(1)行为人的行为已经构成聚众斗殴罪；(2)重伤、死亡的结果必须发生在聚众斗殴过程中；(3)死、伤人员应当属于斗殴双方的人员

一般认为，聚众斗殴的首要分子是指聚众斗殴的组织者、策划者和指挥者（无论是否直接实施斗殴行为），对于被纠集者又实施纠集他人的二次纠集行为的，一般不认定为首要分子。[1]对于聚众斗殴中发挥重要作用或者直接致死、致伤他人的，可以认定为积极参加者。根据《刑法》第292条的规定，聚众斗殴的，对首要分子和其他积极参加的，处三年以下有期徒刑、拘役或者管制；聚众斗殴，致人重伤、死亡的，依照《刑法》第232条、第234条的规定定罪处罚，即以故意伤害罪、故意杀人罪论。可以看出，聚众斗殴罪转化犯罪，首先，在客观方面有聚众斗殴性质的事实存在，即行为人要有与对方互殴的犯罪故意且聚集多人（三人以上）与对方斗殴。如果行为人聚集多人只是为了殴打某一人或者随意殴打他人，即缺乏与对方互殴的犯罪故意，不具备转化犯的前提条件。其次，致人重伤死亡的结果要发生在聚众斗殴的当场，即行为人实施聚众斗殴的犯罪现场，这并不以物理距离长短作为划分标准，但如果现场空间的延续出现时间间隔和中断就不能认定为聚众斗殴的当场。比如聚众斗殴结束后，某积极参加者在回家途中遇到对方一人，即上前将其殴打致死，则不能按照转化犯处罚，而应根据行为性质直接定罪处罚。[2]最后，死伤人员必须为斗殴双方人员。司法实践中，有人认为死伤人员既包括双方斗殴者，又包括其他旁观者、过路者等。笔者认为这种观点是错误的，从《刑法》第292条的规定分析，“致人重伤、死亡”中的“人”应当仅限于参与斗殴的双方人员，如果聚众斗殴中将不相干的旁观者、过路者故意造成重伤或死亡的，应当直接以故意伤害罪或故意杀人罪定罪处罚。[3]本案中，马某某纠集赵某某、吴某，以及赵某某纠集马某、毛某某等人与邢某某等人进行斗殴，期间马某某的同伙吴某持刀刺伤魏某致其重伤，且魏某的身份为邢某某纠集的人员，因此本案已具备聚众斗殴罪转化犯罪的主客观要件。

---

〔1〕 参见江苏省高级人民法院刑事审判第三庭:《关于聚众斗殴刑事案件适用法律问题专题研讨》，载中华人民共和国最高人民法院刑事审判第一、二、三、四、五庭主办:《中国刑事审判指导案例（第5卷）》，法律出版社2017年版，第1092页。

〔2〕 参见汪敏:《聚众斗殴转化犯罪若干问题的探讨》，载中华人民共和国最高人民法院刑事审判第一、二、三、四、五庭主办:《中国刑事审判指导案例（第5卷）》，法律出版社2017年版，第1108页。

〔3〕 参见谢望原、冉容:《专家点评 聚众斗殴罪发生转化时的问题探讨》，载《中国审判》2008年第2期。

第二，聚众斗殴的首要分子应当对其组织、策划、指挥的全部犯罪承担责任；首要分子在组织、指挥聚众斗殴犯罪中明确要求其他积极参加者不能造成他人伤亡的，其他积极参加者致人重伤、死亡时，对首要分子可不转化定罪，而以聚众斗殴罪从重处罚；首要分子未明确禁止致人重伤、死亡时，其他积极参加者致人重伤、死亡的，对首要分子应当转化定罪

首要分子应对其组织、策划、指挥的全部犯罪承担刑事责任，具体可分为以下情况：一是本方人员致对方人员重伤、死亡的，本方首要分子刑事责任可分情节认定：（1）如果首要分子本人就是直接致人重伤、死亡的实施者，对首要分子按照聚众斗殴罪的转化犯处理；（2）如果首要分子明确要求其他参与人不得造成对方人员重伤或者死亡结果的，对直接致人重伤或者死亡的实施者按照转化犯处理，对首要分子按照聚众斗殴罪从重处罚；（3）如果首要分子在组织、指挥过程中重伤、杀人的故意不明显（或有概括故意），则对于直接致人重伤或者死亡的实施者和首要分子按照聚众斗殴转化犯处理。二是如果斗殴双方都构成聚众斗殴罪，本方首要分子仅对其组织、策划、指挥的共同犯罪成员造成的危害结果承担刑事责任，不对对方人员造成本方人员重伤、死亡结果承担刑事责任。因为刑事责任的承担以犯罪行为与危害结果之间具有因果关系为基础，首要分子的行为与对方造成本方人员重伤结果之间没有相当因果关系。三是如果本方人员造成本方人员重伤、死亡的，致本方人员重伤、死亡的积极参加者的确存在对象认识错误，对该行为者按照转化犯定罪处罚。对于本方首要分子，该严重后果的发生因超过其故意内容，不对此后果承担责任。本案中，马某某以帮忙打架为由纠集他人聚众斗殴，不仅其直接参与斗殴，且放任被纠集者参与斗殴。且其在纠集他人预谋聚众斗殴之时，并未对斗殴方式、手段及可能造成的犯罪结果有所限制，虽然马某某事前并不知晓被纠集者私下携带利器的事实，但重伤后果本身并未超出马某某组织预谋的范围。其作为心智健全的完全刑事责任能力人，应当能够认识到自己的纠集行为会实际产生聚众斗殴的后果，而且斗殴过程中双方之间发生肢体冲突及产生伤害结果均不可控制，最终，马方的吴某持利器致对方一名人员重伤。作为聚众斗殴犯罪的组织者、首要分子，马某某应当对其组织、策划、指挥的全部犯罪承担责任，对造成他人重伤后果按照聚众斗殴罪转化犯定罪处罚。

第三,聚众斗殴中部分积极参加者致人重伤、死亡,其他积极参加者对被害人有共同加害行为的,应当认定为共同犯罪中相互配合、支持的行为,对共同加害的其他积极参加者一并按照聚众斗殴转化犯处理

认定时应当根据各共同加害人致人重伤、死亡的作用及原因等情节,区别适用刑罚。如果聚众斗殴中致人重伤、死亡,不能查清直接加害人,但能够查清共同加害人的,对共同加害人均转化定罪。如果聚众斗殴致人重伤或死亡,既不能查清直接加害人,又不能查清共同加害人的,仅对首要分子转化定罪,对其他积极加害人不能转化定罪,而是以聚众斗殴罪从重处罚。本案中,赵某某并非聚众斗殴的组织者,虽然其二次纠集人员,但系首要分子马某某的指使而纠集他人参与斗殴,其并未对聚众斗殴出谋划策,也未直接持刀重伤他人。因此,对赵某某以聚众斗殴罪追究刑事责任更为妥当。

此外,需要说明的是,聚众斗殴致人重伤、死亡的,要结合案件具体情况,遵循主客观相一致的原则,按照故意伤害罪和故意杀人罪的具体犯罪构成来定罪,不能简单地以结果定罪。聚众斗殴中,行为人具有杀人故意的,即使仅造成被害人重伤的,也可以认定为故意杀人罪;行为人出于伤害故意,造成被害人死亡的,应认定为故意伤害罪;行为人对被害人死亡或者伤害的结果持放任态度的,则可根据具体结果认定为故意杀人罪或者故意伤害罪。聚众斗殴既致人重伤又致人死亡的,对同一行为人的转化定罪,采取重行为吸收轻行为原则,认定为故意杀人罪一罪即可,不实行数罪并罚;如该重伤和死亡结果均在首要分子概括故意内的,对首要分子以重罪故意杀人罪转化定罪,也不实行数罪并罚。

综上所述,聚众斗殴罪转化犯罪的前提是行为已经构成聚众斗殴罪,造成的重伤、死亡的结果发生在聚众斗殴当场且死伤人员属于斗殴双方的人员。判断聚众斗殴首要分子是否构成转化犯时要看其在组织、指挥犯罪中是否明确要求其他积极参加者不能造成他人伤亡的情形,判断除直接造成他人重伤、死亡结果的积极参加者以外的其他积极参加者是否构成转化犯时,要看其是否对被害人有共同的加害行为。

供稿:北京市东城区人民检察院　刘超颖

北京市人民检察院　申文宽

案例编辑:北京市人民检察院　张艳青

王某某寻衅滋事案

——在前罪刑罚尚未执行完毕时发现漏罪，在前罪刑罚执行完毕后将漏罪移送审查起诉，是否应当数罪并罚

基本案情

2013年9月13日，黄某某报警称在北京市顺义区某宾馆被吴某某等人持刀伤人。北京市公安局顺义分局于同年9月22日立案侦查，经查发现，案发前黄某某曾与一陌生男子发生纠纷，后吴某某与另三名戴口罩男子到黄某某所在宾馆持刀殴打其与其家属。2013年10月30日，吴某某向李桥派出所主动投案，并于2014年4月24日向侦查机关供述参与本案的还有王某某。此时王某某因涉嫌非法拘禁罪已被北京市公安局西城分局执行逮捕，顺义分局侦查人员到西城区看守所向王某某询问，其拒不供认犯罪事实，顺义分局认为王某某涉嫌寻衅滋事罪尚未达到证据确实、充分的标准，遂于2014年7月7日单独以吴某某涉嫌寻衅滋事罪向顺义区人民检察院移送审查起诉，顺义区人民检察院经审查后认为王某某的行为已涉嫌寻衅滋事罪，遂于2014年11月27日向顺义分局送达补充移送起诉通知书。

王某某因涉嫌非法拘禁罪于2014年6月16日被北京市西城区人民法院判处有期徒刑一年，刑期截至2014年12月28日。释放当日王某某即被顺义分局刑事拘留，后于2015年2月2日被批准逮捕。2015年3月12日，顺义分局以王某某涉嫌寻衅滋事罪向顺义区人民检察院移送审查起诉。顺义区人民检察院于2015年4月27日向北京市顺义区人民法院提起公诉，并在起诉书中认定本案属在服刑期间发现漏罪的情形，依据《刑法》第70条的规定，应实行数罪并罚。

2015年6月11日，顺义区人民法院作出一审判决，认定王某某犯寻衅滋事罪，判处有期徒刑二年六个月；与前罪所犯非法拘禁罪有期徒刑一年并罚，决定执行有期徒刑三年（已执行完毕的有期徒刑一年亦予折抵刑期）。宣判后，王某某以量刑过重为由提

起上诉。2015年7月23日，北京市第三中级人民法院作出终审裁定，驳回王某某的上诉，维持原判。

主要问题

在前罪刑罚尚未执行完毕时发现漏罪，在前罪刑罚执行完毕后将漏罪移送审查起诉，是否应当数罪并罚？

意见分析

意见分歧

第一种意见认为，不应数罪并罚。理由是：法院对王某某寻衅滋事罪进行判决时，其前罪的刑罚已经执行完毕，不存在数罪的情形，只需对其漏罪单独作出判决即可。

第二种意见认为，应当数罪并罚。理由是：司法机关对王某某漏罪的发现是在前罪判决宣告以后，刑罚执行完毕以前发现的，符合我国《刑法》第70条的规定，无论其前罪的刑罚是否执行完毕，均应对其实行数罪并罚。

意见评析

笔者同意第二种意见，理由如下。

第一，王某某所实施的寻衅滋事罪符合"漏罪"的构成特征

从立法原意看，漏罪必须符合以下几个条件：首先，该漏罪在判决宣告之前就已实施，直至判决宣告以后、刑法执行完毕以前才被发现。其次，该漏罪是在判决宣告以后，并已经发生法律效力后才被发现。因为只有当判决发生法律效力时，刑罚的执行才开始。再次，该漏罪必须未超过刑法规定的追诉时效。已过追诉时效的，由于刑事责任的追诉期限已过，不能再进行数罪并罚。最后，该漏罪既可以是一罪，也可以是数罪；既可以是与前罪行为相同之罪，也可以是行为不同之罪。从本案具体情况看，王某某实施的寻衅滋事行为发生在2013年9月13日，实施的犯罪行为在前罪判决宣告2014年6月16日之前，且前罪判决发生了法律效力，后实施的寻衅滋事罪未过追诉时效，符合漏罪的构成特征。

第二，王某某所涉漏罪的"发现"，符合刑法规定的判决宣告以后，刑罚执行完毕以前的区间界定

《刑法》第70条规定，漏罪在判决宣告后刑罚执行完毕前发现的，与原判决刑罚实行数罪并罚。如何界定"发现"，将直接关系某些漏罪能否适用数罪并罚原则，进而影响被告人的切身利益。笔者认为，漏罪的"发现"是办案机关通过不断侦查、搜集、掌握证据证实所涉漏罪系服刑罪犯在原判决宣告前所为的一个动态过程，贯穿于立案侦查、审查逮捕、移送审查起诉、提起公诉及法庭审判的各阶段。而司法机关发现漏罪的时间节点，不能取决于任何组织或者个人的主观认识，而应当根据合理、明确的法律标准确定。笔者认为，一般情形下应当以刑事立案时间为发现时间，公安机关进行刑事立案时，一般已初步掌握了犯罪嫌疑人的基本情况，但是有些案件因为复杂性和特殊性，缺少明确的犯罪嫌疑人。在这种情形下，应当以公安机关通过侦查等方式明确犯罪嫌疑人的时间为发现时间。

本案中，王某某前罪刑期自2014年6月16日至12月28日，释放当日王某某即被顺义分局刑事拘留。2013年9月22日，公安机关对吴某某等人涉嫌寻衅滋事罪立案侦查，吴某某于2014年4月24日向侦查机关交代王某某曾参与寻衅滋事的事实。因此，本案发现漏罪的时间应确定为2014年4月24日，即在原判决宣告之前就已被发现。至于其后经历的立案侦查、移送审查起诉和审判等阶段都属于"发现"的进一步发展过程。因此，本案中王某某漏罪的"发现"符合判决宣告以后、刑罚执行完毕以前的区间界定。

第三，被告人的漏罪被法院宣判时，即使原判决刑罚已执行完毕，也应实行数罪并罚

从司法公正的角度来看，如果不适用数罪并罚，有可能导致同罪异罚的现象。就本案而言，被告人王某某因前罪判处有期徒刑一年（已执行完毕），因漏罪判处有期徒刑二年六个月，总和刑期三年六个月。如果不适用数罪并罚，其还要服刑二年六个月；如果数罪并罚，只要不顶格判处总和刑期，服刑期限就会少于二年六个月。而适用数罪并罚时，根据案件具体情况法院一般不会顶格判处总和刑期，本案中法院最终对王某某判决执行有期徒刑三年，其只要再服刑二年即可。可见适用数罪并罚会缩短被告人的刑期。发现犯罪、追诉犯罪是国家司法机关的法定职责，但是因为实践中因调查取证等存在各种复杂情况，虽然都是在前罪刑罚执行完毕之前发现漏罪，立案侦查，但有些可能在前罪刑罚执行完毕之前移送审查起诉或起诉，有些则可能在前罪刑罚执行完毕之后才移送审查起诉或起诉。前者适用数罪并罚没有问题，如前所述，对漏罪数罪并罚一般会缩短被告人刑期，因此如果对后罪不数罪并罚，就会造成对同样的行为因诉讼过程的长短、宣判时间的不同等被告人以外的原因而执行不同的刑罚，有失司法公正。

供稿：北京市顺义区人民检察院　耿辉辉

案例编辑：北京市人民检察院　王志国

孙某寻衅滋事案

——随意殴打他人后强拿硬要财物的行为如何定性

基本案情

2013年12月26日22时30分许，孙某驾驶桑塔纳轿车由北向南行驶至北京市通州区梨园镇海棠湾小区西口左拐弯掉头时，与刘某某驾驶的电动三轮车发生剐蹭，双方因修车问题发生口角。后孙某从车内拿出一把自制尖刀（已丢失，孙某与刘某某对尖刀特征供证存在较大分歧），下车拿刀比划捅向刘某某的腹部三下，但并未伤及刘某某，后用拳头捶打刘某某胸部，并用自制尖刀架在刘某某脖子上要求给其修车，而后从刘某某驾驶的三轮车内强行拿走现金人民币110元，并让刘某某记住其车牌号。孙某于2014年1月11日被公安机关抓获。

北京市通州区人民检察院于2014年4月24日以孙某犯寻衅滋事罪向北京市通州区人民法院提起公诉。后经法院调解，双方达成和解协议。通州区人民法院于2014年5月13日作出判决，认为孙某持刀随意殴打他人、实施恐吓行为并强行拿走他人财物的行为构成寻衅滋事罪，判处孙某有期徒刑六个月，缓刑一年。

主要问题

行为人随意殴打他人后强拿硬要他人财物的行为构成寻衅滋事罪还是抢劫罪？

意见分析

意见分歧

一般来讲，抢劫罪与寻衅滋事罪不难区分，但是在采取轻微暴力又强拿硬要他人财物的场合，要准确界定这两个罪名有一定难度。

第一种意见认为，孙某采用暴力胁迫手段，使被害人陷入恐惧不敢反抗，强行取得他人财物，其行为严重危害了他人的人身和财产权利，构成抢劫罪。虽然抢劫事出有因，但对于民事纠纷应当通过合法途径解决，不能临时起意抢劫，之前发生的民事纠纷并不影响本案抢劫罪定性，应当以抢劫罪追究孙某刑事责任。

第二种意见认为，孙某的行为属于在交通事故发生后，在纠纷解决过程中无端滋事、逞强跋扈，不仅有追逐、拦截、辱骂他人行为，而且持刀胁迫他人，强行取得财物，情节恶劣，其行为构成寻衅滋事罪。

意见评析

笔者同意第二种意见，理由如下。

第一，判断行为人的犯罪目的

抢劫罪的主要目的在于非法占有他人财物，而强拿硬要型寻衅滋事行为虽然客观上也可能表现为强拿硬要公私财物，但主要目的在于寻求精神刺激、逞强耍横、无事生非，非法占有他人财物在主观故意方面处于从属地位。

本案中，孙某的行为主要是在道路交通事故发生后，在纠纷解决过程中恃强凌弱，逞强耍横，与抢劫罪中使用暴力、威胁手段非法占有他人财物有所不同。这主要体现在：一是孙某虽然实施了持刀捅、将刀架被害人脖子的暴力行为，但是并未真正伤害被害人，其主要目的是出于气愤和不满吓唬被害人，与传统抢劫罪中将暴力威胁作为取财手段有直接区别。二是孙某客观行为反映出其主观上具有逞强耍横心态。从纠纷开始时称“你看看我车牌子，你知道我是干什么的吗”，到直接拿刀故意捅被害人腹部、架脖子，但并非真正伤害对方，再到拿完钱后让刘某某记住车牌号，反映出其主观上逞强耍横的心态。三是从取财数额来看。抢劫罪行为人目的就是非法占有财物，在犯罪过程中，行为人会竭尽所能索要被害人财物。然而对于寻衅滋事罪，行为人并不以获得财物为目的，有机会获得更多财物也无意获取。本案中，孙某在刘某某电动车上随意抓了一把钱，没注意是否剩下钱，也没拿对方的手机。故本案中孙某的主观方面更多地表现为蓄意生事、横行霸道的心理。

第二，判断行为人实施的暴力、胁迫程度是否已超出寻衅滋事罪所要求的强度标准

抢劫罪的暴力程度必须达到使他人不敢反抗或不能反抗的强制程度，而寻衅滋事的暴力程度只能是轻微的，并不足以使一般人不能反抗、不敢反抗。在具体判断时，要结合行为时的环境场所、时间、行为方式等进行综合判断。本案中，孙某在事故发生后，先是拿刀比划捅了刘某某腹部三下，然后用拳打刘某某胸口，并将刀架到刘某某脖子上，强行从对方车上拿走110元。地点发生在公共交通道路上，时间是22时30分左右，当时道路上行驶车辆比较多。孙某虽然使用了暴力行为，但是并不足以使被害人精神上受到强制，达到不能反抗、不敢抗拒的地步。主要理由有：一是孙某暴力程度比较轻微，并未真正伤害被害人。二是孙某殴打他人时持有的刀具，也并非为实施犯罪行为而准备，且尖刀已被丢弃，对于尖刀的特征双方供证存在较大分歧，现有证据不足以认定孙某持有的尖刀为凶器。三是案件发生在公共场所，被害人可以采取求助、呼救或其他自卫方法进行抗拒。不能因被害人面对数额不大的财物，为息事宁人不想抗拒，来认定行为构成抢劫罪。

第三，根据罪刑相适应原则，权衡被告人的主观恶性及犯罪行为的社会危害性，判断认定罪名是否罚当其罪

寻衅滋事罪与抢劫罪法定刑之所以相差悬殊，其中重要的一个原因在于抢劫犯罪的社会危害性、对被害人人身的危险性以及侦破的难度都远远高于寻衅滋事罪。寻衅滋事罪行为人在随意殴打、强拿硬要或者任意毁坏公私财物时，一般不隐瞒自己身份，最终的目的在于寻求一种精神刺激，炫耀自己的威能，此类案件对被害人造成的伤害比较轻微。因此，正确区分抢劫罪和寻衅滋事罪，不仅要考量其犯罪构成的迥异，在行为性质不甚明确时，还要依据罪责刑相适应原则，凭借社会一般观念，权衡行为人应受处罚的轻重和处刑后可能会产生的社会效果，以期最终准确认定行为人的行为性质和罪名。本案中，孙某虽然夺取涉案财物不多，采取的暴力手段尚未达到使他人不敢反抗或不能反抗的强制程度，但其不仅随意殴打他人，而且还持有刀具，强拿硬要他人财物，其蓄意生事的行为严重扰乱了社会秩序，情节恶劣严重，应当以寻衅滋事罪定罪处罚。

综上所述，判断行为人随意殴打他人后强拿硬要财物的行为，要综合客观因素判断行为人主观目的，判断行为人实施的暴力、胁迫程度是否已超出寻衅滋事罪所要求的强度标准，达到使一般人不能反抗、不敢反抗的程度；并且要根据罪刑相适应原则，权衡被告人的主观恶性及犯罪行为的社会危害性，判断认定罪名是否罚当其罪。

供稿：北京市通州区人民检察院　张文菊

案例编辑：北京市人民检察院　张艳青

刘某、王某、高某寻衅滋事案

——“持凶器随意殴打他人”中“凶器”的认定

基本案情

2013年9月20日22时30分许，刘某、王某、高某醉酒后在北京市昌平区介山路丁字路口西侧，遇见宋某等人，刘某先是辱骂宋某等人。随后，刘某、王某各拿了一块巴掌大的石头。刘某持手中的石头砸宋某头部，宋某被石头砸晕，头部受伤。其后，双方开始互相扭打，造成靳某某头部受伤。经北京市昌平区公安司法鉴定中心鉴定，刘某于2014年9月26日鉴定意见为轻微伤，宋某于2014年9月29日鉴定意见为未见明显外伤。

北京市公安局昌平分局于2014年10月8日移送审查起诉。北京市昌平区人民检察院于2015年1月30日对刘某作出相对不起诉决定，对王某作出存疑不起诉决定，对高某作出法定不起诉决定。

主要问题

“持凶器随意殴打他人”中“凶器”如何认定？刘某殴打他人所持的石头是否应认定为“凶器”？

意见分析

意见分歧

2013年7月出台的《最高人民法院、最高人民检察院关于办理寻衅滋事刑事案件适用法律若干问题的解释》（以下简称《寻衅滋事司法解释》）第2条规定：“随意殴打他人，破坏社会秩序，具有下列情形之一的，应当认定为刑法第二百九十三条第一款第一项规定的'情节恶劣'……(四)持凶器随意殴打他人的……"对于该司法解释所规定的"凶器"应如何理解，本案中刘某所持石头是否应认定为"凶器"，主要有两种不同的意见。

第一种意见认为，刘某所持的石头不具有致人伤亡的功能，不会对人的身体安全造成危险感，不属于行凶用的器具，不应当认定为凶器，刘凯不属于"持凶器随意殴打他人"，其行为不构成寻衅滋事罪。

第二种意见认为，刘某持石头砸宋某头部，致宋某被砸晕且头部受伤，该石头具有致人伤亡的功能，对人的身体安全有很强的危险感，而且客观上造成了被害人受伤后果，应当认定为"凶器"，刘某属于"持凶器随意殴打他人"，其行为应构成寻衅滋事罪。

意见评析

笔者同意第二种意见，理由如下。

第一，寻衅滋事罪中的"凶器"，既包括性质上的凶器，也包括用法上的凶器

根据《现代汉语词典》(第6版)的解释，所谓"凶"是指杀害或伤害人的行为，所谓"器"是指器具，凶器就是行凶用的器具。在语言学上，凶器首先为"器"，而"凶"作为限定词使"凶器"区别于别的器具，此处的"凶"意即行凶。行凶和凶器密切相关，某种器具用于行凶后成为凶器。

这一概念从社会通俗领域移植到刑事法律领域，一般认为，凶器是指客观上足以对他人的生命、身体、安全构成威胁，具有杀伤危险性的器物，其种类并无限制。从该定义可以看出，凶器具有以下特征：一是凶器应当为客观存在的物，这是凶器区别于假象的必然要求；二是凶器应当对生命、身体、安全构成杀伤危险性，这是所有凶器的共性之所在，也是假枪一般不认为是凶器的依据；三是对生命、身体、安全的杀伤危险性是由其本身的性能所伴随的，这是凶器区别于其他犯罪工具的依据，仅具有毁坏物品的特性而不具有杀伤他人机能的物品，不属于凶器；四是行为人使用器物实施的犯罪行为已经发生，在实施犯罪时，器物就现实地转化成了凶器。

一般而言，凶器可以分为性质上的凶器与用法上的凶器。性质上的凶器，是指在制造时专门设计的具有导致死亡或者严重身体损伤性能的器物，如枪支、管制刀具等本身用于杀伤他人的物品。用法上的凶器，是指行为人出于伤害目的在特定环境下对其使用的特定方式使其具有导致死亡或者严重身体损伤性能的其他器物。

显然，寻衅滋事罪中的“凶器”应适用一般意义上凶器的概念理解，即客观上足以对他人的生命、身体、安全构成威胁，具有杀伤危险性的器物。既包括性质上的凶器，如枪支、管制刀具等；也包括用法上的凶器，此类凶器在认定时更为复杂，也应更为慎重。具体认定时，可以综合考虑以下几个方面的因素：(1)器物本身杀伤机能的高低；(2)器物所具有的对生命、身体、案例的危险感的程度；(3)器物供杀伤他人使用的可能性大小及其实际造成的危害后果。

第二，就杀伤机能而言，寻衅滋事罪中的“凶器”有别于“械”等类似概念

我国《刑法》没有关于凶器的统一概念，存在多个类似概念的混同使用。例如，第130条非法携带枪支、弹药、管制刀具、危险物品危及公共安全罪中的“枪支、弹药、管制刀具”，第157条武装掩护走私罪中的“武装”，第263条抢劫罪中的持“枪”，第292条聚众斗殴罪中的持“械”聚众斗殴等，每一个罪名均使用了各自独立的有关凶器的概念。随意殴打他人类型的寻衅滋事罪的罪状表述也经历了从“械”到“凶器”的转变。

2008年《最高人民检察院、公安部关于公安机关管辖的刑事案件立案追诉标准的规定(一)》第37条规定：“寻衅滋事，破坏社会秩序，涉嫌下列情形之一的，应予立案追诉：(一)随意殴打他人造成他人身体伤害、持械随意殴打他人或者具有其他恶劣情节的……”这里的“械”可以定义为“各种枪支、刀具、棍棒、砖块等足以致人伤亡的工具”，其要求的杀伤机能达到“足以致人伤亡”。

《寻衅滋事司法解释》中使用的表述是“持凶器随意殴打他人”。1984年最高人民法院、最高人民检察院印发的《关于当前办理流氓案件中具体应用法律的若干问题的解答》中亦有类似规定，即“流氓罪的聚众斗殴、寻衅滋事、侮辱妇女，都可能发生‘携带凶器进行流氓犯罪活动，情节严重’的情况。携带凶器，是指携带匕首、刮刀等治安管制刀具和枪支、铁棍、木棒等足以致人伤亡的器械”。可见，其包括性质上的凶器和用法上的凶器，后者的杀伤机能采用“足以致人伤亡”的标准。

司法解释弃“械”而改用“凶器”，显然有其考量。这也表明，凶器与械之间存在区别，主要体现在二点：一是器物本身的属性差别。凶器要求是客观存在的物即可，其不限于固定物，具有杀伤力的液体乃至凶猛动物也可能被评价为凶器，而械一般要具有坚硬的物理属性，局限于较硬的固定物。二是杀伤机能的程度差别。械一般须达到足以致人伤亡的程度，所谓伤亡，应当按照生活常理判断，即身体客观上受到的轻伤、重伤甚至死亡。而凶器虽然也可以使用“足以致人伤亡”进行界定，但只要达到伤害他人的程度即可，不要求致人轻伤以上级别的伤害，因为持凶器与实际伤害是彼此独立的要件，发生实际的伤害后果可按照其他条款的规定定罪。

第三，就危险感而言，寻衅滋事罪中的“凶器”，应对与公共秩序相关的人身安全有较高危险

除《寻衅滋事司法解释》中使用“凶器”概念外，现行《刑法》使用“凶器”一词的罪名还有两个：第264条盗窃罪中的携带“凶器”盗窃，和第267条抢劫罪中的携带“凶器”抢夺。按照体系解释中的同一性解释理论，对于刑法规定中的同一用语，一般应当给予相同的含义，作出同一性的解释，避免“混淆概念”、“偷换概念”或者“偷换论题”的错误。但体系解释中的同一性解释也并非无一例外。如果立法者在不同条文中使用了同一概念，但对同一概念作出相同解释会导致不协调时，应当承认刑法用语的相对性。刑法中“凶器”这一概念的使用即存在差别。

具体而言，“携带凶器抢夺”与“携带凶器盗窃”，二者虽然使用的用语完全相同，但实际上存在重大区别。携带凶器抢夺属于法律拟制，对携带凶器抢夺的以抢劫罪论处；携带凶器盗窃的，依然成立盗窃罪，而不是成立抢劫罪。所以，对携带凶器盗窃的解释，就不应当像解释携带凶器抢夺那样进行严格限制。推而言之，“持凶器随意殴打他人”是寻衅滋事罪中的一种行为类型，它要求殴打行为必须同时具备随意性和恶劣性，才能以寻衅滋事罪论处。而“持凶器”是恶劣性的情形之一，这一要件与随意殴打人致人伤害结果是并列条件，二者并不能互相替代。换言之，将凶器作为特定情节的理由是独立于实际的伤害结果之外的。凶器是作为寻衅滋事罪的构成要件而运用，而非抢夺罪中致轻罪转为重罪，是故，类似盗窃罪中凶器的使用，对其不应当有过于严苛地限制，其危险感的程度要求应低于携带凶器抢夺。

而对其具体危险感的程度判断，须以寻衅滋事罪保护的法益受侵害或者受威胁的程度来定。寻衅滋事罪的犯罪客体主要为社会公共秩序，但不同行为类型的寻衅滋事罪所保护的法益也有所区别。随意殴打他人类型的保护法益，应是社会一般交往中的个人的身体安全，或者说是与公共秩序相关联的个人的身体安全，这与盗窃罪保护的法益为公民的财产权，抢夺罪保护的法益为公民的财产权和人身权不同。因而，只需要器物可能使人产生会被所持器物殴打致伤的、较高的危险感即可。这一程度限制，既可以防止危险感较低、客观上难以致人伤亡而造成对工具本身没必要单独评价的结果，也可以防止危险感过高而过度限缩凶器范围的结果。

第四，就使用可能性而言，寻衅滋事罪中的"凶器"用于杀伤目的的可能性较高

一般而言，器物供杀伤他人使用的可能性大小，要考虑司法实践中行为人所持物品是否属于违法犯罪人通常用于违法犯罪的凶器，如果得出肯定结论，则被认定为凶器的可能性大。同时，还需考虑行为人所持物品在本案中被用于杀伤他人的可能性。此外，还应考虑该器物是否便于为人所掌握，进而对人体进行伤害。

申言之，寻衅滋事罪中，器物用于杀伤的可能性认定，可以从三个方面理解：一是要考虑通常情形，即普通人一般会否使用某一器物作为杀伤他人的工具；二是要考虑个案情形，即本案中行为人是否会使用某一器物作为杀伤他人的工具；三是要考虑器物为人掌握的便利性，这里的掌握，一般是指用手拿的意思，不易掌握的过大物品不适于当作凶器。

具体到本案，刘某所持的石头显然不属于性质上的凶器，而其是否是用法上的凶器，则需要依具体评定标准而定。就杀伤机能而言，石头本身具有坚硬的物理性能，杀伤他人的物理性能较高，巴掌大的石头杀伤力尤其强；就对人身的危险感而言，从一般社会观念看，行为人手持石头时，一般人必然会产生很强的危险感，对与公共秩序相关联的人身安全造成了危险性，而且刘某事实上也持石头进行了现实施害行为。因此，刘某持石头砸宋某的行为，虽然未达到轻微伤，但可以认定为持凶器随意殴打他人，属于寻衅滋事罪中的随意殴打他人，情节恶劣的情形，应认定为寻衅滋事罪。

供稿：北京市昌平区人民法院　史焱

案例编辑：北京市人民检察院　孙利国

周某寻衅滋事案

——吃“霸王餐”的刑法评价

基本案情

2013年3月至2014年1月，周某分别在北京市西城区、海淀区、东城区的7家饭馆、饭店、洗浴中心等场所恶意消费，声称没带钱或以恐吓为手段拒不付款结账。消费金额从几十元到4000多元不等。各行为分别如下：

(1)2013年3月底，在顺天鹏餐厅，消费人民币54元。(2)2013年4月22日，在安吉东北菜馆消费人民币109元。(3)2013年5月12日至13日，连续3次在23号麻辣烫店，消费人民币共计156元。(4)2013年8月17日，在华逸天伦洗浴中心消费人民币1035元。(5)2013年9月8日，在在水一方休闲洗浴中心消费人民币2496元。(6)2013年10月29日，在红龙洗浴中心消费人民币1354元。(7)2014年1月12日，在金汇国际酒店洗浴中心消费人民币4331元。

周某于2013年5月14日因涉嫌寻衅滋事罪被北京市公安局西城分局刑事拘留[针对(3)]，于2013年6月20日被取保候审。2013年8月17日因寻衅滋事被北京市公安局东城分局行政拘留十四日[针对(4)]。2013年9月9日因寻衅滋事被北京市公安局海淀分局行政拘留十四日[针对(5)]。2013年10月30日因寻衅滋事被北京市公安局西城分局行政拘留十五日[针对(6)]。2014年1月13日被北京市公安局海淀分局刑事拘留[针对(7)]。2014年2月12日因寻衅滋事被北京市公安局海淀分局行政拘留十四日(刑事拘留一天折抵行政拘留一天，不予执行、予以释放)。

2014年3月11日，北京市公安局西城分局将周某涉嫌寻衅滋事罪一案移送审查起诉[针对(3)(4)(5)(6)]。北京市西城区人民检察院经初步审查后认为，起诉意见书遗漏罪行；周某严重违反取保候审规定，且多次实施违法行为。遂于2014年3月13日要求补充调取其涉嫌其他犯罪的事实证据，以及变更强制措施为逮捕后另行移送审查起诉。2014年4月11日，西城区人民检察院对周某批准逮捕，同年5月21日周某被执行逮捕。

北京市公安局西城分局于2013年7月22日以周某涉嫌寻衅滋事罪移送审查起诉，西城区人民检察院于2014年11月4日提起公诉。北京市西城区人民法院于2014年12月18日作出一审判决，认定周某犯寻衅滋事罪，判处有期徒刑一年。但周某后四次的恶意消费行为均已被公安机关行政处罚且已执行完毕，故对该四次行为不再予以处罚。

主要问题

吃“霸王餐”的行为应给予何种刑事评价？

意见分析

意见分歧

本案行为人周某在取保候审期间多次恶意消费，拒不付账，且数额越来越大，显示较高的行为恶性，公安机关对其以行政处罚一罚了之，监督不力，兹不赘述。但不可否认，其中也存在行为定性方面的疑难。所谓吃“霸王餐”是指“吃饭不给钱，白吃白喝，还强词夺理”。[1]“霸王”取其“霸道”之义。生活中，吃“霸王餐”的行为并不罕见，不时见诸报端。有意见认为，对其应当适用《中华人民共和国治安管理处罚法》的规定，以寻衅滋事予以治安处罚。但是否予以刑事处罚取决于该行为是否存在量上的升高（以寻衅滋事罪论处），也取决于在质上能否作不同的评价（如诈骗、盗窃）。在刑事评价方面，主要有三种意见：

第一种意见认为，周某吃“霸王餐”的行为构成寻衅滋事罪。周某在行为时或者表现为单纯的耍赖（声称没钱），或者表现为恐吓（声称“砸店”、谎称自己是“老大”），恶意消费，拒不付账，扰乱了生产经营者正常的经营秩序，符合“强拿硬要”型寻衅滋

〔1〕 黄魏：《浅析“霸王”词义的演变》，载《青年文学家》2009年第3期。

事罪的犯罪构成。

第二种意见认为，周某吃“霸王餐”的行为构成诈骗罪。本案中，周某本来没有支付饮食、服务的意思，却欺骗经营者，使其陷入错误认识，进而提供饮食、服务，达到数额较大的标准，成立诈骗罪，诈骗的行为对象是服务与食物。

第三种意见认为，周某到他人饭馆、洗浴中心接受服务之后不付账，并没有故意扰乱经营秩序的意思，只不过为了逃避付账义务，实际上破坏了店家的债权请求权而从他人那里获取财产利益。这种以平和的手段破坏他人对财物的占有或债权请求权的，应以盗窃罪处罚。〔1〕

意见评析

笔者原则上同意第一种意见，理由如下。

全国人大法工委刑法室将《刑法》第293条寻衅滋事罪中的“强拿硬要或者任意损毁、占用公私财物”解释为“以蛮不讲理的手段，强行拿走、强行索要市场、商店的商品以及他人的财物，或者随心所欲损坏、毁灭、占用公私财物”。〔2〕从其表述看，较为侧重积极的行为。对于本案这种先行消费而拒不付账、相对消极的行为如何评价并不明确。此外，公私财物可否包括财产性利益（如对方的债权请求权）也是一个问题。

寻衅滋事罪系从原先的流氓罪中分解出来，基于这种渊源，一般要求行为人的主观方面要有流氓动机。但是，流氓动机本身属于较为宽泛的指称，既有针对他人人身的轻微伤害，对他人心理的恐吓，也包括对财产的侵夺，难以一概而论。从这个意义上讲，寻衅滋事的犯罪构成与其他罪名必然存在大量的竞合，如随意殴打他人可能符合故意伤害的构成；在公共场合起哄闹事可能符合聚众扰乱公共场所、交通秩序的构成；任意损毁公私财物可能符合故意毁坏财物的构成；追逐行为可能符合过失致人重伤或死亡的构成；辱骂他人可能符合侮辱的构成；强拿硬要则可能符合聚众哄抢、敲诈勒索、诈骗等。〔3〕正如流氓罪之前作为“口袋罪”一样，寻衅滋事在妨害社会管理秩

〔1〕 参见黎宏：《论盗窃财产性利益》，载《清华法学》2013年第6期。

〔2〕 全国人大常委会法制工作委员会刑法室编著：《〈中华人民共和国刑法〉释义及实用指南》，中国民主法制出版社2011年版，第488页。

〔3〕 参见张明楷：《刑法学》（第四版），法律出版社2011年，第939页。

序方面也残存这方面的特征，带有一定的兜底性质。

当然，罪刑法定原则要求各个罪名的犯罪构成必须明确，避免与其他犯罪构成交叉、包摄，造成不必要的立法冗余。如最高人民法院《关于审理抢劫、抢夺刑事案件适用法律若干问题的意见》中就区分了抢劫与寻衅滋事，强调了后者主观上的“逞强好胜”和“填补精神空虚”。但在同时侵夺财物的情况下，这些主观判断毕竟不如物质损失那么易于量化。所以《最高人民法院、最高人民检察院关于办理寻衅滋事刑事案件适用法律若干问题的解释》明确了竞合的一般原则：实施寻衅滋事行为，同时符合寻衅滋事罪和故意杀人罪、故意伤害罪、故意毁坏财物罪、敲诈勒索罪、抢夺罪、抢劫罪等罪构成要件的，依照处罚较重的犯罪定罪处罚。

吃“霸王餐”其实也是一系列类似行为的概称，虽然都表现为“吃白食”“不付账”，但表现形式不一而足。既有本案所述的恶意消费，且气焰嚣张，谎称自己是“老大”，要砸别人的店等欺行霸市的行为，也包括点餐消费以后编造借口、伺机逃脱以达到不付账的目的。就后者来说，有学者指出，“只要该食客尚未离开餐厅，其行为举止和一个正常的消费者没有什么两样，最多只是内心龌龊即意图诈骗而已，而行为是否违法仅凭借行为人的内心是否龌龊就能判定的吗”？〔1〕因而主张以盗窃财产性利益定罪处罚。且不说这种观点必须先行解决盗窃罪侵害对象扩展至财产性利益的难题，仅就行为表象来说，欺骗行为并不只有积极作为的一种。即必须用语言、动作等外在表示，也包括可以推论得出的表示，如到饭馆点餐吃饭就表示行为人有支付能力和支付意愿，这种消费合同是以具体的消费行为默示了其履行合同的意思表示。饭馆服务员无须事先确认是否应依赖顾客会如期支付，还是顾客有可能吃完之后说自己并无订约的意思。否则，事先审查顾客有无支付能力和支付意愿或强制预付费，将突破一般的服务习惯，使其经营难以为继。所以，当行为人使服务员陷入错误认识，以为其有支付能力和支付意愿，而交付了餐饮服务，造成财产损失，就符合诈骗罪的构成要件。在德国、奥地利，吃“霸王餐”的行为适用诈骗罪，我国也不乏其例。〔2〕鉴于行为人的

---

〔1〕 黎宏：《论盗窃财产性利益》，载《清华法学》2013年第6期。

〔2〕 参见《中国大饭店吃“霸王餐”男青年因诈骗罪获刑两年》，载新浪网，http://news.sina.com.cn/o/2013-08-17/131927974950.shtml。

诈骗意思要通过推定获得，为了避免取证及证明上的困难，其他一些国家则确立了单独的犯罪构成，名为“与诈骗罪近似的犯罪”，如法国刑法第313-5条规定，明知自己完全无付账能力，或者打定主意不予付账，而实施下列行为，是行骗：1.在饮食机构内，让其为自己提供饮料或食品之行为……[1]

当然，如果行为人不是单纯地消极不予支付，而是逞强耍横、蛮不讲理、恐吓要挟、危及公共场所秩序的，则超出了诈骗的覆盖范围。本案中，周某认为“小店老板好欺负”，主观上怀有欺行霸市的心理。在对方要求结账时，采取了威胁其“是否想继续干”“砸店”，并打电话叫人等方式，使对方基于息事宁人、不想惹事和害怕的心理放其走人。周某前后三次在23号麻辣烫店消费后拒不付款，足以证明受害人并不是因为周某隐瞒无钱消费的事实而产生错误认识提供了服务和食物，而是在明知周某极可能无钱支付餐饮费用的前提下，害怕周某滋事而被迫提供服务和食物。此外，周某多次实施吃“霸王餐”的行为，受过多次治安处罚仍屡教不改，足见其主观恶性之大。对于其吃“霸王餐”，以要挟、恐吓为手段拒不付账的行为，应以寻衅滋事罪定罪处罚。

综上所述，寻衅滋事罪“脱胎”于流氓罪，在犯罪构成上容易与其他罪名产生竞合，因此，应结合具体案情分析行为特征，作出正确的判断。对于吃“霸王餐”的行为不宜笼统认定，而是应考察拒不付账的原因、行为表现。如果是消极所为，耍赖不付账，则属于欺骗商家获得服务，其所针对的是财物，应以诈骗罪定罪处罚；如果在拒不付账的同时，附加了积极的行为，如叫嚣着“砸店”、谎称自己是“老大”、威胁恐吓，甚至伴有轻微的打砸等，且屡罚屡犯者，则显然超出了对商家财物的侵夺，对其破坏公共秩序的行为表现，应以寻衅滋事罪定罪处罚。

供稿：北京市西城区人民检察院　杨菁

案例编辑：北京市人民检察院　王志坤

---

〔1〕 参见《法国刑法典》，罗结珍译，中国人民公安大学出版社1995年版，第111页。

丁某某侮辱尸体案

——早产的死胎是否属于《刑法》第302条中“尸体”

基本案情

丁某某在2013年2月至3月怀孕，7月16日晚在其住处卫生间的马桶内产下一名婴儿。据丁某某供述，婴儿生下时属于死胎。其曾于7月18日去医院诊断，B超及验血显示，当时已怀孕四五个月，属于未足月流产。丁某某出于害怕用水果刀将该死胎分解成碎块，倒入马桶中冲走。后因楼下住户卫生间马桶被堵塞，请管道工人疏通管道时发现肉块报警而案发。经鉴定（按GA/T 383—2002中标准方法），丁某某系该未知名碎尸个体的母亲，送检的尸块来源同一个体，但是由于送检尸块高度腐败且尸块不全，已失去检验条件，无法判定是否是窒息而死，亦无法查明是不是活产婴儿。

丁某某因涉嫌侮辱尸体罪于2013年7月23日被北京市公安局西城分局刑事拘留。2014年2月28日西城公安分局以丁某某涉嫌侮辱尸体罪移送检察机关审查起诉。经审查，北京市西城区人民检察院于2014年5月21日对丁某某做出绝对不起诉决定。

主要问题

早产的死胎是否属于《刑法》第302条中的“尸体”？

意见分析

意见分歧

本案中，丁某某肢解死去胎儿的行为事实较为清楚，证据也确实充分，但丁某某产下的胎儿究竟属于死胎还是活体只有犯罪嫌疑人供述，虽经补充侦查，亦无法提取其他更有力的证据。因此，只能推定为死胎，可以排除故意杀人或过失致人死亡等判断。在此前提下，有三种分歧意见：

第一种意见认为，产下的死胎也算胎儿，其脱离母体后就属于尸体，故构成侮辱尸体罪。

第二种意见认为，鉴于死胎是否属于刑法意义上的“尸体”没有定论，故只能适用《刑事诉讼法》第171条第4款[1]以侮辱尸体罪做存疑不起诉。

第三种意见认为，既然无法确定死胎属于刑法意义上的“尸体”，按照罪刑法定的原则(《刑法》第3条)就不应该定罪处罚。虽然丁某某肢解死胎表明了一定的行为恶性，但应以“情节显著轻微、危害不大，不认为是犯罪”做绝对不起诉。

意见评析

笔者原则上同意第三种意见，理由如下。

《刑法》第302条规定的是盗窃、侮辱尸体的选择罪名，所谓盗窃尸体是指行为人以出卖、结阴婚等目的，秘密窃取尸体的行为。侮辱尸体主要出于侮辱、玷污的故意对死者遗体猥亵、毁损、奸尸等破坏的行为。[2]一般而言，该条的适用不涉及“尸体的界定”这一前置问题。但本案却不然，只有厘清了是否存在尸体这一前提，才谈得上是否构成侮辱尸体罪。

关于尸体的界定，目前只有除外的解释，即2002年9月18日《最高人民检察院研究室关于盗窃骨灰行为如何处理问题的答复》明确指出：“骨灰”不属于《刑法》第302条规定的“尸体”。“不是什么”并不等于解决了“是什么”的问题。据《新华字典》和《现代汉语词典》的释义，“尸体是人或动物死后的身体”。[3]在古汉语中，尸体是指“死人的身体”。[4]据2006年卫生部、科技部、公安部、民政部、司法部、商务部、海关

---

〔1〕 此处为案件办理时所适用的2012年修正《刑事诉讼法》，该法于2018年10月26日修正。文中所引条款对应2018年修正后的《刑事诉讼法》第175条第4款。

〔2〕 参见朗胜：《中华人民共和国刑法释义》(第5版)，法律出版社2011年版，第541页。

〔3〕 参见中国社会科学院语言研究所词典编辑室编：《现代汉语词典》(第2版)，商务印书馆1983年版，第1035页。

〔4〕《王力谷汉语词典》，中华书局2000年版，第238页。

总署、国家工商总局、国家质检总局〔1〕联合颁布的《尸体出入境和尸体处理的管理规定》，其第2条规定，“本规定所称尸体，是指人去世后的遗体及其标本（含人体器官组织、人体骨骼及其标本）”。我国台湾地区的通说认为，尸体是指自然人死亡后遗留的躯体，故自然人的躯体必待其死亡后，始能成为本罪（侵害尸体罪）的行为客体。〔2〕德国刑法第168条没有直接采用“尸体”一词，而是描述性地说“死去了的人的身体或身体之一部分”。综合可知，无论是从一般语义还是专业认定上，尸体均以“人”的存在为前提。由此可见，问题便转到对“人”的界定上来，即先要确认本案中死去的胎儿究竟是不是一个“人”，再分析死亡的时点。

人，始于出生、终于死亡。具有完整独立意义的人，其开始时期是出生，出生前的生命体是胎儿。参考国内外有关论述，对出生的判断有多种标准，主要有：（1）阵痛说；（2）独立呼吸说；（3）全部露出说；（4）部分露出说等。〔3〕我国一般采取独立呼吸说。〔4〕实践中，经常在独立呼吸的基础上将人的出生适度提前，有限度地承认部分露出说：婴儿在被排出母体，露出一部分时就加以保护。〔5〕所以，原则上，只要不坚持“出生始于分娩的开始（开始阵痛）”〔6〕，就必须要求胎儿有生命体征。在我国刑事法律中，并未严格区分死胎与流产，按照医学标准，流产指胎儿体重不足1000克，妊娠不足28周。本案中的妊娠期为四五个月，此时的婴儿介于流产与早产之间，从妊娠时间上讲婴儿不无存活的可能。但是现有证据只有犯罪嫌疑人的供述，据此可推定婴儿是晚期流产，产下时为死胎。

---

〔1〕 2013年十二届全国人大一次会议通过国务院机构改革方案，卫生部与国家人口和计划生育委员会的计划生育和服务职能合并组建国家卫生和计划生育委员会。2018年十三届全国人大一次会议批准国务院机构改革方案，将国家工商行政管理总局和国家质量监督检验检疫总局的部分职责整合，组建国家市场监督管理总局。

〔2〕 参见林山田：《刑法各罪论》（下册），2005年自版发行，第527页。

〔3〕 参见［日］大塚仁：《刑法概说（各论）》，冯军译，中国人民大学出版社2003年版，第23-26页；张明楷：《刑法学》（第四版），法律出版社2011年版，第757页。

〔4〕 张明楷：《刑法学》（第四版），法律出版社2011年版，第757页。

〔5〕 参见周光权：《刑法各论讲义》，清华大学出版社2003年版，第4页。比如一些地方发生的“大月份”孕妇引产的事例，只要胎儿还在孕妇腹中，未完全脱离独立出来，就不被视作“人”而适用相应保护“人”的法律。但如果露出一部分（露头）了，就不敢再做引产。

〔6〕 这是我国台湾地区的通说，参见林山田：《刑法各罪论》（上册），2005年自版发行，第49页。这也是德国的通说。Fischer，Strafgesetzbuch und Nebengesetze，58，aufl.，C.BeckVerlg/Muenchen（2011），vor，S.211，Rn.5.

综上所述,《刑法》第302条侮辱尸体罪的构成须以自然人死后的身体为行为对象,那么首先要认定是否存在一个"(自然)人",再做关于死亡的判断。

判定人的死亡,有心跳停止(无脉搏)、脑死亡、呼吸停止等标准,我国医学通常以呼吸停止加心跳停止、瞳孔反射机能停止为标准,在刑法理论上亦被称为综合标准说。[1]由于本案的行为对象是死胎,即尚没有达到"人"的出生,只能视为一种人形的胚胎组织。既然不能视为"人",自然也就谈不上"尸体"的存在。基于严格的刑法文义解释,无论是流产排出的胚胎组织,还是早产排出的人形死胎,均不在《刑法》第302条的保护范围之内。对此,可以比照德国刑法第168条,其第1款的保护对象为:死去了的人的身体或身体之一部分,死胎、死胎之一部及死去之人的骨灰。而死胎具体指"受精以后的人类胚胎,但不包括植入子宫之前的体外受精卵细胞"。[2]也就是说,如果在德国法的视野下,本案中的胚胎组织是受刑法保护的。死胎虽然未必具有人形,但仍可辨识出人的形象,对其毁损、肢解依然亵渎公众对人类形象、种族延续的感情(禁忌),有伤社会风化。因此,即使不能按刑法作出否定评价,亦应予以道德上的谴责。

当然,上述分析是在推定的基础上展开的,从犯罪嫌疑人供述以及医院体检关于怀孕时间的估算,大致可以得出婴儿是在妊娠四五个月流产而排出的。结合其极低的存活概率,丁某某的供述具有相当的可信性,故而形成以下案件事实:丁某某怀孕四五个月后早产下一名死胎,后因害怕而将该死胎肢解。在此前提下,解析《刑法》第302条关于尸体的界定中不包括死胎,从而排除了丁某某的刑事可罚性,从这个意义讲,做出绝对不起诉是妥当的。但是,如果前述综合判断不成立,对于排出的婴儿是否属于死胎证据不足,则只能依《刑事诉讼法》第171条第4款之规定做出存疑不起诉。因为,假如不能确认为死胎,就可能涉及自然死亡与他杀之辩,相关联的罪名有侮辱尸体罪与故意杀人罪。鉴于侮辱尸体罪适用较少,且关于尸体界定不易触发争议,例证罕见,特参酌国外法制,对此做一点引申,以供参考借鉴:除了死胎、骨灰不属

---

〔1〕 参见张明楷:《刑法学》(第四版),法律出版社2011年版,第757页。

〔2〕 Fischer, Strafgesetzbuch und Nebengesetze, 58, aufl., C.BeckVerlg/Muenchen(2011), vor, S.211, Rn.6.

于《刑法》第302条中的尸体外，同样排除：（1）已经物化的进入流通领域的“尸体”，如木乃伊、沼泽柔尸（泥沼人Moorleiche/bog man）等（适用财产犯罪）；（2）高度腐败或以其他方式解体、不能辨识出人形的肢体，因为它无法令公众产生触犯禁忌的感情（若组合起来可辨识出是一个“人”时仍为尸体）。但是移植入身体的部分（如器官、组织）则属于尸体，也包括义肢类的植入物。

供稿：北京市西城区人民检察院　胡乩生

案例编辑：北京市人民检察院　王志坤

陈某聚众淫乱案

——聚众淫乱罪的刑法规制界限

基本案情

2020年5月，陈某通过快手App与张某（女，25岁）认识。

2020年6月13日，张某向陈某提出想要一张声卡，陈某称声卡要2000元一张，但如果张某和他睡一晚，他可以支付其500元费用。当晚，陈某与其朋友王某驾车从张某家中接上张某后三人一起来到北京市密云区太师屯镇某民俗旅店205房间内，在陈某的提议下，张某先后为陈某、王某进行口交，并先后与陈某、王某性交，后陈某通过微信向张某转账人民币400元。6月14日，张某丈夫找到张某后，认为张某可能被强奸遂报警。

2020年7月20日，公安机关决定立案侦查。同年10月12日，陈某因涉嫌聚众淫乱罪被北京市公安局密云分局刑事拘留。10月19日，北京市公安局密云分局以涉嫌聚众淫乱罪向检察机关提请批准逮捕陈某。10月26日，检察机关经审查对陈某作出不批准逮捕决定。公安机关于当日对陈某作出行政处罚决定。

主要问题

本案中，陈某支付费用要求张某为其与王某二人进行口交、性交的行为是否构成聚众淫乱罪？

意见分析

意见分歧

第一种意见认为，陈某构成聚众淫乱罪。理由是：聚众淫乱是指公然藐视国家法纪和社会公德，聚集多人在一起进行淫乱活动或多次参加多人在一起进行淫乱活动的行为。刑法所规定的聚众淫乱行为并没有将行为人之间有利益交换关系作为本罪的出罪条件，只要行为人的客观行为符合聚众淫乱罪的构成要件，就应当以聚众淫乱罪定罪处罚。本案中犯罪嫌疑人陈某故意违背性行为一般只能在两人之间秘密进行的善良性道德交往规则，提议并指挥张某为其与王某二人共同实施性行为，其行为危害社会公共秩序和社会风化，构成聚众淫乱罪。

第二种意见认为，陈某行为不构成聚众淫乱罪。理由是：支付费用聚众性行为其性质本质系卖淫嫖娼行为，卖淫嫖娼行为是指不特定的同性之间或者异性之间以金钱、财物为媒介发生性关系的行为。在我国，卖淫嫖娼行为属治安管理范畴，不构成犯罪。陈某事前与张某就支付费用的数额进行了协商、事后确实支付费用的情况下，张某为二人提供性服务的行为属于双方之间的卖淫嫖娼行为，陈某不构成聚众淫乱罪。

第三种意见认为，陈某等三人的行为是聚众淫乱行为，但陈某情节显著轻微，危害不大，不认为是犯罪。

意见评析

笔者同意第三种观点，理由如下。

第一，卖淫嫖娼与聚众淫乱不是非此即彼的互斥关系，多人之间的卖淫嫖娼行为如果具备了聚众淫乱之要素，理应被认定为聚众淫乱行为

聚众淫乱是指公然藐视国家法纪和社会公德，聚集多人在一起进行淫乱活动或多次参加多人在一起进行淫乱活动的行为。聚众淫乱行为的实施者之所以选择这种性行为，一方面是出自生理上的特殊癖好，另一方面也是追求打破正常的伦理道德带来的快感。所以本罪在主观上必须是出自故意，且是直接故意，即行为人明知自己聚众淫乱的行为会产生破坏社会公共秩序，破坏社会良好道德风俗的危害结果，而仍积极希望并促使这种结果产生，以寻求自己感官上和精神上的刺激。一般认为，聚众淫乱行为与卖淫嫖娼行为具有以下两点区别：其一，聚众淫乱行为是一种聚众的既淫又乱的行为，一般而言，卖淫嫖娼行为不具有聚众特征。其二，众多行为人在实施聚众淫乱行为时，相互对象是不特定的，性关系或污秽行为的发生是任意的和随机的；在卖淫嫖娼行为中，出卖者基于牟利目的，与他人发生性关系不是任意的和随机的，双方因财色合意确定了一对一的特定关系。在现代法治社会，除了个别国家外，一般不把嫖娼行为本身规定为嫖娼罪，只是在嫖娼行为威胁到刑法保护的其他法益时，才使用刑罚手段予以规制。笔者认为，如果卖淫嫖娼行为具有聚众性的特点，且行为人已经认识到其聚众性行为可能为不特定人或多数人所认知，仍实施其行为，其卖淫嫖娼行为已经实质上符合聚众淫乱罪的构成要件，就应当被认定为聚众淫乱罪，而不能仅以支付费用为由将其认定为卖淫嫖娼不作犯罪处理，否则将会变相误导犯罪分子通过支付费用来规避聚众淫乱罪。

第二，秘密且合意进行的聚众性行为因没有公众关于性的道德感情的，一般不应认为其构成聚众淫乱罪

刑法的目的是保护法益，没有侵害法益的行为无论如何，刑法也不能将其规定为犯罪。刑法是最后保障法，只有在前置法无法实现法益保护目的时，刑法才提供补充性的法益保护。因此，刑法只能将严重侵害法益的行为规定为犯罪。具体案件，对个别法条犯罪构成的理解适用，要以其所欲保护的法益为目的性指引，在文义的限定之下，作实质性理解。即对犯罪构成要件的解释结论必须以法条的保护法益为指导，既不能按照伦理标准认定犯罪，也不能将符合刑法条文字面含义但没有侵犯法益的行为认定为犯罪。根据《刑法》第301条之规定，本条虽然没有将“公然性”明文限定为本罪的构成要件要素，但从本条的法益保护目的出发，应通过添加“公然性”要素，对本罪的处罚范围进行目的性限缩。即认定聚众淫乱行为是否构成犯罪，应把握好聚众性、淫乱性、公然性三个要素。就本案而言，公然性即为争议的焦点之一。刑法将聚众淫乱规定为犯罪，是因为聚众淫乱行为一旦具备公然性，就会侵害公众对性的感情，侵犯不想看到具有淫秽内涵的物或行为的不特定多数成年人的自由以及损害未成年人的身心健康。具有公然性的聚众淫乱行为不为社会基本的交往规则所接受，对性行为非公开化的社会秩序维系产生了危害。考察国外立法，即使在性观念相对更开放的国家，一些公开化的性行为也被认为构成犯罪。如美国模范刑法典第212-3条规定，在明知可能造成冒犯的情况下，裸露生殖器以挑逗自己及配偶之外的人的行为构成轻罪。德国刑法典第176条、第182条规定公开进行性行为，明知可能引起他人厌恶的，处一年以下自由刑或罚金。法国刑法典也有相似规定，在公开场所或者有未成年人在场的场所实施性行为的构成犯罪。加拿大刑法规定，两人以上在公共场所公然实施猥亵行为的构成犯罪。但成年人自愿参加秘密的聚众淫乱活动（包括聚众型卖淫嫖娼行为），其他人员无从知晓，不会损害其他人的性情感，也没有对社会公共秩序进行破坏，自然无法益侵害性，不应科以刑罚。本案中，陈某等人选择在宾馆房间这一较为隐秘的场所，在无其他人在场的情况下发生性关系，也没有对发生性关系的过程进行录像或者向他人播报等意图传播的行为。可见，陈某等人没有让他人知晓三人之间的性行为或将性行为公之于众的目的，不具有公然进行性行为，追求或者放任其行为扰乱公共秩序的故意。陈某等人的行为并没有对社会法益造成影响，未达到科处刑罚的程度，适用行政处罚的手段足以保护其行为所侵犯的法益。

第三，公然的聚众性行为并非一定在公共场合进行，只要以特定方式能为不特定人或多数人所可能认知即产生破坏秩序的必要条件和可罚性基础

性虽然属于隐私权，个人对于性有较大程度的自主权，但是性一旦突破了界限，具备了公然性，就可能被纳入刑法调整的范畴。这里所讲的公然性并非一定是指公共场所实施聚众淫乱活动。受我国正常社会交往模式及伦理道德规范的影响，聚众淫乱活动不会不择场合，相反当事人往往在隐蔽的环境下实施。如轰动一时的“南京副教授换妻案”，18次性聚会其中有14次发生在马教授家中，其余发生在酒店内。虽然发生聚众淫乱活动的场所私密，但马教授等人之前通过“夫妻交换”“走错房间”“南京派对”等多个QQ群进行性交流，并发布组织聚众淫乱的相关消息，可以认定是在一定范围内形成影响力，扰乱公共秩序。进一步梳理近年来司法实践中判处实刑的判例，无独有偶，被告人多在“聚众淫乱”之时或者之后通过网络等媒介进行广泛地传播，此种行径将侵犯到不想看到具有淫秽内涵的物或行为的不特定多数人的自由，造成精神污染，故具有可罚性。一言以蔽之，采取谦抑的法益保护原则，可宽释人数特定、私密进行、不宣扬的聚众淫乱行为，应处罚希冀不特定人员参与、恣意宣扬、放纵而不顾及他人感受的聚众淫乱行径。诚然，如有引诱未成年人犯罪的，可直接援引《刑法》第301条第2款从重处罚。

总之，就本案而言，可能的出罪途径主要有两条：一是在传统的犯罪构成四要件的认定模式之下，即使形式性地理解刑法关于聚众淫乱罪的规定，认为行为人构成聚众淫乱罪但考虑本案中涉案人数只有三人，刚刚达到“聚众”的最低标准，且三人仅实施了一次聚众淫乱行为，也没有通过网络或其他途径将聚众淫乱的情况让公众知晓。因此，可以依据《刑法》第13条的规定，认为“情节显著轻微危害不大”，因而不构成犯罪。二是在阶层论的认定思路下，对构成要件作目的性限缩理解，加入公然性的限定要素，进而否认行为人的行为属于聚众淫乱行为，因而不具有聚众淫乱罪的构成要件符合性，不构成犯罪。

供稿：北京市密云区人民检察院　李梅　李玉龙

案例编辑：北京市人民检察院　孙利国

于某某等八人抢劫被押解人员案

——抢夺被押解人员与妨碍公务罪的区分以及“押解途中”的理解

基本案情

于某某系北京圣勋农业科技发展有限公司的保安队长。2016年3月22日10时许，湖南警方在北京警方协助下对该公司涉嫌传销的谢某某、秦某、丁某某、陈某等人实施抓捕。于某某纠集其他七名公司保安在通往公司办公区域的过道站成两排，并交代不让带人走。接着，包含两名着警察制服民警在内的多位民警，经过两排保安中间进入办公区域执行抓捕。随后，三位便衣民警带着戴一副手铐的丁某某、陈某（于某某上级领导）经过两排保安中间进入电梯，在电梯门开始关闭时，于某某用脚别住电梯门，并招呼保安进入电梯阻拦民警带人离开。在于某某指挥下，多名保安采用拉拽、推搡等暴力行为将三位便衣民警及其带离的犯罪嫌疑人拉出电梯，对闻讯赶来的一名着警察制服的民警进行推搡并强令民警打开手铐。期间，多次推搡、拉拽、围堵民警，抢夺、藏匿警察执法设备、法律文书、工作证件、手机等物品，并拘禁警察，限制出入。于某某等人的暴力行为，造成丁某某、陈某脱逃，多名民警受伤。于某某等人还组织其他保安到北京西客站继续劫夺谢某某和秦某，删除监控录像，与其他保安订立“攻守同盟”。陈某、丁某某脱逃后于2016年3月26日被抓获归案。

2016年9月14日，北京市朝阳区人民检察院以劫夺被押解人员罪对于某某等八人提起公诉，北京市朝阳区人民法院认为指控罪名有误，判处八名被告人构成妨害公务罪，刑期从二年十一个月至一年有期徒刑不等。后朝阳区人民检察院于2016年12月27日以一审判决定性错误、量刑畸轻、合并执行刑期错误为由提出抗诉。北京市第三中级人民法院全面支持抗诉意见，以一审判决定性错误、量刑畸轻、合并执行刑期错误对一审判决进行改判，判处于某某等八人构成劫夺被押解人员罪，刑期从四年至一年有期徒刑不等。

主要问题

劫夺被押解人员罪与妨害公务罪的区分，以及如何理解劫夺被押解人员罪中规定的“押解途中”？

意见分析

意见分歧

第一种意见即一审法院认为，民警带领犯罪嫌疑人进入电梯时尚未离开执行刑事拘留活动的现场，犯罪嫌疑人尚未正式进入被押解状态，八名保安暴力袭击正在依法执行职务的人民警察，构成妨害公务罪。

第二种意见即朝阳区人民检察院及二审法院认为，一审判决错误地论证了“押解途中”与“刑事拘留执行活动”，民警向两名犯罪嫌疑人核实身份，出示证件后将其戴上手铐之时，刑事拘留执行活动已完成，依法带离办公室到送达法定羁押场所的过程，属于劫夺被押解人员罪中的“押解途中”。

意见评析

笔者认为，本案定性为劫夺被押解人员罪更为妥当，理由如下。

第一，劫夺被押解人员罪行为针对的对象以及主观故意认知的内容更加明确、具体，两罪侵犯的法益不同

妨害公务罪和劫夺被押解人员罪虽同规定在刑法分则妨害社会管理秩序罪一章中，但妨害公务罪规定于“扰乱公共秩序罪”一节，其保护的法益是“公务”；而劫夺被押解人员罪规定于“妨害司法罪”一节，其保护的法益是司法机关押解罪犯、被告人、犯罪嫌疑人的正常活动。从行为方式上来看，劫夺被押解人员行为当然具有妨害公务的性质，但其侵犯的法益、行为针对性的对象以及主观故意认知的内容更加明确、具体。对罪名的认定应当结合在案证据综合考虑上述因素。

第二，从客观方面看，劫夺被押解人员罪的犯罪对象是“押解途中”的罪犯、被告人、犯罪嫌疑人，是否为“押解途中”应结合在案证据综合判断

一审判决认为，本案中犯罪嫌疑人尚未进入被押解途中。刑事拘留与押解犯罪嫌疑人是两种不同的刑事诉讼活动。一方面，从时空上看，民警执行核实身份、宣布拘留、带上戒具等刑事拘留活动，与将两名犯罪嫌疑人带上电梯，均发生在封闭的同一楼层，且时间上前后衔接。因此，认定民警带领犯罪嫌疑人进入电梯时尚未离开执行刑事拘留活动的现场，属于刑事拘留活动的一部分。另一方面，从民警带离方式与状态看，三名便衣民警带领两名犯罪嫌疑人，两名犯罪嫌疑人戴一副手铐，从民警着装、警力配置以及戒具使用情况看，民警带犯罪嫌疑人进入电梯处于先行带离状态。综上认定两名犯罪嫌疑人尚未进入被押解途中。

笔者认为，一审判决错误地论证了押解途中与刑事拘留活动，对于刑事拘留执行的阶段划分过于宽泛，对于押解途中的理解过于限缩，且对“带离”和“途中”的理解不正确。民警向两名嫌疑人核实身份，出示相关证件之后将其戴上手铐，依法带离办公室，至此两名犯罪嫌疑人已经处于民警控制下，此时司法机关对犯罪嫌疑人的监管关系已经建立，民警的刑事拘留执行动作在办公室就已经完成。从走出办公室开始至将犯罪嫌疑人带至法定场所羁押，这一过程均应该为“押解途中”。根据“在途”和“途中”的语义解释，是指从出发地到目的地的过程，原判将整个涉案公司所在的一层都当作是出发地、起点，范围过于宽泛。若囿于原判所要求的“押解”所需的民警着装、警力配置、戒具佩戴等处于押解状态的标示等公开警示信息，则合法的刑事诉讼活动因时间、地点等条件限制可能缺乏法律的有力保障，与实践中公安机关正常的执法程序不符。

第三，从主观方面看，劫夺被押解人员罪要求行为人明知被押解的是犯罪嫌疑人，且主观目的是使犯罪嫌疑人脱离司法机关的监管控制

在案证据证明，于某某命令警方打开手铐后又安排保安单方面看守警方，而作为于某某等人的上级，丁某某、陈某此时已有了完全的人身自由，对于他们的去向，于某某等人不闻不问，最终导致二人的逃匿。且多名证人证言、被告人供述均表明，于某某命令湖南警方将已抓走的秦某带回，谢某某等人更前往西客站寻找、拦截湖南警方。

亚运村派出所民警到达现场后，被保安围住并发生争执，双方出现撕扯现象，于某某用言语威胁警方“信不信我把你们也清出去”，民警上报后增加警力才控制住局面。上述证据表明于某某等人的目的是使犯罪嫌疑人不受司法机关控制，而非简单地妨害民警执行公务。

供稿：北京市朝阳区人民检察院　李晓娟　林芝

案例编辑：北京市人民检察院　丛珊

胡某甲、胡某乙污染环境案

——污染环境罪单位犯罪及直接管理人员的认定

基本案情

嘉实印刷公司于2000年由胡某木(隐形持股40%)成立,2001年由易某某任法定代表人,主要负责公司业务联络;胡某甲任厂长(持股30%),主要负责公司印刷生产和财务。胡某乙在嘉实印刷公司并无股份,未经任命不担任管理职务,但其父亲胡某木2009年去世后,因其母亲股份由他人代持,基于家庭利益,胡某乙时常到公司查看经营状况。2017年6月至8月初,胡某甲因故休假,胡某乙代为管理公司,管理职权包括雨天预警、防水等具体日常事务。

嘉实印刷公司于2010年修建废显影液储存池,通过暗管将储存池内含有废显影剂的液体排放到未做防渗处理的井中至案发。经检验,公司板房外排口污水、储存池西侧污水井及储水池污水均含有显影剂及其氧化物成分。根据《国家危险废物名录》规定,废显影液剂属于危险废物,废物代码为231-002-16。经查,2013年5月和2016年5月,该公司曾两次与北京金隅红树林环保技术有限公司签订危险废物无害化处理技术服务合同,支付基础服务费6000元后未要求该公司处理过废物。根据易某某的证言及胡某乙的供述,二人均指认暗管为胡某甲组织修建。胡某乙承认案发一年前胡某甲告诉他公司储水池设有暗管排污。易某某知道储水池与井离得很近,没有人告诉他之间有没有暗管,但他怀疑有,直到执法人员检查时才明确知道有暗管。

北京市昌平区人民检察院于2017年11月10日以嘉实印刷公司、胡某乙、胡某甲涉嫌污染环境罪向北京市昌平区人民法院提起公诉。昌平区人民法院于2017年12月28日作出判决,认定被告单位嘉实印刷公司犯污染环境罪,判处罚金人民币20万元;胡某甲犯污染环境罪,判处有期徒刑十个月,并处罚金人民币10,000元;胡某乙犯污染环境罪,判处有期徒刑六个月,并处罚金人民币10,000元。

主要问题

1.如何把握污染环境罪的单位犯罪问题?

2.本案中胡某甲、易某某、胡某乙是否构成单位犯罪中的直接负责人?

意见分析

意见分歧

关于第一个焦点问题的观点争鸣:

第一种意见认为,本案不属于单位犯罪。私设管道排污系个人所为,现有证据无法证明嘉实印刷公司召开过股东大会经集体讨论决定,本案不属于单位犯罪。

第二种意见认为,虽然公司未召开股东大会同意该行为,但是公司主要人员对私设管道排污一事或者是实际操作者,或者是明知而不予制止。即使没有统一的会议决策,但是因为该行为可以给公司省下成本,因此各主管人员对私设管道排污予以默许。

关于第二个焦点问题的观点争鸣:

第一种意见认为,胡某乙是单位直接负责的主管人员,应当承担相应的刑事责任,易某某不是直接负责的主管人员。理由是:易某某虽然是嘉实印刷公司的法定代表人,但主要负责公司的业务联络,且私设暗管的行为并未经过单位集体决定,不能认为易某某直接参与管理嘉实印刷公司生产管理及私设暗管排污的行为。而胡某乙虽然没有经单位任命担任管理职务,但根据在案多名证人的证言可以证明其实际参与公司的生产管理,在明知有暗管的情况下,为了节省污染物处理费用而放任违规行为的发生。

第二种意见认为,易某某是单位直接负责的主管人员,而胡某乙不是。理由是:易某某从2001年开始担任嘉实印刷公司的法定代表人,虽然主要负责公司业务联络,但其作为公司重要的管理人员,其明知公司有私设暗管的行为,截至案发,公司并未进行过危险废物无害化处理,可以认定其主观上对上述私设暗管排污的行为是放任的态度,应当予以追究刑事责任。胡某乙并未经过单位及股东会任命并担任管理职务,且在其父亲2009年去世后,其并非经常性代其母亲到公司过问经营状况,其本人非暗管挖掘者和指使者。

意见评析

第一，单位负责人员个人决定，以单位名义实施，没有证据证实犯罪所得归个人占有的，应当认定为单位犯罪

《刑法》第30条规定，“公司、企业、事业单位、机关、团体实施的危害社会的行为，法律规定为单位犯罪的，应当负刑事责任”。可以看出单位犯罪以刑法明文规定单位应受刑罚处罚为前提，对于刑法没有将单位规定为行为主体时，应当且只能对自然人定罪量刑。《刑法》第346条针对单位犯破坏环境资源保护罪（《刑法》第338条至第345条规定之罪）的处罚作出了明确的规定。可见，对于污染环境罪，既可以成立自然人犯罪，也可以成立单位犯罪。准确界定环境污染是否属于单位犯罪，关系到是否能够做到“罚当其罪”，实现刑法规定单位犯罪的一般预防和特殊预防相结合的问题。单位作为污染环境罪的犯罪主体，要求单位内部的成员之间按照单位的统一要求，在相互联系、作用、协调一致的基础上，形成一个完整的单位犯罪主体。假冒单位的名义实施污染行为，或者实施污染犯罪行为的个人私分所获非法利益，抑或单位内部成员在没有得到单位决策机构批准、同意或者认可的前提下实施污染犯罪行为的，都不属于单位犯本罪的范畴。如果单位负责人员并未经过单位集体决定，而是个人决定以单位名义实施，没有证据证实犯罪所得归个人占有的，应当认定为单位犯罪。本案中，法定代表人易某某、厂长胡某甲、经理胡某乙三人主观上对公司私设暗管排污一事均明知。易某某和胡某乙均证实连接暗管的贮存池是由厂长胡某甲负责施工的，且胡某甲曾告诉胡某乙贮存池与废井相通。虽然没有通过嘉实印刷公司股东会议或管理层集体会议形成统一决策，但是厂长胡某甲作为负责公司生产经营的单位主要负责人员，以单位名义实施，且得到了其他管理人员的默许，目前也没有证据证实犯罪所得归个人占有，应当认定嘉实印刷公司构成单位犯罪。

第二，未参与策划、组织、实施单位犯罪行为的单位法定代表人，不应以直接负责的主管人员追究刑事责任。虽未经单位任命但实际参与策划、组织、实施单位犯罪行为的人员，应以直接负责的主管人员被追究刑事责任

对于直接负责的主管人员，刑法及相关司法解释未作具体规定，只有在2001年1

月21日最高人民法院出台的《全国法院审理金融犯罪案件工作座谈会纪要》对单位犯罪直接负责的主管人员和其他直接责任人员的认定作了规定：直接负责的主管人员，是在单位实施的犯罪中起决定、批准、授意、纵容、指挥等作用的人员。[1]笔者认为，对于“直接负责的主管人员”的理解问题，应当从以下两方面加以把握：一是直接负责的主管人员是在单位中实际行使管理职权的负责人员；二是对单位具体犯罪行为负有主管责任。这两个条件缺一不可。如果不是单位的管理人员，就谈不上主管人员。实践中，主管人员主要包括单位法定代表人、单位的主要负责人、单位的部门负责人等。但以上单位的管理人员并非在任何情况下都对单位犯罪承担刑事责任。只有当其在单位犯罪中起到组织、指挥、决策作用，所实施的行为与单位犯罪行为融为一体，成为单位犯罪行为组成部分之时，上述人员才能成为单位犯罪的处罚主体，对单位犯罪承担刑事责任。对于单位的法定代表人，如果在由单位其他领导决定、指挥、组织实施单位犯罪，不在其本人职权分工范围之内、本人并不知情的情况下，不应以单位犯罪直接负责的主管人员追究其刑事责任。但因失职行为构成其他犯罪的，另当别论。

本案中，嘉实印刷公司法定代表人易某某在公司主要负责公司市场业务经营。对于公司印刷生产管理主要由其他领导负责，对于生产、排污等职责并不在本人职权分工范围之内。易某某供述称，其知道储水池与井离得很近，没有人直接告诉他有没有暗管，但是他怀疑有暗管，直到执法人员检查时才明确知道确有暗管。现有证据难以推定其主观上对私设暗管是知情的，只能认定其曾对污染物处理有过怀疑，但考虑印刷厂生产经营的部分并非其职权管理范围，故采取漠视态度，因此不宜以单位犯罪直接负责的主管人员追究其刑事责任。对于胡某乙是否具有主管人员责任的问题，虽然其案发前并非公司登记股东，但根据本人供述，结合在案证人证言能够证实，其自2009年起因父亲胡某木去世、母亲股份由他人代持后，基于家庭利益时常到公司查看生产经营状况。案发前两个月由于胡某甲休假直接代管公司，其管理职权包括雨天预

---

〔1〕 此外，《全国法院审理金融犯罪案件工作座谈会纪要》对于“其他直接责任人员”的规定为：是在单位犯罪中具体实施犯罪并起较大作用的人员，既可以是单位的经营管理人员，也可以是单位的职工，包括聘任、雇佣的人员。应当注意的是，在单位犯罪中，对于受单位领导指派或奉命而参与实施了一定犯罪行为的人员，一般不宜作为直接责任人员追究刑事责任。

警、防水等具体日常事务。虽然胡某乙未经单位任命，不担任管理职务，不影响胡某乙因家庭成员享有的股权利益、实际已在公司行使生产管理权的事实认定。结合被告人胡某乙本人的供述，其在公司已修建专门贮存池用于收集废显影液做专业无害化处置的情况下，于案发一年前明知存在暗管排污，为节省污染物处置费用放任违规行为发生，其应对被告单位的违法排污行为承担主管人员责任。

第三，单位犯罪中直接负责的主管人员和其他直接责任人员不是当然的主、从犯关系，应根据其在单位犯罪中的地位、作用和犯罪情节，分别处以相应的刑罚

有的案件，主管人员与直接责任人员在实施犯罪行为的主从关系不明显的，可不分主、从犯。但具体案件可以分清主、从犯，且不分清主、从犯在同一法定刑档次、幅度内量刑无法做到罪刑相适应的，应当分清主、从犯，依法处罚。具体到本案，嘉实印刷公司约在2007年至2010年修建废显影液贮存池，通过暗管将贮存池内含有废显影剂的液体排放到未做防渗处理的井中至案发。被告人胡某甲在此之前任厂长，胡某乙于2009年其父亲胡某木去世后因家庭占股时常到公司查看经营状况，且在2017年6月至8月初胡某甲因故休假期间，代替胡某甲直接参与公司管理的事实。二人的违法行为在时间上有较为清晰的界限，且二人均具有相同的公司管理职权，作用相当，不区分主、从犯可以做到罪刑责相适应。

此外，根据《最高人民法院、最高人民检察院关于办理环境污染刑事案件适用法律若干问题的解释》第1条第5项之规定，通过暗管、渗井等逃避监管的方式排放有毒物质的，应当认定为《刑法》第338条规定的“严重污染环境”。故本案排污行为是否造成所在村镇饮用水污染后果以及环保部门是否作出行政处罚的决定不影响案件定性。

供稿：北京市昌平区人民检察院　邵艳艳

案例编辑：北京市人民检察院　张艳青

刘某贩卖毒品案

——贩毒过程中赠吸行为的定性

基本案情

2014年八九月，毕某某在网上向刘某约购毒品，二人商定以300元一克的价格由刘某向毕某某贩卖甲基苯丙胺10克。刘某向位于广东的“虎子”购买毒品，“虎子”让其以快递方式收货。2014年9月2日14时许，刘某从山西阳泉坐火车来北京，与毕某某一同去中通快递公司取货后前往毕某某位于大兴区黄村镇西庄村的出租房内，二人将快件打开，从月饼盒夹层内取出一包白色透明晶体。刘某让毕某某从中分出1克左右（后经鉴定为1.37克甲基苯丙胺）用于二人晚上共同吸食，剩余的毒品（后经鉴定为8.2克甲基苯丙胺）交给毕某某。刘某随后从自己的裤兜内拿出两个小袋白色晶体让毕某某看了一下，称“这两个是好东西，晚上用”。后经鉴定两包白色晶体为甲基苯丙胺4.58克。刘某供述称该两包毒品系在山西阳泉老家从网友“凯凯”处以800元购买并带至北京。后刘某向毕某某索要钱款，毕某某当场给付刘某500元，称剩余款项以后支付。

当日20时许，二人前往毕某某朋友李某某经营的“38元自助饭店”吃饭，毕某某将8.2克毒品藏匿于饭店的冰箱内。当日22时许，由刘某携带从山西带至北京的毒品4.58克和从贩卖的毒品中分离出的1.37克毒品，二人相约去玉泉路地铁站与网友共同吸食毒品，后被公安机关抓获，上述毒品全部被起获。

本案经北京市海淀区人民检察院以刘某涉嫌贩卖毒品罪向北京市海淀区人民法院提起公诉。2015年3月5日，海淀区人民法院作出判决，认为刘某行为已经构成贩卖毒品罪，判处有期徒刑八年六个月，剥夺政治权利二年，罚金人民币10,000元。刘某不服一审判决，提出上诉。二审法院认为刘某贩卖毒品数量为8.2克，贩卖数量不含两人欲吸食的1.37克，于2015年7月2日作出二审判决，改判刘某有期徒刑六年，剥夺政治权利一年，罚金人民币10,000元。

主要问题

为他人代购毒品后经购毒人默许从中分离毒品用于吸食的部分能否认定为“确有证据证明其购买的毒品并非用于贩卖”？

意见分析

意见分歧

二审诉讼过程中，双方对刘某携带从山西带至北京的毒品4.58克不应认定为贩卖数量没有异议，争议焦点集中于从贩卖的毒品中分离出的1.37克毒品是否应纳入贩卖毒品数量。

第一种意见认为，从贩卖的毒品中分离出的1.37克毒品，系购毒人默许同意用于二人吸食的自愿处分行为，不影响贩卖毒品的成立，应当计入贩卖数量。

第二种意见认为，有证据证明从贩卖的毒品中分离出的1.37克毒品系用于二人共同吸食，并非用于贩卖，属于“确有证据证明其购买的毒品并非用于贩卖”，根据有利于被告人的原则，该1.37克毒品不应计入贩卖数量。

意见评析

笔者同意第一种意见，理由如下。

2015年最高人民法院印发了《全国法院毒品犯罪审判工作座谈会纪要》(以下简称武汉《会议纪要》)，其中在“毒品数量认定问题”部分规定：“对于有吸毒情节的贩毒人员，一般应当按照其购买的毒品数量认定其贩卖毒品的数量，量刑时酌情考虑其吸食毒品的情节；购买的毒品数量无法查明的，按照能够证明的贩卖数量及查获的毒品数量认定其贩毒数量；确有证据证明其购买的部分毒品并非用于贩卖的，不应计入其贩毒数量。”

从该条规定中可以看出，武汉《会议纪要》为了从严打击毒品犯罪，从有利于司法机关办案的角度出发，允许在毒品数量的认定中适用推定；同时为了保证不过分扩大处罚范围，又规定“确有证据证明其购买的部分毒品并非用于贩卖的”，可以从毒品数量认定中扣除。因此，准确理解和认定该项规定，对保障行为人的合法权益和实现从严打击毒品犯罪的目标至关重要。笔者认为，认定用于蹭吸的毒品是否属于“确有证据证明其购买的部分毒品并非用于贩卖的”应当从三个方面予以考量。

第一，行为人对所蹭吸的毒品具有贩卖目的

虽然有证据证明分离出的1.37克毒品是用于二人共同吸食，但是不能简单地以毒品的用途和去向认定毒品并非用于贩卖。在案证据显示，刘某对该1.37克毒品具有贩卖的目的。

首先，从代购前的行为看，短信记录以及二人供证均证明毕某某要求刘某代购的毒品数量是10克，毕某某起初并不想购买太多毒品，而刘某在短信中多次表示“货不好拿”，如果毕某某购买的太少自己不值得为此来一趟北京，只有买得多才有价格优惠，因此二人最后商定代购数量为10克。由此可以看出，刘某是想多卖，并非想少卖或不卖。其次，从分离毒品的方式看，二人供证均能证实从中分离出一小包用于晚上共同“吸着玩”，分离时并未对毒品进行称重，分离方式较为随意。如果刘某确实不想贩卖该部分毒品，按照常理二人应当对分离出的毒品进行称重，重新计算交易价格。虽然分离出的毒品数量极少，但每克毒品的贩卖价格并不低，即便在刘某给予优惠的情况下，贩卖价格也达到了每克300元，损失1.37克毒品的物质利益不用于贩卖并不符合刘某所愿，而毕某某愿意以10克的价钱购买不足重的毒品也不符合常理。因此，该1.37克毒品仍然属于贩卖范畴。最后，从毒品交付后的行为看，在分离出该1.37克毒品后，刘某依然以10克的价格索要毒资，因此其没有放弃贩卖该部分毒品的意思表示和行为。

由此可见，从代购前的约定、交易过程中的行为以及毒品交付后的情况看，刘某对分离出的毒品自始至终具有贩卖的目的。

第二，本案蹭吸毒品与贩卖毒品的关系是从属关系，而非相互独立的关系

蹭吸毒品与贩卖行为的关系有两种，一种是蹭吸毒品是贩卖行为的一部分，另一种是蹭吸毒品与贩卖行为相互独立。

前一种情况主要是指以蹭吸为目的而贩卖毒品，贩卖行为虽然没有获得金钱利益，但是获得了免费吸食的物质利益，亦符合牟利的要件，蹭吸行为包含在贩卖行为中，应当属于贩卖毒品罪的范畴。武汉《会议纪要》也将此种蹭吸行为认定为犯罪，规定“行为人为他人代购仅用于吸食的毒品，以贩卖为目的收取部分毒品作为酬劳的，应视为从中牟利，属于变相加价贩卖毒品，以贩卖毒品罪定罪处罚”。

后一种情况应当注意区分两种情形，一是代购毒品后交易行为发生前，未经购毒人同意私自克扣毒品用于吸食，在这种情况下，蹭吸行为完全独立于贩卖行为，行为人尚未开始实质性地实施贩卖行为，亦无贩卖目的，故应当将蹭吸的毒品不计入贩卖数量。二是在交易过程中或贩卖行为结束后，经购毒人许可分离毒品的行为，系购毒人对所购毒品的自愿处分，分离行为虽然也与贩卖行为完全独立，但不影响贩卖毒品数量的认定。两种情形的区别在于蹭吸毒品的时间不同，是否经购毒人允诺亦不相同。具体如下：

其一，购毒人对1.37克毒品被包含为贩卖毒品总数是予以允诺的，应属于贩卖毒品数量。关于该1.37克毒品是否应当计入贩卖毒品数量存在争议，二审法院认为，刘某从毒品中分出一小部分留给自己吸食，故该1.37克不属于贩卖范围。但笔者认为，在案证据可以证实从贩卖的毒品中分出的一小部分毒品是用于刘某和毕某某共同吸食，而且也得到毕某某的认可，是贩卖毒品行为完成后买毒人的处分行为，应当计入犯罪数额。一方面，在案证据虽然关于是谁提议以及从贩卖的毒品中分出1.37克存在矛盾，但是供证均证明刘某和毕某某二人分出毒品的目的是用于晚上共同吸食，不是单纯刘某本人的获利。毕某某更是证实之所以分出一小包是“怕晚上不够用”，而且刘某还当场拿出自己携带的两小包毒品称“这是好东西，晚上用”，可以看出刘某和毕某某确实相约晚上一起吸食毒品，刘某既然愿意将自己携带的毒品免费供毕某某吸食，就不可能将分出的1.37克完全据为己有。另一方面，在案证据显示，信息记录显示双方买卖的毒品标的和价格一直是3000元10克，刘某从没有要求从中分出一部分作为代购毒品的利益。在双方给付毒资时，也一直按照原有约定进行，刘某索要全部毒品的毒资，毕某某也没有要求将分出的1.37克扣除在款项之外。因此，该1.37克仍然属于贩卖范围，之所以分出不是因为刘某不想卖或者贩卖的同时克扣一部分用于自己吸食，而是为了二人共同吸食。

其二，应以购毒人是否实际控制毒品，而不是以购毒款的全部交付作为“交付”标准。具体到本案，分离毒品的行为发生在贩卖行为既遂之后。虽然供证关于该1.37克毒品由谁分离出存在争议，该部分毒品没有实际握在毕某某手中，似乎不属于典型的“交付”。

但是“交付”不能局限理解为现实地握有，而应当具体分析购毒人是否已经实际控制毒品。本案毒品的交易地点为毕某某家中，在双方共同验货后毕某某也并没有对毒品交易提出异议，因此贩卖毒品应当在毕某某验货后即视为已经处于其控制之下，进而认定为交付。同时，分离毒品的行为是经过毕某某默许的行为，是双方在贩卖毒品行为之后对毒品的使用达成了再次约定，系购毒人对毒品的自愿处分，与贩卖毒品行为完全独立，因此不影响贩卖毒品的认定。而且关于如何理解该案的既遂问题，不能以给付毒资的时间作为既遂节点，而应当在双方共同取回快递并将快递拆开后，毕某某认可白色晶体为毒品时，即视为毒品已经交付，贩卖行为即已完成。虽然分离毒品的行为发生在毒资交付前，但应当结合分离毒品的目的来认定其行为的性质，刘某仍然按照原有约定贩卖毒品，分离毒品是经毕某某认可的对毒品的处分行为，用于二人共同吸食。因此，在刘某身上起获的1.37克应当计入贩卖数量。

第三，结合武汉《会议纪要》，本案不属于“确有证据证明其购买的毒品并非用于贩卖的”情形

准确认定“确有证据”还必须结合武汉《会议纪要》的政策精神以及关于毒品数量认定的变化来具体把握。关于毒品数量认定，武汉《会议纪要》和2008年《全国部分法院审理毒品犯罪案件工作座谈会纪要》(以下简称大连《会议纪要》)相比，主要区别有两点：一是主体变更。大连《会议纪要》规定的主体是以贩养吸的被告人，武汉《会议纪要》规定的主体是有吸毒情节的贩毒人员。这意味着在案件处理上无须再烦琐地去证明行为人系以贩养吸，减少了证明难度，只要行为人供述自己吸毒的均都包括在内。二是数量认定方式变更。以往司法实践以查获数量、卖出数量认定贩卖数量，在以贩养吸的情况下，还要证明购买数量、贩卖数量和吸食数量。而武汉《会议纪要》以购买数量认定：贩毒人员被抓获后，对于从其住所、车辆等处查获的毒品，一般均应认定为其贩卖的毒品。确有证据证明查获的毒品并非贩毒人员用于贩卖，其行为另构成非法持有毒品罪、窝藏毒品罪等其他犯罪的，依法定罪处罚。

在购买数量确实无法查清的情况下，武汉《会议纪要》又允许进行两种特殊推定，一是无法证实购买数量时，按照贩卖数量和查获数量认定贩卖数量。二是如果确有证据证明行为人购买的毒品中有一部分不是用于贩卖的，那么对于该部分不计入贩卖的数量。如果达不到确有证据的程度，依然推定为贩卖。

分析的变化，主要是因为毒品犯罪不同于其他犯罪，证据隐蔽性强，言词证据又容易出现变化，因此武汉《会议纪要》对毒品数量采取了排除式的认定方式，又对排除作了“确有证据”的限制规定，这样有利于司法机关办案处理，服务于从严打击毒品犯罪的目标。因此，在认定“确有证据证明其购买的部分毒品并非用于贩卖的，不应记入贩卖数量”时，必须结合武汉《会议纪要》的政策精神和规定变化来把握。一是举证责任倒置，如果要否定推定的适用，那么由行为人来证明关于毒品的去向和用途并非用于贩卖。2016年第13期《人民司法》刊登的《〈全国法院毒品犯罪审判工作座谈会纪要〉的理解与适用》一文中指出，武汉《会议纪要》采用了事实推定的证明方法。即根据行为人贩卖毒品及其住所等处查获毒品的事实，推定查获的毒品是用于贩卖。但根据推定原则，应当允许当事人提出反证。反证是指确有证据证明查获的毒品并非贩毒人员用于贩卖，包括其为他人保管用于吸食的毒品，为犯罪分子窝藏毒品等，分别构成非法持有毒品罪、窝藏毒品罪等其他罪名。二是证明必须达到“确有证据”的程度。这和我们惯常的思维恰恰是相反的，在一般情况下，证明一个人有罪，我们才要求确有证据，在达不到确有证据的标准时，一般按照存疑有利于被告的原则不认定为犯罪。而在新规定中，证明不是犯罪行为，要求确有证据，在达不到确有证据的标准时，依然适用推定，而不能依据存疑有利于被告原则排除犯罪。这既是为了保证推定的顺利适用，也是出于打击毒品犯罪的需要。具体到本案，仅以毒品的用途是吸食来否定贩卖的成立并未达到“确有证据”的程度。结合上述分析，蹭吸行为是贩卖行为完成以后的购毒人的自愿处分，不能影响贩卖毒品的成立。

毒品犯罪是刑事犯罪打击的重点，武汉《会议纪要》在坚持证据裁判原则的基础上继续秉承了依法从严惩处毒品犯罪的精神，并且将推定的适用规范化以为认定犯罪提供司法保障。所以，司法人员必须明确区分其他犯罪的不同，以准确认定贩卖毒品数量。遵循武汉《会议纪要》的内在精神，把握毒品犯罪证据认定。

供稿：北京市人民检察院第一分院　金鑫

案例编辑：北京市人民检察院　王新

宋某某滥伐林木案

——未申请采伐许可证的情况下采伐基本农田保护区内林木的行为的认定

基本案情

宋某某于2015年11月，出于个人获利的目的，在未办理采伐许可证的情况下，指使他人将位于北京市房山区琉璃河镇辛庄村村西场（小地名）其儿媳口粮地内及村西杏行子（小地名）北其承包地内均属其个人所有的杨树323株砍伐并出售。经鉴定，被砍杨树折合立木蓄积18.973立方米。2017年6月28日，宋某某经公安机关电话传唤到案，并如实供述事实。

经审查发现，宋某某所伐树木地为北京市房山区琉璃河镇辛庄村村西场和村西杏行子两处地块，两处地块在《房山区琉璃河镇土地利用总体规划（2006—2020年）》中，规划用途区为基本农田保护区（2361.99平方米）、规划公路区（219.91平方米）、一般农地区（11.37平方米）、建设用地管制区中为限制建设用地区（2593.27平方米）。即涉案土地近一半为基本农田保护区，绝大多数涉案杨树均生长在基本农田保护区上。

2018年4月26日，北京市西城区人民检察院认定宋某某构成滥伐林木罪，但其有自首情节，且涉案立木蓄积仅为18.973立方米，属于犯罪情节轻微，可以免予处罚，决定对宋某某不起诉。

主要问题

在未申请采伐许可证的情况下采伐基本农田保护区内林木的行为是否构成滥伐林木罪？

意见分析

意见分歧

本案的分歧产生于法律的适用。根据《中华人民共和国森林法》(以下简称《森林法》)第32条[1]规定，“采伐林木必须申请采伐许可证，按许可证的规定进行采伐；农村居民采伐自留地和房前屋后个人所有的零星林木除外”。但《中华人民共和国土地管理法》(以下简称《土地管理法》)第36条第3款[2]规定：“禁止占用永久基本农田发展林果业和挖塘养鱼。”《基本农田保护条例》第15条规定，“基本农田保护区经依法划定后，任何单位和个人不得改变或者占用”；第17条第2款规定：“禁止任何单位和个人占用基本农田发展林果业和挖塘养鱼。”同时，《国务院关于坚决制止占用基本农田进行植树等行为的紧急通知》等文件也一再强调要认真执行《土地管理法》和《基本农田保护条例》中的相关规定。

针对上述法律的适用，实践中形成了两种意见：

第一种意见认为，根据《森林法》第32条的规定，采伐树木必须申请采伐许可证，宋某某未经行政许可而滥伐林木数量较大的行为，侵犯了国家的林业管理制度，应当以滥伐林木罪追究刑事责任。

第二种意见认为，宋某某在基本农田保护区内植树的行为本身就违法违规，其种树后又伐树的行为是对自己违法行为的客观纠正，是政府倡导的耕地救济和农田保护行为，是对国家耕地制度的保护，不具有社会危害性，因而不构成滥伐林木罪。

意见评析

笔者认为，对未申请采伐许可证而在非林业用地上采伐林木的行为，应当综合考

---

〔1〕 案件办理时适用的《森林法》为2009年8月27日修正的版本，该法于2019年12月28日再次修正，并于2020年7月1日起施行。上述第32条对应2019年修正后的第56条，“采伐林地上的林木应当申请采伐许可证，并按照采伐许可证的规定进行采伐……农村居民采伐自留地和房前屋后个人所有的零星林木，不需要申请采伐许可证……”

〔2〕 案件办理时适用的《土地管理法》为2004年8月27日修正的版本，该法于2019年8月26日再次修正。上述第36条第3款对应2019年修正后《土地管理法》第37条第3款。

虑国家和本地区有关林权改革政策、基本农田保护政策、植树管理政策以及该片林木是否纳入采伐限额管理等方面，注意平衡《土地管理法》《基本农田保护条例》在耕地保护方面和《森林法》在生态保护方面的义务冲突，根据个案的具体情况分析采伐行为的社会危害性。要妥善处理基本农田用途变化中滥伐林木的问题，保护在基本农田保护区恢复耕种的积极性。对于为恢复耕种或逐步恢复耕种条件而无证采伐在基本农田保护区内种植的林木，情节较轻的，不宜追究刑事责任。具体到本案：

第一，基本农田上林木的清理应当办理采伐许可证

宋某某的行为违反了《森林法》及相关林业保护法律法规的规定。《土地管理法》与《基本农田保护条例》中虽然规定了“禁止占用基本农田发展林果业”等一系列禁止性条例，但却没有对占用基本农田后形成的地上物如何清理这一事项进行任何授权性规定，因为这并不属于土地管理部门管辖的事项。因此，应当认为即便基本农田上的林木需要清理，也应当严格按照《森林法》等相关林业保护法律法规的规定，需要向林业部门提出申请，办理采伐许可证，而不能任意采伐。

第二，基本农田上的森林资源具有刑法保护的必要性

党的十九大报告提出推进生态文明建设。2018年3月，北京市人民政府出台《北京市新一轮百万亩造林绿化行动计划》，提出要实施新一轮百万亩造林工程及将北京打造为森林城市、绿色城市的战略部署。据了解，截至案件办理终结前，北京市正式推行退耕还林政策已近18年[1]，森林面积已达到77.76公顷，森林覆盖率已达43.5%[2]。保护森林资源对维护首都的生态环境和城市安全意义重大，此种情况下，对肆意破坏基本农田上森林资源的行为进行打击具有积极的现实意义。反之如果放任不管，则容易起到消极示范作用，导致本市森林资源被随意破坏，与中央精神及首都“四个中心”的城市战略定位背道而驰。

---

〔1〕 北京于2000年开始在门头沟区、房山区、昌平区、平谷区、怀柔区、密云区、延庆区七个区实施退耕还林工程。

〔2〕 参见《2018年北京市森林资源情况》，载北京市园林绿化局（首都绿化委员会办公室）网，http://yllhj.beijing.gov.cn/zwgk/tjxx/201904/t20190404_531240.html。

第三，主观具有滥伐林木的故意而无保护基本农田的目的

首先，根据在案证据显示，宋某某是出于个人家庭获利的目的，而雇人砍伐并出售杨树，其主观对涉案地块属于基本农田保护区并无认识，更不是出于对耕地的救济和对农田的保护。其次，宋某某主观具有滥伐林木的故意。根据当地政府出具的证明材料，其所在地村委会曾多次向村民进行林业保护法治宣传，伐树卖树要办采伐证已经成为村民们的常识。最后，宋某某的供述也证明，案发前其曾到村委会咨询办理采伐证的具体事宜，因为采伐证办理时间较长，其才放弃了正规途径，转而寻找个体伐树人私自非法砍树，故其主观上滥伐林木犯意明确。即便宋某某客观有砍伐基本农田保护区上树木的行为，也不应改变该行为的性质，认定其具有合法性。故其行为构成滥伐林木罪，鉴于其有自首情节，且犯罪情节轻微，可以免予处罚。

供稿：北京市西城区人民检察院　唐薇佳　朱光亮

案例编辑：北京市人民检察院　梁景明

改某某贩卖毒品案

——特情犯意引诱发现系未成年犯罪嫌疑人如何处理

基本案情

2015年5月31日，梁某某在家吸食毒品被公安机关查获，民警让其提供贩毒人员线索。当日23时10分许，梁某某与改某某微信联系，称“晚上有局，着急用货，有没有大麻”。改某某多次拒绝，民警一句句教梁某某发微信，最终改某某给梁某某发了一张不足1克的大麻图片，说“就这么一点，给你吧”（改某某表示将所持有的小量毒品送给梁某某，但梁某某在公安机关的控制下坚持向改某某支付一定对价，即成本价），民警教梁某某发“多少钱？”，改某某回“100元吧”。之后二人约定地点交易，改某某被当场抓获，从其身上起获了净重0.43克的含大麻酚的物品。民警押解改某某到其居住地路上询问其基本情况，改某某回答自己刚满16周岁。经查，梁某某和改某某2014年11月玩滑板时相识，互留微信号，知道二人均吸食大麻，直至案发当日并无其他联系。当日交易毒品系改某某于2015年4月从他人处购买的，以300元的价格买了1克，案发当日交易的大麻为其中一部分。2015年8月5日，北京市朝阳区人民检察院以京朝检未检附不诉〔2015〕8号对改某某作出附条件不起诉决定。

主要问题

特情犯意引诱发现系未成年犯罪嫌疑人如何处理？

意见分析

运用特情侦破毒品案件，是依法打击毒品犯罪的有效手段。对特情介入侦破的毒品案件，最高人民法院印发的《全国部分法院审理毒品犯罪案件工作座谈会纪要》（以下简称《纪要》）区分了犯意引诱和数量引诱。所谓犯意引诱是指行为人本没有实施毒品犯罪的主观意图，而是在特情诱惑和促成下形成犯意，进而实施毒品犯罪。所谓数量引诱是指行为人本来只有实施数量较小的毒品犯罪的故意，在特情引诱下实施了数量较大甚至达到实际掌握的死刑数量标准的毒品犯罪。无论对于犯意引诱还是数量引诱，都应当依法从轻处罚，并限制死刑适用。刑事特情的介入，不改变犯罪性质的判断，只作为量刑情节考虑。

但相关司法解释并未对特情引诱未成年人实施毒品犯罪作出特别规定，《纪要》仅规定"对于被利用、被诱骗参与毒品犯罪的特定人员，可以从宽处理"。从文义看，这里的"特定人员"指被当作犯罪工具促成犯罪的人员，而非受特情引诱主动实施犯罪的人员。因此，不能参照这一表述认为"被利用、被诱骗参与毒品犯罪的未成年人应当从宽处理"，更不能直接得出"不能对未成年人采取特情引诱的手段诱使其犯罪"的结论。至于受特情引诱产生犯意实施毒品犯罪的未成年人，如何从宽处理只能根据刑法关于未成年人犯罪的一般规定以及《纪要》关于特情介入从宽处罚的一般规定。

我国《刑事诉讼法》并未对刑事特情介入作一般规定。理论上认为，《刑事诉讼法》关于技术侦查措施的规定包括了刑事特情手段。如《刑事诉讼法》第153条第1款规定：为了查明案情，在必要的时候，经公安机关负责人决定，可以由有关人员隐匿其身份实施侦查。这里的"有关人员"，既包括公安机关的侦查人员，也包括侦查机关指派的适宜进行隐匿身份实施侦查的其他人员。〔1〕刑事特情虽然没有隐匿个人身份，但隐匿了受侦查机关指派查明案情的情况，也应属于"有关人员"之列。此外，援引刑事特情可以参考《刑事诉讼法》的一般规定，如《刑事诉讼法》第108条第1款〔2〕规定，"任何单位和个人发现有犯罪事实或者犯罪嫌疑人，有权利也有义务向公安机关、人民检察院或者人民法院报案或者举报"。从中也能得出使用刑事特情的正当性。〔3〕

---

〔1〕 参见王爱立、雷建斌主编：《刑事诉讼法立法精解》，中国检察出版社2019年版，第261页。

〔2〕 案件办理时适用2012年修正的《刑事诉讼法》，本条在《刑事诉讼法》2018年修正后对应该法第110条第1款。

〔3〕 在德国也是如此，线人（V-Leute/V-Mann）作为证人有提供信息的一般义务，即使使用线人侵犯了公民的基本权，也不妨碍其合法性。这里合法性是从侦查取证的一般义务推导出来的。Vgl.Beulke, Strafprozessrecht, 13.Aufl.Rn.424.

根据《刑事诉讼法》第151条第1款[1]之规定，刑事特情的使用必须具备目的的正当性（为了查明案情）、现实必要性（在必要的时候）以及程序合法性（经公安机关负责人决定）。就审批来说，须由县级以上各级公安机关负责人决定。[2]关于刑事特情有一套严格的建档、使用、保障程序，不得由侦查人员临时起意、自行决定，随意发展刑事特情。同时，《刑事诉讼法》第151条第1款规定，隐匿身份实施侦查的有关人员不得诱使他人犯罪。即刑事侦查不能因其侦查行为“制造”罪犯。所以，无论刑事特情还是侦查人员都不得诱使没有犯罪意图的人产生犯罪意图。[3]当然，是否具有犯罪意图并不取决于单纯的陈述，也要综合考虑实施犯罪的可能性，如行为人本人吸食毒品、持有毒品。如果完全没有行为关联，则属于禁止的犯罪引诱；如果有这种可能性，则可能构成犯意引诱，即“行为人的犯意在特情诱惑和促成下形成的，并在这个犯意下实施了毒品犯罪，就可认定为‘犯意引诱’”[4]。如知道某人吸食毒品，进而引诱其贩卖毒品，经查该行为人并无贩毒的意图，则构成犯意引诱。[5]

笔者认为，在刑事司法实务中，应当严格区分刑事特情与犯罪嫌疑人主动配合公安机关开展侦查活动，后者并不能一概视为刑事特情，也不能以不符合《刑事诉讼法》第151条为由认为构成程序违法，排除非法证据。[6]但后者情形中的这些犯罪嫌疑人同样不能为戴罪立功“漫天撒网”，以类似刑事特情的工作方式引诱非交易对象贩卖毒品，进而由侦查人员实施抓捕。即不能一方面行刑事特情之实，另一方面又不受刑事特情管理制度的约束。否则，将导致侦查权滥用，严重侵害公民的行为自由。

综上所述，涉及刑事特情的介入，首先，应谨慎审查有关人员是否具有刑事特情

---

〔1〕 案件办理时适用2012年修正的《刑事诉讼法》，本条在《刑事诉讼法》2018年修正后对应该法第153条第1款。

〔2〕 参见王爱立、雷建斌主编：《刑事诉讼法立法精解》，中国检察出版社2019年版，第261页。

〔3〕 参见王爱立、雷建斌主编：《刑事诉讼法立法精解》，中国检察出版社2019年版，第261页。

〔4〕 王亚凯、陈学勇：《包占龙贩卖毒品案》，载中华人民共和国最高人民法院刑事审判第一、二、三、四、五庭主办：《中国刑事审判指导案例》（增订第3版）第5卷，法律出版社2017年版，第459页。

〔5〕 “引诱”的对象必须是合理地被认为有毒品犯罪嫌疑的人。参见张明楷：《刑法学（下）》（第五版），法律出版社2016年版，第1144页。

〔6〕 如（2010）常刑终字第76号认为：吸毒人员鞠某主动配合公安机关抓获向其贩毒的刘某某，且上诉人有向鞠某贩卖毒品的经历，鞠某的证言笔录以及上诉人的供述均证实鞠某欲向刘某某购买毒品，刘某某为此向他人购买毒品后，送至和鞠某约定的地点，上诉人原本就具有贩卖毒品的主观意图，不存在“犯意引诱”。

的身份；其次，应审查使用刑事特情的决定程序是否符合规定；最后，应细致区分犯罪引诱的类型，在此基础上综合考虑犯罪的情节、行为人的责任能力、法定从宽条件等，提出量刑的建议。

供稿：北京市朝阳区人民检察院　金英梅　郭一帆

案例编辑：北京市人民检察院　王志坤

高某容留他人吸毒案

——同居关系的男女朋友能否成为容留他人吸毒罪的主体

基本案情

高某（女，28岁）与贺某某（男，28岁）系男女朋友关系。2015年7月初，贺某某从老家来北京，与高某共同居住在高某租住的北京市昌平区东小口镇。期间，高某在其租住地内，先后三次与贺某某共同吸食冰毒甲基苯丙胺，于2015年7月15日被抓获。

北京市昌平区人民检察院以高某犯容留他人吸毒罪于2015年11月11日向北京市昌平区人民法院提起公诉。昌平区人民法院于2015年11月27日审理后认为，高某犯容留他人吸毒罪，判处有期徒刑六个月，罚金人民币1000元。

主要问题

同居关系的男女朋友能否成为容留他人吸毒罪的主体？如何判断同居人对吸毒场所具有的支配、管领控制力？

意见分析

意见分歧

第一种意见认为，该行为不构成容留他人吸毒罪。理由是：被告人高某与贺某某系男女朋友关系，二人同居期间共同享有房屋的支配权，贺某某不是容留他人吸毒的行为对象，被告人高某的行为不构成容留他人吸毒罪。

第二种意见认为，该行为构成容留他人吸毒罪。理由是：被告人高某与贺某某虽然是男女朋友关系，但根据在案证据贺某某对房屋没有支配、管领的控制力，是容留他人吸毒罪的行为对象，被告人高某的行为构成容留他人吸毒罪。

意见评析

笔者同意第二种意见。对于容留他人吸毒罪的行为对象和容留行为中提供吸毒场所所要求的支配控制状态的判断问题，是认定“高某容留他人吸毒罪”是否成立的关键。具体到本案，理由如下。

第一，容留他人吸毒罪的行为对象是对吸毒场所不具有支配控制力的个人，应以民法学的“占有”理论判断行为对象是否对吸毒场所有支配控制力

在犯罪论体系中，某一犯罪构成要件中的行为对象是指实行行为所作用的物、人与组织。依据《刑法》第354条的规定，“容留他人吸食、注射毒品的，处三年以下有期徒刑、拘役或者管制，并处罚金”。因此，本罪的行为对象当属不同于犯罪行为人本身的他人。而“容留”，通常界定为基于特定目的或者满足他人特定需要而为他人提供场地的行为。其本质是为他人提供活动空间上的帮助，也即在不放弃支配、控制力的条件下，与他人共享其具有支配、控制力之地。因此，对于容留他人吸毒罪的行为对象应解释为对于吸毒场所不具有支配控制力的个人，判断行为人或者行为对象对吸毒场所是否有支配、控制力，则成为认定本罪的关键。例如，本案中若能够认定贺某某对与高某共同居住地具有支配控制力，那么高某就不构成容留他人吸毒罪，二者之间只是共同吸毒关系。

关于这一问题，以往都是通过实体的民事法律关系来判断，例如对吸毒场所具有所有权或者因租赁关系、基于债权而享有的对场所的支配、控制力等。然而这样的区分只具有形式价值，当问题变得复杂之后，例如亲戚朋友暂住、男女朋友同居之后吸食毒品的，暂住者和同居者是否获得了对吸毒场所的支配控制力，是个难以解决的问题。对于支配、控制力的标准问题，刑法本身无法作出回答。因为，对场所本身具有支配控制力的解释，是出于防止不当扩大处罚范围而进行的对入罪标准的限缩，本身并不是构成要件的内容，属于超越的构成要件要素；而且，这样的限缩只是为了判断行为人与场所有没有一般人理解的支配、控制关系，这明显属于民法学研究范畴。在民法学理论中，判断人和物之间的支配控制力的标准毫无疑问是“占有”理论，占有是指对于物可以支配并排除他人干涉的法律之力。因此，对于高某容留他人吸毒罪一案中，判断贺某某是否具有对吸毒场所的支配控制力实际是判断贺某某与该出租房屋是否形成了占有关系。依据民法理论，占有的判断不宜一概而论，应当依据个案判断，下列规则可供参考：从空间的关系考察，指人和物在场合上需有一定的结合关系，如居住于房间，耕作于田间，建筑公司将砂石堆放于田间均可认为在空间上满足占有关系。从时间上观察，人和物在时间上须有相当的继续性，足以认定该物处于某人在事实上可以支配并排除他人干涉的势力范围，如旅客就其住宿客房可成立直接占有，反之亲友被招待在家中客房过夜并不成立占有。从法律和秩序方面看，人和物虽无时间、空间上的关系，但占有已由直接的实力支配扩大至观念的支配。基于法律和秩序的要求成立占有，这源于一般社会秩序和对他人财产的尊重。如停车于路旁，出游数日，时空远隔仍成立占有就是此理。

就本案而言，从占有的角度判断，贺某某是否对吸毒场所具有支配控制力也可以从以上三个角度判断：空间上，贺某某供述其在高某家居住多日，具有空间上的结合关系；但在时间上的结合关系，贺某某从7月初到中旬只有短短十几天时间，尚不构成时间上“相当的持续性”；从法律和秩序的角度看，男女朋友同居期间，借住的一方难以被承认具有对房屋的占有关系，这一点在民法学理上也有定论。由此可见，贺某某对吸毒场所不形成占有，因而不具有对吸毒场所的占有支配力，从而属于容留他人吸毒罪的行为对象，高某构成容留他人吸毒罪。但现实生活中男女朋友之间如果共同出资租赁房屋或者同居关系稳定且持续较长时间，则可以认定同居者对二者的共同居住地皆有支配控制力。此时，二者在共同的房屋内吸毒，对彼此的吸毒行为不成立容留问题。

第二，容留同居关系的男女朋友在住所吸食毒品不应简单作无罪化认定

我国1979年《刑法》对于容留吸毒行为并未规定为犯罪。随着吸毒人群的迅速增加，禁绝多年的“地下烟馆”再次出现，并且出现了旅店、酒吧、歌舞厅等娱乐场所容留他人吸食、注射毒品的现象，严重助长了毒品蔓延之势。因此，1990年12月28日出台的《全国人民代表大会常务委员会关于禁毒的决定》第9条规定：“容留他人吸食、注射毒品并出售毒品的，依照第二条的规定处罚。”通说认为，容留他人吸毒罪的立法目的是打击自改革开放以来死灰复燃的“地下烟馆”，1994年最高人民法院通过司法解释确定该条的罪名为容留他人吸毒并出售毒品罪。1997年《刑法》进行全面修订后，考虑此罪与新设立的贩卖毒品罪等的交叉关系，剔除了出售毒品而将容留他人吸食、注射毒品单独成罪。也正因如此，学者一方面承认法律没有规定以牟取非法利益为目的是本罪在主观方面的构成要件，另一方面通过历史解释的方法，主张此罪的成立需要“以营利为目的”。

不过，法律条文自立法者制定出时就有了自己的生命，对法律的解释应结合时下的背景，而不应该一味孤立地探求立法者原意。在吸毒行为非罪化的背景下，打击容留他人吸毒犯罪具有抑制吸食毒品行为泛滥的重要作用。容留行为在《刑法》的其他条文如第303条赌博罪中通常作为帮助行为来处理，而本罪将共犯行为正犯化的目的是从毒品犯罪的下游——毒品消费领域对毒品犯罪进行防治和打击。从控制吸毒行为和毒品犯罪的角度，以帮助行为正犯化作为把握容留他人吸毒罪是恰当的思路。男女朋友之间在一方住所共同吸食毒品，或者在临时租赁场所中容留他人吸食毒品的行为，从立法原意上作无罪化认定的主张是站不住脚的，也不符合容留他人吸毒罪的定位与作用。

综上所述，惩治容留他人吸毒罪是为了控制日益肆虐的吸毒成瘾风气，打击为吸毒提供便利和隐蔽环境的行为。容留吸毒罪的行为对象是对吸毒场所不具有支配控制力的个人，而男女朋友在同居地共同吸食毒品时，被容留一方是否获得了对吸毒场所的支配控制力，应依据民法的“占有”理论加以判断。

供稿：北京市昌平区人民检察院　赵磊　张天棋

案例编辑：北京市人民检察院　丛珊

何某某组织卖淫案

——卖淫人员中包含一名境外人员是否属于“情节严重”

基本案情

2019年6月至11月，何某某受雇于张某某（未到案），在北京市朝阳区安华西里一区6号楼107房间内，招募、纠集、管理孟某某、郭某某、李某某、奥特根某某（外文名Otgonbayar ××××，蒙古国国籍）等4人从事卖淫活动。2019年11月22日，何某某被民警抓获归案。公安机关起获并扣押了嫖资人民币600元、蓝色OPPO牌手机1部，黑色VIVO牌手机1部。

2020年4月8日，北京市朝阳区人民检察院以何某某犯组织卖淫罪向北京市朝阳区人民法院提起公诉，朝阳区人民法院经审理认为，何某某伙同他人，招募、纠集、管理他人从事卖淫活动，其行为已构成组织卖淫罪，系从犯，判处有期徒刑三年六个月，罚金人民币4万元。

主要问题

组织四名卖淫人员中有一名境外人员，是否属于司法解释规定的“组织境外人员在境内卖淫”，是否达到组织卖淫罪中的“情节严重”标准？

意见分析

意见分歧

《最高人民法院、最高人民检察院关于办理组织、强迫、引诱、容留、介绍卖淫刑事案件适用法律若干问题的解释》（以下简称《解释》）第2条规定，组织境外人员在境内卖淫或者组织境内人员出境卖淫的，应当认定为《刑法》第358条第1款规定的“情节严重”。关于本案被告人何某某的犯罪行为是否属于“情节严重”存在两种不同意见。

第一种意见认为，根据《解释》第1条规定，组织他人卖淫，卖淫人员在三人以上即可达至入罪标准。作为其加重情节的“组织境外人员在境内卖淫”，未对境外人员数量提出要求，只要三名以上卖淫人员中有一名境外人员即可。本案中，被告人何某某组织的四名卖淫人员中包含一名境外人员，可以认定为“组织境外人员在境内卖淫”，属于“情节严重”。

第二种意见认为，“组织境外人员在境内卖淫”的表述以“组织”为统领，暗含了境外人员人数应达至三人以上的要求，被组织人员中若仅有一名外籍人员则不满足该要求。本案中仅有一名境外人员，被告人何某某的行为不能称为“组织境外人员”，不符合“情节严重”的要求。

意见评析

笔者同意第二种意见，理由如下。

第一，从文理解释角度，“组织境外人员在境内卖淫”更强调组织性

文理解释方法是指从词义和语法结构上对刑法规定的含义予以阐明的方法。[1]《解释》第2条规定的六种“情节严重”情形前两项的表述中未见“组织”字样，而第3项中增加了“组织”字样，没有采取类似于第1项和第2项表述为“卖淫人员中有境外人员的”，可见此处突出了“组织”的重要性。组织是指安排分散的人或分散的事物具有一定的系统性和整体性，组织的对象应该是多人。[2]根据《解释》第1条规定，“组织”应当指三人以上。因此，对于“组织境外人员在境内卖淫”的理解应当指境外人员为三人以上。这里的“组织境外人员”并非要求卖淫人员皆为境外人员，但既有境内人员又有境外人员的，后者应为三人以上，符合该加重情节。

第二，根据刑法目的解释的价值内涵，立法规定的严厉性需要司法实践适度采取宽和态度，做适当限缩解释

根据《刑法》规定，组织卖淫罪的法定刑为五年有期徒刑至无期徒刑（《刑法修正

---

〔1〕 参见李希慧：《论刑法的文理解释方法》，载《中央检察官管理学院学报》1995年第1期。

〔2〕 参见何萍：《论组织卖淫中的组织行为——殷某组织卖淫案评析》，载《华东政法大学学报》2013年第4期。

案(九)》出台前法定最高刑为死刑),“情节严重”的法定最低刑为十年有期徒刑。相比其他组织型犯罪法定刑,如组织、领导黑社会性质组织罪的法定刑为七年有期徒刑至十五年有期徒刑;组织、领导传销活动罪的法定刑为拘役至十五年有期徒刑(“情节严重”的法定最低刑为五年有期徒刑)。再相比暴力型犯罪法定刑,如故意杀人罪、强奸罪、抢劫罪的法定刑为三年有期徒刑至死刑。可见,组织卖淫罪的刑罚配置在整部刑法中处于刑罚较重位次。

我国对性服务业一直采取严厉禁止、打击、取缔态度,基于刑法谦抑性要求,面对地下卖淫嫖娼屡禁不止的现实,为避免刑法打击范围过大,将单纯的卖淫、嫖娼行为做非罪化处理的同时,将组织卖淫行为规定为犯罪。《解释》将“组织境外人员在境内卖淫”规定为组织卖淫罪的加重情节之一,说明该行为相较组织境内人员卖淫社会危险性更重,对法益侵害程度更高。此类行为不仅有损我国社会管理秩序,而且会造成恶劣的国际影响,〔1〕败坏我国国际形象。但对于该罪刑罚配置过重的问题,学界也在反思、批评,如有论者指出,卖淫嫖娼是自愿的性交易行为,并未直接损害他人利益,这种无受害人的有伤风化行为应属于道德调节范畴;〔2〕没有组织者,个体的卖淫行为依然存在……阻止卖淫行为的存在与否与国家形象和社会风气的好坏没有直接关系。〔3〕这些论点并非毫无道理,因此,司法实践中适用该刑罚配置具有争议的重罪应当保持谨慎。解释犯罪成立要件时必须考虑刑罚问题,确切地说是应当以相关法条所规定的法定刑及其适用作为解释的基点……应予适用的刑罚的严厉程度反过来会制约与影响犯罪成立要件解释。〔4〕如果三名卖淫人员中有一或两名境外人员,就上升一个量刑幅度且起刑点为十年,显然量刑过重。因此,对“组织境外人员在境内卖淫”中的境外人员的理解应为三人以上是较为合适的。

第三,对司法解释的理解,应注重发挥体系解释的价值

“法律条文只有当它处于与它有关的所有条文的整体之中才显示出其真正的含

〔1〕 参见缐杰、卢宇蓉、吴飞飞:《〈关于办理组织、强迫、引诱、容留、介绍卖淫刑事案件适用法律若干问题的解释〉解读》,载《人民检察》2017年第21期。

〔2〕 参见许文燕:《刑法谦抑性视角下的组织卖淫罪》,载《法律文献信息与研究》2011年第2期。

〔3〕 参见徐松林:《我国刑法应取消组织卖淫罪》,载《政法论坛》2014年第6期。

〔4〕 参见劳东燕:《刑事政策与刑法解释中的价值判断——兼论解释论上的“以刑制罪”现象》,载《政法论坛》2012年第4期。

义，或它所出现的项目会明确该条文的真正含义。有时，把它与其他的条文——统一法令或同一法典的其他条款比较，其含义也就明确了。”[1]在解释单个刑法条文过程中离不开与其他条文的整体把握与协调，以实现此罪与彼罪、刑轻与刑重的合理界分。最高人民法院、最高人民检察院针对法律适用问题出台司法解释，是统一司法实践、助推司法办案规范化的举措，但司法解释中有些条文本身如同法律条文，其指向、含义、价值等并非十分明确，同样需要作进一步解释，应严格按照刑法解释的逻辑推演、方式方法进行。

已出台的司法解释很多都涉及对刑法中“情节严重”的理解适用，在总结司法经验基础上，以明确的结果、数量、行为类型等为标准对“情节严重”进行成文规定。针对《刑法》第358条中的“情节严重”，《解释》除了规定“组织境外人员在境内卖淫”外，还规定了“卖淫人数累计达十人以上的”“卖淫人员中未成年人、孕妇、智障人员、患有严重性病的人累计达五人以上的”“非法获利人民币一百万元以上的”“造成被组织卖淫的人自残、自杀或者其他严重后果的”等。在考察“组织境外人员在境内卖淫”含义时，应注意其法益侵害程度要与其他情形具有相当性，被组织的三名卖淫者中有一名境外人员的法益侵害程度与“卖淫人员累计达十人以上”以及“非法获利人民币一百万元以上”等情形相比明显较小。因此，根据刑法体系解释的原则要求，将“组织境外人员”解释为境外人员人数应为三人以上是更为合适的。

朝阳区人民法院经审理认为，被告人的行为已构成组织卖淫罪，系从犯，判处有期徒刑三年六个月，罚金人民币4万元，而没有认定被告人的行为为“情节严重”，这从另一个侧面支持了笔者的观点。法院判决后，该案被告人没有上诉。

供稿：北京市朝阳区人民检察院　张恺
北京市人民检察院　王展
案例编辑：北京市人民检察院　孙春雨

[1] [法]亨利·莱维·布律尔：《法律社会学》，许钧译，上海人民出版社1987年版，第70页。

杨某某传播淫秽物品牟利案

——利用360云盘传播淫秽电子信息案件的定性及法律适用*

基本案情

杨某某在互联网上搜集大量淫秽视频和图片，上传在自己注册的360云盘账号内。2014年3月至2015年1月，在“小时代吧”网站发布升级VIP会员的公告，多次以人民币10元至450元不等的价格吸纳付费会员鲁某某等人，待会员付费成功后，将其加入自己建立的“私密专属”QQ群，并发送360云盘用户名及密码，供付费会员浏览和下载云盘内的淫秽视频及图片。杨某某所传播的360云盘内共有淫秽视频2999部，图片64,555张，共吸纳付费会员270人，获利人民币13,310.01元。杨某某在公安机关供述中称自己上传了大约3000部的淫秽视频，但当庭翻供称云盘内的视频并非全部由其上传，其仅仅上传过200部左右。经鉴定，上述视频文件及图片均为淫秽物品。

北京市朝阳区人民检察院以京朝检公诉刑诉［2015］1980号起诉书指控杨某某犯传播淫秽物品牟利罪，于2015年8月26日向北京市朝阳区人民法院提起公诉。北京市朝阳区人民法院2015年11月9日审理后认为，杨某某犯传播淫秽物品牟利罪，判处有期徒刑十年，剥夺政治权利二年，罚金人民币10,000元。

---

* 2017年11月22日最高人民法院、最高人民检察院发布《关于利用网络云盘制作、复制、贩卖、传播淫秽电子信息牟利行为定罪量刑问题的批复》(法释〔2017〕19号)，针对利用网络云盘制作、复制、贩卖、传播淫秽电子信息牟利行为定罪量刑的问题，批复如下：一、对于以牟利为目的，利用网络云盘制作、复制、贩卖、传播淫秽电子信息的行为，是否应当追究刑事责任，适用刑法和《最高人民法院、最高人民检察院关于办理利用互联网、移动通讯终端、声讯台制作、复制、出版、贩卖、传播淫秽电子信息刑事案件具体应用法律若干问题的解释》(法释〔2004〕11号)、《最高人民法院、最高人民检察院关于办理利用互联网、移动通讯终端、声讯台制作、复制、出版、贩卖、传播淫秽电子信息刑事案件具体应用法律若干问题的解释(二)》(法释〔2010〕3号)的有关规定。二、对于以牟利为目的，利用网络云盘制作、复制、贩卖、传播淫秽电子信息的行为，在追究刑事责任时，鉴于网络云盘的特点，不应单纯考虑制作、复制、贩卖、传播淫秽电子信息的数量，还应充分考虑传播范围、违法所得、行为人一贯表现以及淫秽电子信息、传播对象是否涉及未成年人等情节，综合评估社会危害性，恰当裁量刑罚，确保罪责刑相适应。

主要问题

1.本案应定性为传播淫秽物品牟利罪还是贩卖淫秽物品牟利罪?

2.认定淫秽物品数量时是以云盘中的所有淫秽视频数量认定还是仅限于由被告人上传的淫秽物品数量?

3.认定的淫秽视频是否要求必须被人浏览或者下载?

意见分析

意见分歧

第一种意见认为,本案应定性为贩卖淫秽物品牟利罪。理由是:被告人杨某某虽以吸纳付费会员为牟利方式,但实际上向他人贩卖云盘的账号和密码,即等同于向他人贩卖云盘内的淫秽视频和图片,应当认定为贩卖淫秽物品牟利罪。

第二种意见认为,本案应定性为传播淫秽物品牟利罪。理由是:被告人杨某某向他人出售的是云盘的账号和密码,购买者获得账号和密码后可以在该云盘内随意浏览和下载淫秽视频和图片,购买者享有的是对云盘的使用权而非所有权,故应当认定为传播淫秽物品牟利罪。淫秽物品数量应当以鉴定意见中确定的360云盘中的所有淫秽视频数量予以认定,而且不要求每一个视频均被人浏览、下载。

第三种意见认为,本案应定性为传播淫秽物品牟利罪,淫秽物品数量应当以被告人杨某某实际上传的淫秽视频数量予以认定,而且其上传的每个视频均应被人浏览、下载。

意见评析

笔者同意第二种意见,理由如下。

第一,本案应认定为传播淫秽物品牟利罪,而非贩卖淫秽物品牟利罪

360云盘是奇虎360科技有限公司于2012年发行的分享式云存储服务产品。用户通过注册账号与密码获取云盘账户,随后把个人电脑或手机上的图片、视频、文档等文件上传至服务器进行存储，同时云盘还提供备份、下载、分享等功能。360云盘为广大网民提供便利的存储共享服务的同时，也为不法分子实施犯罪行为提供了新的途径和方式。作为一种新型的犯罪手段，如何认定该行为性质成为需要首要思考的问题。

《刑法》第363条规定的制作、复制、出版、贩卖、传播淫秽物品牟利罪是典型的选择性罪名。贩卖，是指有偿转让淫秽物品的行为。传播，是指通过播放，陈列，在互联网上建立淫秽网站、网页等方式使淫秽物品让不特定或者多数人感知以及通过出借、赠送等方式散布、流传淫秽物品的行为。[1]可见，贩卖主要体现在有偿转让这一性质，贩卖会使物品的所有权发生改变。例如，被告人杨某某将含有淫秽物品的360云盘进行复制，并分别卖给不同的人，此可谓“贩卖”。传播主要体现在让不特定人或者多数人感知到，受众较为广泛，较为常见的就是在网站或者贴吧上散布淫秽物品供他人浏览和下载。

在本案中，被告人杨某某将淫秽视频和图片上传在360云盘，后将云盘账号和密码告知付费会员，供会员随意浏览和下载。杨某某主观上是想将这些淫秽物品与他人分享并以此牟利，购买账号和密码的人越多则获利越多，并非想将此360云盘转让给他人。杨某某对该云盘仍享有所有权及管理权，付费会员仅仅享有浏览和下载淫秽视频的权利，并没有成为云盘的所有人。因此，杨某某的行为应当认定为传播淫秽物品牟利。

第二，判断淫秽物品数量的标准是360云盘中存储的所有淫秽视频数量，而非被告人实际上传的淫秽视频数量

本案中，北京市公安局淫秽物品审查鉴定书证实涉案360云盘内的视频2999个和图片64,555张为淫秽物品，依此数量，已经远远超过情节特别严重的标准（视频500个），应当判处十年以上有期徒刑或者无期徒刑，并处罚金或者没收财产。被告人杨某某在公安机关供述中称自己上传了大约3000部的淫秽视频，但是当庭翻供称云盘内的视频并非全部由其上传，其仅仅上传过200部左右的视频。辩护人称被告人应当只对自己上传的淫秽物品承担刑事责任，不构成情节特别严重。经查询该云盘近3个月

〔1〕参见张明楷：《刑法学》（第四版），法律出版社2011年版，第1030页。

的上传日志，确实存在不同IP地址上传的事实，上传视频数量最多的一个IP地址显示使用地为郑州（杨某某系在郑州的暂住地内上传淫秽视频），但是无法确定该IP地址是否系被告人杨某某所使用的IP地址。因此杨某某上传淫秽视频的实际数量无法准确认定。

笔者认为，淫秽视频和图片是否由被告人杨某某上传并不影响对其传播此云盘内的淫秽物品进行牟利事实的认定。上传行为和传播行为是存在本质差别的，或者说，上传行为仅仅是传播行为的预备行为。被告人杨某某若仅有上传行为，没有后期将账号和密码告知他人的传播行为，就不会构成传播淫秽物品牟利罪。相反，无论被告人上传了多少淫秽物品，只要其向他人进行传播，就应当按照其主观上明知传播的数量和客观上实际传播给他人的数量来予以认定。杨某某在将云盘账号和密码告知付费会员时，主观上已经明知其正在将含有3000部左右淫秽视频及60,000余张淫秽图片的云盘散布给他人，其将允许付费会员浏览、下载这3000部左右的淫秽视频及60,000余张淫秽图片，主观上具有传播云盘内所有淫秽物品的故意。客观上付费会员的证言证实他们进入360云盘后可以浏览和下载所有淫秽视频和图片。因此，杨某某上传视频的数量并不影响其传播视频数量的认定。

第三，"传播" 的含义不要求每个淫秽物品必须被会员浏览或者下载

在以往办理的利用互联网网页、贴吧等方式传播淫秽物品牟利的案件中，一般以该网站、贴吧的点击量、访问量、下载量等确定犯罪情节。奇虎360科技有限公司称360云盘系统没有统计浏览、下载次数的功能，故无法确定云盘内的淫秽物品被浏览和下载的次数。涉案会员达270人，侦查机关通过各种途径查找只找到6人，这6人各自从云盘中浏览、下载了几十部到200部不等的视频。如果想找到这270人去查证会员们总共浏览、下载了多少视频，这种方法是不可取的。因此，不能肯定云盘内的每一份文件均被付费会员浏览过或者下载过。那么，本罪 "传播给他人" 的标准如何确定呢?

笔者认为，"传播给他人" 不要求每个文件确定必须被他人浏览或者下载。因为杨某某每一次告知付费会员账号和密码，就相当于把整个云盘内的淫秽物品传播了一次。付费会员付费成功获知云盘账号和密码后，对于云盘内的文件可以随意浏览或者下载。"传播" 的含义应当是提供淫秽物品供他人浏览、下载，只要被告人提供给会员途径即可，并不能要求被告人提供了多少淫秽物品，他人一定要观看多少。同时，笔者认为在会员成功登录该云盘时，就已经产生了传播淫秽物品行为所带来的社会危害后果，就应当视为淫秽物品已经传播给他人。

综上所述，本案杨某某以牟利为目的，吸纳付费会员并向会员发送含有淫秽视频和图片的360云盘的账号和密码，构成传播淫秽物品牟利罪。认定犯罪情节应当以鉴定意见中出具的云盘内淫秽视频数量予以认定，而且不要求这些视频均被他人浏览或者下载。在本案诉讼过程中，有人认为存在罪责刑不相适应的情况。按照2004年《最高人民法院、最高人民检察院关于办理利用互联网、移动通讯终端、声讯台制作、复制、出版、贩卖、传播淫秽电子信息刑事案件具体应用法律若干问题的解释》规定，视频20部、会员200人、违法所得10,000元是入罪标准。本案视频数量达2999个，已经达到情节特别严重的标准；但是吸纳会员数为270人，获利10,000余元，涉案的视频个数与会员数、获利分别处在了法定刑第三档和第一档上，出现明显失衡。笔者认为，通过360云盘传播淫秽物品这种犯罪手段的传播速度较快、影响范围广、信息传播量大，并且容易造成二次犯罪，社会危害性极大，对被告人杨某某判处十年以上有期徒刑的刑罚并不违反罪责刑相适应原则。

供稿：北京市朝阳区人民检察院　石晓琼

案例编辑：北京市人民检察院　张艳青

六、贪污贿赂罪与渎职罪

郭某某贪污、挪用资金案

——村民委员会工作人员职务犯罪行为的认定

基本案情

2010年4月至9月，郭某某在担任北京市房山区某村党支部书记期间，在电力线超占土地补偿工作中，利用协助政府确认土地面积、管理和发放超占土地补偿款的职务便利，通过虚报超占土地面积、伪造确认单、冒用他人名义领取补偿款等手段，骗取电力线超占土地补偿款共计人民币406,200元并据为己有。2013年4月至5月，郭某某在河道综合治理工程拆迁工作中，利用协助人民政府拆迁及土地流转工作的职务便利，通过在测绘评估、土地确权中虚构常年耕种土地的事实以及伪造虚假的土地承包合同等手段，骗取综合治理拆迁补偿款共计人民币540,168元。

2012年至2013年，在河道综合治理工程拆迁过程中，郭某某与李某某在明知房山区水务局、长阳镇政府、评估公司对李某某虚报的26亩鱼池不予评估、不予补偿的情况下，利用职务便利，通过伪造土地承包合同等手段，骗取综合治理工程拆迁补偿款共计人民币13万元。

2013年8月6日至2014年10月27日，郭某某在担任北京市房山区长阳镇某某村党支部书记期间，利用管理该村集体资金的职务便利，陆续从该村社区股份经济合作社银行账户内挪用村集体资金共计人民币16,312,413元归个人使用，进行非法活动和营利活动。其中，2013年八九月，郭某某挪用村集体资金共计人民币200万元归个人使用，用于个人赌博或替他人偿还赌债等非法活动。2013年8月至2014年10月，郭某某挪用村集体资金共计人民币14,312,413元归个人使用，用于其个人承包的小清河河道综合治理工程的资金周转、个人生产等营利活动。案发前郭某某已向该村社区股份经济合作社银行账户归还全部挪用资金，后在该挪用资金的犯罪事实未被办案机关掌握的情况下，其主动向办案机关投案。

2016年7月27日，北京市房山区人民检察院以郭某某涉嫌犯贪污罪、挪用资金罪提起公诉。2017年3月22日，北京市房山区人民法院作出判决，认定郭某某犯贪污罪，判处有期徒刑三年六个月，并处罚金人民币20万元；犯挪用资金罪，判处有期徒刑三年，决定执行有期徒刑五年六个月，并处罚金人民币20万元。

主要问题

村民委员会工作人员协助政府从事土地征收、征用补偿等管理时的身份如何认定？挪用集体自有资金的行为如何认定？

意见分析

意见分歧

村民委员会工作人员在依法从事公务时，具有双重身份，履行双重职责，一方面是作为国家工作人员协助人民政府管理公共财产；另一方面是作为村民委员会工作人员，履行村内自治事务，管理集体财产。实践中，因对"从事公务""协助政府从事行政管理工作"等的认识不统一，对于村民委员会工作人员的职务犯罪行为定性也存在认识不一。笔者认为，贪污罪、职务侵占罪、挪用资金罪、挪用公款罪等罪名的适用，关键还在于对村民委员会工作人员的身份认定。

意见评析

第一，村民委员会成员只有在协助人民政府执行公务过程中利用职务上的便利实施犯罪行为的，才可以适用刑法关于国家工作人员的规定

根据《刑法》第93条规定，国家工作人员的范畴，其中包括"其他依照法律从事公务的人员，以国家工作人员论"。《全国人民代表大会常务委员会关于〈中华人民共和国刑法〉第九十三条第二款的解释》（以下简称《立法解释》）明确村民委员会等村基层组织人员协助人民政府从事下列行政管理工作，属于《刑法》第93条第2款规定的"其他依照法律从事公务的人员”:(1)救灾、抢险、防汛、优抚、扶贫、移民、救济款物的管理;(2)社会捐助公益事业款物的管理;(3)国有土地的经营和管理;(4)土地征用补偿费用的管理;(5)代征、代缴税款;(6)有关计划生育、户籍、征兵工作;(7)协助人民政府从事的其他行政管理工作。根据《立法解释》的规定,村基层组织人员只有在协助政府从事上述行政管理工作时才能认定为从事公务,上述管理工作在性质上属于以政府名义参与组织、领导、监督、管理和人民群众利益以及社会发展相关的国家事务和政府事务的活动,体现了国家对社会的组织、管理职能。但在具体案件中,在认定村基层组织人员是否属于国家工作人员时,不能机械适用《立法解释》的上述规定,必须在实质上判断其行为是否体现政府的管理意志。

第二,村基层组织人员侵吞或挪用土地征用补偿费用的行为并非都认定为贪污行为。由于征用补偿等费用在拨付和分配阶段性质不同,故准确认定协助人民政府进行土地征收补偿的管理阶段,是准确认定案件性质的前提

最高人民检察院在关于贯彻执行《立法解释》的通知中指出,在依法查处村民委员会等村基层组织人员贪污、贿赂、挪用公款犯罪案件中,要根据《立法解释》和其他法律规定,严格把握界限,准确认定村民委员会等村基层组织人员的职务活动是否属于协助人民政府从事《立法解释》所规定的行政管理工作,并正确把握贪污罪、受贿罪、挪用公款罪的构成要件。对村民委员会等村基层组织人员从事属于村民自治范围的经营、管理活动不能适用《立法解释》的规定。土地征用补偿费用本质上是土地所有权由集体所有转为国家所有的利益补偿,一旦被征用方的损失依法得到填补,所有权转移的法律效果便已实现,针对土地征用补偿费进行管理的国家公权力的行使即告终止。因此,《立法解释》第4项所列的协助人民政府从事“土地征用补偿费用的管理”的公务,应当限于协助政府核准、测算以及向因土地征用受损方发放补偿费用的环节。一旦补偿到位,源于政府的补偿费用就转变为因出让集体土地所有权和个人土地使用权而获得的集体财产和个人财产,之后对该款项的处理就属于村自治事务和个人财产处置。如果村干部在协助政府管理土地征用补偿费用过程中,采用虚报冒领的手段,套取超额土地补偿费用,实质上是利用公务便利侵吞了国家财产,构成贪污罪;如村干部在土地征用补偿费用补偿到位后,没有利用公务便利,侵吞的只是村民集体所有的财产，就只能构成职务侵占罪。

本案中，郭某某在担任村党支部书记的期间，在电力线超占土地补偿工作中，利用协助政府确认土地面积、管理和发放超占土地补偿款的职务便利，通过虚报超占土地面积、伪造确认单、冒用他人名义领取补偿款等手段，骗取补偿款。在河道综合治理工程拆迁工作中，利用协助镇政府拆迁及土地流转工作的职务便利，与他人共谋，通过在测绘评估、土地确权中虚构常年耕种土地的事实以及伪造虚假的土地承包合同等手段，骗取综合治理拆迁补偿款。利用协助镇政府从事拆迁工作的职务便利，通过伪造土地承包合同等手段，骗取综合治理工程拆迁补偿款。上述行为均发生在协助政府核准、测算以及向因土地征用受损方发放补偿费用的环节，可以认定为其协助政府从事行政管理工作。实质上是利用公务便利侵吞了国家财产，因此构成贪污罪。

供稿：北京市房山区人民检察院　刘炳坤　潘笑菲　刘菲

案例编辑：北京市人民检察院　张艳青

杨某某受贿案、白某某职务侵占案

——国家出资企业中国家工作人员的认定

基本案情

案例一

2014年7月，经国务院同意、国资委批准，中国铁塔股份有限公司（以下简称中国铁塔）由中国移动通信有限公司（占股40%）、中国电信股份有限公司（占股29.9%。）、中国联合网络通信有限公司（占股30.1%）共同出资成立（后又加入中国国新公司作为股东之一），人员由三家运营商人员商调组成。2014年10月，中国铁塔股份有限公司北京分公司（以下简称铁塔北京分公司）组建成立。初创期间，中国铁塔和铁塔北京分公司均未成立党委，重要事项由公司领导班子研究决策。铁塔北京分公司按照中国铁塔统一要求，第一批人员均采用个人自主报名，组织审核后从三家运营商协商调入。杨某某原系北京移动昌平分公司员工，其申报了铁塔北京分公司昌平分公司工程实施岗位，经铁塔北京分公司昌平分公司领导审核合格后上报铁塔北京分公司人力资源部，人力资源部报公司领导班子批准后，与其他拟聘人员统一报中国铁塔人力资源部，中国铁塔审批通过后于2014年11月12日向北京移动发出了《关于商调乔某等45名同志的函》，商调杨某某在内的45名同志到铁塔北京分公司工作。铁塔北京分公司于2015年1月1日与杨某某签署了劳动合同，建立了劳动关系。2016年8月，铁塔北京分公司党委正式成立，并选举产生了5位党委委员，公司“三重一大”事项均需经过党委会决策（党委成立前，所有事宜由3人组成的领导班子会讨论决定，实际履行管理、监督国有财产的职责；党委成立后，领导班子会成员后均为党委成员）。

杨某某于2014年11月至2015年9月，担任铁塔北京分公司昌平分公司客户经理，负责分公司基站选址工作，包括选址需求下发、进度控制和合同管理等，所辖区域为昌平全区。2015年10月至2016年12月，担任铁塔北京分公司昌平分公司区域项目经理，负责区域基站选址建设、交维等工作，所辖区域昌平区主城、南口镇、十三陵镇、南邵镇、延寿镇。2016年3月至12月，兼任铁塔北京分公司昌平分公司选址接口人，负责向北京分公司上报昌平分公司的基站选址情况以及公司选址要求的下发工作。

2016年1月27日，北京万通联合通信工程有限公司（自然人独资有限责任公司）实际负责人刘某某为从铁塔北京分公司昌平分公司选址中获益，让其妻董某某通过转账方式向杨某某银行账户转款人民币8万元。同年9月，因害怕被调查，杨某某手写“还款收条”交给刘某某，称此8万元系刘某某向杨某某借款后的还款，并与刘某某串通，掩盖其收受贿赂的行为。

北京市昌平区人民检察院于2017年9月11日以杨某某涉嫌受贿罪向北京市昌平区人民法院提起公诉。昌平区人民法院于同年10月10日作出判决，认定杨某某犯受贿罪，判处有期徒刑十个月，罚金人民币10万元。

☞ 案例二

1998年6月，中国纺织品进出口总公司（2005年5月更名为中纺集团总公司，系全民所有制国有独资企业）以旗下中纺天元公司名义同日本富士达株式会社合资成立华升富士达电梯有限公司（以下简称华升公司），从事生产、销售电梯等业务。其中，中纺集团总公司出资40%。董事会是合资企业的最高决策机构，决定聘任、解聘合资公司总经理、副总经理及其他高级管理人员。由总经理、副总经理会议决定任命各业务部门的负责部长（经理）。各部门部长（经理）受主管副总经理及总经理委托处理该部门业务事项并对总经理负责。

1993年5月，白某某调入中国纺织品进出口总公司经理办公室工作，担任翻译工作；1995年12月，白某某作为中国纺织品进出口总公司派驻人员到华升公司从事翻译工作。1995年12月至1997年1月，为华升公司筹备人员。1997年2月至4月，任华升公司上海分公司副经理。1997年5月，华升公司正式任命其为上海分公司经理。1997年5月至7月任北京分公司副经理。1997年8月至2004年11月，经华升公司任命，白某某担任北京分公司总经理，其中2002年2月至2005年11月任沈阳分公司总经理。2005年12月调回中纺集团总公司。在案证据无法证实其副经理、总经理职务系经过中纺集团总公司或相关组织提名或批准。

白某某于1998年至2004年在担任华升公司北京分公司副经理、经理期间，伙同韩某（该公司专职销售员，另案处理），分别利用各自职务之便，以向购买本公司电梯的相关单位决策人、经办人支付手续费（回扣）为名，采用虚报或高报低支的手段，共同骗取本公司人民币101.98万元，其中白某某分得51万元，韩某分得50.98万元。于1997年至2002年在其担任上述职务期间，利用职务之便，以相同的名义和手段，骗取本公司人民币22.8万元。

北京市东城区人民检察院以白某某犯贪污罪，于2013年5月14日向北京市东城区人民法院提起公诉。东城区人民法院于2013年10月18日作出判决，认定白某某犯职务侵占罪，判处有期徒刑五年六个月。

主要问题

国家出资企业中国家工作人员如何认定？

意见分析

意见分歧

案例一中针对杨某某的身份问题，主要有以下不同意见：

第一种意见认为，杨某某为非国家工作人员。理由是：杨某某属于铁塔北京分公司的合同制员工，其任职是在公司筹备期间进行的，当时公司并未成立党委或党政联席会，其任命并未经过公司党委正式任命和审批，并没有经过国家出资企业中负有管理、监督国家资产职责的组织批准或者研究决定，也未经过国有公司委派从事公务，因此杨某某属于非国家工作人员。

第二种意见认为，杨某某所在单位为国家出资企业，杨某某任职虽因当时实际原因未经过党委任命，但系班子成员通过，且实际履行管理、监督国有财产的职责，因此应当认定是经过国家出资企业中负有管理、监督国家资产职责的组织批准或者研究决定，代表其在国有控股、参股公司及其分支机构中从事经营、管理工作的人员，杨某某可以认定为国家工作人员。

第三种意见认为，杨某某是国家工作人员，因其已经过国有公司委托，在国有控股、参股公司及其分支机构中管理、经营国家财产，应属于国家工作人员。

案例二中针对白某某的身份问题，主要有以下不同意见：

第一种意见认为，白某某是国家工作人员。理由是：白某某在1997年至2002年担任华升公司分公司的副总经理、总经理职务，且上述职务是经过华升公司董事会讨论决定的。应当认为其经过国有公司委派，在国有控股、参股公司及其分支机构中从事公务的人员。

第二种意见认为，白某某是非国家工作人员。理由是：其从中纺集团总公司到华升公司工作时，并非从事领导、监督、管理等公务活动，而是筹备组工作人员，从事翻译工作。在华升公司成立后，由华升公司聘任其为分公司总经理，并非中纺集团总公司委派，不属于国家工作人员，其工作只是负责分公司的销售管理业务，并非代表中纺集团总公司在华升公司履职。并且华升公司董事会并非负有管理、监督国有资产职责的组织，其并不符合“经过国家出资企业中负有管理、监督国家资产职责的组织批准或者研究决定，代表其在国有控股、参股公司及其分支机构中从事经营、管理工作的人员”的身份。

意见评析

国家出资企业中受委派从事公务的国家工作人员一直是司法认定中的一个难点。《最高人民法院、最高人民检察院关于办理国家出资企业中职务犯罪案件具体应用法律若干问题的意见》(以下简称《意见》)第6条对此作了规定，但是实践中如何界定委派形式，如何认定“国家出资企业”“从事公务”“国家出资企业中负有管理、监督国有资产职责的组织”，是认定国家出资企业中国家工作人员的关键。

第一，判断某企业是否为国家出资企业，关键要看出资股东是否具有国有股份。具有国有股份的，不管非国有股份比例大小，均可以认定该企业为国家出资公司

界定国家出资企业的范围是认定国家工作人员的基础条件。根据《意见》第7条规定,“国家出资企业”,包括国家出资的国有独资公司、国有独资企业,以及国有资本控股公司、国有资本参股公司。国家出资企业并不等同于国有公司、企业。刑法中的“国有公司、企业”仅限于国有独资公司、企业。这也是长期司法实践中一贯掌握的标准。[1]

为了解决实践中经常遇到的企业注册登记中的资金来源与实际不相符、企业实际出资情况不清楚以及出资人各方均实际出资等产权性质难以界定的问题,在界定“国家出资企业”时,要注意把握以下三点原则:一是遵循“谁投资,谁拥有产权”原则;[2]二是企业注册登记中的资金来源与实际出资不符的,根据实际出资情况确定企业的性质;三是企业实际出资情况不清楚的,可以综合工商注册、分配形式、经营管理等因素确定企业的性质。一般情况下,以下几种情形可以视为国家出资企业:(1)由国家出资企业以银行贷款或者借款等形式筹措资金开办的公司、企业;(2)由国家出资企业担保借款创办,按照国家出资企业注册和经营管理的公司、企业;(3)国家出资企业开办,按照国家出资企业注册和经营管理,以所开办的公司、企业名义筹措资金开展经营的公司、企业。

案例一中,中国铁塔公司属于国家出资企业。铁塔北京分公司包括其下面的昌平分公司均系中国铁塔的分支机构,不具备独立主体地位,判定其性质的关键在于判断中国铁塔是否属于国家出资企业。中国铁塔的组织形式为永久存续的股份有限公司,具有独立的法人资格,公司的发起人为中国移动通信有限公司、中国电信股份有限公司、中国联合网络通信有限公司,公司股份总数为100亿股。其中,中国移动通信有限公司占40%,中国联合网络通信有限公司占30.1%,中国电信股份有限公司占29.9%。中国移动通信有限公司的公司类型为有限责任公司(外国法人独资),股东(发起人)为中国移动通信(BVI)有限公司。中国电信股份有限公司的公司类型为股份有限公

---

〔1〕《意见》第7条将国有独资公司、国有独资企业与国有资本控股公司、国有资本参股公司并列规定,实际上间接说明了刑法中的国有公司、企业仅限于国有独资公司、企业。

〔2〕《〈企业国有资产所有权界定的暂行规定〉的说明》中明确,在所有权界定中,不应以企业法人登记的经济性质来界定资产的性质,而要追溯企业初始投资的资金来源,按各种经济成分“谁投资,谁所有,谁所益”的原则确定。《国有资产产权界定和产权纠纷处理暂行办法》第4条规定,产权界定应遵循“谁投资,谁拥有产权”的原则进行。

司（上市），发起人为中国电信集团公司，股本结构为发起人中国电信集团占普通股70.89%，股份性质为国家股；广东省广晟资产经营有限公司占股6.94%，江苏省国信资产管理集团有限公司占股1.18%，浙江省财务开发公司占股2.64%，福建省国有资产投资控股有限责任公司占股1.20%，境外上市外资股（H股）股东占公司发行的普通股总数的17.15%。中国联合网络通信有限公司类型为有限责任公司（香港法人独资）（2014年5月16日），投资方为中国联合网络通信（香港）股份有限公司，2015年10月27日中国联合网络通信有限公司的公司类型为有限责任公司（台港澳法人独资）。中国国新控股有限责任公司的公司类型为有限责任公司（国有独资）。因此，根据中国铁塔的出资企业的性质认定，中国铁塔应为国家出资企业。

案例二中，华升公司属于国家出资企业。中国纺织品进出口总公司属于全民所有制国有独资企业，其以中纺天元公司名义同日本富士达株式会社合资成立华升公司，中纺集团总公司出资40%，华升公司属于国家出资企业，而且是中外合资企业。

第二，认定国家出资企业中的国家工作人员，要注意把握委派决定的单位性质、委派形式、作出决定的机构、是否有代表性、是否经营管理国有资产等要素

《意见》第6条将非国有独资的国家出资企业中的国家工作人员分为两种类型：第一种是“委派型”国家工作人员，即经国家机关、国有公司、企业、事业单位提名、推荐、任命、批准等，在国有控股、参股公司及其分支机构中从事公务的人员。第二种是“间接委派型”或者“代表型”国家工作人员，即经国家出资企业中负有管理、监督国有资产职责的组织批准或者研究决定，代表其在国有控股、参股公司及其分支机构中从事组织、领导、监督、经营、管理工作的人员。

对于第一种“委派型”国家工作人员，应从两个方面特征加以理解和把握：一是形式特征。委派在形式上可以不拘一格，如任命、指派、提名、推荐、认可、同意、批准等均无不可。二是实质特征。需代表国家机关、国有公司、企业、事业单位在非国有公司、企业、事业单位、社会团体中从事组织、领导、监督、管理等公务活动，亦即国有单位意志的直接代表性。区分是否为委派的关键不在于行为人管理职位的直接来源，而在于其管理职位与相关国有单位的意志行为是否具有关联性和延续性。此种情形中，行为人之所以能够在非国有企业中的经营管理层获得职位，与国有出资单位的指派密不可分。对于该种委派型人员，其具体的任命机构和程序，不影响国家工作人员的认定。

对于第二种“间接委派型”或“代表型”国家工作人员，应注意把握以下几点：一是“负有管理、监督国有资产职责的组织”，除了国有资产监督管理机构、国有公司、企业、事业单位之外，主要是指上级或者本级国有出资企业内部的党委或党政联席会。二是要有代表性。虽然经过有关组织研究决定，但是任职与该组织没有必然联系，被委派人对该组织亦无职责义务关系的，不应认定为国家工作人员。有无代表性是认定委派来源的一个内在要件。三是公务性。即对国有资产的组织、领导、监督、经营、管理活动，企业中的具体事务活动一般不应当认定为公务。对于是否在国家出资企业总部还是分支机构的问题，在法律意义上对于国家工作人员的认定并无必然关联。

第三，具体到案件，杨某某属于国家工作人员，白某某属于非国家工作人员

案例一的杨某某属于国家工作人员。首先，杨某某所在公司为国家出资企业，而非国有独资公司，并不属于国有公司委派到非国有公司任职的情形，不适用《意见》第6条第1款的规定。其次，杨某某2015年1月入职时经过中国铁塔北京分公司领导班子会的批准。鉴于实际原因，在公司成立初期党委未成立，领导班子会具有监督、管理国有资产的职责。故杨某某经领导班子会批准，也就是经过了对国有资产具有监督、管理职责的组织的批准。最后，在职权职责上，杨某某系区域项目经理，负责区域基站选址（包括选址需求下发、进度控制和合同管理等）建设、交维等工作，代表公司党委从事监督、管理国有资产的工作。因此，杨某某符合《意见》第6条第2款之规定，系“间接委派型”或者“代表型”国家工作人员，应当认定其为国家工作人员。

案例二的白某某属于非国家工作人员。一方面，其不属于中纺集团总公司委派的国家工作人员。白某某于1996年作为掌握日语的翻译被中纺集团总公司派到华升公司筹备组工作，提供的仅是一般性技术服务工作，虽有形式上的被委派但并不是被委派从事公务，而只是从事劳务工作，并非管理、监督国有资产的活动，不能认定为“从事公务”。1997年至2004年，白某某担任副总经理、总经理的职务，因在案证据无法认定白某某是被国有公司委派到华升公司担任总经理的职务，亦不能认定其为国家工作人员。另一方面，白某某担任分公司总经理是经过华升公司董事会讨论批准后决定的，虽然其有管理、组织、监督、领导华升公司的岗位职责，但由于职权来源不同，并非经过党委或党政联席会决定，不能体现“负有管理、监督国有资产职责的组织”的意志，故不能认定为国家工作人员。

供稿：北京市昌平区人民检察院　王丽丽　张海霞　史焱

北京市人民检察院第二分院　李瑞明

案例编辑：北京市人民检察院　张艳青

吴某国有公司人员滥用职权案

——如何认定国有公司人员擅自变更债务人致使国有公司财产损失的行为

基本案情

吴某于2007年5月，在其担任贵州安某航空锻造有限责任公司（以下简称安某公司）副董事长、总经理期间，违反公司财务管理制度，在安某公司与吉林华某金属材料有限公司（以下简称华某公司）不存在债权债务关系的情况下，未经过安某公司总经理办公会、党政联席会讨论，擅自决定以安某公司名义与沈阳黎某航空发动机（集团）有限公司（以下简称黎某公司）和华某公司签订转账协议，将黎某公司欠安某公司材料款600万元债务由华某公司承担，华某公司承继对黎某公司的债权600万元。后华某公司将该笔钱款用于购买黎某公司的废料进行盈利活动。华某公司法人代表人刘某某于2010年1月偿还安某公司33万余元，2012年12月偿还27万余元，2014年12月10日、2015年4月27日分别偿还1万元，致使安某公司损失530余万元。经查：（1）2012年吴某以女儿出国留学之名收取刘某某人民币4万元现金。（2）华某公司于2004年因逾期未年检被吊销营业执照，2008年实际经营停止。后刘某某与安某公司签订了还款协议，承诺2018年12月31日前由其个人全部偿还华某公司对安某公司600万元的债务。（3）安某公司是中国航空工业集团总公司出资成立的国有独资企业，是全民所有制企业，上级公司为中国航空工业集团总公司下属的贵州航空工业集团公司。[1]（4）吴某所担任的安某公司的董事和副董事长职务为贵州航空工业集团公司党委任命，总经理职务为贵州航空工业集团党委出具推荐函，由安某公司董事会任命。

---

〔1〕 2009年后，中航工业集团总公司集合全国十几家下属公司成立下属的二级法人单位中航重机股份有限公司，上级主管单位变为中航重机公司，成为中航工业集团下属三级法人单位。

2015年9月23日，北京市朝阳区人民检察院以吴某犯受贿罪〔1〕、国有公司人员滥用职权罪提起公诉；2016年11月，北京市朝阳区人民法院判决吴某犯受贿罪、国有公司人员滥用职权罪。

主要问题

如何认定国有公司人员擅自变更债务人致使国有公司财产损失的行为？

意见分析

意见分歧

第一种意见认为，吴某构成挪用公款罪。理由是：其一，从行为对象来看，公有的债权属于公款的范畴。公款不单纯等于公有现金，挪用债权的行为使本应收回的资金不能及时收回，使代表公有财产的债权处于不确定状态，不能发挥公有财产的使用和收益权。而且，虽然债权是一种请求权，债权的实现还要根据合同约定、交易习惯及债务人的履行能力来判断，其本身具有一定的风险性，但是债权的风险性不能否定债权的确定性。在司法实践中，挪用公有国库券的行为，以挪用公款罪论处。〔2〕又如，挪用金融凭证、有价证券用于抵押，使公款处于风险之中，与挪用公款为他人提供担保没有实质性的区别，应以挪用公款罪论处。〔3〕其二，从行为方式上看，吴某个人擅自决定以单位的名义将国有公司债务关系转移给其他单位，且非法收受他人4万元贿赂，符合“个人决定以单位名义将公款供其他单位使用，谋取个人利益的”构成要件，应当认定为“挪用公款归个人使用”。

第二种意见认为，吴某构成国有公司人员滥用职权罪。理由是：吴某违反公司管理规定，在履行职务过程中，在职责范围内随便、随意行使权力，致使国家财产遭受重

---

〔1〕 吴某涉嫌受贿罪的犯罪事实部分本文不再展开论述。

〔2〕 参见1997年10月13日最高人民检察院《关于挪用国库券如何定性问题的批复》。

〔3〕 参见2000年3月15日最高人民检察院《关于国家工作人员挪用非特定公物能否定罪的请示的批复》。

大损失。吴某虽然符合“个人决定以单位名义将公款供其他单位使用”，但并未谋取个人利益，其在2012年时收取的刘某某人民币4万元，与发生在2007年的债务转让行为没有直接的因果关系，应当按照国有公司人员滥用职权罪定罪处罚。且从本案证据来看，债权并未被挪用，只是债务人发生了转化，而公有债权并不属于公款的范畴。因此，吴某不构成挪用公款罪。

第三种意见认为，吴某构成签订、履行合同失职被骗罪。理由是：吴某身为国有公司主管人员，在决定安某公司与华某公司签订转账协议的过程中，没有认真审查对方的合同主体资格、资信情况、履行能力等，在职务范围内超越权力运用程序行使权力。在华某公司已被注销的情况下，与华某公司签订了协议，严重不负责任，同时通过华某公司的经营活动，债权变现后，吴某没有及时督促刘某某还款，主观上存在过失。且虽然刘某某与安某公司签订了还款协议，但实际上仍没有还款能力，且在签订还款协议后，只还款2万元。虽然现有证据无法证明刘某某构成合同诈骗罪，但是其行为已经属于民事欺诈行为。吴某构成签订、履行合同失职被骗罪。

意见评析

笔者同意第二种意见，理由如下。

第一，在国有公司、企业、事业单位、人民团体中履行组织、领导、管理、监督国有财产等职责的人员，以国家工作人员论

根据《刑法》第93条及2003年《全国法院审理经济犯罪案件工作座谈会纪要》关于“从事公务”的规定，国有公司、企业、事业单位、人民团体中从事公务的人员，以国家工作人员论。对于“从事公务”的理解，是指代表国家机关、国有公司、企业、事业单位、人民团体等履行组织、领导、监督、管理等职责。公务主要表现为与职权相联系的公共事务以及监督、管理国有财产的职务活动。国有公司的董事、经理、监事、会计、出纳人员等管理、监督国有财产等活动，属于从事公务。本案中吴某所在的安某公司及其上级单位贵州航空工业集团公司均为中国航空工业集团总公司出资成立的国有独资企业，属于国有公司，都具有负责管理、监督国有资产职责的功能。其时任的安某公司董事、副董事长等职务具有明显的管理属性，且职务经过上级主管单位贵州航空工业集团公司党委研究批准决定，可以认为其代表国有资产管理、监督部门从事公务的职权，具有国家工作人员身份。

第二，个人擅自以单位名义将本单位资金或债权提供给其他单位使用造成公有财产损失，行为人未从中谋取个人利益的，可以认定为滥用职权行为〔1〕

滥用职权的行为表现为违反法律规定的权限和程序，滥用职权，致使公共财产、国家和人民利益遭受重大损失的行为，在客观上主要表现为两种情形：一是不认真地运用权力，即在履行职务的过程中，未尽到注意义务，在其职务范围内随便、随意或马虎地行使权力；二是过度地运用权力，即在履行职务的过程中，超过职务范围去行使权力，或者在职务范围内超越权力运用的前提、条件、程序、内容等要求而行使权力。这两种行为都是以作为的方式表现出来的。在主观方面，滥用职权主观上是由过失构成的，特殊情况下也不排除间接故意的存在。具体到本案，首先，吴某作为国有公司主管人员，为给刘某某提供“帮助”滥用职权，个人擅自决定将安某公司对黎某公司的600万元债权转予华某公司，侵害了国有公司的资产管理制度，致使国家利益遭受特别重大损失，且吴某滥用职权的行为与安某公司遭受重大损失之间具有因果关系。其次，吴某没有谋取个人利益。按照《全国人民代表大会常务委员会关于〈中华人民共和国刑法〉第三百八十四条第一款的解释》，挪用公款“归个人使用”有三种情况：（1）将公款供本人、亲友或者其他自然人使用的；（2）以个人名义将公款供其他单位使用的；（3）个人决定以单位名义将公款供其他单位使用，谋取个人利益的。吴某虽然在2012年收取了刘某某人民币4万元，但证据表明，这与2007年的债权转让行为没有直接的因果关系，无法认定吴某谋取了个人利益。吴某虽然符合“个人决定以单位名义将公款供其他单位使用”，也不构成挪用公款罪。最后，吴某主观上对造成公有财产损失的后果持放任态度。黎某公司作为大型国有独资公司，其履约能力远好于华某公司，但吴某并未出于维护国有资产的角度履行职责，也未考察华某公司的还款能力。

---

〔1〕 参见陈兴良、张军、胡云腾主编：《人民法院刑事指导案例裁判要旨通纂（下卷）》（第二版），北京大学出版社2018年版，第1863页。人民法院出版社编：《最高人民法院司法观点集成刑事卷④》（第三版），人民法院出版社2018年版，第2057页。最高人民法院刑事审判第一、二、三、四、五庭主办：《中国刑事审判指导案例（6）》，法律出版社2012年版，第560页。

且在债权转让之后，吴某并未向华某公司及刘某某实际索要欠款，也未采取相应的法律救济措施，对造成公有财产损失的后果持放任态度。

第三，在渎职犯罪或与渎职犯罪相关的犯罪立案时已经实际造成的财产损失，如果公共财产作为债权存在，但已无法实现债权的，可以认定为是渎职行为造成的经济损失

根据2012年12月7日出台的《最高人民法院、最高人民检察院关于办理渎职刑事案件适用法律若干问题的解释（一）》第8条规定，渎职犯罪或与渎职犯罪相关的犯罪立案时已经实际造成的财产损失，包括为挽回渎职犯罪所造成损失而支付的各种开支、费用等。立案后至提起公诉前持续发生的经济损失，应一并计入渎职犯罪造成的经济损失。在司法实践中，具有下列情形之一的，虽然公共财产作为债权存在，但已无法实现债权的，可以认定为行为人的渎职行为造成的经济损失：（1）债务人已经法定程序被宣告破产；（2）债务人潜逃，去向不明；（3）因行为人责任，致使超过诉讼时效；（4）有证据证明债权无法实现的其他情况。〔1〕本案中，华某公司早于2004年被吊销营业执照，2008年实际停止经营，且在案发前该公司作为债务人仅偿还了极小部分的欠款，无力继续偿还剩余500余万元欠款。虽然华某公司法定代表人刘某某以个人名义承担了500余万元债务，但刘某某已无其他经济来源，没有偿还此笔债务的能力，其给安某公司造成的损失是可以预期的，可以将剩余的500多万元欠款作为吴某渎职行为所造成的经济损失。

第四，挪用公款罪的法益是公款的占有权使用权、收益权以及职务行为的廉洁性〔2〕，挪用公款应是使单位现实控制的公款脱离单位的控制〔3〕，犯罪对象只限于公款和用于救灾、抢险的特定物品。其中公款是指公共货币资金，〔4〕债权不作为挪用公款罪的犯罪对象，擅自变更债务人并未发生债权移转

债权是存在于债权人和债务人之间，具有相对性的请求支付的权利，区别于可以

---

〔1〕 参见最高人民法院《全国法院审理经济犯罪案件工作座谈会纪要》第6条“关于渎职罪”的规定。

〔2〕 参见张明楷：《刑法学（下）》（第五版），法律出版社2016年版，第1188页。

〔3〕 参见张明楷：《刑法学（下）》（第五版），法律出版社2016年版，第1189页。

〔4〕 参见孙谦主编：《国家工作人员职务犯罪研究》，法律出版社1998年版，第157页。

立即流通、用以购买商品或劳务的货币资金。刑法之所以对挪用公款的行为进行了规制，却未对其他公有财物进行特殊规定，原因在于货币是一种特殊的动产，其特殊性表现在货币是一种特殊的种类物，在交易上可以相互替代。货币的占有和所有是同一的，简称为“所有和占有一致原则”。[1]一旦行为人将公款挪出置于自己或他人的控制之下，则实际产生了获得公款所有权的法律效力，使公款处于极大的危险之中，一旦行为人无法归还公款，单位便丧失了对公款的所有权。相比之下，如果行为人挪用了公有的一般物品，被害单位可以基于物上请求权而恢复所有权。本案中的一般性债权既不能起到流通作用，也不能发挥支付功能，不属于货币资金的范畴。而挪用公款应该是使单位实际控制的公款脱离单位的控制。本案的犯罪对象为具有相对性的债权，安某公司享有的是对600万元的债权请求权，而非对600万元的实际控制。同时，擅自变更债务人但并未使债权发生移转。本案中债权并未被转移，安某公司享有的600万元债权依然存在，只是债务人发生了变化。被告人吴某通过职务便利将安某公司对黎某公司的600万元债权私自“借给”了华某公司，安某公司从黎某公司的债权人变成了华某公司的债权人，而600万元的债权自始至终存在，并且本案的债权转让行为是因违纪而产生的三方债务之间的转让，属于民法调整的范畴。吴某擅自变更债务人的行为并未侵犯挪用公款罪的客体。

第五，签订合同失职被骗罪应当以对方当事人的行为构成诈骗罪为要件

“认定签订、履行合同失职被骗罪应当以对方当事人涉嫌诈骗，行为构成犯罪为前提，但是司法机关在办理或者审判行为人被指控犯有上述两罪的案件过程中，不能以对方当事人已经被人民法院判决构成诈骗犯罪自以为认定构成签订、履行合同失职罪的前提。也就是说，只要认定对方当事人的行为已经涉嫌构成诈骗犯罪，就可依法认定行为人构成签订、履行合同失职被骗罪，而不需要搁置或者中止审理，直到对方当事人被人民法院审理并判决构成诈骗犯罪。”[2]吴某身为国有公司主管人员，在决定安某公司与华某公司签订转账协议的过程中，没有认真审查对方的合同主体资格、资

---

〔1〕 参见王利明：《物权法研究》，中国人民大学出版社2002年版，第356页。

〔2〕 参见人民法院出版社编：《最高人民法院司法观点集成刑事卷④》（第三版），人民法院出版社2018年版，第2070页。

信情况、履行能力等，在华某公司已被注销的情况下与其签订协议，严重不负责任；而且债权变现后，吴某并未及时督促刘某某还款，主观上是存在过失的。但是现有证据难以证明刘某某涉嫌诈骗犯罪。其一，华某公司虽于2004年因逾期未年检而注销，但是实际经营至2008年，公司停止经营后刘某某个人承担了华某公司对安某公司600万元的债务，并与安某公司签订了还款协议。其二，刘某某曾于2010年和2015年向安某公司还款共计62万余元。因此，吴某的行为不符合签订、履行合同失职被骗罪的客观要件。

综上所述，在国有公司、企业、事业单位、人民团体中履行组织、领导、管理、监督国有财产等职责的国家工作人员，个人擅自以单位名义将本单位资金或债权提供给其他单位使用造成公共财产损失，行为人未从中谋取个人利益的，可以认定为滥用职权行为。计算财产损失时，如果公有财产作为债权存在，但已无法实现债权的，可以认定为渎职行为造成的经济损失。对于挪用公款罪，其犯罪对象只限于公款和用于救灾、抢险的特定物品，债权不作为挪用公款罪的犯罪对象，擅自变更债务人也并不会发生债权的移转。对于签订合同失职被骗罪，应当以对方当事人的行为构成诈骗罪为要件。因此，本案中，吴某构成国有公司人员滥用职权罪。

供稿：北京市朝阳区人民检察院　叶萍　何楚仪

案例编辑：北京市人民检察院　张艳青

七、诉讼程序

荆某某故意伤害案

——如何理解共同犯罪中的追诉时效问题

基本案情

1999年8月15日，荆某某、杨某某、“冯艳强”(在逃)、“大刚”(在逃)、“蝇子”(在逃)、“二峰”(在逃)等人在北京市怀柔区为张某某(已判刑)的儿子过周岁生日。后杨某某独自外出，其行走至怀柔区富乐环岛附近时，杨某某趁白某甲、白某乙、白某丙等人不备，将上述人员停靠在路边的白色面包车内的黑色皮包盗走。杨某某的盗窃行为随即被白某甲发现，白某甲等人追上杨某某，夺回皮包，对杨某某有轻微殴打行为并扣留杨某某的身份证后让其离去。杨某某随后赶到“冯艳强”“大刚”等人居住的旅店，将自己被打和被扣留身份证的情况告知了张某某、“冯艳强”等人。后杨某某、张某某、荆某某、“冯艳强”、“大刚”、“二峰”和“蝇子”七人拿了七八把片刀，打了一辆面的，在杨某某的指引下，共同来到杨某某被白某甲等人殴打的地方，经杨某某指认，七人各持片刀冲下车追砍白某甲等人，致白某甲轻伤、白某乙重伤、白某丙因失血性休克死亡。

被害人报案后，公安机关对荆某某立案进行侦查，其逃跑。2000年1月18日，荆某某因涉嫌抢劫罪被抓获归案，其主动供述了参与本起伤害犯罪的事实。2001年8月16日，检察机关对其涉嫌的抢劫罪起诉，未涉及该起故意伤害行为。荆某某因抢劫罪被判处有期徒刑十二年，2007年刑满释放。

2001年10月9日，张某某归案，其供述称荆某某同其一起实施了伤害的行为，其供述砍伤的对象为白某乙，后被北京市怀柔区人民法院以故意伤害罪判处有期徒刑七年。

2012年11月29日，杨某某到公安机关自首。后公安机关到荆某某的家中找其调查此事，恰逢荆某某未在家。荆某某回家听说此事，于2013年2月28日到北京市公安局怀柔分局投案。

2013年5月31日，该案移送北京市人民检察院第二分院审查起诉。同年6月25日，北京市人民检察院第二分院以荆某某犯故意伤害罪提起公诉。12月11日，北京市第二中级人民法院作出一审判决，以荆某某犯故意伤害罪，判处有期徒刑十二年，剥夺政治权利二年。荆某某以量刑过重为由提出上诉。2014年3月6日，北京市高级人民法院终审判决，鉴于荆某某的亲属代为赔偿及其家属的经济损失，并获得一定谅解，以故意伤害罪判处有期徒刑八年，剥夺政治权利一年。

主要问题

荆某某所犯故意伤害罪是否已过追诉时效？

意见分析

意见分歧

第一种意见认为，根据1985年8月《最高人民法院关于人民法院审判严重刑事犯罪案件中具体应用法律的若干问题的答复（三）》的规定，要根据罪行的轻重，分别适用刑法规定的不同条款或相应量刑幅度，按照法定最高刑计算追诉期限。故对于共同犯罪中的从犯，应当根据从犯本身的罪行可能判处的量刑幅度，即先在量刑上考虑对其从轻或者减刑处罚，后根据在此量刑幅度内的法定最高刑来确定追诉时效。本案荆某某供述称案发时其砍击的对象为白某乙，不承认其对死者实施了伤害行为。现有证据不能证实其对死者实施了伤害行为，荆某某也不是本案的组织者或者纠集者，根据以往类似案件的处理方式，荆某某很可能被认定为从犯，且具有自首情节，可能在十年以下量刑。根据《刑法》第87条的规定，追诉期限应为十年。荆某某在2000年已经交代了其伤害的事实，但是司法机关未进行处理，其所犯故意伤害罪已过追诉时效。

第二种意见认为，从共同犯罪一人行为共同承担责任原理出发，另外考虑侦查阶段和审查起诉阶段有时难以准确区分主从犯，共同犯罪中不宜区分主从犯计算追诉时效，应一律按照整体犯罪行为所犯的罪行严重程度确定追诉时效。该案系故意伤害致人死亡的案件，法定最高刑为死刑，故其追诉时效为二十年。故荆某某所犯故意伤害罪未过追诉时效。

意见评析

笔者同意第二种意见，理由如下。

第一，对追诉时效的确定应以刑法对犯罪行为一般情况下的评价为依据，即行为所对应的法定刑幅度，不能辅之以其他量刑情节进行评价

法定刑是刑法在制定时根据犯罪的性质、情节等预先确定的刑罚幅度，其效力来源为最高立法机关，是宣告刑的量刑基准，也是对行为人涉嫌犯罪行为计算追诉期限的根据。宣告刑是行为人在接受审判后，人民法院根据其犯罪性质，各种从重或者从轻、减轻量刑情节后作出的裁决，是以法定刑所规定量刑幅度为基准作出的裁决。根据《刑法》的相关规定，追诉时效是根据被告人行为触犯的罪名、情节应适用量刑幅度内的最高刑来确定的，而不是根据其行为可能的宣告刑来确定。即司法机关对行为人是否追诉仅应根据行为人的犯罪性质、情节应适用的法定刑幅度内的最高刑进行判断，而不必考虑对行为人可能判处的宣告刑。对追诉期限以行为人所犯罪行应适用量刑幅度内的法定最高刑计算也是因为对行为人尚未追诉，不可能明确知道对其应适用的宣告刑，所以只能以其行为的一般情形，以法定最高刑计算追诉时效，这样也最有利于惩罚犯罪。如果以估量的实际宣告刑作为追诉标准，则会出现漏诉的情况。

第二，从法理角度，以审判前评估的宣告刑为基础来确定追诉期不具有合理性和可操作性

宣告刑是在经过法定的审判程序对案件进行审理后，人民法院经综合各种量刑情节后，对被告人作出的刑罚。该量刑可能是在法定刑幅度内，也可能低于法定刑的量刑幅度，同时在审判过程中对被告人行为罪轻、罪重等情况的查明是判前难以全部掌握的，这些情况都会影响对被告人的量刑。所以对行为人刑期的估量，应按照行为人所犯罪名及其具体情节，结合该罪名中针对该情节所规定的量刑幅度中的法定最高刑来确定追诉期限，而无论其是否有从轻、减轻处罚情节。

第三，在共同犯罪中，对从犯在计算追诉时效时所适用的法律条款与计算主犯追诉时效所适用的法律条款是相同的，不以其行为是否轻微、是否可能判处较低刑期而单独计算追诉时效

共同犯罪作为一个犯罪整体，刑法在主、从犯的法定刑上并没有作区分规定，所以在对共同犯罪的追诉时效的计算上仍应将共同犯罪参与人作为一个整体，以犯罪行为和所造成的危害后果应适用的法定刑幅度来确定追诉时效。共同犯罪参与人的不同宣告刑是人民法院在审理后根据犯罪地位以及具体参与情节所确定的，如前所述，宣告刑不是判前的追诉时效确定的根据，所以不能割裂共同犯罪参与人的整体行为，只按个体的行为性质和情节来分别确定估量适用的量刑幅度进而单独计算追诉时效。同时，从法理和可操作合理性角度，在诉讼程序外凭司法人员的个人评估行为，使共同犯罪人选择性地进入追诉程序，不但有违程序正义理念，也不利于整个司法审判的顺利进行。具体到本案，姑且不论荆某某的行为是否应认定为从犯，即使认定为从犯，也应当与主犯适用相同的追诉期限，即二十年。故荆某某所犯故意伤害罪未过追诉时效，应依法予以追诉。

供稿：北京市人民检察院第二分院　李丙华　卢凤英

案例编辑：北京市人民检察院　庞静

陈某交通肇事案

——论交通事故认定书在刑事诉讼中的证据属性

基本案情

2013年6月3日15时30分许，袁某由南向北步行至北京市丰台区卢沟桥路五里店农贸市场东侧50米处。陈某驾驶轿车由西向东行驶，轿车从袁某身前经过后，袁某向东追赶轿车，轿车右侧与其接触，袁某倒地受伤。事故发生后，陈某驾车离开现场。案发现场有监控录像拍摄到袁某确有追赶轿车的行为，但是没有拍摄到交通事故的全过程。

北京市公安局交通管理局丰台交通支队出具《道路交通事故责任认定书》，认定陈某交通肇事后逃逸，对事故负主要责任；袁某在道路上追赶车辆，对事故负次要责任。同年6月24日，北京市红十字会急诊抢救中心司法鉴定中心出具司法鉴定意见书认定，袁某身体所受损伤程度为重伤。10月9日，袁某就该事故向北京市丰台区人民法院提起民事诉讼。陈某因涉嫌交通肇事罪，于同年10月16日被北京市公安局丰台分局刑事拘留，11月23日被取保候审。

陈某供述称，当天正常行驶在道路上，听见其车右侧有一名男子称被陈某车扎到脚了，但自己认为肯定没有扎到对方脚遂没有停车查看就径行开车走了。后其在右侧反光镜中曾看到路上倒着一名男子，但不确定是否为之前其车右侧的男子，故没有停车，继续行驶外出办事。当日17时许，听其女儿说看见上述事发地点围了很多人并有警察，于是陈某想到可能与自己有关系，遂报警。陈某的供述有其女儿的证言及“110”接警记录予以佐证。陈某辩解称其在案发时并不确定自己驾车撞到了行人，故其离开现场的行为不应该被认定为“逃逸”。因此，陈某对该事故的《道路交通责任认定书》中其交通肇事后逃逸且对事故负有主要责任的认定持有异议，并于同年9月28日提出了复核申请。

2013年10月11日，北京市公安局公安交通管理局依据《道路交通事故处理程序规定》第52条规定出具《道路交通事故认定复核不予受理通知书》，决定不予受理。同年12月4日，北京市丰台区人民法院出具《民事裁定书》：鉴于陈某涉嫌刑事犯罪，且本案的民事赔偿结果要以刑事案件中认定的双方事故责任为依据，根据先刑后民的法律规定裁定本案中止诉讼。

北京市丰台区人民检察院于2013年11月15日收到北京市公安局丰台分局丰公提捕字［2013］第1580号，以交通肇事罪提请逮捕陈某。丰台区人民检察院经审查认为：本案的《道路交通责任认定书》由于当事人一方对交通事故提起诉讼并经法院受理且尚未审结，故其效力尚未确定，而该文书为认定陈某构成犯罪的关键证据，故以"事实不清、证据不足"为由决定不批准逮捕陈某。

2014年，北京市公安局丰台分局以丰公起诉字（2014）983号起诉意见书认定陈某触犯了《刑法》第133条之规定，以涉嫌交通肇事罪向丰台区人民检察院移送审查起诉。丰台区人民检察院以京丰检公诉刑诉（2014）1135号起诉书向丰台区人民法院指控陈某犯交通肇事罪。丰台区人民法院以陈某犯交通肇事罪判处有期徒刑一年六个月。

主要问题

如何看待交通责任认定书在刑事诉讼中证据属性？是否需要对其进行实质审查？

意见分析

意见分歧

第一种意见认为，交通事故认定书属于证据种类中的书证。理由是：公安道路交通管理部门依据《道路交通安全法》[1]的规定对道路交通安全实施管理，其有权就道

〔1〕《道路交通事故处理程序规定》已于2017年修订，并于2018年5月1日起施行。本文所引为2008年实施的《道路交通事故处理程序规定》。

路交通事故责任进行认定。交通事故认定书是行政机关依法对交通事故发生的基本情况、形成原因及双方当事人应担责任进行认定的文书，其并非《刑事诉讼法》中的鉴定意见，而是具备书证作为信息载体的形式要件，并且是以特定的思想内容来证明案件情况的。交通事故认定书是道路交通事故当事人承担民事、行政、刑事责任的基础，影响行政相对人权利义务关系，应对其进行实质审查方可采信。

第二种意见认为，交通事故认定书属于证据种类中的鉴定意见。理由是：所谓鉴定意见，是指具有一定专业知识或资质的人，就案件中涉及的专门性问题做出的具有一定科学性的鉴别和判断。书证是对案件事实如实的反应而非对案件事实的价值判断。交通事故认定书系公安交通管理部门负有特定职责的专门人员运用其所具备的专业知识，就交通事故的性质、成因及当事人责任的承担做出的分析、判断，其具备鉴定意见的专业性和科学性。

第三种意见认为，本案中陈某对《道路交通事故认定书》的复核申请由于被害人一方提起民事诉讼而被道路交通管理部门决定不予受理，故导致陈某的复核请求权并未实际行使，从而导致《道路交通事故认定书》并未生效。而该责任认定作为本案的关键证据，在其没有生效之前不能当作证据使用，故认定陈某构成交通肇事罪的事实不清、证据不足。

意见评析

笔者同意第一种意见，交通事故认定书可以作为书证材料，并对其进行实质审查。理由如下。

第一，交通事故认定的行为不属于具体行政行为，交通事故认定书具有证据属性

2005年1月5日全国人大常委会法制工作委员会《关于交通事故责任认定行为是否属于具体行政行为可否纳入行政诉讼受案范围的意见》中答复："根据《中华人民共和国道路交通安全法》第七十三条的规定，公安机关交通管理部门制作的交通事故认定书，作为处理交通事故案件的证据使用。因此，交通事故责任认定行为不属于具体行政行为，不能向人民法院提起行政诉讼。"上述法律将交通事故认定书界定为"证据"，我国《刑事诉讼法》也明确规定"可以用于证明案件事实的材料，都是证据"。但值得注意的是，“证据”和“证据材料”是有区别的，证据是经司法机关审查判断用来定案的事实材料，而证据材料是指一切可能与本案有关的事实材料。我国三大诉讼法在用词上均没有详细进行区分，理论界和实务界往往也不加区分地加以使用。因此，不能够根据“证据”这样的字面就推定法律赋予交通事故认定书“定案证据”的资格，其仍需经过法庭质证和法庭的审核、认定而取得证据资格，在诉讼初期，笔者认为其应该是作为证据材料进入诉讼中。这意味着：交通事故认定书中记录的事故发生的基本情况及其所认定的事故发生的经过并不是已经被公安机关交通管理部门生效的文书所确认的事实；其认定的事故发生的原因并不等同于刑法意义上的因果关系；其认定的双方应承担的责任也并不属于无须证据证明的范畴。故上述事实均需要控辩双方举证证明，交通事故认定书也必须经过法庭质证才能作为判决的依据。作为司法机关来讲，在本案中需要对交通事故认定书进行实质审查。本案中有证据显示陈某听到有人说“扎脚了”并且其在后视镜里看到有人倒地，但是并没有停车进一步查看。可见其已经意识到可能发生了交通事故，故其主观上是一种“放任”的心态。据此，可以认定其驾车离开现场的行为构成“逃逸”。另外，有证据证实被害人袁某存在追赶机动车的行为。故据此来判断当事人双方的责任认定陈某负主要责任，袁某负次要责任。结合全案证据，能够证明的案件事实与本案《道路交通事故认定书》所反映的事实相互印证，应该对其采信。

第二，对交通事故认定书的复核程序并非当事人进行救济的必经程序，本案中的《道路交通事故认定书》属于生效法律文书

本案中，在陈某申请复核、袁某向法院提起民事诉讼后，北京市公安局交通管理局根据《道路交通事故处理程序规定》第52条的规定对于陈某的复核申请作出不予受理的决定。根据该规定第55条第2款的规定，“上一级公安机关交通管理部门复核以一次为限”。依此，上一级公安机关将不再受理陈某的复核申请，原《道路交通事故认定书》就此生效。

笔者认为，上述法律之所以这样规定是具有合理性的：首先，究其立法原意，立法者将交通事故认定书界定为“证据”，而非具体行政行为。交通事故认定书相对于依据它作出的具体行政行为来讲具有预备性、中间性、阶段性的特点，其是一种准行政行为，并不直接划分当事人的权利义务关系。当事人对交通事故认定书有异议向上一级交管部门申请复核不予受理后，还有其他救济途径可供选择。如可以针对交通管理部门依据交通事故认定书作出的具体行政行为提起行政诉讼，还可以直接向人民法院提起民事诉讼。不经过交通管理部门对交通事故进行复核，不影响对其合法权利的保护。其次，如果当事人一方提起民事诉讼，法院可以在民事审理的过程中对交通事故认定书认定的事实做实质审查。并且案件在进入民事诉讼或者刑事诉讼环节后证据材料更加充分，也为法庭依据全案证据来认定双方责任提供可能。作为异议当事人可以在庭审等过程中举出不同证据和意见来影响法官的自由心证——对交通责任认定书不予采纳，以此来否定交通责任认定书的效力。最后，不同主体均对同一事故责任进行认定，有可能得出不同的结论，也浪费了社会资源。

第三，关于交通事故认定书的证据属性

交通事故认定书与测谎结论、警犬鉴别、社会调查报告以及侦查情况的“情况说明”或“工作记录”类似，是能够证明案件事实的材料，具有适格证据的属性。但是现阶段要准确地将其归类到某种证据类型之中确实存在困难。这主要是由于我国现行《刑事诉讼法》规定的七种证据形式采取的是穷尽式列举的方式，既不周延又具有封闭性。无法对交通事故认定书准确归类到已经固定的证据类型中，是实践中出现新的证据形式导致的立法滞后于实践的现象。随着社会的发展，证据种类也会越来越丰富，在不改变现行法律对证据类型的划分的前提下，这种现象将会长期存在。交通事故认定书在内容上主要分为三个部分：交通事故发生时的客观事实部分；交通事故原因分析部分；对当事人责任进行判断的意见部分。笔者认为，司法人员在司法实践中遇到此类情况不必拘泥于证据属性的划分，可根据交通事故认定书的不同部分区别适用。

一是交通事故发生时的客观事实部分。如交通事故图、拍摄于事故现场的照片，其体现了一定的思想内容，记录了交通事故发生时的一些客观事实，能够反映事故发生时的情况。其内容具有书证的属性，经查具备真实性、客观性的，可以依法采信作为证据使用。

二是交通事故原因分析部分。交通事故认定书中对交通事故发生的因果关系作出的认定，在行政处罚时作为依据使用是毫无疑问的。对于交管部门来讲，判断当事人违背道路交通法规与否、违背何种道路交通法规，可成为交通事故发生原因及责任承担的依据。但是刑事诉讼的证明标准要比行政诉讼高，因此不能将其作为判断刑法意义上的因果关系的依据。因果关系是犯罪的构罪要件，只能由司法机关来认定。特别是在交通肇事罪中，判断是否具有因果关系是一个复杂的过程，要综合全案证据来把握。因此，应当经过实质审查后方可决定其结论是否可以在刑事诉讼中适用。

三是对当事人责任的划分上，交通事故认定书不具有鉴定意见的属性，只能参考适用。交通事故认定书确实对造成交通事故的原因及责任承担提供专门性意见。但是交通事故认定书并不是由专业机构中有资质的鉴定人进行鉴定的，且对于结果不服并不能申请重新鉴定或补充鉴定。更重要的是，处理交通事故的办案人员往往参与出具认定书，有违回避原则。若将其归类为鉴定意见，将在程序上产生重大瑕疵。故办案人员只能参考其结论，对其责任的划分进行实质判断。

供稿：北京市丰台区人民检察院　郝丽佳

案例编辑：北京市人民检察院　庞静

郭某某利用未公开信息交易案

——间接证据的综合审查和运用

基本案情

郭某某于2011年7月入职某C证券公司研究发展中心，担任该中心研究员，后调入该公司证券投资部。2013年年初至2018年1月，郭某某担任证券投资部项目二部的负责人，开展二级市场的投资运作，负责投资部两个自营证券账户的投资决策。经证监会认定，郭某某担任某C证券公司投资部投资经理期间，因工作关系知悉该公司自营证券账户有关投资决策、交易等方面的重要信息属于“未公开信息”。

郭某霞（郭某某妹妹，无业）于2000年开立普通证券账户，2011年11月办理撤指定和转托管，转托管至申万宏源证券大连分公司，并于当月开立信用证券账户。魏某社（郭某霞丈夫）于2000年开立普通证券账户。2013年1月14日至2018年1月24日，以上三个涉案证券账户与某C证券公司自营账户趋同交易股票68支，其中沪市趋同股票占比37.84%，深市趋同股票占比61.54%，趋同交易金额共计人民币1.6亿余元，非法获利人民币23,873.73元。

郭某霞证券账户资金主要源于郭某某转款及融资借款（融资融券业务），郭某某的转款后绝大部分于当日或次日转入郭某霞证券账户，其证券账户资金转出后，部分用于郭某某个人消费。趋同交易期间，郭某霞、魏某社名下三个涉案证券账户的交易方式主要为手机下单和电脑下单。下单手机IP归属地为北京市联通，机主为郭某霞，长期由郭某某使用。下单电脑MAC对应IP分别为北京市联通、大连市联通。其中，IP为北京市联通的电脑为郭某某长期使用的电脑，与郭某某银行账户网银登录电脑的MAC信息一致，IP为大连市联通的电脑为郭某霞长期使用的电脑，与郭某霞银行账户网银登录电脑的MAC信息一致。

郭某某、郭某霞均称，以上IP归属于北京的证券交易均由郭某龙（郭某某侄子，在京工作）操作完成，IP归属于大连的证券交易由郭某霞操作完成，且所有交易都是基于二人的独立判断，否认进行过未公开信息的传递，并称之所以产生趋同交易，是因为其使用相同的选股理论，看了相同的公开信息。郭某龙在证监会调查期间称上述操作是由其完成的，后在公安机关侦查期间推翻之前的证言，称自己从未操作过涉案证券账户，具体谁在操作不清楚。经查，郭某龙不了解融资融券业务，其自己也未开立信用账户，且郭某龙本人股票账户与涉案公司自营账户持仓、交易情况差异较大。

2020年6月9日，北京市公安局向北京市人民检察院第二分院移送审查起诉。2020年7月14日，北京市人民检察院第二分院以郭某某涉嫌利用未公开信息交易罪向北京市第二中级人民法院提起公诉。2020年10月15日，北京市第二中级人民法院判决郭某某犯利用未公开信息交易罪，并采纳检察机关精准量刑建议，判处郭某某有期徒刑一年六个月，并处罚金人民币10万元。

主要问题

本案所涉利用未公开信息交易行为，被告人拒不供认犯罪事实，否认向他人传递信息，其他证据均为间接证据，这种零口供的“老鼠仓”案件如何依托间接证据进行证明？

意见分析

意见分歧

第一种意见认为，郭某某具有获取某C证券公司自营证券账户未公开信息的工作便利，客观上涉案证券账户与某C证券公司自营账户产生了趋同交易，但郭某某拒不认罪，在案证据无法证实郭某某向郭某霞进行了信息传递，全案无法形成完整封闭的证据锁链，被告人提出的“选股理论”的辩解无法绝对排除，不足以证实郭某某构成利用未公开信息交易罪。

第二种意见认为，被告人拒不供认犯罪事实的，可以依靠间接证据和推定规则认定被告人的犯罪事实。围绕郭某某获取信息的便利条件、时间吻合程度、交易异常程度、利益关联程度、行为人专业背景等要素，借助证券市场的基本规律和一般人的经验常识，进行综合判断，可以依法认定郭某某与郭某霞之间存在信息传递，郭某某构成利用未公开信息交易罪。

意见评析

笔者同意第二种意见，理由如下。

金融证券犯罪大多属于精心准备、组织实施的犯罪，犯罪分子熟知法律法规和相关行业规则，犯罪专业程度高，证据容易被隐匿、毁灭，证明犯罪难度大。随着证券市场监管力度加大，证券犯罪活动日趋隐蔽，案发后被告人企图以拒不供认犯罪事实逃避惩处的现象日趋增多，给指控和证明犯罪带来挑战。在被告人不供认犯罪事实、缺乏直接证据的情形下，要加强对间接证据的审查，通过对间接证据证明的综合判断，运用经验法则和逻辑规则，构建完整的证明体系，准确认定犯罪事实。

直接证据与间接证据划分的标准是证据事实与案件主要事实的证明关系。所谓直接证据，是指那种所包含的事实信息足以证明案件主要事实成立或不成立的证据。与之相比，间接证据没有包含如此丰富的事实信息，单靠某一间接证据，只能证明案件主要事实的环节或片段，既不能直接证明案件主要事实的成立，也不能证明案件主要事实的不成立。办案人员获取的任何一个间接证据，都只是相当于获得了案件主要事实的一个链条或环节而已。〔1〕根据《关于办理死刑案件审查判断证据若干问题的规定》第33条规定，没有直接证据证明犯罪行为系被告人实施，但同时符合下列条件的可以认定被告人有罪：（1）据以定案的间接证据已经查证属实；（2）据以定案的间接证据之间相互印证，不存在无法排除的矛盾和无法解释的疑问；（3）据以定案的间接证据已经形成完整的证明体系；（4）依据间接证据认定的案件事实，结论是唯一的，足以排除一切合理怀疑；（5）运用间接证据进行的推理符合逻辑和经验判断。“有罪判决不以有直接证据为必要；而直接证据的证据价值也未必高于间接证据……到底案件所凭的

---

〔1〕 参见陈瑞华：《刑事证据法学》（第二版），北京大学出版社2014年版，第81-82页。

证据是否足以为有罪判决，取决于证据综合评价之后，能否达到毫无合理的怀疑之确信程度，而非取决于直接或间接证据的定性。”[1]

间接证据的特性在于其仅能证明某一个犯罪片段，其与主要事实之间仅有片段上的联系，要勾勒出主要事实的全貌，需与其他间接证据组合起来，既相互印证，又组成链条，符合逻辑与经验判断，排除合理怀疑。上引证据规定虽然针对死刑案件的审查判断，但抛开更高的证明要求（排除一切合理怀疑），其审查运用规则同样适用于普通刑事案件的办理。所谓间接是指证据与主要事实之间隔着“推论”这一逻辑思维活动。“完全依靠间接证据定案，不仅要求组成证据体系的每一项间接证据在质上有保障，即达到证据内容确实，并与案件主要事实存在一定程度的关联，而且在量上间接证据也要形成一定程度的规模，即拥有足够数量的间接证据，并组成完整的间接证据体系，由这种完整的间接证据体系证明出完整的间接事实体系，再由完整的间接事实体系推论出案件主要事实。在推论过程中，所有的间接证据应当协调一致，共同指向案件主要事实这一结论，不允许有与主要事实不协调的间接事实或间接证据存在。”[2]

《刑法修正案（七）》在第180条中新增了利用未公开信息交易罪，直接针对的是通常所说的“老鼠仓”，即证券投资基金管理公司、证券公司等金融机构的从业人员，利用其因职务便利知悉的法定内幕信息以外的其他未公开的经营信息，违反规定从事相关交易活动，牟取非法利益或转嫁风险的行为。从实践来看，在利用未公开信息交易案中，犯罪分子通常不会使用自己名下的证券账户进行交易，而是通过向“熟人”传递未公开信息，借助其所掌握的未公开的建仓、出仓信息，开展趋同交易，从而非法牟利。如果犯罪嫌疑人辩解没有向他人进行信息传递，案件主要事实就失去了关键一环，而无法直接认定主要事实。此时，就需要依托间接证据推论主要事实。

2019年最高人民法院、最高人民检察院发布了《关于办理利用未公开信息交易刑事案件适用法律若干问题的解释》，其中第4条规定，“《刑法》第一百八十条第四款规定的行为人‘明示、暗示他人从事相关交易活动’，应当综合以下方面进行认定：

---

〔1〕 林钰雄：《刑事诉讼法（总论编）》（上册），2020年自版发行，第519页。

〔2〕 阮堂辉：《间接证据理论及其在事实认定中的运用》，西南政法大学2006年博士学位论文，第59页。

（一）行为人具有获取未公开信息的职务便利；（二）行为人获取未公开信息的初始时间与他人从事相关交易活动的初始时间具有关联性；（三）行为人与他人之间具有亲友关系、利益关联、交易终端关联等关联关系；（四）他人从事相关交易的证券、期货品种、交易时间与未公开信息所涉证券、期货品种、交易时间等方面基本一致；（五）他人从事的相关交易活动明显不具有符合交易习惯、专业判断等正当理由；（六）行为人对明示、暗示他人从事相关交易活动没有合理解释”。

该解释是对运用间接证据、推定规则认定信息传递过程的确认，也为推定信息传递过程提供了规则指引。本案中，郭某某持有的下单手机已被其丢弃，在侦查机关查扣的手机中未提取到相关聊天记录，且郭某某与郭某霞均不承认未公开信息传递过程，现有证据无法直接认定郭某某构成利用未公开信息交易罪，需要在间接证据证明的客观事实的基础上综合认定。

第一，郭某某作为某C证券公司的投资经理，负责公司自营账户的投资决策，具有获取未公开信息的职务便利；第二，本案存在郭某霞、魏某社证券账户与某C证券公司自营证券账户交易高度趋同的客观事实，其中郭某霞普通证券账户与某C证券公司自营证券账户在深交所的趋同交易股票比例高达93.75%；第三，郭某某获取未公开信息的时间为2013年至2018年，郭某霞、魏某社证券账户与某C证券公司自营证券账户趋同交易的时间同样为2013年至2018年；第四，郭某某系郭某霞亲哥哥，郭某霞证券账户资金主要源于郭某某转款及融资借款，其证券账户资金转出后，部分用于郭某某个人消费；第五，郭某某常年生活于北京，郭某霞常年生活于大连，却以郭某霞名义办理IP为北京的手机号，并作为证券交易工具长期由郭某某使用，其规避查处的目的明显；第六，郭某某于2011年11月调入某C证券公司证券投资部，郭某霞随后于当月办理证券账户撤指定和转托管，并开立信用证券账户，开展融资融券业务（加杠杆炒股），与其之前的交易习惯及专业能力不符。

以上证据和事实相互衔接、相互支撑、相互印证，能够得出郭某某向郭某霞传递未公开信息的事实。但是基于经验和逻辑作出的判断结论并不必然具有唯一性，还要通过审查证据，排除其他可能性。在被告人不认罪的案件中，则要高度重视被告人提出的辩解，审查其辩解是否具有合理性。郭某某辩称“郭某霞的选股理论是我教她的，我们使用了相同的选股方法，看了相同的公开信息”。检提期间其辩称，其与郭某霞都追逐热点板块，郭某霞会与其经常交流热点板块信息，所以选择相同股票。但是，通过考察股票及股票市场的基本知识，可知其辩解无法成立。我国A股市场股票总量早已超过3000只，任何证券板块都包含众多不同的股票，即使追逐热点，二人交易内容和交易区间高度吻合也有悖于常识，其解释不合常理，该辩解应当予以排除。

综上所述，在案间接证据之间相互印证，能够形成完整的证明体系，并排除其他可能性，可以认定被告人郭某某构成利用未公开信息交易罪。

供稿：北京市人民检察院第二分院　赵一播　白志杰

案例编辑：北京市人民检察院　王志坤

于某某、王某某、任某贪污案

——案件审查起诉阶段出现的新证据应如何审查认定

基本案情

于某某、王某某、任某三人均为中汽投资公司(国有独资公司)工作人员,先后被委派到北京华世田公司(系中汽投资公司的全资子公司,以下简称"华世田公司")工作,人事档案、工资、奖金均由中汽投资公司发放。王某某于2006年被委派到华世田公司担任总经理,任某被委派到华世田公司担任副总经理兼财务经理。于某某于2007年2月被任命为中汽投资公司副总经理(主持工作),后被委派担任华世田公司董事长。

2007年,任某按王某某的指示,从华世田公司辅账(小金库)内分期支取56万元现金(支取名目为"市场分利""二级分利"),于某某分得17万元,王某某分得15万元,任某和徐某(时任华世田公司副总经理)各分得12万元。2007年12月10日,徐某将自己分得的12万元中的7万元(另5万元冲抵其为华世田公司垫付的经营费用)上交上海汽车集团(北京)有限公司(代管中汽投资公司的相关事务,以下简称上汽北京公司),并举报于某某、王某某、任某三人私分华世田公司小金库钱款的问题。随后,上汽北京公司人力资源部总监陈某询问任某华世田公司是否私设小金库,于某某、王某某、任某等人是否私分公司小金库资金,任某予以否认。后于某某、王某某、任某、徐某四人共同商议如何应对上汽北京公司的查询,经商议,决定由王某某、任某、徐某三人承担全部责任。于某某将分得的17万元退回后,任某更改公司辅账现金日记账,并重新制作支取凭证,替换之前的支取凭证,从而从账目上看不出于某某曾分得17万元。经上汽北京公司审计,认定王某某、任某、徐某未经公司批准,在未列入工资指标的前提下,以发奖金的形式,用市场分利等名义,私分华世田公司财产39万元,追回34万元。后王某某、任某辞职,徐某被免去华世田公司副总经理职务,由中汽投资公司另行安排工作。

于某某、王某某、任某因涉嫌贪污罪，于2013年6月3日被逮捕。归案后供述了上述犯罪事实。审查起诉期间，于某某辩护人提交书证一份，为2006年1月17日华世田公司第三届第一次董事会会议纪要复印件，没有董事签字，内容为对时任总经理的考核方案。辩护人称该书证为其与于某某的妻子共同在于某某办公室找到。证人齐某某提供2006年1月17日华世田公司第三届第一次董事会会议纪要一份，复印件，有董事签字。该纪要与律师提供的会议纪要在形式、个别词汇表述上存有一定差异，内容为对时任总经理徐某某的考核方案。调取徐某某证言，称自己没参加过2007年1月的董事会，自己也没见过齐某某；调取齐某某证言，称参加了2007年董事会，但没留存会议纪要，在董事会上见过徐某某。调取2007年1月20日华世田公司第三届第五次董事会会议纪要和会议记录，该纪要笼统规定超额完成部分参照2006年激励政策适当给予经营班子奖励。

对于出现的新证据，于某某辩解，四人不是侵吞小金库资金，是预发奖金，发钱的时间有点不对，发钱依据不是很充分，属违规操作；当年有个会议纪要，时间长了记不起来了，律师给其看后才记起来，分钱时记得很清楚。王某某辩解，2007年参加董事会的有于某某、王某某、任某和徐某某，齐某某未参加，会议提到发奖金的事，该提议未被于某某拒绝，董事会原则同意，只是未形成会议纪要；2007年董事会齐某某未参加，但后来将会议纪要给齐某某看了，齐某某也在会议纪要上签字了；会议纪要应该拿到中汽投资公司备案，但谁拿去的，如何拿去的，不确定，不规范；是于某某指使自己以二级返利方式发放奖金的。任某辩解，对2007年董事会纪要表示认可，这纪要对掩盖拿钱事实没帮助，不能成为四人分钱的依据；会议纪要在上级公司审查时听于某某提过，需要时没找到；其在接受侦查机关讯问时提过2007年会议纪要，但侦查人员未记录在笔录中。

2014年1月22日，公诉机关向上级院二审监督处汇报于某某、王某某、任某涉嫌贪污一案，认为认定于某某、王某某、任某三人构成贪污罪的证据不足，应当作不起诉处理。上级院二审监督处建议本案公诉机关向该院检察委员会汇报此案，并依据检察委员会的意见处理该案。经检察长决定，2014年1月29日，对于某某、王某某、任某贪污一案提起公诉。

2014年11月28日，一审法院判决如下：指控于某某、王某某、任某犯贪污罪的事实清楚，证据确凿，罪名成立。于某某在共同犯罪中起主要作用，系主犯，王某某、任某在共同犯罪中起次要作用，系从犯，依法对王某某、任某予以减轻处罚。于某某主动向其所在单位投案，能够如实供述案件主要事实，系自首，依法亦应减轻处罚。于某某犯贪污罪，判处有期徒刑三年；王某某犯贪污罪，判处有期徒刑二年；任某犯贪污罪，判处有期徒刑一年七个月。

主要问题

本案审查起诉阶段出现的新证据应如何审查认定？

意见分析

意见分歧

第一种意见认为，现有证据不足以证实三名被告人的行为构成贪污罪。理由是：鉴于在审查起诉阶段出现了新的证据，且三名被告人的供述出现较大变化，现如今，(1)尚无确切证据否定新出现的董事会会议纪要的真实性，若会议纪要确实存在，三人就有权分得奖金，三人的行为属违规，非违法；(2)从经营班子角度，王某某、任某属于华世田公司经营班子成员，即便于某某严格来说不属于经营班子，但王某某、任某二人依然有权按照激励政策分得奖金；(3)根据2007年的利润表以及审计报告，华世田公司2007年主账上盈利108万元，辅账上盈余90.27万元，若参照2006年的奖金激励政策，完成100万元以上的超额部分按照3/7分配，那么，总经理可以支配的奖金额为46.28万元，与实际分得的56万元，数额差别不大；(4)考虑相似判例，根据现有证据，不足以认定三名被告人的行为构成贪污罪。

第二种意见认为，现有证据可证实三名被告人的行为构成贪污罪。理由是：(1)三名被告人在接受上级公司审查以及侦查机关调查过程中，均未提及新出现的会议纪要，律师提交了该份会议纪要后，三人一同翻供，故新出现的会议纪要真实性存疑，这直接影响该份证据能否被采信；(2)即便新出现的会议纪要真实存在，但中汽投资公司属于国资委管理的公司，年终奖、绩效奖不能以做假账的方式予以发放，即便依据新出现的会议纪要规定可以发放奖金，也不能预提奖金，应再次召开董事会对相关规定进行细化，不能仅依照一个较为模糊的规定执行奖金发放措施；(3)预提奖金时，在财务处理上，也应当列入奖金科目，而上述人员分得的款项却列入公司支付的“二级分利”“市场分利”科目，并从公司私设的小金库支出，若不是徐某举报，小金库的账目根本无法体现“预提奖金”，可见三人有利用职务便利侵吞公司资金的客观行为；(4)如果上述人员分钱合法，为何在上级公司调查期间王某某、任某就主动退回相关款项，并以平账方式掩盖于某某分得17万元的事实，可见三人具有贪污的主观故意；(5)于某某不是华世田公司的经营班子成员，其工资由中汽投资公司发放，无论如何不能从华世田公司拿“绩效奖金”。

意见评析

笔者同意第二种意见，理由如下。

第一，作为认定案件事实的证据（尤其是核心证据）需具备证据能力和证明力，才能被采信

作为认定案件事实的证据，无论是核心证据还是非核心证据，无论是控方提供的证据还是辩方提供的证据，都需要具有证据能力和证明力。本案中出现的核心新证据（董事会会议纪要）系于某某的律师提供，导致三名被告人一同翻供的该份证据系该律师和于某某的妻子在于某某的办公室内找到，且该份证据系复印件，复印件上没有参会董事的签字。一方面，应当确认这份新证据的来源，律师和于某某的妻子是否确系在于某某的办公室内找到这份新证据，当时是否有相关见证人在场，这对于能否采信此份证据至关重要。如果确有这份会议纪要，于某某在案发之时为何不拿出来为下属申辩，作为办公室实际控制人和使用人的于某某在长达几年的时间内都没有找到这份会议纪要，律师和其妻子一到其办公室就顺利找到了这份会议纪要，这令人生疑。另一方面，这份会议纪要系复印件，上面没有董事的签字，现在也没有找到会议纪要的原件加以比对，按照《最高人民法院关于适用〈中华人民共和国刑事诉讼法〉的解释》中关于书证的审查和认定的相关规定，其不能作为定案的根据。

对于证人齐某某提供的新证据（与于某某律师提供的形式、内容均有差异的会议纪要复印件），同样存在无法与原件加以比对以确定其真实性的问题。一方面，齐某某在提供证言时称“参加了2007年董事会但没留存会议纪要”，既然没留存会议纪要，其提供的会议纪要（复印件）从何而来令人生疑。另外，对于此份会议纪要的描述，王某某的供述与齐某某、徐某某的证言之间，以及齐某某和徐某某的证言之间都存在矛盾，尤其是在“齐某某、徐某某是否参加2007年董事会”的关键事实上，证言之间完全矛盾。另一方面，如果齐某某作为董事留存了会议纪要，那其他参会董事为何都没有留存会议纪要（况且这份会议纪要对于某某、王某某、任某的重要程度远远超过齐某某），而且上级公司也唯独没有此份会议纪要的备案材料。这一连串无法回答的问题，使齐某某提供的这份会议纪要复印件的真实性、可信性受到质疑。

如果无法确定于某某律师提供的新证据以及证人齐某某提供的新证据能够反映会议纪要的原件及其内容，无法确认新证据为真实，这些证据就不应当作为定案的证据。

第二，被告人的供述依据新出现的证据发生实质性改变的，需要具体审查其有罪供述及无罪辩解与在案其他证据的相互印证程度，没有其他证据能予佐证的无罪辩解不能予以采信

本案的被告人供述均有同步录音录像予以佐证，不存在指供、诱供、刑讯逼供、不如实记录供述内容等违法违规讯问问题。在于某某的律师提供了会议纪要复印件后，三名被告人一同翻供，完全推翻之前的有罪供述，均将自己的行为辩解为违规操作，而非违法犯罪行为。对于此种情形，需要综合全案证据加以分析。

在移送审查起诉前，三名被告人均未提到律师提供的这份会议纪要，而且，于某某曾供称，在上级公司调查期间，其曾指示王某某补一份2007年的会议纪要，为分钱提供合理依据，但由于会议纪要需拿到上级公司备案，且当时上级公司已经开始审计调查，故没有补成。在上级公司审计调查期间，于某某、王某某、任某三人均未将侵吞公司资金行为定性为“预提奖金”，也未提出董事会会议纪要是他们“预提奖金”的合理依据。案发当时，上级公司认定王某某等人私分小金库资金39万元，并要求王某某、任某二人主动辞职，任某不愿意主动辞职，经于某某和王某某做工作，其才被迫同意主动辞职。若当时就有这份董事会会议纪要，王某某等人的行为就不能被认定为私分公司资金，王某某、任某也不会同意以“主动辞职”方式将“大事化小，小事化了”。而刚刚案发时，当事人对整个事实经过记忆清晰，当时没有记起的事，却在六年多以后清晰、完整地“回忆起来”，这不符合记忆规律。

另外，若会议纪要真实存在，王某某、任某等人有权分得绩效奖金，但仍有以下几点无法合理解释：(1)在财务处理上，预提奖金时，应当将提取的奖金列入“奖金”科目，而上述人员分得钱款却列入公司支付的“二级分利”“市场分利”科目，并从公司私设的小金库支出，若不是徐某举报，小金库的账目根本无法体现“预提奖金”；(2)中汽投资公司属于国资委管理的公司，年终奖、绩效奖不能以做假账的方式予以发放，即便可以发放奖金，也不能“预提奖金”，应当在当年年底，依据审计报告结果，由华世田董事会决定发放金额后，报中汽投资公司批准后才能予以发放；(3)于某某不是华世田公司的经营班子成员，其工资在中汽投资公司发放，无论如何不能从华世田公司拿绩效奖金，王某某、任某等人不能依据董事会会议纪要帮助于某某占有17万元绩效奖金；(4)如果上述人员分钱合法，在上级公司调查期间王某某、任某主动退回相关款项，并以平账方式掩盖于某某分得17万元的事实无法做出合理解释。

可见，三名被告人在新证据出现后的无罪辩解无法与在案证据相印证，没有其他证据能予佐证的无罪辩解不能予以采信。

第三，严格把握贪污罪的入罪标准，即便新出现的证据为被告人逃脱罪责提供了“合理依据”，依照这个“合理依据”计算的“预提奖金”数额与几名被告人实际侵吞的钱款总额相差近10万元时，不能以数额差别不大，就不认为行为构成犯罪

《刑法》第382条、第383条等条文及相关司法解释规定了贪污罪的入罪标准为5000元人民币，甚至不满5000元，若情节严重，也可追究相应的刑事责任；若贪污数额在10万元以上，则可能判处十年有期徒刑以上刑罚。如此规定，彰显了立法者对贪污犯罪从严打击的决心和力度。[1]

---

〔1〕 2016年4月18日《最高人民法院、最高人民检察院关于办理贪污贿赂刑事案件适用法律若干问题的解释》对贪污或者受贿的入罪数额作了修改。规定“贪污或者贿赂数额在三万元以上不满二十万元的，应当认定为刑法第三百八十三条第一款规定的‘数额较大’，依法判处三年以下有期徒刑或者拘役，并处罚金”。

回到本案，即使认定新出现的证据真实，并依据新出现的证据计算几名被告人可以预提的奖金数额，可得出以下结论：根据2007年的利润表以及审计报告，华世田公司2007年主账上盈利108万元，辅账上盈余90.27万元，参照2006年的奖金激励政策，完成100万元以上的超额部分按照3/7分配，那么总经理可以支配的奖金额约为42万元。这与几名嫌疑人“预提奖金”的数额相差14万元。这笔以虚构“二级分利”“市场分利”方式预先提取的14万元奖金，若以“数额相差不大，不认为是犯罪”来评价，那么我国刑法及相关司法解释所规定的贪污罪的入罪标准就会形同虚设，这显然与立法原意背道而驰。

第四，法院相似既往判例对正在审查的案件有参考价值，但相似案件中新证据的来源、作用、与在案证据的吻合程度都与本案不尽相同，需要具体问题具体分析，不能一概而论

我国是成文法国家，不是判例法国家。最高人民法院、最高人民检察院下发的指导性案例对司法实践有参考价值和作用，但不是办理同类案件的法定标准和依据。即便在判例法国家，前例是否能适用于后案，也是需要具体问题具体分析的，只有当两案具有同等条件，适用法律情形完全相同时，才能出现前例适用于后案的效果，反之则不能发挥既判力作用。司法实践中，两个案件中看似都出现了新证据，且新证据的类型亦同，但新证据的来源、作用、与在案证据的吻合程度都不尽相同，如果不具体问题具体分析，仅凭前案出现新证据被判无罪就推断后案必会因为出现新证据被判无罪，显然违背了“以事实为依据，以法律为准绳”的刑法原则，会有放纵犯罪之嫌。故应依据现有证据情况具体分析，准确认定事实，正确适用法律，真正做到不纵不枉。

供稿：北京市人民检察院第二分院　周慧

案例编辑：北京市人民检察院　庞静

靳某盗窃案

——适用认罪认罚从宽制度从轻处罚的被告人“技术性上诉”之后又申请撤回，应否提出和支持抗诉

基本案情

2020年1月9日，靳某在北京市西城区某医院内，盗窃手机、有价票证、现金等财物共计人民币14,000多元。靳某在审查起诉阶段签署认罪认罚具结书。具结书明确记载建议量刑有期徒刑一年二个月、罚金10,000元，靳某对此认可并签字确认。北京市西城区人民检察院提起公诉后，北京市西城区人民法院适用速裁程序审理，于2020年8月17日作出一审判决，采纳量刑建议，以盗窃罪判处靳某有期徒刑一年二个月，并处罚金人民币10,000元。2020年8月27日，靳某以一审判决量刑过重（具体为罚金过高）为由提出上诉。

西城区人民检察院经审查认为，靳某的上诉行为表明其对刑事处罚并不认可，从而不能认定其“认罪认罚”，一审判决法律适用、量刑均不当，于2020年8月28日提出抗诉。靳某于接到抗诉书当日，即提出撤诉申请，称其“上诉理由不是对判决不满，而是不想下监服刑，想借上诉拖延时间”。2020年10月28日，北京市人民检察院第二分院出具支持抗诉意见，认为靳某认罪认罚动机不纯，上诉理由不成立，其不服原判量刑提出上诉，对其适用认罪认罚从宽制度的基础已经不存在，一审判决法律适用不当，导致量刑不当，建议二审法院依法改判。

北京市第二中级人民法院对靳某撤回上诉的申请不予准许，并于2020年12月30日作出终审判决，采纳西城区人民检察院的抗诉意见和北京市人民检察院第二分院的支抗意见，撤销原判，依法改判，在原判刑期的基础上，增加刑期一个月，最终以盗窃罪判处靳某有期徒刑一年三个月，并处罚金人民币10,000元。

主要问题

一审法院适用认罪认罚从宽制度从轻处罚，原审被告人“技术性上诉”后又申请撤回上诉，检察机关是否应当提出（支持）抗诉？

意见分析

意见分歧

第一种意见认为，西城区人民检察院是根据靳某上诉行为提出抗诉，靳某对一审判决的定罪量刑表示认可，并自愿撤回上诉。对此，抗诉的前提和理由已经不存在。一审判决认定事实清楚，适用法律正确、量刑适当，不存在应当纠正的错误，应当撤回抗诉，维持原判。

第二种意见认为，靳某判决后即以量刑过重、罚金过高为由上诉，可见其并非真诚悔罪，认罪认罚动机不纯，对其不应再适用认罪认罚从宽制度。西城区人民检察院的抗诉理由成立，应当支持抗诉，建议二审法院依法改判。

意见评析

笔者同意第二种意见，理由如下。

本案系被告人为逃避、迟延监狱服刑采取“技术性上诉”的案例。[1]《刑事诉讼法》第264条第2款规定，对被判处有期徒刑的罪犯，在被交付执行刑罚前，剩余刑期在三个月以下的，由看守所根据人民法院的判决代为执行。基于该规定，部分被告人为了规避入监服刑，在一审判决后上诉，以故意拖延诉讼的终结时间，使在二审判决作出时，其剩余的服刑期限在三个月以内，从而可以留在看守所服刑。即使剩余的服刑期限超过三个月，也可相应减少监狱服刑时间。在“上诉不加刑”原则的庇护下，“技术性上诉”通常不会给被告人带来额外的刑罚风险。在认罪认罚案件中，被告人在一审认罪认罚并获得从宽处理后，在不存在新的从宽事由、一审程序合法且判决内容符

---

〔1〕 关于“技术性上诉”，参见赵树坤、徐艳霞：《认罪认罚从宽制中的“技术性上诉”》，载《中国社会科学报》2018年7月11日，第5版。

合量刑建议的情况下，为留看守所服刑或者获取再次从宽利益而提起的上诉，即属于“技术性上诉”。针对认罪认罚案件中的“技术性上诉”，主要有以下三个相关联的争议点：一是“技术性上诉”是否违反了认罪认罚从宽制度的适用条件；二是检察机关应否针对此种“技术性上诉”提出抗诉；三是被告人上诉又申请撤诉时，检察机关是否应当撤回抗诉。以下分别论述：

第一，对于被告人的上诉行为是否表明其不符合认罪认罚从宽制度的适用条件，应当根据上诉理由、撤诉理由、前科劣迹等情况予以综合认定

《刑事诉讼法》第15条规定，“犯罪嫌疑人、被告人自愿如实供述自己的罪行，承认指控的犯罪事实，愿意接受处罚的，可以依法从宽处理”。这一规定确立了认罪认罚从宽制度中的认罪要件、认罚要件和后果要件，从宽机会的取得以“认罪”“认罚”为前置条件。“认罚”即同意、接受处罚，根据《关于适用认罪认罚从宽制度的指导意见》第二部分“适用范围和适用条件”中第7条第2款规定，“‘认罚’考察的重点是犯罪嫌疑人、被告人的悔罪态度和悔罪表现，应当结合退赃退赔、赔偿损失、赔礼道歉等因素来考量”。本案中，靳某从认罪认罚到上诉再到申请撤回上诉，行为具有反复性，应当全面考虑其在各个诉讼环节的行为表现，准确认定其是否真正“认罚”。

首先，从上诉理由看，靳某在审查起诉阶段自愿签署认罪认罚具结书，具结书上明确记载建议量刑为有期徒刑一年二个月、罚金10,000元，靳某对此认可并签字确认。一审法院适用速裁程序并采纳了该量刑建议后，靳某又在案件事实未发生变化，不存在新的从轻、减轻情节的情况下，以量刑过重并具体化为罚金过重为由提出上诉，反映其对具结书及一审判决所确定罚金数额并未真心认可。其次，从撤诉理由看，靳某在收到抗诉书当日，即书写撤诉书，在撤诉书和二审庭审中均表示其并非对一审判决不服，只是不想下监服刑，想借上诉拖延时间。这表明其并没有真心悔改并积极改造的意愿，并非真心愿意接受刑罚的处罚，印证了其认罚只是形式认罚，不是内心真诚认识到自己的错误、愿意悔改。最后，从前科劣迹看，靳某系盗窃惯犯，先后6次因犯盗窃罪被判处有期徒刑以上刑罚，其中5次是累犯，再次犯罪距刑满释放时间最长两年半，最短不足一个月，期间还有两次行政拘留。说明其人身危险性大，教育改造困难，再犯可能性高，进一步印证了其所谓认罚只是为了争取从宽处理，提起上诉意在逃避下监服刑。

综上可见，靳某的上诉行为符合“技术性上诉”特征，其上诉、申请撤回上诉行为及前科情况共同表明其不具有接受刑罚处罚的真实意愿，不符合法定的“认罚”要件，不满足认罪认罚从宽制度的适用条件。

第二，对于认罪认罚案件中被告人实施“技术性上诉”行为，导致量刑错误的，检察机关应当依法提出抗诉

认罪认罚从宽制度的目的在于激励犯罪嫌疑人、被告人主动与司法机关协作，从而简化办案程序、提高诉讼效率、节约司法资源。而“技术性上诉”的发生导致诉讼进度拖延，司法资源遭到浪费，同时损害司法公信力与公正性，应当予以规制。

从域外经验来看，对认罪协商（辩诉交易）案件中被告人的上诉期予以合理限制，是较为普遍的做法。如在美国，虽然允许有罪答辩的被告人对量刑提出上诉，但对定罪的上诉作了极其严格的限制；且在司法实践中，联邦和绝大多数州还允许检察官在答辩协议中要求作出有罪答辩的被告人一并放弃对量刑的上诉权。在我国台湾地区，依据协商程序所作的科刑判决，除了法定情形外，不得上诉。[1]我国《刑事诉讼法》对上诉权采取无因原则，没有附加特殊限制。在此情况下，检察机关通过提起和支持抗诉，能够增加被告人“技术性上诉”的行为成本，确保认罪认罚从宽制度的正常运行。

从抗诉依据来看，根据《最高人民检察院关于加强和改进刑事抗诉工作的意见》第5条第2项的规定，量刑错误是人民检察院提出和支持抗诉的法定情形之一。量刑错误，即适用刑罚与犯罪的事实、性质、情节和社会危害程度不相适应，重罪轻判或轻罪重判，导致量刑明显不当。《人民检察院刑事抗诉工作指引》第9条第3款细化了“量刑错误”的类型，其中第2项为“认定或者适用法定量刑情节错误，导致未在法定刑幅度内量刑或者量刑明显不当的”。被告人在一审判决后提出“技术性上诉”，不再符合认罪认罚从宽制度的适用条件，导致一审判决适用法定量刑情节错误，量刑明显不当，检察机关可以据此提出和支持抗诉。

第三，认罪认罚案件被告人提出“技术性上诉”后又申请撤回上诉的，不影响人民检察院提出和支持抗诉

实践中，在认罪认罚案件被告人提出“技术性上诉”后又申请撤回上诉时，就检察

〔1〕 参见孙长永：《比较法视野下认罪认罚案件被告人的上诉权》，载《比较法研究》2019年第3期。

机关是否应当撤回抗诉存在不同做法。笔者认为，无论被告人是否申请撤回上诉，以及撤回上诉的申请是否被审判机关准许，检察机关均应当依法提出和支持抗诉，具体理由如下：首先，抗诉与上诉不存在实质意义上的因果或对应关系。抗诉是检察机关履行法律监督职能的重要方式，启动抗诉程序的唯一事由是一审法院的判决确有错误。在办理认罪认罚案件的过程中，检察官不仅参与案件办理、量刑协商、签署具结书等环节，也承担着审判监督职责。对认罪认罚案件提出抗诉，并非针对被告人“技术性上诉”行为的“报复”，而是通过被告人的上诉行为透视和发现原判决、裁定中适用法律错误、量刑明显不当，进而进行法律监督。其次，申请撤回上诉进一步证成认罪认罚的“虚假性”。以本案为例，靳某从一审认罪认罚，到提出上诉，再到收到抗诉书后申请撤回上诉，行为的反复印证了其通过滥用上诉权以拖延下监服刑时间的真实意图，进一步表明了其在一审庭审过程中的“认罪”“认罚”只是形式认罪，并非内心真诚悔罪悔改。再次，被告人上诉形成的法律后果不会因撤诉而消除。一方面，被告人撤回上诉，并不能消除其对一审认罪认罚具结书的反悔态度，无法使其再度符合认罪认罚从宽制度的适用条件；另一方面，一经上诉二审程序就将启动，即使被告人撤回上诉、检察机关撤回抗诉，二审法院仍然要对一审判决是否确有错误进行审查，认定没有错误后才会准许撤回上诉和抗诉，必然增加司法成本、背离制度初衷。最后，因被告人撤诉而撤回抗诉会造成对“技术性上诉”的“变相鼓励”。如前所述，被告人在案件事实未发生变化、不存在新的从轻、减轻情节的情况下提出上诉，其主要目的并非获得改判，而是通过上诉拖延时间争取留所服刑。如简单基于原审被告人的撤回上诉行为即认定其已认罪认罚，原判适用法律正确、量刑适当，从而作出撤回抗诉，就会造成“技术性上诉”成为被告人进退自如的诉讼策略，导致此类案件数量的进一步增加和诉讼治理成本的进一步扩大。

因此，检察机关应立足个案特点，剖析被告人认罪认罚的“真实性”，做到应抗尽抗，应支尽支，切实维护司法权威性和认罪认罚从宽制度的良性运行。

供稿：北京市人民检察院第二分院　董丽娟　丁晶

案例编辑：北京市人民检察院　陈方兴

杜某某强制医疗案

——放火自焚是否属于危害公共安全的暴力行为

基本案情

2018年10月5日7时许，杜某某于北京市昌平区北七家镇白庙村440号305房间出租房内，因产生轻生念头，遂用打火机将房间内的纸张、衣服点燃，后从房间内的窗户处跳楼，被民警当场查获。房间内的明火被邻居扑灭，尚未造成严重后果。2019年4月10日，杜某某经鉴定为无刑事责任能力。2019年4月17日，北京市公安局昌平分局向北京市昌平区人民检察院移送强制医疗意见书。2019年5月16日，昌平区人民检察院向北京市昌平区人民法院提出强制医疗申请。2019年6月20日，昌平区人民法院作出对被申请人杜某某强制医疗的决定。

主要问题

《刑法》第18条规定，精神病人在不能辨认或者不能控制自己行为的时候造成危害结果，经法定程序鉴定确认的，不负刑事责任，但是应当责令他的家属或者监护人严加看管和医疗；在必要的时候，由政府强制医疗。《刑事诉讼法》第302条规定，实施暴力行为，危害公共安全或者严重危害公民人身安全，经法定程序鉴定依法不负刑事责任的精神病人，有继续危害社会可能的，可以予以强制医疗。杜某某实施的放火自焚行为属于企图自杀的行为，是否同时构成危害公共安全的“暴力行为”？

意见分析

意见分歧

第一种意见认为，该行为无论目的及形式如何，均不属于“暴力行为”。我国《刑法》规定的暴力行为是以人身、财产为侵害目标，采取暴力手段，对被害人的身心健康和生命财产安全造成极大的损害，直接危及人的生命、健康与自由的行为。暴力行为须限于有形暴力行为，如故意杀人、故意伤害、抢劫、绑架等，而单纯的放火行为不属于有形暴力，故不属于“暴力行为”。

第二种意见认为，放火行为须结合目的及形式进行区分是否属于“暴力行为”，其中自杀式的放火行为因为针对行为人自身，且目的并非对其他人形成人身、财产损害，故不应解释为强制医疗中的“暴力行为”。

第三种意见认为，放火行为无论目的及形式如何，均属于“暴力行为”。放火罪等以危险方法危害公共安全犯罪属于暴力犯罪，放火行为应属于“暴力行为”。

意见评析

笔者同意第三种意见，理由如下。

第一，从文义解释角度看，“暴力”一词在不同场合具有不同含义

根据《现代汉语词典》的解释，暴力是指“强制的力量”。〔1〕这个看似很清楚的定义，在不同法律文本和文献中却存在高度的争议。从最低程度说，它指抗制当下或将来反抗的心理强制。暴力一词在不同法律中也有不同界定。据统计刑法有42处使用了“暴力”一词，绝大多数情况下与威胁并称，指自然人非法实行的有形物理力，〔2〕侧重于强调对人身造成实害的击打行为，不包括对财产权益的侵害。但并不是没有例外，如《刑法》第451条第2款规定，部队执行戒严任务或者处置突发性暴力事件时，以战时论。这里的“暴力”显然也包括了放火，泛指可能造成严重社会危害、危及人民生

---

〔1〕 中国社会科学院语言研究所词典编辑室编：《现代汉语词典》（第6版），商务印书馆2012年版，第51页。

〔2〕 参见林亚刚：《暴力犯罪的内涵和外延》，载《现代法学》2001年第6期。

命和财产安全的行为。

此外,《中华人民共和国反家庭暴力法》将“家庭暴力”界定为“家庭成员之间以殴打、捆绑、残害、限制人身自由以及经常性谩骂、恐吓等方式实施的身体、精神等侵害行为”。显然,这里的“暴力”包括了有形物理性的击打和无形的(长期的)人格贬低、精神强制。最高人民法院、最高人民检察院、公安部、司法部于2019年颁布施行的《关于办理实施“软暴力”的刑事案件若干问题的意见》中将对“软暴力”进行界定,“是指行为人为谋取不法利益或形成非法影响,对他人或者在有关场所进行滋扰、纠缠、哄闹、聚众造势等,足以使他人产生恐惧、恐慌进而形成心理强制,或者足以影响、限制人身自由、危及人身财产安全,影响正常生活、工作、生产、经营的违法犯罪手段”。这里软暴力更接近于精神强制或胁迫。所以,“暴力”及“暴力行为”应依具体条文的规范目的进行解释。

第二,放火罪中的放火行为可以认定为暴力行为

放火罪中的“放火”指故意纵火焚烧公私财物,严重危害公共安全的行为。[1]使对象物燃烧的行为是否属于放火行为,关键在于它是否危害公共安全。[2]传统理论及实务均认定放火罪等以危险方法危害公共安全罪属于暴力犯罪。如公安部1991年《严重暴力案件立案标准》明确指出“严重暴力案件,是指犯罪分子故意使用具有强烈杀伤力、破坏力的犯罪工具或危险方法,危害公共安全,造成或可能造成多人伤亡或重大财产损失的案件”。其中,在公共交通工具、公共场所,或针对党政机关、水厂、电厂、铁路、公路、电台、电视台以及生产、存放剧毒、易燃、易爆物品的工厂、仓库进行爆炸、放火的;在其他部位、地点对特定对象爆炸、放火行凶,造成重大人员伤亡或重大经济损失的行为,被明确列为严重暴力案件。

第三,作为强制医疗程序中诱因行为的暴力行为包括了放火

在司法实践中适用强制医疗,一般先看被申请人是否实施了强制医疗申请书中陈述的事实,接下来再看行为是否具有暴力性质,再看暴力行为在客观上是否已经危害

---

〔1〕 参见郎胜主编:《中华人民共和国刑法释义》(第六版),法律出版社2015年版,第129页。

〔2〕 参见张明楷:《刑法学(下)》(第五版),法律出版社2016年版,第690-691页。

了公共安全，最后再审查暴力行为在社会危害性上是否已经达到了犯罪程度。[1]《刑事诉讼法》第302条规定的强制医疗的诱因行为指“危害公共安全或者严重危害公民人身安全的暴力行为”。危害公共安全或者严重危害公民人身安全是暴力行为的行为后果或危险性的判断条件。

全国人大常务委员会法制工作委员会对《刑事诉讼法》第302条的释义指出，“暴力行为”是指“以人身、财产等为侵害目标，采取暴力手段，对被害人的身心健康和生命财产安全造成极大的损害，直接危及人的生命、健康及公共安全的行为，如放火、爆炸等”。“危害公共安全”是指危害广大人民群众生命健康和公私财产的安全，足以使多人死伤或使公私财产遭受重大损失的行为。“严重危害公民人身安全”一般指“杀人、伤害、强奸、绑架等严重侵害公民生命、健康安全的行为”。[2]因此，这里的暴力行为不同于《刑法》第20条第3款提到的“暴力犯罪”（行凶、杀人、抢劫、强奸、绑架以及其他严重危及人身安全的犯罪行为），因为后者不涉及对财产的暴力。

第四，以自焚为手段的自杀同时构成放火行为，不因自杀不罚而不作刑事评价，故可以以此为诱因行为申请强制医疗

我国《刑法》并不处罚自杀行为，但自杀行为可能同时侵害其他法益，进而符合犯罪构成要件。比如，在焚烧自己（自焚）或烧毁自己的财产的同时，火势蔓延烧至周边房屋，造成人员伤亡和财产损失，这种危及公共安全的行为可能构成放火罪。不承担刑事责任的精神病人的自焚行为同样可能达到放火罪的犯罪程度，检索中国裁判文书网，如裘某甲放火案[3]、肖某某以危险方法危害公共安全案[4]、李某某放火案[5]，均肯定精神病患者自焚可以同时构成危害公共安全或危害公民人身安全的放火犯罪。

---

〔1〕 参见周维平：《对强制医疗条件的审查》，载《人民司法》2013年第16期。立法机关也认为，如果精神病人实施了盗窃、损害公私财物等财产性犯罪的行为，就不能依照《刑事诉讼法》的规定予以强制医疗。参见信春鹰主编：《中华人民共和国精神卫生法释义》，法律出版社2012年版，第148页。笔者认为，这是不正确的。

〔2〕 参见王爱立主编：《中华人民共和国刑事诉讼法释义》（最新修正版），法律出版社2018年版，第659页。

〔3〕 参见浙江省绍兴市越城区人民法院刑事判决书，（2012）绍越刑初字第798号。限制刑事责任能力人到他人家中往自己身上浇倒汽油，欲自焚未果。

〔4〕 参见辽宁省本溪市明山区人民法院刑事判决书，（2018）辽0504刑初47号。行为人到综合执法局门卫室门口，索要其被扣留的推车及饮料未果，往身上洒倒汽油，手持打火机扬言自焚。

〔5〕 参见广东省广宁县人民法院刑事决定书，（2019）粤1223刑医1号。行为人到他人家中淋洒汽油，扬言点火烧房子和自焚。

本案中，杜某某在人口密集的出租房内实施自杀式放火行为，其所租住的自建楼周围紧邻其他自建楼，虽然并不针对具体公民个人，但客观上已经具有危害公共安全的现实危险性，其行为应当评价为暴力行为，由于杜某某又系无刑事责任能力人，故检察院依法提出强制医疗申请，后得到法院的支持。

供稿：北京市昌平区人民检察院　史焱　杨文

案例编辑：北京市人民检察院　佘浩　王志坤